U0487372

2017年四川省重點出版項目專項補助資金資助項目
樂山師範學院學術著作出版基金資助
西華大學地方文化資源保護與開發研究中心一般項目（14DFWH018）

巴蜀掌故五種校注　總主編　王斌

蜀都碑事校注

〔清〕陳祥裔　編

王　斌
靳雅婷　校注

西南交通大学出版社
·成都·

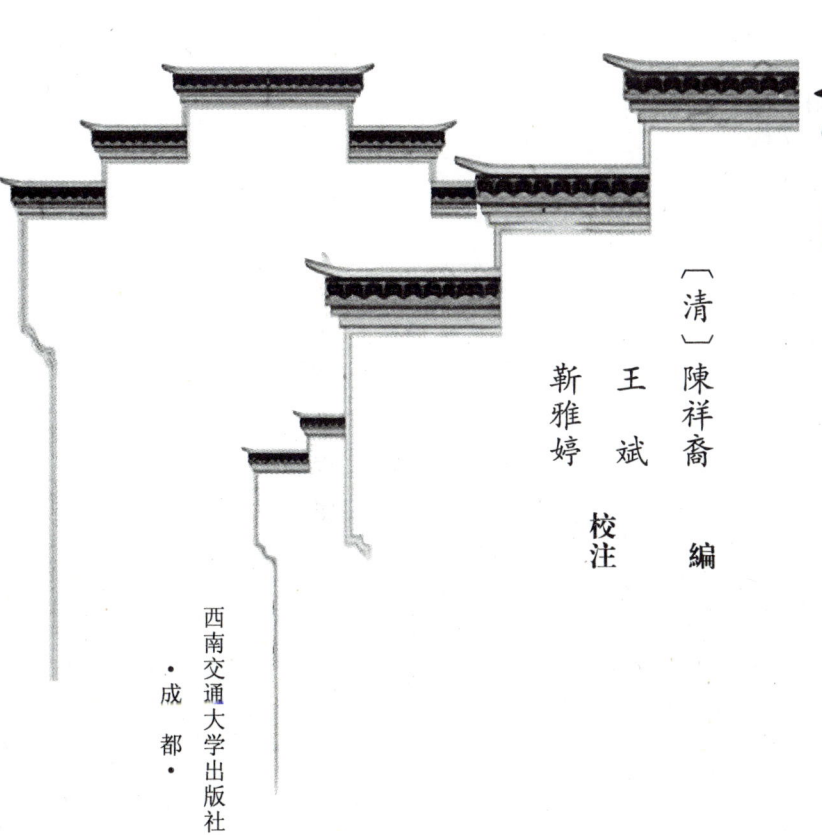

图书在版编目（CIP）数据

蜀都碎事校注 / 王斌，靳雅婷校注. —成都：西南交通大学出版社，2017.8（2017.9 重印）
（巴蜀掌故五种校注）
ISBN 978-7-5643-5516-6

Ⅰ. ①蜀… Ⅱ. ①王… ②靳… Ⅲ. ①巴蜀文化－研究 Ⅳ. ①K871.34

中国版本图书馆 CIP 数据核字（2017）第 143253 号

巴蜀掌故五种校注
Shudu Suishi Jiaozhu
蜀都碎事校注
王斌　靳雅婷　校注

出　版　人	阳　晓
责 任 编 辑	杨岳峰
助 理 编 辑	陈亚萍
特 邀 编 辑	焦存超
封 面 设 计	原谋书装
出 版 发 行	西南交通大学出版社 （四川省成都市二环路北一段 111 号 西南交通大学创新大厦 21 楼）
发 行 部 电 话	028-87600564　028-87600533
邮 政 编 码	610031
网　　　址	http://www.xnjdcbs.com
印　　　刷	成都蜀通印务有限责任公司
成 品 尺 寸	170 mm×230 mm
印　　　张	21.75
字　　　数	348 千
版　　　次	2017 年 8 月第 1 版
印　　　次	2017 年 9 月第 2 次
书　　　号	ISBN 978-7-5643-5516-6
定　　　价	188.00 元

图书如有印装质量问题　本社负责退换
版权所有　盗版必究　举报电话：028-87600562

特別說明

　　本書係四川省教育廳重點研究基地西華大學"地方文化資源保護與開發研究中心"直接資助課題"《蜀都碎事》校注"的最終成果，項目編號：14DFWH018。

前　言

　　巴蜀文物之盛，見於前賢著述者夥矣。譙周之《益部耆舊傳》《巴蜀異物志》、常璩之《華陽國志》、宋祁之《益部方物略記》、何宇度之《益部談資》、曹學佺之《蜀中廣記》等，皆其表表者。諸書或記錄見聞，或採摭載籍，或專敘一類，或博收如海，誠爲彙聚巴蜀文化之淵藪與夫研究巴蜀文明之津逮也。

　　然典籍有散佚之厄，文物有復興之機，是以史不絕書。以明清兩代而言，曹學佺之《蜀中廣記》可謂彙集蜀中故實之大成者，其次則爲《益部談資》《蜀都雜抄》之流。而《蜀中廣記》以卷帙浩繁、流傳不廣等因素，難敷世用。加之清人入關，諸多典籍毀於兵燹。即有深藏者，又恐因文字獄而罹禍，只得束之高閣，與蠹魚相終老。有識之士，皆以網絡舊籍、賡續文脈爲己任。是以有陳祥裔之《蜀都碎事》、彭遵泗之《蜀故》、張澍之《蜀典》等繼踵而出。

　　其心誠可嘉矣！卻奈何有疊床架屋之弊也？蓋諸書皆以抄纂爲務，又乏取捨之則，層層相襲，鮮有創聞可言。遂令學者罕有措意，不亦宜矣。所謂食之無肉、棄之有味，雖粗覽之下，覺此類著作乏善可陳；若不加深究，遽以敝屣而哂之，又失於武斷。《蜀中廣記》《益部談資》《蜀都碎事》《蜀故》《蜀典》諸書目前皆無整理本，其境遇尷尬如斯，深可慨矣！

　　六年前，余始研讀《蜀中廣記》，服膺其浩博，又傷其蕪雜，乃發心整理。先撰成博士論文《蜀中廣記文獻研究》，後寫就《蜀中廣記徵引方志考》，然憾於未得全書之初刻善本，且乏科研經費，未敢校箋全書。工作後，研究重心一直爲巴蜀地方文化，有關蜀中掌故之書，盡力搜討。閱至陳祥裔所編《蜀都碎事》，覺其因襲《蜀中廣記》者頗多，爲考見清人對曹學佺所著《蜀中廣記》及《大明一統名勝志》之資料徵引與價值評判，決定先整理篇幅較短之《蜀都碎事》。

陳祥裔（生卒年不詳），字耦漁，號宧隱子[一]，《欽定四庫全書總目》稱其本姓喬氏，未言何據[二]。順天府大興縣人[三]，監生。先以康熙三十一年（一六九二）任成都督捕通判[四]；三年任滿，轉杭州仁和縣通判[五]；再於康熙三十八年（一六九九）任廣德州知州，爾後再無其相關仕履之記載。或真如其號而隱居遁世耶？

　　祥裔雖僅爲監生，但頗有才情，擅於填詞，有《凝香集》專收詞作[六]，《全清詞·順康卷》第二十冊據之全文收錄，惜漏載《蜀都碎事》所收之詞[七]。他還存有諸多詩作，亦見《蜀都碎事》及部分巴蜀舊志，然並未結集，誠爲憾事。四庫館臣薄陳氏雜己作於唐宋諸賢名篇之間，今日看來，反能爲研究陳祥裔提供資料。二書之外，陳氏尚編有《同人傳》四卷，《欽定四庫全書總目》對其評價頗高："是書自秦漢以迄元明，凡同姓名者，採集成冊。末附父子同名字者數人。采摭頗詳，去取亦頗矜慎。如《太平廣記》中再生之王翰，與唐詩人王翰相同，《通幽記》神婚之李伯禽，與李白子伯禽相類，事既不經，人無可考，今概不錄，知非漫無別擇、愛奇嗜瑣者也。惟皆不著所出，是其一短耳。"[八]然此書不見於《四庫全書存目叢書》，或已佚也。今流傳較廣、翻刻較多者，即其《蜀都碎事》一書。

　　是書名"碎事"，易令人想到宋人葉廷珪之《海錄碎事》。然葉書乃類書，部類相從，出處歷歷，前後相照，體例精審。陳氏此書則明非類書，其卷次編排之由難以索解，至於出處，則或注或否，即有注者，亦多張冠李戴之誤，與《同人傳》"不著所出"之短一也。又此書多前後失

[一] 見《蜀都碎事》康熙刻本署名。
[二]《清朝文獻通考》卷二二四著錄此書，亦稱其本姓喬，或即《欽定四庫全書總目》提要之所本。
[三]《欽定四庫全書總目》僅稱其為順天人，乾隆《江南通志》卷一一〇《職官志·廣德州》下"知州"則稱其爲大興人，康熙三十八年任知州。順天府大興縣，即今北京大興區。
[四] 見雍正《四川通志》卷三一《皇清職官·成都府》之"督捕通判"。然此說或不確，《蜀都碎事》卷二論及雅安蒙頂茶云"辛未歲十月，予兼攝是邑，偕友往遊"，則其在康熙三十年已任職成都，且同時兼攝雅州掾吏。
[五] 乾隆《杭州府志》卷五七《藝文》云"《蜀都碎事》六卷，國朝通判仁和陳祥裔撰"；民國《杭州府志》卷八七云"《蜀都碎事》六卷，通判仁和陳祥裔撰"。
[六] 此集今有《清詞珍本叢刊》第五冊所影印之康熙刻本。
[七] 共兩首，分別爲《巫山一段雲·張飛灘》《浪淘沙·上灘》，均見卷二。
[八]（清）紀昀等編，四庫全書研究所整理：《欽定四庫全書總目》，北京：中華書局，1997年，第1830頁。

照，如卷一引《益部方物略記》之《鮋魚贊》，加按語云"出雅江，狀似鯢，有足，能緣木，聲如兒啼，俗呼爲娃娃魚"。而卷二復云"雅州有鯑魚，狀似鯢，有四足，大首長尾，聲如嬰兒，緣木弗墜。俗謂之娃娃魚，味甚美"。二者實可合並，以至於民國年間石印翻刻本於卷二之文後注云"鯑或作鮋，見卷一之二十六頁"。至於引詩文而重出者，則更多。前四卷雜論山川名勝時，往往引詩爲詠贊之語，而其藝文補遺部分，又引之，徒增篇幅。以是觀之，書名"碎事"者，真符其實也。

　　前文論及，此書以抄纂爲務，難免疊床架屋之弊。然其間有按語考辨，或記勝跡之變遷，如卷一論摩訶池在康熙時已改爲貢院，可資考證故實；或記碑銘之存佚，如卷一論薛濤井時云："有碑鐫'薛濤井'三字，今卧于井側蔓艸中"，可爲金石研究之一助；或引經據典考風俗之變遷，如卷一論蜀地二郎神信仰之因革，可爲民俗研究之參考。雖有此數種價值，但此類條目不多，且多附於既有文獻之後，寥寥數語，難以盡述。

　　竊以爲，其價值最大者，乃其親見之蜀地時風。如卷三云："成都江橋門外沼城有石一塊，亦不甚巨，方圓丈餘，曰臭石頭。耆老相傳，昔城內妓女每于四月十九浣花邀游，必拜此石，方敢經過。良人子女凡出游，必避此路，耻看此石也。"一塊石頭，狀亦不奇，何引得妓女參拜？且不拜不敢路過，又是因何？若爲神靈所憑，何以良人子女以看之爲耻？真可謂怪哉！又如卷三云："今蜀中名族嬺女出入皆騎馬，戴圍帽或面衣，鄉中嬺女皆騎牛。步行入城者，皆各持傘，如遇人則以傘遮之。"可以看出清初女子出門時之情形。至於論蜀中兵燹後風俗澆薄，以娶寡婦爲貴，則甚可駭怪也。卷二云："蜀中久遭兵燹，詩書禮樂湮沒無聞。獨于婚姻一事，尤不可問。娶處女謂之青頭女，價亦甚廉。若有一寡嬺，娶之者須四五十金，然爭娶者猶致結訟。夫豈民之無良歟？亦教化之未至耳。"又卷三云："成都東門外有紅布街，明時爲青樓業也。今往往爭基興訟者咸認爲祖業，特未詳察耳。"不僅可考見明代成都街區情況，更可發人一笑。又如同卷云："太平山谷間有蛇似蟾蜍，以後足挂于樹杪，伺人過其下則躍以害人，被嚙者無不立斃。如人先見蛇，則不可逸，對之肆罵，則蛇卽自氣死，故名爲氣包子。又曰三脚蛇，又曰倒挂蛇。"人多畏蛇，唯恐避之不及，此處則言不可避，而以肆罵能置蛇之死，且名其爲"氣包子"，令人莞爾。此類首見於本書之奇聞異事，如珠玉，似碎金，點綴在衆多因襲於舊籍之條目中，熠熠生輝。

此書前有蘇輪、聶鼎元所撰序文兩篇，所署日期爲康熙四十年，是時陳祥裔在廣德州知州任上，先於一六九九年刻其《凝香集》，又於一七〇一年刻成《蜀都碎事》，或是因官職略高，經濟較爲寬裕而刊此二書。至於《蜀都碎事》果否在康熙四十年定稿，或未可知。

今存之初刻本《蜀都碎事》，館藏於中國科學院，《四庫全書存目叢書》史部第二百五十冊據其影印，稱"漱雪軒"刻本，惜未言所據。此本單葉九行，行十九字，黑口，雙邊，雙魚尾，版心鐫書名與卷次，下魚尾後標記頁碼，刊刻較爲精美，唯用字欠統一。如"畫""画"並用，"峨眉山""峩眉山"同存等。需特別說明者，初刻本之藝文補遺，將詩放在上卷，文放在下卷，而民國年間上海進步書局石印翻刻本則與之相反。

進步書局本之刊刻時間難以詳考，其行款與初刻本亦略異。此本單葉十四行，行三十二字，白口，雙邊，僅有上魚尾，魚尾之前鐫書名，後則標記卷次、頁碼。石印本除藝文部分卷次不同外，基本統一了文字字形，不再繁簡、正俗混雜。同時還施加了簡易句讀，唯不可全據耳。此外，該本藝文之詩部分，在錄徐妃《三學山》一詩後，標以"終"字，與初刻本相比，脫詩四十七首，或其所據以翻印之本原有殘損，或其所用底本並非漱雪軒初刻本也。聯繫其將藝文上下卷內容顛倒之事來看，後者可能性更大。但目前並無直接證據說明初刻本之後尚有他本存在。

石印本流傳廣泛，後來被多次翻印。一九六二年，台灣新興書局編《筆記小說大觀續編》，第五冊即據石印本影印收錄此書；一九八一年，該書局編《筆記小說大觀叢刊》，第二十九編之第八冊再次影印；一九八三年，江蘇廣陵古籍刻印社編《筆記小說大觀》，第十七冊亦據石印本影印；一九九七年，台灣新文豐出版公司《叢書集成三編》第八十二冊，又據《筆記小說大觀續編》本翻印。故目前來看，此書現存版本就只有漱雪軒刻本與進步書局石印本兩種。筆者這次整理該書，即以《四庫全書存目叢書》影印之漱雪軒刻本爲底本，以廣陵古籍刻印社影印之《筆記小說大觀》本爲參校本（省作大觀本）。

至於此次整理之條例，約舉數端羅列於後：

一、以漱雪軒刻本爲底本，以《筆記小說大觀》本爲參校本；其他徵引書目之版次見書末附錄，相關省稱則在首次注釋引用時說明，餘不贅言。

　　二、整理時對底本之異體字、俗體字等統一改用通行繁體字，個別古今字及特殊用字酌情保留，不出校勘記。

　　三、正文中之訛脫衍倒及內容重複者，均直接增刪乙改，在注文中詳細說明。不用校勘符號，以免繁瑣。

　　四、原書收錄詩文時，對作者之時代或注或否，今對需要說明者出注，正文不作改動；至於詩文題名有誤者，則據別集或其他總集改正，出校說明。

　　五、注釋時，以考索引文出處并以準確出處之善本或通行本進行參校爲主，以注明詩文所用典故爲輔，以考辨舊聞之誤、補正故說之缺爲創新點。對於名家之詩文，如李白、杜甫、蘇軾等，其別集均有精校精注本者，本書均不再作注釋。

　　最後，感謝西華大學"地方文化資源保護與開發研究中心"對本書之立項資助，感謝成都大學鄧經武先生在本課題申報時所作之鶚薦！本人腹笥草莽，拙著定有疏失，儻有讀者，且能指其瑕，則甚慰鵠望矣。

桃杏軒主人

二〇一六年三月　識於樂山

目 录

蜀都碎事序 …………………………………………………… 1
蜀都碎事敘 …………………………………………………… 4
蜀都碎事提要 ………………………………………………… 6
蜀都碎事卷之一 ……………………………………………… 7
蜀都碎事卷之二 ……………………………………………… 61
蜀都碎事卷之三 ……………………………………………… 105
蜀都碎事卷之四 ……………………………………………… 147
蜀都碎事藝文補遺卷上 ……………………………………… 185
  蠶叢國詩四章 ………………………………… 漢古辭/185
  其二 …………………………………………………… 185
  其三 …………………………………………………… 185
  其四 …………………………………………………… 185
  成都詩 …………………………………………… 蕭遘/186
  賦得蜀都詩 ……………………………………… 褚亮/186
  成都府詩 ………………………………………… 杜甫/186
  錦城曲 ………………………………………… 温庭筠/187
  成都曲 …………………………………………… 張籍/187
  竹枝歌 ………………………………………… 白居易/187
  成都書事百韻詩 ………………………………… 薛田/188
  二月八日大慈寺前蠶市 ………………………… 田況/193
  寒食出城 ………………………………………… 前人/193
  三月十四日大慈寺建乾元節道場 ……………… 前人/193
  成都爲客作 ……………………………………… 田澄/193

1

竹枝歌	楊慎/194
其一	194
其二	194
其三	194
其四	194
其五	194
其六	195
其七	195
其八	195
其九	195
其十缺	195
竹枝詞	陳祥裔/195
其二	196
其三	196
其四	196
其五	196
其六	196
其七	196
其八	197
其九	197
其十	197
禮殿詩	李石/197
成都揚子雲洗墨池詩	趙貞吉/198
武侯廟	杜甫/198
奉陪安撫大卿登八陣臺覽觀忠武侯諸葛公遺像偶成長句	張縯/199
同群公秋登琴臺	高適/199
草堂	杜甫/200
除草	前人/200
草堂即事	前人/200
題艸堂寺	黃君瑞/201

游艸堂	陳南賓	/201
艸堂	陳祥裔	/201
草堂寺·臨江仙詞	陳祥裔	/201
正初承陳玉泉代巡邀飲青羊宮，柬此奉謝	雷賀	/202
宣華苑宮詞	王衍	/202
宮詞	花蕊夫人	/202
其二		203
其三		203
其四		203
其五		203
其六		203
其七		204
其八		204
其九		204
其十		204
其十一		204
其十二		205
其十三		205
其十四		205
其十五		205
其十六		205
其十七		206
其十八		206
其十九		206
其二十		206
其二十一		206
其二十二		207
其二十三		207
其二十四		207
其二十五		207
其二十六		207

其二十七 ……………………………………………… 208
其二十八 ……………………………………………… 208
其二十九 ……………………………………………… 208
其三十 ………………………………………………… 208
其三十一 ……………………………………………… 208
其三十二 ……………………………………………… 209
其三十三 ……………………………………………… 209
其三十四 ……………………………………………… 209
其三十五 ……………………………………………… 209
其三十六 ……………………………………………… 209
其三十七 ……………………………………………… 209
其三十八 ……………………………………………… 210
其三十九 ……………………………………………… 210
其四十 ………………………………………………… 210
其四十一 ……………………………………………… 210
其四十二 ……………………………………………… 210
其四十三 ……………………………………………… 211
其四十四 ……………………………………………… 211
其四十五 ……………………………………………… 211
其四十六 ……………………………………………… 211
其四十七 ……………………………………………… 211
其四十八 ……………………………………………… 212
其四十九 ……………………………………………… 212
其五十 ………………………………………………… 212
其五十一 ……………………………………………… 212
其五十二 ……………………………………………… 212
其五十三 ……………………………………………… 212
其五十四 ……………………………………………… 213
其五十五 ……………………………………………… 213
其五十六 ……………………………………………… 213
其五十七 ……………………………………………… 213

其五十八	213
其五十九	213
其六十	214
其六十一	214
其六十二	214
其六十三	214
其六十四	214
其六十五	214
其六十六	215
其六十七	215
其六十八	215
其六十九	215
其七十	215
其七十一	215
其七十二	216
其七十三	216
其七十四	216
其七十五	216
其七十六	216
其七十七	216
其七十八	217
其七十九	217
其八十	217
其八十一	217
其八十二	217
其八十三	217
其八十四	218
其八十五	218
其八十六	218
其八十七	218
其八十八	218

其八十九	219
其九十	219
其九十一	219
其九十二	219
其九十三	219
其九十四	219
其九十五	220
其九十六	220
其九十七	220
其九十八	220
其九十九	220
其一百	221
錦	鄭谷/221
蜀牋	文彥博/221
薛濤井·臨江仙詞	陳祥裔/221
昇仙橋	岑參/222
昇仙橋	羅隱/222
萬里橋	岑參/222
臨別成都帳飲萬里橋贈譚德稱詩	陸游/222
萬里橋西有僧居曰"聖果"，後瀕錦江，有脩竹數千竿，僧辯作亭於竹中。予與諸公自橋乘舟，泝流過之，因名亭曰"萬里"，蓋取其發源注海，與橋名同而實異。因作小詩識之	呂大防/223
萬里橋·臨江仙詞	陳祥裔/223
題武擔寺西臺詩	段文昌/223
題武擔寺西臺詩	姚向/224
題武擔寺西臺詩	溫會/224
題武擔寺西臺詩	楊汝士/224
題武擔寺西臺詩	李敬伯/224
題武擔寺西臺詩	姚康/224
離堆行	范成大/225

凌雲寺詩二首	薛濤/225
其二	225
嘉定舟中望凌雲山	鄭日奎/226
和浣花亭詩	葛琳/226
浣溪女	陸游/227
觀古魚鳧城	孫松壽/227
謁江瀆廟	喻汝礪/227
江瀆亭	宋祁/228
夏日江瀆亭小飲	前人/228
淫豫歌	古辭/228
灩澦歌	前人/229
灩澦堆	杜甫/229
灩澦	前人/229
灩澦堆	陳祥裔/230
巫山懷古	劉希夷/230
十三四時常從巫峽過他日偶然有思	沈佺期/230
上三峽	李白/230
宿巫山下	前人/231
道峽似巫山	朱使欣/231
和朱使欣道峽似巫山二首	張説/231
其二	前人/231
巫峽	楊炯/232
巫峽	曹松/232
巫山高	張九齡/232
巫山高	凌敬/233
巫山高	李元操/233
巫山高	于濆/233
巫山	蘇拯/234
題巫山神女祠	繁知一/234
巫山曲	孟郊/234
巫山高	前人/235

7

巫山高	李咸用/235
巫山高	劉方平/235
巫山高	戴叔倫/235
巫山高	張子容/236
夜過巫山	崔仲方/236
題巫山廟	劉滄/236
巫山高	郭莊/236
巫山高	魏裳/237
巫山高	黃佐/237
巫山天下奇	周洪謨/238
雪山天下高	前人/238
眉山天下秀	前人/238
瞿唐天下險	前人/239
瞿塘兩崖	杜甫/239
瞿塘懷古	前人/239
初入瞿塘	白居易/240
暮上瞿塘峽	項斯/240
瞿塘	陳祥裔/240
石犀行	杜甫/240
曉行巴峽	王維/241
巴江	鄭谷/241
巴山	杜甫/241
巴女謠	于鵠/241
巴渝竹枝詞	陳祥裔/242
其二	242
其三	242
其四	242
初入峽有感	白居易/242
出峽	胡皓/243
下峽	鄭谷/243
峽中作	盧象/243

峽中即事	女郎廉氏/243
題峽中石上	白居易/244
峽口二首	杜甫/244
其二	244
峽哀十首	孟郊/244
其二	245
其三	245
其四	245
其五	245
其六	245
其七	246
其八	246
其九	246
其十	246
瀼西寒望	杜甫/246
游三學山	智鉉/247
游梵宇三學寺	王勃/247
峩眉山	鄭日奎/247
賦得青城山歌送楊杜二郎中赴蜀軍	錢起/248
游青城山	李真/249
鹿頭山	杜甫/249
丈人山	前人/249
鹽井	前人/249
滕王亭子	前人/250
禹廟	前人/250
晚秋陪嚴鄭公摩訶池汎舟	前人/250
偶宴西蜀摩訶池	暢當/250
嘉陵江	羅鄴/251
過武連重游宋元豐覺苑寺和陸放翁碑上韻	陳祥裔/251
登平都山	陳祥裔/251
弔陸宣公墓	陳祥裔/251

白帝城懷古	陳子昂/252
曉望白帝城鹽山	杜甫/252
上白帝城	前人/252
白帝城樓	前人/252
白帝樓	前人/252
白帝	前人/253
白帝城最高樓	前人/253
上白帝城二首	前人/253
其二	前人/253
卜居	前人/253
堂成	前人/254
白帝城詩	宋肇/254
白帝廟	楊安誠/254
白帝城	陳祥裔/255
題漢州西湖	房琯/255
題房琯漢州西湖	嚴公貺/256
和李德裕游漢州房公湖二首	鄭澣/256
其二	256
陪王漢州留杜綿州泛房公西湖	杜甫/256
題漢州西湖	嚴公弼/257
夔州歌十絕句	杜甫/257
其二	257
其三	257
其四	257
其五	258
其六	258
其七	258
其八	258
其九	258
其十	258
過夔州	陳祥裔/259

劍門 ……………………………………… 杜甫 /259
　　入劍門 …………………………………… 戎昱 /259
蜀都碎事藝文補遺卷下 …………………………… 260
　　萬里橋賦 ………………………………… 陸肱 /260
　　鑿二江賦 ………………………………… 狄遵度 /261
　　神女廟賦 ………………………………… 晁公遡 /262
　　灩澦堆賦 ………………………………… 薛紱 /265
　　巴國考 …………………………………… 王象之 /266
　　蜀國考 …………………………………… 前人 /266
　　蜀山考 …………………………………… 前人 /267
　　蜀水考 …………………………………… 前人 /268
　　劍閣銘 …………………………………… 張載 /269
　　月巖銘 …………………………………… 冉木 /269
　　卜肆銘 …………………………………… 陸龜蒙 /270
　　移建離堆山伏龍觀銘 …………………… 馮伉 /270
　　禹廟記 …………………………………… 王廷瞻 /272
　　重修杜工部祠堂記 ……………………… 張時徹 /274
　　重修杜工部草堂記 ……………………… 楊廷和 /276
　　重修瀼西草堂記 ………………………… 陳文燭 /278
　　重建塗山禹廟碑記 ……………………… 曹汴 /279
　　籌邊樓記 ………………………………… 陸游 /281
　　李太白故宅記 …………………………… 楊遂 /282
　　杜工部草堂記 …………………………… 趙次公 /284
　　修玉局觀記 ……………………………… 彭乘 /286
　　朱真人石洞記 …………………………… 鄒敦仁 /289
　　銕牛記 …………………………………… 陳鎏 /289
　　白帝廟辯誣記 …………………………… 張珖 /291
　　新修江瀆廟記 …………………………… 蘇德祥 /292
　　龍多山錄 ………………………………… 孫樵 /294
　　萬里橋記 ………………………………… 劉光祖 /295

11

駟馬橋記…………………………………………京鏜/296
杜宇鼈靈二墳記…………………………………陳皋/298
神女廟記…………………………………………馬永卿/298
學射山仙祠記……………………………………文同/301
忠州重修唐陸宣公祠墓記………………………趙貞吉/303
晚秋游武擔山寺序………………………………王勃/305
成都草堂詩碑序…………………………………胡宗愈/306
謁昭烈廟文………………………………………王十朋/307
謁武侯廟文………………………………………前人/307
立杜工部祠祭文…………………………………許應元/307
石經碑跋…………………………………………胡元質/308

《蜀都碎事校注》引書目錄……………………………310

蜀都碎事序[一]

　　自地皇氏畫分疆宇而後，夏、商、周列爲九州[二]。秦并天下，又區爲三十六郡。唐更十道，宋元以末，各以諸路名之。其間山川、城郭、人物，變遷之事繁矣。正史、《括地》、統志、輿圖而外，往往家自爲書，人自爲記，以補見聞所不逮。如《金陵遺事》[三]《武陵舊事》[四]諸書，皆搜討者所必及。然或未經親歷，得之流傳，則訛僞相承，其不見誚於耳食，幾希

[一] "序"，大觀本其下有"一"字。
[二] "地皇氏"，三皇之一，上承天皇氏，下接人皇氏。《路史》卷二《中三皇紀·地皇氏》云："天皇氏逸，地皇氏作，出於雄耳、龍門之岳。鏗名，岳姓。馬蹏，妝首，十一龍君。迭辟繼道，主治荒極。"注云："字子元，號中地皇君。""地皇十一君，皆女面，龍顙，馬蹏。《水經注》榮氏云：'兄弟十人，面貌皆如女子，而相類蛇身，獸足，出龍門山。'"《洞神經》云：'中地皇君，主治八荒、四極、四海、山川、谿谷。'"
[三] "金陵遺事"，此書題名或不確。明彭大翼《山堂肆考》卷一二三"金陵遺事"條云："宋朱舜庸，建康人，嘗編《金陵遺事》，積二十年，自里巷口傳、仙佛之書，無不研綜。慶元中，留守吳琚爲之銓次，目曰《續建康志》。"如果此處是指宋人朱舜庸之書，則其正式題名乃《續建康志》，或稱《慶元建康志》，見《至大金陵新志》之《新舊志引用古今書目》。復據《中國古籍總目》，其"史部地理類·雜志之屬"收錄明人周暉所作《金陵瑣事》二卷，續二卷，二續二卷。清錢謙益《列朝詩集·丙集》卷一四"陳指揮鐸"條云："周暉《金陵遺事》載其《齋居》詩云：'晚樹低分霽，春雲淡隔城。'"此條所引正周暉《金陵瑣事》卷二"佳句"條也。而朱舜庸書在《景定建康志》問世後，就漸少流傳，清人所稱之"金陵遺事"，殆即周暉《金陵瑣事》之別稱。
[四] "武陵舊事"，此處當指宋人周密所著之《武林舊事》。按，題作《武陵舊事》者，明人陳國寶撰。嘉慶《常德府志》卷一九《藝文考·史部》記載："陳國寶《武陵舊事》，二卷。"光緒《湖南通志》卷二四七《藝文志三》則不著錄卷數，同書卷一七一《人物志之十二》列其小傳云："陳國寶字定甫，武陵人，貢生。獻賊陷常德，國寶率從子文彬募鄉勇拒之於文江渡，境賴無事。賊退，置義塚，徧瘞暴骸，并作庵於側，額曰'淨土'。"今按，此人不甚知名，其《武陵舊事》僅兩卷，流傳當亦不廣，或非蘇輪所指者。疑爲宋人周密《武林舊事》之誤，該書現存，流傳廣泛，雜記南宋都城遺事掌故，乃宋代史料筆記之佼佼者。且典籍中不乏誤《武林舊事》爲《武陵舊事》者，如《欽定四庫全書總目》卷一六二"《白石詩集》一卷附詩說一句"條云："考《武陵舊事》載夔詩四首，《咸淳臨安志》載夔詩三首，《研北雜志》載夔詩一首，皆此本所無，知在所佚諸卷之內矣。"經核對，周密《武林舊事》卷二收錄姜夔詩五首，雖略有出入，但可證此《武陵舊事》即《武林舊事》也。又如文淵閣《四庫全書》本《吳興備志》卷二六"湖州又有六客堂酒，見《武陵舊事》"；嘉慶鈔本《絳雲樓書目》卷一亦云"泗水潛夫《武陵舊事》一冊"，《武陵舊事》亦是《武林舊事》之誤也。

矣。吾友耦漁先生，弘博才也，通守錦官，幾歷年所。簿領之暇，捃摭群書，廣諮故老，上溯蠶叢、魚鳧，下及歷代，凡可以備輶軒、供考證者，靡不悉載，蔚成一編，以繼《蜀檮杌》之後。嗚呼！可謂勤矣。

昔崔祖濬問羊腸阪而知有二[一]；蕭子良登秦望山，范雲預覓碑處，諳其句讀，及期，略皆上口，卒為上賓[二]。苟非平時探索功深，臨事詎于猝對耶？予性耽披閱，苦卷帙缺略，且慕虎牙、熊耳、白帝、青城之勝，未能裹糧一游。今得耦漁先生是集，不啻置身杜陵老、花蕊夫人吟嘯處也。其即《水經》《山海》之書與？抑即識商羊之尼父[三]、辨臺駘之國僑[四]、識俞兒之敬仲[五]、知乖龍之壯武也與[六]？予不敏，敢

[一]"問"，原作"向"，文義不通，形近而誤，今據《隋書》改。按，崔祖濬，隋朝人，名賾，字祖濬，崔廓之子。《隋書·隱逸傳·崔廓附子賾傳》云："從駕登太行山，詔問賾曰：'何處有羊腸阪？'賾對曰：'臣按《漢書·地理志》上黨壺關縣有羊腸阪。'帝曰：'不是。'又答曰：'臣按皇甫士安撰《地書》云太原北九十里有羊腸阪。'帝曰：'是也。'因謂牛弘曰：'崔祖濬所謂問一知二。'"

[二]"范雲"，南朝齊人，字彥龍。《南史》本傳云："齊建元初，竟陵王子良為會稽太守，雲為府主簿，王未之知。後刻日登秦望山，乃命雲。雲以山上有秦始皇刻石，此文三句一韻，人多作兩句讀之，並不得韻；又皆大篆，人多不識。乃夜取《史記》讀之令上口。明日登山，子良令賓僚讀之，皆茫然不識。末顧雲，雲曰：'下官嘗讀《史記》，見此刻石文。'乃進讀之如流，子良大悅，因以為上賓。自是寵冠府朝。"

[三]"識商羊之尼父"，指孔子到齊國辨認一足鳥之事。《孔子家語》卷三云："齊有一足之鳥，飛集於公朝，下止於殿前，舒翅而跳。齊侯大怪之，使使聘魯問孔子。孔子曰：'此鳥名曰商羊，水祥也。昔童兒有屈其一腳，振訊兩肩而跳且謠曰："天將大雨，商羊鼓舞。"今齊有之，其應至矣。急告民趨治溝渠、修隄防，將有大水為災。'頃之，大霖雨，水溢泛諸國，傷害民人。唯齊有備，不敗。景公曰：'聖人之言，信而徵矣！'"

[四]"辨臺駘之國僑"，指鄭子產到晉國看望晉侯并分析其得病之因一事。《左傳·昭公元年》云："晉侯有疾，鄭伯使公孫僑如晉聘，且問疾。叔向問焉，曰：'寡君之疾病，卜人曰實沈臺駘為祟，史莫之知，敢問此何神也？'子產曰：'……昔金天氏有裔子曰昧，為玄冥師，生允格、臺駘。臺駘能業其官，宣汾洮，障大澤，以處大原。帝用嘉之，封諸汾川。沈、姒、蓐、黃，實守其祀。今晉主汾而滅之矣。由是觀之，則臺駘汾神也。'"

[五]"識俞兒之敬仲"，指管仲辨識山神俞兒之事。管仲名夷吾，又名敬仲。《管子·小問第五十一》云："桓公北伐孤竹，未至卑耳之谿十里，闟然止，瞠然視，援弓將射，引而未敢發也。謂左右曰：'見是前人乎？'左右對曰：'不見也。'公曰：'事其不濟乎！寡人大惑。今者寡人見人，長尺而人物具焉，冠，右袪衣，走馬前疾，事其不濟乎！寡人大惑。豈有人若此者乎？'管仲對曰：'臣聞登山之神，有俞兒者，長尺而人物具焉。霸王之君興而登山，神見，且走馬前疾，道也。袪衣，示前有水也。右袪衣，示從右方涉也。'至卑耳之谿，有贊水者曰：'從左方涉，其深及冠。從右方涉，其深至膝。若右涉，其大濟。'桓公立拜管仲於馬前，曰：'仲父之聖至若此，寡人之抵罪也久矣。'"

[六]"知乖龍之壯武"，或即指張華見肉而知其為龍之事，張華曾封壯武郡公，故稱。《晉書·張華傳》云："陸機嘗餉華鮓，于時賓客滿座，華發器便曰：'此龍肉也。'眾未之信，華曰：'試以苦酒濯之，必有異。'既而五色光起。機還問鮓主，果云：'園中茅積下得一白魚，質狀殊常，以作鮓，過美，故以相獻。'"乖龍者，不依法度行雨而遭天譴之龍，或被割耳，或遭雷擊，故多變化其形，四處藏匿。見《茅亭客話》卷五"避雷"條、《太平廣記》卷三九三"狄仁傑"條等。

先乞副草以作卧游之一助。

康熙辛巳秋初，湖上同學小弟蘇輪拜藁[一]。

[一]"康熙辛巳"，即康熙四十年（一七〇一）。◎蘇輪：錢塘諸生，字月查，著有《月查詩鈔》兩卷。阮元《兩浙輶軒錄》卷一一錄其詩六首，且引遲維璽《月查詩鈔序》評其詩云："月查詩徵材富有，造境神化，平澹近於陶，樸老幾於杜，穠織香豔，髣髴乎西崑。或爲扶摘峭刻、牛鬼蛇神之技，即起昌谷於今日，猶當引爲知己。"

蜀都碎事敍[一]

　　巴蜀之地，民殷國富，西南一大都會也。而自古迄今，有以功業特傳，有以隙瑕遺誚者，何哉？《莊子》曰："六合之內，聖人論而不議。"非不議也，寓議于論，有不見也。故《山海經》《水經》既申《禹貢》，而郭璞、酈道元、闞駰、梁載言、樂史、王存、歐陽忞、祝穆、陳循、蕭德言諸子[二]，尤必分其綜，括其事，各以其書鳴其于天人之際。星際從忒，沿革廢興，風土人物，靡不言之周晰。凡欲幼學壯行者，察地利，辨人情，爲致君澤民具耳。

　　若夫巴蜀，陸有蠶崖、劍門、棧閣、金雞之險。三巴、三峽，益以青衣、羊山、馬湖，眾水滙流。石橫矗當隘，激狂瀾若雷，舟上下失勢。而氐、獠、黎、僰、六詔之地，偪處西南。旨哉，孔明隆中之對也[三]！一曰險塞，再曰巖阻，使非才智養于居恒、忠勇奮于旦夕，鮮克勝任。此張唐英所以有《蜀檮杌》之作乎？宋之去今，又五百餘載，時移物換，因革良多。懷瑾握瑜之士，有志搀輯[四]，輒以未得涉歷爲恨。

　　耦漁先生，博聞強識，素抱奇才，一揮出守，適贊治于益州。公餘凭眺，遇昔賢橫戈躍馬之場、誓水盟神之地，必有記述。間于美景良辰、

[一] "蜀都碎事敍"，大觀本作"序二"。
[二] "諸子"，晉人郭璞注《山海經》；北魏酈道元注《水經》；北魏闞駰撰《十三州記》，見《魏書》本傳；唐人梁載言撰《十道志》，見《舊唐書》本傳；宋人樂史撰《太平寰宇記》；宋人王存撰《元豐九域志》；宋人歐陽忞撰《輿地廣記》；宋人祝穆撰《方輿勝覽》；明人陳循撰《寰宇通志》；唐人蕭德言與顧胤、蔣亞卿等奉李泰之命撰《括地志》，見《舊唐書·太宗諸子列傳·濮王泰》。諸人皆地理學名家，但此處排列順序欠妥。
[三] "隆中之對"，指《三國志·蜀志·諸葛亮傳》所載孔明在隆中爲劉備分析天下形勢時評價益州之言，云："益州險塞，沃野千里，天府之土，高祖因之以成帝業……若跨有荊、益，保其巖阻，西和諸戎，南撫夷越，外結好孫權，內脩政理；天下有變，則命一上將將荊州之軍以向宛、洛，將軍身率益州之衆以出秦川，百姓孰敢不簞食壺漿以迎將軍者乎？誠如是，則霸業可成，漢室可興矣。"
[四] "搀"，大觀本作"搜"，同。

花朝月夕，登籌邊樓，俯江山佳麗；坐桃笙[一]，斟郫筒酒，陳設濤箋盈几。文以記之，詩以詠之，亦時爲長短句以發其攬轡澄清之志[二]。奚囊凡幾[三]？諸體畢備。庚辰之歲[四]，以《凝香》詞集先登梨棗，一時紙貴。第《蜀都碎事》一書，所載軼事如昔有今無、中廢後舉者，或得之見聞，或參之載籍，考證精確，典雅泓深。誠寓經術于游藝中，補《檮杌》之未逮，不徒以文章自鳴、等之於于蓋衆者也[五]。是宜急公海宇，備皇輿之採擇，傳之不朽。

而予更有進焉。先生年方強壯，牋書詞訟，聽受應酬；五官並用，悉皆贍舉[六]。即劉僕射當日，要亦無逾于此[七]。今守桐汭[八]，彼州人士，望若神君，不次之擢[九]，無慮指顧。異日，嘉謨嘉猷炳垂史冊，其足爲世準則者，必能倍徙于是書[十]。請以斯言券！

旹大清康熙四十年[十一]，歲次辛巳，仲冬上浣，年家晚生古杭聶鼎元頓首拜題于桐汭官署之一梅亭[十二]。

[一] "桃笙"，《方輿勝覽》卷六八《利州東路·巴州·土產門》云："桃笙，柳宗元詩云：'桃笙葵扇安可常。'子瞻云：'偶閱《方言》，簟，宋、魏謂之笙，乃悟桃笙以桃竹爲簟。桃竹出巴渝間，杜子美有《桃竹杖引》。'又見潼川府。"
[二] "攬轡澄清之志"，用《後漢書·黨錮列傳·范滂》之語："范滂字孟博，汝南征羌人也。少厲清節，爲州里所服，舉孝廉、光祿四行。時冀州飢荒，盜賊群起，乃以滂爲清詔使，案察之。滂登車攬轡，慨然有澄清天下之志。"此處蓋評陳祥裔附於《蜀都碎事》中之自作詩詞也。
[三] "奚囊"，李商隱《李賀小傳》云："每旦日與諸公遊，未嘗得題然後爲詩，如他人思量牽合以及程限爲意。恒從小奚奴騎距驢，背一古破錦囊，遇有所得，即書投囊中。"後即代指詩囊。
[四] "庚辰"，即康熙三十九年（一七〇〇），陳祥裔官廣德州知州，刊刻其詞集《凝香集》，此集四卷，收入《清詞珍本叢刊》第五冊。
[五] "於于蓋衆"，語出《莊子·天地》："子非夫博學以擬聖，於于以蓋衆，獨弦哀歌，以賣名聲於天下者乎？"成玄英疏云："於于，佞媚之謂也。"
[六] "贍"，原作"瞻"，形近而誤，據《宋書·劉穆之傳》改。
[七] "劉僕射"，即劉穆之，字道和，小字道民，官至左僕射。此人少好書傳，博覽多通，《宋書》本傳云："穆之與朱齡石並便尺牘，常於高祖坐與錦石答書。自旦至日中，穆之得百函，齡石得八十函，而穆之應對無暇也。"後世遂以"一日百函"贊才思敏捷、著述宏富。
[八] "桐汭"，廣德州之古稱。《左傳·哀公十五年》"夏，楚子西子期伐吳及桐汭"，杜預注"桐汭"云："宣城廣德縣，西南有桐木出白石山，西北入丹陽湖。"
[九] "不次"，不依尋常次序。《漢書·東方朔傳》："武帝初即位，徵天下舉方正賢良文學材力之士，待以不次之位。"顏師古注："不拘常次，言超擢也。"
[十] "徙"，大觀本作"蓰"，皆可。
[十一] "旹"，大觀本作"時"，同。康熙四十七年即一七〇八年。
[十二] "聶鼎元"，清丁紹儀《國朝詞綜補》卷七錄其《蘇幕遮》一首，小傳云："字汝調，仁和人。"清佟世南《東白堂詞選·姓氏》云："聶鼎元，字汝調，杭州人。"

蜀都碎事提要[一]

　　清陳祥裔撰，凡六卷。祥裔本姓喬氏，康熙中官成都府督捕通判。蒐羅蜀中故實爲《碎事》四卷，採摭頗富而體例未精，往往失之冗雜。徵引諸書，或注或否，亦傷疏漏。然前代題咏詩文無不兼收，而考證案語亦間及之，要不能不謂之博奥也。復以所采未盡，別爲藝文二卷，顔曰"補遺"，庶幾名副其實。惟祥裔自製詩亦儼然並列於唐宋名作間，殊躁於自表矣。

[一] 此提要録自大觀本，與《欽定四庫全書總目》文字略異，故附録《欽定四庫全書總目》之提要："《蜀都碎事》六卷，兩淮馬裕家藏本。國朝陳祥裔撰。祥裔，本姓喬氏，號藕漁，順天人。康熙中官成都府督捕通判。採蜀中故實爲《碎事》四卷。雜引諸書，或注或否，間附以考證按語及前代題咏詩文。復以所采未盡，別爲藝文二卷，謂之《補遺》。祥裔所自作詩，亦並列於唐宋名作之間。"按，大觀本之提要稱"清"而不稱國朝，當即民國上海進步書局刊印時據《欽定四庫全書總目》提要改寫而成。關於陳祥裔之號，當據康熙刻本作"耦漁"。

蜀都碎事卷之一

宦隱子陳祥裔耦漁輯

四川，《禹貢》梁州之域，自蠶叢、魚鳧而下，不通中國者千有餘載。至苴、蜀相攻，秦救苴，滅蜀及巴而郡縣之。漢曰廣漢，武帝始置益州部[一]，唐初置劍南道，爲西川。後增置東川府于梓州，于是稱兩川焉。

成都府，古蜀國，秦曰蜀郡；漢曰廣漢，曰益州；蜀漢都此；晉曰成都，曰錦城；唐曰劍南，曰南京，曰西川；明爲成都府。龍安府，秦氏羌地也；漢曰陰平；後魏曰江油；隋曰平武；唐曰龍門；宋曰龍州；明爲龍州宣撫司；今改爲龍安府。順慶，周雍州地；春秋、戰國爲巴子國；秦、漢屬巴郡；漢末曰安漢[二]；劉宋曰宕渠；隋曰巴西；唐曰南充，曰果州；宋曰順慶，曰寶慶；元東川；明順慶府；今因之。保寧，古葭萌地。按，葭萌，苴侯名，蜀侯弟也。春秋巴國地；漢曰巴西；晉曰閬中；梁曰南梁；西魏曰隆州；唐曰保寧軍；宋曰閬州，曰安德；元保寧；明保寧府。重慶，即周之巴子國；秦置巴郡；漢曰江州，漢末曰永寧；梁曰楚州；隋曰渝州；唐曰南平；宋曰重慶；明亦曰重慶。夔州府，周之魚復國也[三]；春秋爲夔子國；秦屬巴郡；漢曰永寧，曰巴東；蜀漢曰固陵；梁曰信州；唐曰雲安，曰夔州；國朝因明之夔州府。敘州府，古僰國，漢犍爲郡；梁、隋戎州；唐曰南溪；宋曰敘州；明曰敘州府。馬湖，古僰侯國，夷獠所居；漢武通西南夷，始置郡縣，曰犍爲，曰牂牁；唐曰馬湖，至今

[一] "益州部"，《漢書·武帝本紀》："(元封五年冬)初置刺史部十三州。"即分天下爲十三州，統領郡國。《史記·天官書》"觜、觿、參，益州"條張守節正義引《括地志》云："漢武帝置十三州，改梁州爲益州、廣漢。"此益州與元豐二年(一〇七九)所置"益州郡"不同。

[二] "漢末"，原作"漢宋"，形近而誤，今據順慶府歷史沿革而改。如《明一統志》卷六八《順慶府·建置沿革》云："漢末，劉璋分墊江，以上仍爲巴郡，治安漢。"

[三] "魚復"，原作"魚腹"，誤。《太平寰宇記》卷一四八《山南東道七·夔州》《方輿勝覽》卷五七《夔州·建置沿革》《明一統志》卷七〇《夔州府·建置沿革》下均稱其地周初爲魚復國，今據諸書校改。

仍之。遵義，漢夜郎、且蘭地，屬牂牁郡；唐曰郎州，曰播州；後没于南詔[一]；太原人楊端收復之，遂世其土，爲安撫司；元爲宣撫司；萬曆二十六年楊應龍反，平之，改遵義府。潼川，漢曰郪，曰廣漢；蜀漢曰梓潼；晉曰新都；梁曰新州；西魏曰昌城；隋曰梓州；唐曰東川；宋、明曰潼川。瀘州，東漢曰江陽；梁曰瀘州；隋、唐、宋曰瀘川；明又改爲瀘州。嘉定，秦蜀郡地；漢屬犍爲郡，曰漢嘉；隋曰眉山；唐、宋曰嘉州；明曰嘉定州。卭州，周職方屬雍；秦曰臨卭；梁曰卭州；西魏曰蒲原；明仍曰卭州。眉州，漢屬犍爲；西魏曰眉州[二]；梁曰青州，曰齊通；隋曰眉山，曰通義；宋曰眉州。雅州，秦、漢曰嚴道，屬蜀郡；西魏曰蒙山；隋曰臨卭；唐、宋、明曰雅州。蜀都之經界，略見于此矣。

川者，穿也，水穿地中故曰川。《釋名》[三]。岷江，一水也；瀘，一水也；雒，一水也；渝，一水也。蜀江之水非一，而岷、瀘、雒、巴爲四大川也，四川之名所繇昉與？一曰宋南渡後始分益、利、夔、梓爲四路，故曰四川。

桂太傅萼曰："四川地饒而險陀備。劍閣表雲棧之固，瞿塘鎖巴峽之流。但松潘孤城介在西北番域，而寄咽喉于龍州，千里轉運，慮爲夷阺[四]。烏撒、芒部諸夷内相結黨，數起兵釁，且于叙、瀘有唇齒之重，皆隱禍也。建昌六衛屬行都司，偏處西南，自爲奧區。保、順衝疲，民朴務簡；馬湖僻小，民夷相安，非所憂矣。"[五]

[一] "没"，原作"沿"，形近而誤。《明一統志》卷七二《遵義府·建置沿革》云："唐末没於夷。"今據改。

[二] "漢屬犍爲西魏曰眉州"，大觀本於其下復衍此九字，當刪。

[三] "釋名"，原作"説文"，且位於此條之末，乃據《蜀中廣記》卷五一《説文：'川者，穿也。水穿地而流曰川'"而誤，實則此語本自《釋名·釋水》，原文云："川，穿也，穿地而流也。"茲據原文校改出處并訂正。又按，陳祥裔此説誤人頗深，岷、瀘、雒、巴四水乃四川名稱來源之説并不載《説文》，但《御定佩文韻府》卷七之十、卷一六之九，《讀書紀數略》卷一一等均據《蜀都碎事》誤以爲乃《説文》之語；《蜀故》卷一亦大段承襲此處之文而不加考辨。唯《讀史方輿紀要》卷六六"巴江"條末簡注云："近説以岷、瀘、雒、巴爲四大川，故有四川之名，於義未安。"

[四] "夷"，原作"彝"，但後文亦作"夷"，則非爲避清廷顧忌而改者，不知何故作此字形？今據文義徑改，後文"夷語""夷堅丙志""西南夷"等誤作"彝"者亦徑改，不復出校。

[五] "桂太傅萼"，桂萼，字子實，饒州安仁（今江西餘江縣）人，曾加太子太保銜，故稱太傅，《明史》卷一九六有傳。此段文字乃據其《廣輿圖敘·四川圖敘》改寫，見《四庫全書存目叢書·史部》第一六六册。但"保、順衝疲，民朴務簡；馬湖僻小"并不載於其中，桂萼《文襄公奏議》卷七《進輿地疏·四川圖敘》亦無此語，故知非版本異同所致之佚文，實乃明人楊博《議天下郡縣繁簡疏》中關於四川情勢之語，收入《皇明兩朝疏抄》卷一八，不知何故竄入？

周末殺萇弘于蜀，血碧色，入地化爲碧玉，數里内土皆青色，故蜀有青泥坊[一]。杜工部詩云"飯煮青泥坊底芹"即此[二]。

張儀築大城屢頹，忽有大龜出于江。儀以問巫，巫曰："隨龜築之。"功果就。故人稱龜城[三]。今有龜化橋[四]。

又有少城，在子城西，惟西、南、北之三壁[五]，東即太城之西墉。張儀既築太城，後一年又築少城。樓曰白兔樓[六]。

摩訶池在成都府西。隋蜀王秀取土築廣子城，因爲池。有胡僧見之，曰"摩訶宫毘羅"。蓋梵語呼"摩訶"爲大，"宫毘羅"爲龍，謂此池廣大有龍耳。《方輿勝覽》[七]

摩訶池一名汙池，陳人蕭摩訶所開也[八]。

────────

[一]"周末……有青泥坊"，《莊子·外物》言"萇弘死于蜀，藏其血三年而化爲碧"，不言入地一説。宋施元之注蘇軾《次韻王定國得潁倅二首其二》"歸煮青泥坊底芹"引《仙傳拾遺》云："周末殺萇弘於蜀，其血碧色，入地化爲碧玉，數里内土皆青色。今蜀地有青泥坊，即弘死處。"而後元人陰勁弦《韻府群玉》卷六"平聲·陽韻·坊"下"青泥坊"條注文、明牛東《增修埤雅廣要》卷四〇"氣化門·肉化類""血化泥"條、《補續全蜀藝文志》卷五〇等所載均與陳祥裔此處所言完全吻合，或皆本自施元之注文也。

[二]"飯煮青泥坊底芹"，原作"煮飯青泥坊裏芹"，顯誤，今據杜甫《崔氏東山草堂》詩校改。

[三]"張儀……龜城"，此事早見於《太平寰宇記》卷七二所引《周地圖記》之文，但文字差異較大，爾後《方輿勝覽》卷五一《成都府·郡名》，《明一統志》卷六七《成都府·古蹟》之"太城"條皆與此處所言吻合。實則此事乃據城形附會之傳說，全國古地名稱龜城者甚多，皆取形似也。

[四]"龜化橋"，雍正《四川通志》卷二二之下《津梁門·成都府》此條注云："在華陽縣南金水河之東，俗呼青石橋。"同治《重修成都縣志》卷二《津梁門》"青石橋"條注云："治東，跨金水河。"且卷首地圖繪有具體位置，可參看。

[五]"又有少城在子城西惟西南北之三壁"，原作"又有小城在子城西、南、北之三壁"，不知所云，大觀本句讀亦誤。本段材料除末五字外，皆本自《明一統志》卷六七《成都府·古蹟》之"少城"條，故據以校改。其本意指少城僅西南北三面城牆，東牆方與太城之西牆共用者。◎後文之"少城"，原作"小城"；"太城"，原作"大城"，今據本書後文"太城九門，少城九門"改。

[六]"白兔樓"，現存關於此樓名稱之最早記載，見於《藝文類聚》卷二八"人部"所錄晉人張載《登成都白菟樓》詩，《成都文類》卷二、《全蜀藝文志》卷六、《古詩紀》卷三九、《漢魏六朝百三家集》卷五二等引此詩，均作"白菟樓"，"菟"與"兔"形近，而"菟"乃"兔"之俗字，且"菟"可通"兔"，如《楚辭·天問》："厥利維何，而顧菟在腹？"洪興祖補注云："菟與兔同。"故此樓本名白兔樓，亦可寫作"白菟樓"。乾隆《大清一統志》卷二九二《成都府·古蹟》之"張儀樓"條注文引舊《志》即以張儀樓爲白菟樓，久廢。

[七]此條出自《方輿勝覽》卷五一《成都府·池井》之"躍龍池"條注文，整理本《方輿勝覽》誤將"宫"字連上文。宫毘羅即蛟龍之義，《佛本行集經》卷六〇"長老宫毘羅"注云"隋言蛟龍"，可爲證矣。

[八]此條出自《蜀中廣記》卷四，但《蜀中廣記》云出《方輿勝覽》，而《方輿勝覽》卷五一《成都府·池井》之"躍龍池"條注文則不言其別名汙池也。實則《太平寰宇記》卷七二所載"汙池，一名摩訶池，昔蕭摩訶所置，在錦城西"正與此相合。

王建武成元年改摩訶池爲龍躍池。《蜀檮杌》[一]

　　建將薨兩月，摩訶池有鷄鵙來集。衍即位，仍改龍躍池爲宣化池。《王氏開國記》[二]

　　摩訶池在王蜀宮中，舊時泛舟入此池，曲折十餘里。至宋世，蜀宮後門已爲平陸，然猶呼爲水門也。《劍南詩稿》[三]

　　蜀主孟昶《夜起避暑摩訶池》詞云："冰肌玉骨清無汗，水殿風來暗香滿。繡簾一點月窺人，欹枕釵橫雲髩亂。起來瓊戶啓無聲，時見疏星渡河漢。屈指西風幾時來，只恐流年暗中換。"[四]按此池填爲蜀藩正殿，西南尙有一曲，水光漣漪，隔岸林木蓊蘙，游者寄古思焉。今改爲貢院[五]。

　　蜀王衍常裹小巾，其尖如錐。宮女多衣道服，簪蓮花冠，施胭脂夾臉，號醉妝。蜀王衍《醉妝詞》："者邊走，那邊走，只是尋花柳。那邊走，者邊走，莫厭金杯酒。"《北夢瑣言》[六]

[一] 此條出自《蜀檮杌》卷上。◎武成元年：即公元九〇八年。

[二] "王氏開國記"，五代辛寅遜撰，《十國春秋》卷五四爲其列傳，《太平廣記》卷二七八引《野人閒話》則作"辛寅遜"。此條內容出自《蜀中廣記》卷四、《蜀檮杌》卷一亦有相關記載："光天二年四月，有狐嗥於寢室，鵁鶄鳴於帳中，鷄鵙集於摩訶池。"

[三] "劍南詩稿"，原作"渭南集"，乃據《蜀中廣記》卷四轉引而承襲其誤也。實則此條本自《劍南詩稿》卷三《摩訶池》詩注文，原文云："蜀宮中舊泛舟入此池，曲折十餘里。今府後門雖已爲平陸，然猶號水門。"故校改出處。

[四] 此處所錄孟昶之作，《全蜀藝文志》卷二五、《詞綜》卷二等以爲詞，牌名《玉樓春》。但《墨莊漫錄》卷九、《全唐詩》卷八等則以爲詩。《蘇軾全集校注·詞集》卷一《洞仙歌·冰肌玉骨》張志烈校注引宋翔鳳之語，認爲《墨莊漫錄》等所載先有孟昶之作而東坡騣栝之說不實，當是先有東坡之詞，而後人刪去詞中虛字遂附會爲孟昶之作。

[五] 此按語最末一句乃陳祥裔本人之語，所記當是康熙三十一年或其後之事，而前面部分則本自《蜀中廣記》卷四，改爲藩王正殿乃明代之事。◎以上關於摩訶池的記載，雖然或有文獻出處，或闕如，但均非陳氏自己尋繹編排者，實抄錄《蜀中廣記》卷四之語。曹學佺之考證亦有誤，摩訶池與龍躍池（《方輿勝覽》作"躍龍池"）乃二池，雍正《四川通志》卷二三《山川·成都縣》下著錄"摩訶池"，《華陽縣》下著錄"龍躍池"，并考證云："龍躍池，在縣東南十二里。隋開皇中欲伐陳，鑿此池以教水戰。王衍乾德元年以龍躍池爲宣化苑即此。舊《志》作躍龍池，誤。按，摩訶、龍躍本二池，《蜀檮杌》'王建武成元年改摩訶池爲龍躍池'、《王氏開國記》'建將薨兩月，摩訶池有鷄鵙來集。衍即位，改龍躍池爲宣化池'俱誤。"今按，此說當是，《王氏開國記》言王衍即位仍改龍躍池爲宣化苑，細味"仍改"二字，則王建武成元年改爲龍躍池者，乃宣化池，非摩訶池，否則就不能解釋《王氏開國記》此條併載摩訶池和龍躍池之事。摩訶池遺址於二〇一四年六月發掘出，在成都市體育中心南側，參見《華西都市報》二〇一四年六月二十二日《摩訶池：隋朝成都的"人工湖"》。

[六] "北夢瑣言"，原在"號醉妝"之後，實則所引《醉妝》詞亦爲《北夢瑣言》之語，見《類說》卷四三，條目名"這邊走那邊走"，故今移至此處。此條與《類說》所引《北夢瑣言》之語僅個別文字有改易，賈二強點校本《北夢瑣言》所錄佚文則引周本淳校點本《詩話總龜》卷二二，比此處內容更多。

九葉芸香艸，出黎州[一]。嬪人結爲繩以辮髮，香經月不歇，亦南楚零陵香之類也。

　　螢火，大如蜙蝑，足多而色黑。背有甲，物觸之則卷曲如蝟，尾後火光雙出。予初見之以爲異物，詢之土人，乃知其爲螢火也。

　　昇仙橋在成都府北門外。魚鳧王、張伯子俱乘虎仙去，橋因以名[二]。司馬相如東游，題其柱曰："不乘駟馬車，不復過此橋。"[三]今橋邊勒石曰駟馬橋。

　　支機石，即海客攜來、自天河所得、織女命問嚴君平者。太尉燉煌公好奇尚異[四]，命工人鎸取支機一片，欲爲器用。椎琢之際，忽若風霎，墜于石側，如此者三。公知其霛物，乃已之，至今所刻之跡猶存。石在蜀之

―――――――――――

[一] "九葉芸香艸"，疑乃"韭葉芸香草"之誤。乾隆《大清一統志》卷三六九《雲南府·土產》之"芸香草"條注文云："出昆明，有二種。一名五葉芸香，能治瘴毒。入夷方者攜之，如嚼此草無味，便知中毒，服其汁，吐之自解。一名韭葉芸香，能治瘴癘。"稱其爲韭葉芸香草，當因其葉似韭葉而得名，非一株草有九葉也。又，此條云出黎州，不知陳氏何據。《明一統志》《寰宇通志》，嘉靖、萬曆九年《四川總志》等均不言黎州出芸香草。

[二] "魚鳧王張伯子俱乘虎仙去"，按，魚鳧王、張伯子乘虎昇仙之事，見於明陸應陽《廣輿記》卷一六"昇仙橋"條注文，此處所言當本自《廣輿記》。但《蜀中廣記》卷七一引云："來敏《本蜀論》曰：'蠶叢始王蜀，八萬四千歲，蠶叢死，次王曰柏灌，柏灌次王曰魚鳧，魚鳧王田於湔上，忽得仙道，蜀人思之，爲立祠於湔上。'按，今溫江縣北十里魚鳧城是其上昇處。李昊《羊馬城記》亦云魚鳧羽化於湔山也。"而《華陽國志》卷三僅言魚鳧王田於湔山，忽得仙道，則魚鳧王乘虎於昇仙橋成仙之說，乃後人附會。◎"張伯子"，《文同全集編年校注》卷二五《成都府學射山新修祠宇記》作"張柏子"，且稱其"嘗居此學道，以是日得帝詔，駕赤文於菟，簫雲衢，跕天關以去"，則其乘虎昇仙之地在學射山，與昇仙橋無關也。但《廣輿記》的記載卻被以後之書如雍正《四川通志》卷二三、《蜀故》卷六、《御定淵鑑類函》卷三三九等承襲。

[三] "題其柱曰"，《華陽國志》卷三云："城北十里有昇仙橋，有送客觀。司馬相如初入長安，題市門曰：'不乘赤車駟馬，不過汝下也。'"此乃相如題橋之最早記載，與以後流傳之題字橋柱一說略異。

[四] "太尉燉煌公"，當指李德裕，《錄異記》卷二"李德裕得奇桑斲爲琵琶槽"條稱"燉煌公李太尉德裕"可證。從資料來源看，自"支機石"至"跡猶存"之語，陳祥裔抄錄自《蜀中廣記》卷一，而曹學佺又抄錄自《雲笈七籤》卷一二二《道教靈驗記》。《錄異記》與《道教靈驗記》均爲杜光庭之書，故知太尉燉煌公即李德裕。但此稱號疑誤，李德裕並不曾於燉煌爲官，也未封爲燉煌公，他是贊皇人，故史上多稱其贊皇公。從目前僅見杜光庭稱其燉煌公來看，當是杜氏之誤，惜難考致誤之由。◎此條所言之傳說，頗爲不經，《因話錄》卷五考辨云："《漢書》載張騫窮河源，言其奉使之遠，實無天河之說。惟張茂先《博物志》說近世有人居海上，每年八月見海槎來不違時。齎一年糧，乘之到天河，見婦人織，丈夫飲牛。遣問嚴君平，云：'某年某月某日客星犯牛斗。'即此人也。後人相傳云得織女支機石，持以問君平。都是憑虛之說。今成都嚴真觀有一石，俗呼爲支機石，皆目云當時君平留之。寶曆中，余下第還家，于京洛途中逢官差遞夫舁張騫槎。先在東都禁中，今准詔索有司取進，不知是何物也。前輩詩往往有用張騫槎者，相襲謬誤矣。縱出雜書，亦不足據。"

西南隅石牛寺之側，出土而立，高可尺餘，色微紫。近土有一窩，似機足所支處，上鐫"支機石"三字，篆文似隸而遒媚有致，似唐人書跡。原在嚴真觀舊址[一]，今入民家菜圃中。旁有石碣，曰"嚴君平賣卜處"[二]。

龍鏡潭在廣安州，水圓如鏡，宋刻"龍鏡"二字于石，至今猶在[三]。

賽蘭香，花小如金粟，馥郁可愛。戴之髮髻，香聞十步，經月不散，佛經所謂伊蘭也[四]。

托諾河在鎮雄軍民府。夷語松曰托，沙石曰諾，以此河畔有松樹、沙石故名[五]。

灼灼，錦城妓也，善舞《柘枝》，能歌《水調》，御史裴質與之善。裴召還，灼灼每遣人以輭絹聚紅淚爲寄。《麗情集》[六]

蜀有王曰杜宇，號曰望帝，禪位于鱉靈，號曰開明氏，升西山隱焉。時適二月，子鵑鳥鳴，故蜀人悲之，聞子鵑鳴即曰望帝也。　李膺《蜀志》[七]

[一] "觀"，原無，今據文義及《因話錄》卷五、《方輿勝覽》卷五一《成都府·山川》"支機石"條、《蜀中廣記》卷一引《錦里耆舊傳》等補。

[二] "嚴君平賣卜處"，《補續全蜀藝文志》卷五五云："成都少城西隅真武宮前有耿叔臺先生手書'嚴君平賣卜處'六大字。"耿叔臺乃耿定力之號，湖北黃岡人。《天啟新修成都府志》卷五二耿定力所作《成都府學記》稱"萬曆癸未夏，不佞入郡受事"，則題此六字當在一五八三年其出任成都之後。

[三] "至今猶在"，按，此條本自《蜀中廣記》卷二八，本無此四字，乃陳祥裔所增，但光緒《廣安州志》卷一〇《古蹟·龍鏡清光》載其時已不存此題字。

[四] 按，此條本自《升庵全集》卷七九"伊蘭花"條，原文云："蜀中有花名賽蘭香，花小如金粟，特馥烈，戴之髮髻，香聞十步，經月不散。曾少岷爲余言，此花之香冠于萬卉，但名不佳。余按：佛經云'天末香莫若牛頭、旃檀，天澤香莫若詹糖、薰陸，天華香莫若伊蒲、伊蘭'，則伊蘭即此花也，西域以之供佛。《後漢書》所謂'伊蒲之供'也。蒲即菖蒲花，世不恒有，貴其難得耳。"但明人謝肇淛《文海披沙》卷二則質疑楊慎云："伊蘭，他無所見，獨兩見於佛書。一云譬如牛頭、旃檀，生伊蘭叢中。未及長大在地下時，芽、莖、枝、葉如閻浮提竹筍，眾人不知，言此山中純是伊蘭，無有旃檀。而伊蘭臭若胖屍，薰四十里，若有食者，發狂而死。據此則伊蘭極臭惡之草。又云：天末香莫若牛頭、旃檀，天澤香莫若詹糖、薰陸，天華香莫若槃蒲、伊蘭。則伊蘭又似香草。楊用修遽用蜀中賽蘭香當之，恐亦未有據也。"

[五] 按，此條本自《明一統志》卷七〇《鎮雄府·山川》"托諾河"條，在今雲南鎮雄縣境內。

[六] "麗情集"，宋人張君房作，《文獻通考·經籍考四十四》著錄爲二十卷，今已散佚，曾慥《類說》卷二九、朱勝非《紺珠集》卷一一等多有摘錄，《叢書集成續編》第二一一冊所收《香豔叢書》本存一卷，即《紺珠集》中所載之翻錄也。此條從內容看，更近於《類說》所錄者，疑陳祥裔綜合《類說》與《紺珠集》所載而改寫也。

[七] 按，望帝化爲杜鵑之說見於《華陽國志》卷三，李膺之《蜀志》實爲南朝梁人李膺之《蜀記》，其書今已不存，佚文散見於《太平寰宇記》等書。陳祥裔稱此條出《蜀志》，或本自《九家集注杜詩》卷七《杜鵑行》題注趙彥材引《蜀記》之語："按《蜀記》曰：昔人有姓杜名宇，號曰望帝。宇死，俗說云化爲子規。規，鳥名也，一名鵑，蜀人聞子規鳥，皆曰望帝也。"

杜鵑大如鵲而羽烏，聲哀而吻有血，春至則鳴。《華陽風俗錄》[一]

楊柳多寄生，狀類冬青，經冬不凋。春夏之交作紫花，散落滿地。冬月望之，榮枯各異[二]。

火井在卭州治西八十里。欲出其火，先以家火投之，須臾焰出，光照十里。以竹筒盛接，有光無灰。取以煮鹽，一斛水可得五斗，家火煮之則鹽少[三]。

滴乳泉在瀘州城西真如寺，自崖中流出，味甚甘。魯直經行，大書此三字。按，《山谷集》中云：“瀘州大雲寺西偏崖石上有泉滴瀝，一州泉味皆不及也，余名曰滴乳泉。”[四]

保寧府通江縣北南壩寺，唐建也。每歲端陽前後，有蛇自柱礎間出，沿階滿室[五]。昔人傳云三萬四千尾，大小顏色非一種，然不爲害。按，此即巴蛇洞云[六]。

黃連以洪雅、榮經者爲上，大如指，多刺，內金紅色。土人束以貨之，謂把連，亦不多有。他產謂之水連，色黃而細，功遠不及把連矣。

薛濤井舊名玉女津，在東門外錦江南岸，水極清冽[七]。有碑鑴"薛濤井"三字，今臥于井側蔓艸中。

薛濤井久屬藩邸，環以欄盾，人不敢汲，尚備製箋之用。每歲以三月三日汲此井水造箋二十四幅，入貢一十六幅，餘留藩郡。所以餽送遠近縉紳，想皆他日倣作，未必以三月三日爲期也。然市肆絕無貿者，公

[一] 按，此條見於《古今事文類聚・後集》卷四四、《山堂肆考》卷二一四等。《華陽風俗錄》《新唐書・藝文志二》著錄云："張周封《華陽風俗錄》一卷，字子望，西川節度使李德裕從事，試協律郎。"其書今已不存。

[二] 按，此條抄錄自《補續全蜀藝文志》卷四七，原文亦不言出處。

[三] 按，此條本自《華陽國志》卷三而略有改動。

[四] 按，此條本自《蜀中廣記》卷一六，前部分敘述文字爲曹學佺據《輿地紀勝》卷一五三改寫，《方輿勝覽》卷六二亦有記載。其後之按語則本自黃庭堅《瀘州大雲寺滴乳泉記》而略有改動。

[五] "沿"，原作"沼"，形近而誤，據《蜀中廣記》卷二五改。

[六] "云"，原作"天"，形近而誤，據《蜀中廣記》卷二五改。今按，此條全本自《蜀中廣記》，道光《通江縣志》卷二《山川》之"蛇洞"條亦引曹學佺之書。明陳仁錫《潛確類書》卷二八《洞》"蛇洞"亦有相關記載，但文字略異，且不言出處，或亦是本自《蜀中廣記》也。

[七] 按，此句亦轉引自《益部談資》，在下一條內容之前。關於石碑之事，則乃陳祥裔親見者。

暇偶過之，惟見堂室數楹而已。《益部談資》[一]

元和之初，薛濤好製小詩，惜其幅大，不欲長謄，乃狹小之。蜀中才子亦以爲便，後皆減小諸箋，名曰薛濤箋。《舊志》[二]

益州舊貢薛濤十色箋，短而狹，纔容八行。《寰宇記》[三]

蜀箋十樣，曰深紅、粉紅[四]、杏紅、明黃、深青、淺青、深綠[五]、淺綠、銅綠、淺雲，又有松花、金沙、彩霞諸色。十者，舉成數耳[六]。《成都古今記》[七]

薛濤字洪度，本良家子，八歲即能詩，曉音律。其父一日坐庭中，指井梧曰："庭除一古桐，聳榦入雲中。"濤即應聲曰："枝迎南北鳥，葉送往來風。"後父鄖因官寓蜀而卒，母孀居，濤及笄，以詩聞外。又能掃眉塗粉，與士族不侔，客有竊與之燕語者。時中令韋皋鎮蜀，召令侍酒賦詩，因入樂籍。中令議以校書郎奏請，護軍曰不可，遂止。濤出入幕府，自皋至李德裕，凡歷十一鎮，皆以受知名士元稹、白居易輩，酬唱頗多。暮年著女冠服，屏居浣花溪，有詩五百首[八]。胡曾贈以詩曰："萬

[一] 按，此條云出《益部談資》，與文淵閣《四庫全書》本、《學海類編》本《益部談資》卷中所載均差異較大，如《四庫全書》本即云："薛濤井，舊名玉女津，在錦江南岸。水極清澈，石欄周環，久屬蜀藩，為製箋處。有堂室數楹，令卒守之。每年定期命匠製紙，用以為入京表疏，市無貨者。"但相關內容與《御定淵鑑類函》卷三四所載頗吻合："《益部談資》曰：薛濤井在成都錦江南岸，明代屬藩邸，環以欄盾，尚備製箋。每歲三月三日汲井水造箋二十四幅，入貢一十六幅，留藩邸。至饋遺遠近縉紳，皆他日倣造。"《御定淵鑑類函》與《蜀都碎事》均成書於康熙四十年，則二者此條內容彼此承襲之可能，實則乃引用《蜀中廣記》卷六七之語，而誤將曹學佺所敘當成《益部談資》之引文。《蜀中廣記》引《益部談資》之後，按語云："予庚戌秋過此，詢諸紙房吏，云每歲以三月三日汲此井水造箋二十四幅，入貢十六幅，餘者存留，乃作詩云……"可見，此條是綜合《益部談資》之記載與曹學佺之敘述改寫而來，籠統題出處爲《益部談資》，不妥。《御定淵鑑類函》更是理解錯誤，導致文字割裂不通，"留藩邸"前當有一"餘"字。○又，關於薛濤井的詳細情況，可參張篷舟《薛濤詩箋》。

[二] 按，此條題出處爲《舊志》，不知其所指具體爲何書，但此記載早見於唐人李匡乂《資暇集》卷下"薛濤箋"條。

[三] 按，此條出自《太平寰宇記》卷七二《益州·土產》。○"而"，原無，今據《太平寰宇記》補，文義更暢。

[四] "粉紅"，原作"淺紅"，今據《升庵全集》卷六六改。

[五] "淺青深綠"，原無，今據《升庵全集》卷六六補。

[六] 按，《成都古今記》之文與此異，《升庵全集》卷六六引文稱"又有松花、金沙、流沙、彩霞、金粉、桃花、冷金之別，即其異名"，但總云蜀箋有十樣，非陳祥裔所理解有十多樣而只舉其整數稱之者。

[七] "成都古今記"，宋人趙抃爲官成都之後所著，《郡齋讀書志》著錄爲三十卷，已佚。宛委山堂本《說郛》輯錄佚文一卷，但仍有諸多內容散見於《蜀中廣記》等書中。

[八] 按，以上所言薛濤事蹟與《蜀中廣記》卷六七所引元人費著《箋紙譜》多吻合，蓋即據以改寫也。

里橋邊女校書，琵琶花下閉門居。掃眉才子知多少，管領春風總不如。"[一] 濤因連帥怒而遠之，乃作《十離詩》以獻[二]。謂《犬離主》《筆離手》《馬離廄》《鸚鵡離籠》《燕離巢》《珠離掌》《魚離池》《鷹離架》[三]、《竹離亭》《鏡離臺》，遂復喜焉。

禹穴在石泉縣北石紐邨，大禹生此。石穴杳深，人跡不到。掘地得古碑，有"禹穴"二字[四]。

女狄汲石紐山下，泉水中得月精如雞子，愛而吞之，遂有娠，乃生禹。《帝王世紀》[五]

龍澄，夔郡人也。嘗于大瀼水中見一石合，探取之，獲玉印五，文字非世間篆籀。忽有神人詫之曰："玉印乃上帝所寶，昔授禹治水；水治，復藏名山大川。今守護不謹耳，可亟投原處。"澄如言，後登上第[六]。

[一] "胡曾"，原作"胡僧"，誤，今據五代何光遠《鑒誡錄》卷一〇"蜀才婦"、宋計有功《唐詩紀事》卷七九"薛濤"等改。按，胡曾乃唐末詩人，嘗在路巖帳下爲記室，《鑒誡錄》卷二載有其答判木夾書。《直齋書錄解題》卷一九《詠史詩》三卷"條云："胡邵陽胡曾撰，凡一百五十首。曾咸通末爲漢南從事。"《唐才子傳校箋》卷八有詳細考證，可參。另，此詩究竟爲胡曾作還是王建作，歷來頗有爭論，唐人王建《王建詩集》卷九、《萬首唐人絕句》卷五八、《成都文類》卷一二、《全蜀藝文志》卷二〇等均以爲乃王建作，《唐才子傳校箋》卷六詳細考證，認爲當是王建作，言之有理，可參看。◎"橋邊"，原作"樓臺"，據《王建詩集》《鑒誡錄》等改；"校"，原作"較"，據前文"校書"及《王建詩集》等改。◎"琵琶花"，《王建詩集》《成都文類》《全蜀藝文志》等均作"枇杷花"，清人宋長白《柳亭詩話》卷一七考證，云："駱谷中有琵琶花，與杜鵑花相似，後人不知，改爲枇杷。"則此處作"琵琶花"者是矣。◎"管領"，原作"領取"，明王世貞《豔異編》卷一〇、《御定佩文韻府》卷四之四、清人彭遵泗《蜀故》卷一六所引此詩亦作"領取"，當是別一版本也，今據《王建詩集》等改。
[二] "十離詩"，《鑒誡錄》稱薛濤有十離詩，但僅錄五首；《唐詩紀事》卷四九則引五代王定保《唐摭言》之語，言此十離詩乃元稹官居浙東觀察使時，幕下有薛秀才，因爭酒令而擲注子擊傷元稹猶子，遂出幕，後作十離詩，并援元稹詩云："馬上同擔今日盃，湖邊還折舊年梅。年年祇是人空老，處處何曾花不開。歌咏每添詩酒興，醉酣還命管絃來。罇前百事皆依舊，點檢唯無薛秀才。"今按，《元稹集·附錄五》考證，稱此首所謂元稹詩，實爲白居易之《與諸客攜酒尋去年梅花有感》，唯與《白居易集》所收文字小異而已。此薛乃薛景文，非所謂元稹幕下之薛秀才。卞孝萱《元稹年譜》"大和三年"下亦有考證，故知此十離詩的確爲薛濤所作，乃呈韋皋者。《薛濤詩箋》定此十首詩作年約在貞元五年（七八九）前後。
[三] "架"，《薛濤詩箋》作"鞲"。
[四] 按，此條不言出處，但當本自《潛確類書》卷二八《穴》之"禹穴"條，而《潛確類書》亦未言出處，或即從楊慎《丹鉛總錄》卷二"禹穴"條改寫而來也。
[五] 按，此條云出《帝王世紀》，此書宋代散佚，今人徐宗元有輯本，但無此條佚文。而眾多文獻如《太平御覽》卷四、《天中記》卷一等均云《遁甲開山圖》之榮氏注，頗疑陳祥裔題出處。
[六] 按，此條當即宋人洪邁《夷堅志》之佚文，《方輿勝覽》卷五七《夔州·山川》之"大瀼水"條注文、《明一統志》卷七〇同條均有徵引，但兩處引文略有不同，此處當本自《方輿勝覽》者也。但《方輿勝覽》不言龍澄乃何時人，而《明一統志》則稱其在宣和中游大瀼水，此水在奉節縣。

萬里橋在成都府南門外，以石爲之，高三丈，寬半之，長十餘丈，架錦江上。相傳以孔明送吳使張溫曰"此水至揚州萬里"，因以名橋。或曰費禕聘吳，孔明送之，曰："萬里之行始于此矣。"其說雖殊，名橋之義則一[一]。

　　竹𪖈，大如猫，灰黑色，善食竹根。烹食，味極鮮美，亦可醃食。其皮毛溫厚，可製衣褥[二]。

　　春時，每夜半有鳥鳴，其聲曰"點燈捉虼蚤"[三]，歷歷分明。問之土人，云昔有夫媷爲蚤所咬，起來點燈，時久雨，被房倒壓死，因化爲鳥，飛必匹之，亦可異也。

　　九折坂在雅州卭崍山，即王陽回車、王尊叱馭處[四]。

　　僰道有牛叩頭坂、馬搏頰坂，其險如此。《華陽國志》[五]

　　宋蘇實，治平間爲新都令，有異政。嘗厭衛湖蛙鳴，令人取一大者，以硃點之，戒曰："毋再喧囂！"已果不鳴。及湖中涸，群蛙結聚成團，啟視之，則硃點者居中，群蛙若擁翼焉。蘇令悉放之于江，終其任湖蛙無一鳴者。湖在新繁縣，蜀漢縣令衛常所開，在學宮後[六]。

　　戰國時蜀灾昏墊，杜宇居于蜀，不能治，舉荆人鱉靈治之。水既平，乃禪以位。死，皆瘞于郫。今郫縣南一里許，兩塚對峙若丘山，杜宇墓人猶有知者，獨鱉靈墳隸淨林寺中，今僧平其塚爲臺觀矣[七]。夫鱉靈之

――――――――――

[一] 按，萬里橋得名之由，《全蜀藝文志》卷三三錄宋人劉光祖《萬里橋記》之文與宋人施元之注蘇軾《送戴蒙赴成都玉局觀將老焉》引趙抃《成都古今記》之語皆與此處所言相合。

[二] 按，此條所言之竹𪖈，鄭樵《通志·昆蟲草木略·獸類》云："鼠之屬多。《爾雅》曰鼢鼠，音憤，地中行者，食竹根。今人謂之竹𪖈，伯勞所化。《廣雅》謂之鼳鼠。"《益部談資》卷下亦有相關記載，雍正《四川通志》卷三八之六《物產》謂雅安縣出此物，東坡有《竹𪖈》詩，言"野人獻竹𪖈，腰腹大如盎"，蓋民間以爲美味也。

[三] "虼"，原作"跊"，形近而誤，今改爲"虼"。按，陳祥裔言"問之土人"，當即成都人，故成都產此鳥；道光《遵義府志》卷一七"物產"徵引此條，則遵義亦有此鳥。

[四] 按，王陽、王尊事，《漢書·王尊傳》云："先是，琅邪王陽爲益州刺史，行部至卭郲九折阪，歎曰：'奉先人遺體，奈何數乘此險！'後以病去。及尊爲刺史，至其阪，問吏曰：'此非王陽所畏道邪？'吏對曰：'是。'尊叱其馭曰：'驅之！王陽爲孝子，王尊爲忠臣。'"王陽因愛惜自己身體爲孝道之一義，故不涉此險；王尊因爲國盡忠而不避此險，急趨而過，均言九折阪地勢之險要。

[五] 按，此條出《華陽國志》卷四"南廣郡"，關於二地得名之由，任乃強以爲乃形容牛馬負重經過時引首向下使勁之狀，詳參《華陽國志校補圖注》。

[六] 按，此條見《蜀中廣記》卷五、《潛確類書》卷三二等，《蜀中廣記》云出舊方志，殆即《新繁縣志》，嘉慶《新繁縣志》卷二九《政績》亦據《潛確類書》所載採入。

[七] 按，此段文字本自朱人陳鼏《杜宇鱉靈二墳記》，載於《成都文類》卷三二及《全蜀藝文志》卷三七。陳祥裔不言出處，易讓人誤解鱉靈之墓乃清初被淨林寺僧所毀。其後感慨之語則陳氏本人所言也。

功不下于禹，而誦明德不及焉，蜀人可謂負德矣，然亦守土者之責也。

黃連雞大如鴿，羽色黃白，食黃連葉。以其無所用，故人不捕焉[一]。

蜀人奉二郎神甚虔，謂之川主。其像俊雅，衣黃服，旁立扈從，擎鷹牽犬，然不知爲何神。詢之土人，莫有知者。而什邡縣治北四十里有章山，乃大蓬之閫也。古有高景關，即雒縣廢址，有神祠曰大郎廟神。蔓中得古碑，曰大安王神。豈大安與大郎字聲之訛耶？抑因灌縣二郎之號而倣以稱之也？是皆不然。謹按《名宦志》[二]，上古禹治洪水，西南經界未盡。迨秦昭王時，蜀刺史李冰行至湔山，見水爲民患，乃作三石人以鎮江水，五石牛以壓海眼，十石犀以壓海怪，遣子二郎董治其事，因地勢而利導之。先鑿離堆山以避沫水之害，三十六江以次而沛其流，由是西南數十州縣，高者可種，低者可耕，蜀中沃野千里，號爲陸海。一日循視水道，至廣漢郡，游石亭江而上，故有馬沿河之名[三]。至後城山遇羽衣，徐謂李公曰："公之德澤入于民也深矣，公之名注天府久矣，上帝有命來迎。"遂昇天而去。今祠嶺之西即後城治，上應畢宿。又有禮斗峯、昇仙臺之名，要非浪傳也[四]。事聞當宁，勑封昭應公[五]。至漢時，加封大安王，以其大安蜀民故也[六]。元至順元年，更封聖德廣裕英惠王，其子二郎神封爲英烈昭惠靈顯仁祐王[七]。而平武縣玉虛觀有宋御製封二郎神碑，今見存可考。世以爲姓張，又爲天帝之甥，則流俗傳訛也。

[一] 按，清王士禎《隴蜀餘聞》亦有相關記載，稱雅州出此鳥。

[二] "名宦志"，當即嘉靖《四川總志》卷四《成都府·名宦》，其爲李冰列傳云："李冰，蜀郡太守，行部至湔山，見水爲民患，乃使其子二郎作三石人以鎮江水，五石犀以壓水怪，鑿離堆山以避沫水之害，穿三十六江溉川西南十數州縣稻田。自禹治水之後，冰能因其舊跡而疏廣之，國號天府，野稱陸海，冰之功偉矣。"

[三] "沿"，原作"沼"，形近而誤，據《蜀故》卷二一改，彭遵泗直接引用此處之文但未言出處。

[四] 按，此段文字言李冰昇仙之事，《補續全蜀藝文志》卷五五相關記載云："什邡縣升仙臺，傳聞蜀守李冰治水成功，入廣漢後城山中，遇羽士謂曰：'公德及民物，已注天天府，帝遣我來迎公也。'遂白日仞天。後人爲築此臺，崖刻禮斗三字。"

[五] "當宁"，本指宮室門內屏外之地，乃君主接見諸侯朝拜之所。詳《禮記·曲禮下》："天子當宁而立，諸公東面，諸侯西面，曰朝。"◎按，後文言"漢時加封大安王"，則此處當指秦時封李冰爲昭應公也，惜未見其他文獻記載，陳氏又不言出處，或不可爲據。

[六] 按，此處言漢時加封大安王之號，顯誤。據《文獻通考·郊社考二十三·廣濟王廟》及《事物紀原》卷七"廣濟王"條等，加封大安王在王蜀時，孟昶改稱爲應聖靈感王。不知陳氏據何而言漢時加封此號？

[七] "廣裕"，原作"寬裕"；"祐"，原作"佑"，均誤。今據《元史·文宗紀三》改，原文云："永平路以去年八月雹災告。加封秦蜀太守李冰爲聖德廣裕英惠王，其子二郎神爲英烈昭惠靈顯仁祐王。"

灌縣離堆山，即李冰所鑿以導江處。上有伏龍觀，下有深潭，傳聞二郎鏁孽龍于其中。霜降後水落，時見其鏁云。每有神魚游潭面，僅露背鬐，其大如牛。投以石，魚亦不驚，人亦不敢取之，誠異物也[一]。

簡州逍遙洞有漢篆十二字，云"漢安元年四月十八日會仙友"[二]，旁書"東海仙集留題"，乃古隸字。

火米，蜀皆有之。以稻穀蒸熟，然後舂以爲米，即南中之蒸穀米也，但蜀盛行之耳[三]。又有稻米，作飯甚香，食之令人脹，曰香稻米。

益州方物有海梭，有楠，有橙，有竹柏，有紅豆，有海芋，有紫竹，有慈竹，有梭竹，有方竹，有柑，有赤鸚芋，有綠葡萄，有天師栗，有天仙果，有睨支，有錦被堆，有錦帶花，有石蟬花，有長生艸，有瑞艸，有紅蕉花，有重葉海棠，有月季花，有佛豆，有添色拒霜花，有黃酴醾，有艾子，有鴛鴦艸，有虞美人艸，有仙人稻，有羞寒花，有瑞聖花，有七寶花，有旌節花，有娑羅花，有木槿花，有鷥毛玉鳳花，有蒟，有真珠菜，有朝日蓮，有蟬花，有蕁麻[四]，有水硫黃，有附子，有石瓜，有芎，有大黃，有餘甘子，有金星艸，有桐花鳳，有紅桐觜，有荏雀，有護花鳥，有百舌，有狖，有花羊，有玃，有魿魚，有嘉魚，有鮍魚、黑頭魚、沙魚、石鱉魚，有金蟲，六十餘種[五]。

宋祁《海梭贊》云："梭皆襯皮，此獨自幹，攢葉于顛，蘁首披散，秋華而實，其值則罕。"按，似梭然，不皮而榦，葉叢于杪，至秋乃實，似楝子[六]。杜工部有左綿《海梭行》。

[一] 按，此條見於《補續全蜀藝文志》卷五三"伏龍觀魚"條，文字略異。

[二] "漢安"，原作"漢光"，誤，無此年號，今據《補續全蜀藝文志》卷四六改。按，漢安元年乃一四二年，東漢順帝年號也。此條當即本自《補續全蜀藝文志》《輿地紀勝》卷一四五《簡州·景物下》之"逍遙洞"、《方輿勝覽》卷五二《簡州·山川》之"逍遙山"，皆載漢篆十二字，但無"東海仙集留題"。

[三] 按，此火米一說不知陳祥裔親見還是得自傳聞，與陳師道所云之火米迥異也。《後山談叢》卷五云："蜀稻先蒸而後炒謂之火米，可以久積，以地潤故也。"但無論是陳祥裔所言還是陳師道所述，米皆未全熟，乃便於保存而做的半成熟米。

[四] "蕁"，原文及《益部方物略記》皆作"燖"，顯誤，今據《本草綱目》卷一七改，後文此字徑改，不再出校。

[五] 按，此後關於益部方物之讚語、按語，經過比對，當源自《全蜀藝文志》所錄之宋祁《益部方物略記》而略有改動，今以毛晉《津逮秘書》本（簡稱津逮本）及胡震亨《秘冊匯函》本（簡稱秘冊本）《益部方物略記》對校。讚語之後所列按語，多數本自《益部方物略記》原文而又略有刪改，於文義無傷者，不與宋祁原書詳細對勘。

[六] "楝"，原作"練"，誤，據津逮本及秘冊本校改。

《楠贊》云："在土所宜，亭擢而上。枝枝相避，葉葉相讓。繁陰可庥[一]，美榦斯仰。"

《檟贊》云："厥植易安，數歲輒林。民賴其用，實代其薪。不棟不樑，亦被斧斤。"

《竹柏贊》云："葉與竹類，緻理如柏。以狀得名，亭亭修直。"按，竹柏生峨眉山中，葉繁，長而澤[二]，似竹，然其榦類柏而亭直。

《海芋贊》云："木榦芋葉，擁腫盤戾。農經弗載，不用治厲。"按，海芋生不高四五尺，葉似芋而有榦，根皮不可食。方家號隔河仙，云可用變金。或云能止瘧，今俗呼爲觀音蓮。

《紅豆贊》云："葉圓以澤，素葩春敷[三]。子生莢間，纍纍綴珠。"按，紅豆花白色，實若大紅豆，以似得名。葉如冬青，蜀人以爲果飣[四]。

《紫竹贊》云："竹生三歲，色乃變紫。伐榦以用，西南之美。"

《慈竹贊》云："根不它引，是得慈名。中實外堅，筍不時萌。末或下垂，苒弱縈縈。"[五]按，慈竹性叢生，根不外引，其密間不容笴。筍生夏秋，節修膚緻，土人用以代繩[六]。

《梭竹贊》云："葉梭身竹，族生不蔓。有皮無枝，實中而榦。"

《方竹贊》云："竹筒皆圓，此獨方形。厚倍于竅[七]，細節稜稜。"

《柑贊》云："碧葉素葩，厥包之珍。丹裹旣披[八]，香液飴津。"

《赤鸇芋贊》云："芋種不一，鸇芋則貴。民儲于田，可用終歲。"按，蜀芋多種，鸇芋爲最美，俗名赤鸇頭芋。形長而圓，但子不繁衍。又有

[一]"庥"，津逮本、秘冊本作"庇"。按，二者文義可通，《全蜀藝文志》亦作"庥"，則陳祥裔當是抄錄自《全蜀藝文志》也。

[二]"澤"，津逮本、秘冊本作"籜"，或誤。按，竹柏乃木本，無籜。清吳其濬《植物名實圖考》卷三七"羅漢松"條云："又有以爲即竹柏者，考《益部方物記》，竹柏葉繁長而籜似竹，如以籜爲落葉則甚肖，若以爲筍籜，則絕不類。存以俟考。"而武英殿聚珍版《景文集》卷四七《竹柏贊》亦作"澤"，故知《益部方物略記》誤矣。

[三]"葩"，津逮本、秘冊本作"蘤"，同"花"，故二者義可通。後文同此情況者不再說明。

[四]"飣"，原作"釘"，誤，今據津逮本、秘冊本改。

[五]"縈"，原作"榮"，形近而誤，今據津逮本、秘冊本改。《全蜀藝文志》亦作"縈"，整理者失校。按，縈、縈同義連文，作"榮"則不需言之矣。

[六]"土人用以代繩"，按，《益部方物略記》原文云取節修膚緻者以爲簟、笠，蓋作竹編材料，與此處代繩之用不同。

[七]"倍"，原作"培"，今據津逮本、秘冊本改。按，厚倍於竅指竹肉厚於中空之孔。

[八]"丹裹"，原作"舟裹"，形近而誤，今據津逮本、秘冊本改。按，丹裹指柑之紅色瓤肉也。

蠻芋亦美，其形則圓，子繁衍，人多蒔之。最下爲榑果芋，榑，接也，言可接果，山中人多食之。惟野芋人不食，《本艸》有六種，曰青芋，曰紫芋，曰白芋，曰真芋，曰蓮禪芋，曰野芋。

《綠葡萄贊》云："西南所宜，柔蔓紛衍。縹穗綠實，其甘可薦。"

《天師栗贊》云："栗類尤衆，此特殊味。專蓬若橡，託神以貴。"按，天師栗生青城山中，它處無有也[一]。似栗，味美，久食已風攣。

《天仙果贊》云："有子孫枝，不葩而實。薄言采之，味埒蜂蜜。"[二]按，樹高八九尺，無花，其葉似荔枝而小，子如櫻桃，纍纍綴枝。六七月熟，味至甘。

《隈支贊》云："挺榦旣修，結葩兹白。戢外澤中，甘可以食。"按，樹生卭州山谷中，高丈餘，枝修弱，花白，實似荔枝，肉黃膚甘，大如雀卵[三]。

《錦被堆贊》云："花跗芬侈，叢刺于梗。不可把玩，艷以妍整。"按，花出彭州，其色一似薔薇，有刺[四]。

《錦帶花贊》云："苒苒其條，若不自持。綠葉丹英，蔓衍紛埀。"按，蜀山中處處有之，長蔓柔纖，花萼間側如藻帶，花開形如飛鳥，土人呼爲髩邊嬌。

《石蟬花贊》云："有苕穎然，有萼敷然。取其肖象，莫類于蟬。"按，花始生，其苕森擢[五]，長二三尺，葉如菖蒲，紫萼五出，與蟬甚類。綠黃相側又白者，號玉蟬花。

《長生艸贊》云："色與柏類，苒苒其莖。冬不甚黃，故爲長生。"

《瑞艸贊》云："翠蔓紺苕，回繚可喜。蒔之庭堂，珍以爲瑞。"

《紅蕉花贊》云："蕉無中榦[六]，花產葉間。綠葉外敷，絳質凝殷。"

[一] 按，"天師栗"，以張天師之傳說得名也。《蜀中廣記》卷六一引《青城志》云："上清宮在大人祠之側，晉朝立官于上，夜則神燈遍空。其東北麓有天師手植栗十七株。"文同有《天師栗》詩："天師攜此種，至自上饒遠。當時十七樹，高榦倚孤巘。蒼蓬茭蓁大，紫殼檳榔軟。蜀部名果中，推之爲上選。"

[二] "天仙"，原作"天師"，承上文而誤，今據津逮本、秘冊本改。

[三] "雀"，津逮本、秘冊本作"爵"。按，"爵"通"雀"。

[四] 按，此處有刪節，云"其色一似薔薇"，似此花非薔薇，實則《益部方物略記》云"俗謂薔薇爲錦被堆花"。

[五] "苕"，原作"條"，誤，據贊語及津逮本、秘冊本改。按，石蟬花與玉蟬花僅顏色有別，實則一也，鳶尾花屬，頗爲常見。此處之"苕"乃花柄以下的長條部分，後文"翠蔓紺苕"之"苕"亦此義也。

[六] "無中"，原誤倒，今據津逮本、秘冊本乙正。

按，即美人蕉也。

《重葉海棠贊》云："修柯柔蔓，濃淺繁總。盛則重葩，不常厥種。"

《月季花贊》云："花亘四時，月一披秀。寒暑不改，似固常守。"

《佛豆贊》云："豐粒茂苗，豆別一類。秋種春斂，農不常蒔。"

《添色拒霜花贊》云："自濃而淺，花則常態。今顧反之，亦反之怪。"按，花生彭、漢、蜀州，花始開白色，明日稍紅，又明日則若桃花然。

《黃酴醾贊》云："人情尚奇，賤白貴黃。厥英略同，實寡于香。"[一]

《艾子贊》云："綠實若萸，味辛香苾。投粒羹臛，椒桂之匹。"按，艾木[二]，茱萸類也。實正綠[三]，味辛，蜀人每進羹臛，以一二粒投之，香滿盂盞。或曰作爲膏尤良，揚雄《蜀都賦》當作蔱，蔱、艾同字云[四]。

《鴛鴦艸贊》云："翠葩對生，甚似匹鳥。逼而觀之，勢若偕矯。"按，此艸春葉晚生，其稚葩在葉中，兩兩相向如飛鳥對翔。

《仙人縚贊》云："附陽而生，垂若文縚。大槩苔類，土石所交。"[五]按，生大山巖陰石隙間，鮮翠，長三四尺，裊垂若縚。或言深谷中有長丈餘者。

《虞美人艸贊》云："翠莖纖柔，稚葉相當。逼而謂之，或合或張。"按，生雅州，其花有五色，葉無風亦自搖動，聞人歌則若解舞狀。

《羞寒花贊》云："冒寒而茂[六]，莖修葉廣。附莖作花，葉蔽其上。以其自蔽，若有羞狀。"按，蜀地處處有之，不爲人所愛。依莖綴花，蔽葉自隱，俗曰羞天花，即《本艸》所謂鬼白也[七]。

《瑞聖花贊》云："衆跗聚英，爛若一房。有守繪圖，厥名乃章。繁而不艷，是異衆芳。"

按，花出青城山中，榦不條，高者乃尋丈。花率秋開，四出，與桃花

[一]"酴醾"，津逮本、秘冊本作"荼蘼"。按，"酴醾"本爲酒名，以花色與之相似，故亦作花名。人以爲花名當從艸，故書作"荼蘼"。

[二]"木"，大觀本作"本"，津逮本、秘冊本作"木"，故作"本"乃形近而誤。

[三]"實"，原作"立"，不詞，或刻工欲爲"粒"字，音同形近而誤耶？今據津逮本、秘冊本改。

[四]按，揚雄《蜀都賦》中"木艾"即木蔱也，亦名食茱萸。"蔱"，魚既切，與"自怨自艾"之"艾"同音，則"艾子"之"艾"乃"蔱"之假借字，不當念"艾草"之"艾"也。

[五]"縚"，原作"稻"，誤，今據津逮本、秘冊本改。

[六]"寒"，原作"雨"，誤，今據津逮本、秘冊本改。

[七]"白"，大觀本誤作"白"。按，"鬼白"，見《本草綱目》卷一七。宋祁所謂之《本草》，當是《開寶本草》。

類。然數十跗共爲一花，繁密若綴，先後相繼而開，凡閱月未萎也[一]。蜀人號豐瑞花。故程相國琳爲益之年，繪圖以聞，更爲瑞聖花[二]。然有數種，若小者曰寶仙，淺紅者曰醉太平，白者曰玉真。今久未聞有此花矣。

《七寶花贊》云："擢穎挺挺，盛夏則榮。丹紫合英，以寶見名。"按，此花條葉大抵玉蟬花類也，其生叢蔚，花紫質絳。

《旌節花贊》云："擢條亭亭，層層紫丹。狀若使節，方圓實刊。"按，《益州圖經》云："條條華碧，皆層層而擢，正類使所持節然，故名。"[三]

《娑羅花贊》云："聚葩共房，葉附花外。根不得徙，見偉茲世。"按，花生峨眉山中，類枇杷，數葩合房，春開，葉在表，花在中，根不可移。

《木蓮花贊》云："葩秀木顛，狀若芙蕖。不實而榮，馥馥其敷。"按，花狀若芙蕖，香亦類之，木幹，花夏開，枝條茂蔚，生峨眉山中。

《鷟毛玉鳳贊》云："葉而無采，狀類翔鳳。幺質毛輕，翩欲飛動。"按，花本至卑纖，蓬如釵股。秋開，不葩而鬐，狀似禽，色白，故名[四]。

《蒟贊》云："蔓附本生，實若椹櫐。或曰浮留，南人謂之。和以爲醬，五味告宜。"按，蒟出渝、瀘、茂、威間，即漢唐蒙所得者[五]。葉如王瓜，厚而澤，實如桑椹。緣木而蔓，子熟時外黑中白，長三四寸。以蜜藏之，辛香可食，能溫五藏。或用作醬，善和食味。即南方所謂浮留藤，取葉合檳榔可食。

《真珠菜贊》云："植根水中，端若串珠。皿而瀹之，可以代蔬。"按，戎、瀘間有之，生水中石上。翠縷纖蔓，蜀人以蜜熬食之。或以醯煮，可行數千里不腐。

《朝日蓮贊》云："素花碧葉，浮秀波面。日中則向，日入還斂。"按，花色或黃或白，葉浮水上，形如菱花差大。開則隨日所在，日入輒斂而

[一]"凡"，原文及《全蜀藝文志》卷四四作"九"，形近而誤，津逮本、秘冊本則有闕文，今據《景文集》卷四七改。

[二]按，此花得名之事，《續資治通鑑長編》卷一○六"仁宗‧天聖六年"（一○二八）云："三月辛酉。右諫議大夫、權御史中丞程琳爲樞密直學士，知益州。""十一月癸卯。益州獻異花，似桃，四出而千百苞駢聯成朵。蜀者舊言此花不開六十餘年矣，上頗異之，後因目爲'太平瑞聖花'。"

[三]按，關於此花出處，宋祁籠統言益州，而《太平廣記》卷四○九引《黎州漢源縣圖經》云："黎州漢源縣有旌節花，去地三二尺，行行皆如旌節也。"則此花產地在今雅安漢源縣也。

[四]按，宋祁不言此花具體產地，清人盧秉鈞《紅杏山房閒見隨筆》卷二三則云："蜀之嘉州有花名鷟毛玉鳳，花如剪絨，狀似茉莉，香亦類之，其大如椀。"

[五]按，唐蒙得枸醬，見《史記‧西南夷列傳》。

自藏于葉下。

《蟬花贊》云："蟬不能蛻，委于林下。花生厥者，茲謂物化。"按，川中山林間處處有之。蟬之不蛻者，至秋則花，其頭長一二寸，黃碧色，治小兒瘈瘲，又能已瘧。

《蕁麻贊》云："葉能螫人，有花無實[一]。冒冬弗悴，可以祛疾。"按，蜀中處處有之。葉上、莖上皆有刺，人或觸之，如蝎螫者，俗呼爲蝎子艸。

《水硫黃贊》云："厥生在石，水蕩其液。觸梗凝體，品亞南舶。"

《附子贊》云："附堇而生，翠莖紫葰。生蜀者良，三建則非。"按，附子生綿州彰明。花色石青，葉似菊。《本艸》言附子無正種，附烏頭而生，以冬至日栽，隔歲小暑後，始起即下瓮以鹽水淹之，有重五六兩一枚者爲上品，一二兩一枚者爲下品。《本艸》又以一兩五六錢者爲貴，其說不同。然在蜀則新出鹽鹵，其質較重，故極大者一乾則重平等矣。人以大者爲天雄，非也，天雄長而細。唐人以龍、綿二州所生者爲良，今則惟彰明有之[二]。

《石瓜贊》云："修榦澤葉，結實如綴。膚解核零，可用治痺。"按，石瓜生峨眉山中[三]，樹端挺，葉肥滑如冬青，甚似桑。花色淺黃，實長，不圓，殼解而子見。以其形似瓜，故名[四]。煮爲液，能治痺。

《芎贊》云："柔葉美根，冬不殞零。采而綴之，可糝于羹。"按，產灌縣[五]。葉爲蘪蕪，《楚詞》謂江蘺者。根即芎，似雀腦者佳，葉可作羹食。

《大黃贊》云："葉大莖赤，根若巨盌。治疾則多，方家所詺音暝。"[六]按，蜀山中多有之，苗根皆長，盈二尺大者可治爲枕，紫地錦紋者佳。

[一] 按，此處言蕁麻有花無果，誤，蕁麻有小果實。
[二] 按，陳祥裔此處之按語與《益部方物略記》所載迥異，爲其自撰者。宋祁之語云："生綿州彰明縣者最良，有一子重及一兩者。花色紫。《本草》言附子無正種，附烏頭而生，然則與烏頭、天雄、附子共一物耳。陶弘景以天雄、烏頭、附子皆出建平，謂之三建，唐人非之。以綿、龍二州所生爲良，今則彰明者佳。"陳祥裔稱花色石青，或誤。
[三] "石瓜生"，原作"瓜"，文義不暢，今據津逮本、秘冊本補足。
[四] "名"，原作"多"，形近而誤，今據津逮本、秘冊本改。
[五] 按，此處言產灌縣，宋祁則云蜀中處處有之，以雍正《四川通志》卷三八之六《土產》對照，四川多地均產，並不限於灌縣也。
[六] "音暝"，按，"詺"音同"命"，去聲，命名之義；"暝"爲平聲，以之爲"詺"注音，不妥。

《餘甘子贊》云："黃葩翠葉，圓實而澤。咀久還甘，或號庵勒。"按，生戎、瀘山中。樹大葉細，似槐，實似李而小。咀之前澀後甘，能解硫黃毒，即《本艸》所謂庵摩勒者。

《金星艸贊》云："長葉叢生，背點星布。高醫近識，傅疽可愈。"

《桐花鳳贊》云："金花之露，俗曰鳳類。綠羽纖爪，藻背翠尾。花落則隱，是以見貴。"

《紅桐觜贊》云："絳質剛啄，屏黑于矜。因網就羈，以馴厥心。"按，出永康軍山谷中。絳體若赭，惟羽差黑，人亦畜之，不能久也。

《茬雀贊》云："緇綠厠采，喜茬充膩[一]。奮頸陪腮，矜健于味[二]。里人衷貲[三]，以佐其鬥。"

《護花鳥贊》云："茜首黑裳[四]，黃駁其羽。厥鳴嚶嚶，若禁若護。名而不情，盜者猶懼。"按，青城、峨眉間往往有之。至春則鳴，云勿偷花果[五]，髣髴人言。一名惜春禽，又名護山雞。

《百舌鳥贊》云："綠衣紺尾，一啼百囀。可樊而畜，爲世嘉玩。"按，出蜀山谷中。毛采翠碧，善效它禽語。一云翠碧鳥，非所謂反舌無聲者。

《狨贊》云："狀實猿類，體被金毳。皮以藉焉，中國之貴。"[六]按，出蜀各夷中。大小皆類猿，惟毛爲異，其尾雙尖。

《龍羊贊》云："羊質而大，角繚于首。以角之珍，軀殘獵手。"按，出吐蕃及威、茂州。形似羊而大，其角繚上，黑質而白文，工以爲帶胯[七]，

[一] "充"，原作"克"，津逮本、秘冊本作"克"，此字形既爲"克"之異體字，亦爲"充"之異體字。但此處作"克"文義不通，"膩"指久放的油脂，"茬"乃白蘇，此鳥喜食白蘇以充油脂，於文義較爲曉暢，故校改爲"充"。

[二] "味"，原文及津逮本、秘冊本均作"味"，形近而誤，今據《全蜀藝文志》卷四四及《蜀中廣記》卷五九改。按，"味"指鳥嘴，此句言茬雀誇耀其嘴之強健，故善鬥也。

[三] "貲"，原作"背"，不詞，今據津逮本、秘冊本改。按，此鳥好鬥，故爲市井之人馴養作賭博工具。《益部方物略記》按語云："每歲茬且熟，是則群下食其實。性好鬥，人捕之衷錢使決勝負。閭里嘈觀，至一雀直數千錢。官司惡民贄聚，每下符禁叱之。"

[四] "首"，原文及津逮本、秘冊本均作"苜"，不詞，乃"首"字形近而誤，今據《景文集》卷四七、《全蜀藝文志》卷四四等改。

[五] "勿偷花果"，此乃模擬護花鳥之鳴叫聲者，但不若"豌豆八哥"形象。此鳥即四聲杜鵑，四川各地多有，民間亦以豌豆八哥稱之。

[六] "皮以藉焉"，按，"狨"即金絲猴，古代常以其皮毛爲墊子。《益部方物略記》按語云："朝制：內外省以上官乘馬者得以狨爲藉，武官則內客省使、宣徽使乃得用。"

[七] "胯"，原無，文義不通，今據津逮本、秘冊本補。按，"帶胯"即帶鉤，古代用金、鐵、玉、犀角等製成，此處所言之龍羊角亦可作帶鉤。

其用亂犀。

《玃贊》云："玃與猿猱，同類異種。彼美豐肌，登俎見用。"按，與猿猱無異，但性不躁動，肌肥，蜀人炮蒸以爲美味。

《䱱魚贊》云："有足若鯢，大首長尾。其啼若嬰，緣木弗墜。"按，出雅江，狀似鯢，有足，能緣木，聲如兒啼，俗呼爲娃娃魚[一]。

《鮴魚贊》云："比鯽則大，膚縷玉瑩。以鱠諸庖，無異雋永。"[二]

《黑頭魚贊》云："黑首白腹，修體短額。春則群泳，促罟斯獲。"[三]按，出嘉州郭璞臺前小池內。歲二月則至，過則無有。俗傳郭璞著書，洗硯于池，魚吞其墨故黑云[四]。

《沙綠魚贊》云："長不數寸，有駁其文[五]。淺瀨曲隈，唯泳而群。"[六]按，生隈瀨之間，狀若鰡[七]，大不五寸，味至細美。

《石鱉魚贊》云："鯫鱗么質，本不登俎。以味見錄，雖細猶捕。"按，狀似鮋魠而小[八]，春時出石間，味最美。

《金蟲贊》云："蟲質甚微，翠體金光。取而槁之[九]，參餙釵梁。"按，出利州山中。蜂體[十]，綠色，光如金量，里人取以佐嬪人之釵餙。

梁板，出黎州德昌衛。有陽山者名沈村，陰山者名吳村，陽山者爲上。其皮厚而軟，用以作枕，能辟蚤虱。騾一頭可負一塊，有最上者兩騾方可負一塊。本地價亦不貴，但路險不易出耳。

太白巖在萬縣西山上，有"絕塵龕"三字在石壁，有唐人詩刻，相

[一] 按，此處言狀似鯢，則明言非鯢也。竊以爲宋祁所謂之鯢乃小鯢，而此處之䱱乃大鯢。但古籍中不乏以䱱爲鯢之別名者，如唐人劉恂《嶺表錄異》卷下："《爾雅》云：'鯢似鮎，四足，聲如小兒。'今商州山溪內亦有此魚，謂之䱱魚。"

[二] "雋"，原作"鷬"，形近而誤，今據津逮本、秘冊本改。

[三] "促罟"，義同數罟，細密之網。"促"有狹小、狹窄之義，不能當催促講也。此魚體形細長，故用細密之網捕之。

[四] 按，此魚出嘉州爾雅臺前，舊說以爲郭璞在此注《爾雅》，故名爲爾雅臺。然萬曆三十九年《嘉定州志》卷五《物產·鱗之屬》下"墨頭魚"條已疑之，云："從古有之，未必爾雅硯池一滴便能染也。好奇不如據實，豈獨一魚哉！"

[五] "駁"，原作"鮫"，誤，今據津逮本、秘冊本改。

[六] "泳"，原作"沫"，形近而誤，今據津逮本、秘冊本改。

[七] "鰡"，原作"鱩"，形近而誤，今據津逮本、秘冊本改。按，鰡魚體形可達半米，非小魚。

[八] "鮋"，原文及津逮本、秘冊本均作"鮋"，乃"鮋"之形近訛字，今據《景文集》卷四七改。按，"鮋魠"即黃顙魚，俗名黃辣丁。

[九] "槁"，原文及津逮本、秘冊本均作"橋"，雖云"橋"可通"槁"，但亦不排除形近而訛之可能，故據《景文集》卷四七改爲"槁"。

[十] "蜂體"，按，"金蟲"即金龜子，又名綠金蟬，詳細介紹可參《通雅》卷四七，但此蟲習見，絕不類蜂也，宋祁所言不確。

傳太白讀書于此[一]。

寶華山在新津，橫跨江表，俯瞰平川。峯頂多雪，又名雪峯[二]。

寧番衛東有兩石相隨，或分之，明日復合，土人呼爲公母石[三]。

巫山有十二峯，曰望霞，曰翠屏，曰朝雲，曰松巒，曰集仙，曰聚鶴[四]，曰淨壇，曰上昇，曰起雲，曰飛鳳，曰登龍，曰聖泉，沿峽首尾一百六十里。

張九齡《巫山高》詩："巫山與天近，烟景常青熒。此中楚王夢，夢得神女靈。神女去已久，白雲空冥冥[五]。唯有巴猿嘯，哀音不可聽。"

喬知之《巫山高》詩[六]："巫山十二峯，參差互隱見。潯陽幾千里，周覽忽已遍。想像神女姿，摘芳共珍薦。楚雲何逶迤，紅樹日蔥蒨[七]。楚雲沒湘源，紅樹斷荆門。郢路不可見，況復夜聞猿。"

羅隱《巫山高》詩[八]："下壓重泉上千仞，香雲結夢西風緊。縱有精靈得往來，狄陁顥軒亦顛隕[九]。嵐光嵷嵷雷隱隱[十]，愁爲衣裳恨爲髻。暮

[一] 按，此條本自《潛確類書》卷二六《巖·四川》下"太白巖"條，略有刪削。《蜀中廣記》卷二三亦有記載："《紀勝》云縣西有太白嵒，在西山上，即絶塵龕也。《碑目》云：'絶塵龕三字在西山石壁，字體清勁，類晉宋間人書。'有唐人詩刻，相傳以太白讀書于此。"檢《輿地紀勝》卷一七七《萬州·景物下》"絶塵龕"條，不言絶塵龕即太白岩，也無太白讀書於此之說。但曹學佺經過萬州西山時，尚見有太白祠，故其作《萬縣西太白祠堂記》一文以述其顛末，載《補續全蜀藝文志》卷二九。詳其記文，以爲李白有詩句"大醉西岩一局碁"，當地還有李渡，謂李白曾過此，則其說或可據也。清人王琦注《太白集》即將曹學佺之記文收爲附錄。

[二] 按，此條刪削自《潛確類書》卷一八《四川諸山》之"寶華山"條，《蜀中廣記》卷七引舊方志亦有相關記載，或爲《潛確類書》之所本也。

[三] 按，《潛確類書》卷二七《石·四川》下"公母石"條改寫自《蜀中廣記》卷三四所引舊方志之語，陳祥裔此處則抄錄自《潛確類書》。

[四] "鶴"，原作"鵲"，形近而誤，今據後文及宋祝穆《方輿勝覽》卷五七《夔州路·山川》之"十二峯"條、元劉壎《隱居通議》卷二九"十二峯石"條、《明一統志》卷七〇《夔州府·山川》之"十二峯"條、《蜀中廣記》卷二二等校改。按，從文字內容比對來看，陳祥裔此條當本自《明一統志》。

[五] "白雲"，《張九齡集校注》卷四作"雲雨"，而《文苑英華》卷二〇九、《蜀中廣記》卷二二作"白雲"，從後文所引詩歌大多數都見於《蜀中廣記》來看，陳祥裔亦是據之轉錄也。

[六] "巫山高"，原無"高"字，今據《文苑英華》卷二〇九、《蜀中廣記》卷二二、《全蜀藝文志》卷九、《全唐詩》卷八一等補，此乃樂府古題也。◎關於喬知之其人，《全唐詩》小傳云："喬知之，同州馮翊人，與弟侃、備並以文詞知名，知之尤稱俊才。則天時累除右補闕，遷左司郎中，爲武承嗣所害。詩一卷。"

[七] "日"，原作"忽"，前列諸書均作"日"，故據改。

[八] "巫山高"，原無"高"字，據《羅隱集》補。

[九] "狄"，原作"犹"，形近而誤，據《羅隱集》改。

[十] "雷"，原作"留"，誤，據《羅隱集》改。◎"嵷嵷"，音 sǒng，上揚貌。

洒朝行何所之，江邊日月情無盡。珠零冷露丹墮楓，細腰長臉愁滿宮。人生對面猶異同，況復千巖萬壑中。"

皇甫冉《巫山高》詩[一]："巫峽見巴東[二]，迢迢出半空。雲藏神女館[三]，雨到楚王宮。朝暮泉聲落，寒暄樹色同。清猿不可聽[四]，偏在九秋中。"

閻伯敏《巫山十二峯》詩[五]："東皇君來流曉霞，暮看西北王母家[六]。雲華夫人王母女[七]，肯爲廟食留三巴？"右望霞峯。

"秋山黃落春山青，不識仙家雲錦屏。六銖天衣下拂石[八]，香風馥郁朝真亭。"右翠屏峯。

"山頭行雲自朝朝，陽臺暮色連雲霄。朝來暮去變雲雨，送老行客無回橈。"右朝雲峯。

"舟船搖搖大巫前，松間絲蘿望纏綿。屏風角轉恰匝背，心在山頭人倚船。"右松巒峯。

"綠襄鞋繫青行纏[九]，束薪緼火開山田[十]。雲間仰聽仙佩響，蓬髩拂掠燒畬烟。"右集仙峯。

"望夫石女春復秋，巴謳楚舞隨遨頭。夜深九皋清唳響，仙禽亦替離人愁。"右聚鶴峯。

[一] "巫山高"，原無"高"字，據《文苑英華》卷二〇一、《樂府詩集》卷一七、《全蜀藝文志》卷九等補。《四部叢刊三編》影明刊本《唐皇甫冉詩集》卷三則題作《巫山峽》。
[二] "巫峽"，原作"巫山"，承詩題而誤也，據前列諸書改。
[三] "雲"，原作"神"，誤，據《唐皇甫冉詩集》等改。
[四] "可"，原作"同"，形近而誤，據《唐皇甫冉詩集》等改。
[五] "閻伯敏"，清陸心源《宋詩紀事小傳補正》卷二云："字子功，晉原人，慶元初眉州別駕。"《輿地紀勝》卷一六五"廣安軍·縣沿革"下"和溪縣"條云："和溪縣在軍西南五十里，本新明縣之和溪鎮。開禧三年，太守閻伯敏奏乞陞爲縣。"暫未見更多相關記載。該組詩見於《全蜀藝文志》卷九及《蜀中廣記》卷二二，詩題均作《十二峯詩》，陳祥裔此處增"巫山"二字。
[六] "暮"，原作"莫"，按，"莫"雖爲"暮"之古字，但於此處易引起歧義，故據《全蜀藝文志》卷九、《蜀中廣記》卷二二改。
[七] "雲華夫人"，傳說中乃王母第二十三女，名瑤姬，曾游東海，還過江上，至巫山，逢大禹治水，故遣庵下神靈助之。見《太平廣記》卷五六"雲華夫人"條。
[八] "六銖天衣下拂石"，此說乃綜合道教與佛教之故事而來。《錦繡萬花谷後集》卷二九"上清童子"條引《博異志》云："問冠敏，乃曰：'僕外服圓而心方正，此是上清五銖服也。又天衣六銖，尤細五銖也。'"此乃天衣六銖之說所本。拂石事則出自《菩薩瓔珞本業經》卷下："一切菩薩行道劫數久近者，譬如一里二里乃至十里石，方廣亦然。以天衣重三銖，人中日月歲數，三年一拂，此石乃盡，名一小劫。"
[九] "繫"，原作"繄"，誤，據《全蜀藝文志》卷九、《蜀中廣記》卷二二改。
[十] "緼"，《蜀中廣記》與此同，《全蜀藝文志》則誤作"蘊"，失校。按，"緼火"即用破麻布頭、亂棉絮引燃柴火，典籍習見，如蘇洵《上張侍郎第二書》云："從逆旅主人得束薪，緼火良久，乃能以見。"

"山頭枝枝竹掃壇[一]，舟子《竹枝》歌上灘。炷香上廟擲杯珓，但乞如願舟平安。"右淨壇峯。

"黃魔白馬功告成[二]，雲華夫人朝玉京。禹后夏后引音節，高低峽船搖櫓聲。"右上昇峯。

"釵頭嫋娜山花枝，裙尾舊纈山麻衣[三]。朝隨雲起采薪去，暮趁女伴穿雲歸。"右起雲峯。

"山頭鳳鳴求其凰，山前家家背鳳筐。竹花結實未忍食[四]，刀耕火種五里香。"右栖鳳峯。

"散而成章合爲龍，回風混合游鴻濛。舟人上下神女供，俗妝鉛粉胭脂紅。"右登龍峯。

"靈源一派瑤池分，灑落掉石隨東奔。楚人但愛香溪水，溪邊爲有昭君村。"[五]右聖泉峯。

閻立本《巫山高》詩[六]："君不見，巫山高高半天起，絕壁千尋畫相似。君不見巫山磕匝翠屏開，湘江碧水遶山來。綠樹春嬌明月峽，紅花朝覆白雲臺。臺上朝雲無定所，此中窈窕神仙女。仙女盈盈仙骨飛，清谷出沒有光輝。欲暮高唐行雨送，今宵定入荊王夢。荊王夢裏愛穠華，枕席初闌紅帳遮。可憐欲曉啼猿處，說道巫山是妾家。"

李賀《巫山高》詩："碧叢叢，高插天，大江翻瀾神曳烟。楚魂尋夢風颭然，曉風飛雨生苔錢。瑤姬一去一千年，丁香筇竹啼老猿。古祠近月蟾桂寒，椒花墜紅濕雲間。"

盧照鄰《巫山高》詩："巫山望不極，望望下朝氛。莫辨啼猿樹，徒

[一] "掃"，原作"淨"，因峰名而誤也，據《全蜀藝文志》卷九、《蜀中廣記》卷二二改。按，多地均有竹枝掃壇之說。《太平御覽》卷一八五引《郡國志》云："葭萌縣玉女房，昔有玉女入石穴，空有竹數莖，下有青石壇，每因風恒自掃壇。"蘇軾《巫山》詩云："次問掃壇竹，云此今尚爾。翠葉紛下垂，婆娑綠鳳尾。風來自偃仰，若爲神物使。"此處竹枝掃壇之事見《太平廣記》卷五六"雲華夫人"條："復有石天尊、神女壇，側有竹，垂之若篲。有橋葉飛物著壇上者，竹則因風掃之，終瑩潔不爲所污。楚人世祀焉。"

[二] "黃魔白馬"，《太平廣記》卷五六"雲華夫人"條所云之神有黃魔者，無白馬，然有"獅子抱關，天馬啟塗，毒龍電歇，八威備軒"之句，則白馬乃詩人想象之語也。

[三] "纈"，原作"結"，據《全蜀藝文志》卷九、《蜀中廣記》卷二二改。

[四] "忍"，原作"肯"，據《全蜀藝文志》卷九、《蜀中廣記》卷二二改。

[五] "爲"，原作"尚"，據《全蜀藝文志》卷九、《蜀中廣記》卷二二改。

[六] "閻立本"，原作"閻本立"，誤。據《文苑英華》卷二〇一、《全蜀藝文志》卷九、《蜀中廣記》卷二二等改。

看神女雲。驚濤亂水脈，驟雨暗峯文。霓裳即此地，況復遠思君。"

張循之《巫山高》詩[一]："巫山高不極，合沓狀奇新。暗谷疑風雨，陰岩若鬼神。月明三峽曉，潮滿九江春。爲問陽臺客，應知入夢人。"

沈佺期《巫山高》詩[二]："巫山峯十二，環合隱昭回[三]。俯聽琵琶峽，平看雲雨臺。古槎天外落，瀑水日邊來。何忍猿啼夜，荊王枕席開。"

鄭世翼《巫山高》詩[四]："巫山凌太清，岩嶤類削成。霏霏暮雨合，藹藹朝雲生。危峯入鳥道，深谷瀉猿聲。別有幽栖客，淹留攀桂情。"

趙孟頫《巫山十二峯》詞，調即《巫山一段雲》[五]。"叠障千重碧[六]，長江一帶清。瑤壇霞冷月朧明，攲枕若爲情。雲過船窗曉，星移宿霧晴。古今離恨撥難平，惆悵峽猿聲。"右淨壇峯。

"片月生危岫，殘霞拂翠桐。登龍峯下楚王宮，千古感遺踪。柳色眉邊綠，花明臉上紅。欲尋靈跡阻江風，離思杳無窮。"右登龍峯。

"松鶴堆嵐靄[七]，陽臺枕水湄。風清月冷好花時[八]，惆悵阻佳期。別夢游蝴蝶，離歌怨《竹枝》。悠悠往事不勝悲，春恨入雙眉。"右松戀峯[九]。

"雲裏高唐觀，江邊楚客舟。上昇峯月照妝樓，離思兩悠悠。雲雨千重阻，長江一片秋。歌聲頻唱引離愁，光景恨如流。"右上昇峯。

"絕頂朝雲散，寒江暮雨頻。楚王宮殿已成塵，過客轉傷神。月是巫

[一] "張循之"，原作"沈佺期"，誤。按，《樂府詩集》卷一七、《文苑英華》卷二〇一、《全蜀藝文志》卷九、《蜀中廣記》卷二二等均以此詩乃張循之所作，不知陳祥裔因何而誤。今據前列諸書改。◎張循之其人，《全唐詩》卷九九小傳云："張循之，洛陽人，與弟仲之並以學業著名。則天時上書忤旨被誅，詩六首。"

[二] "沈佺期"，原作"宋之問"。按，《全唐詩》卷五二、卷九六分隸此詩於宋之問、沈佺期名下，但宋人即以之爲沈佺期詩，當更可信。今據《樂府詩集》卷一七、《文苑英華》卷二〇一、《全蜀藝文志》卷九、《蜀中廣記》卷二二等改。

[三] "環合"，與《樂府詩集》所載同，《文苑英華》《全蜀藝文志》《蜀中廣記》等則作"合沓"。◎"隱"，原作"象"，前列諸書則均作"隱"，故據改。

[四] "鄭世翼"，《全唐詩》卷三八小傳云："鄭世翼，滎陽人。弱冠有盛名，武德中歷萬年丞、揚州錄事參軍，數以言辭忤物。貞觀中，坐怨謗，流嶲州卒。集多遺失，今存詩五首。"

[五] 按，趙孟頫《巫山十二峰》詞不載其別集，楊慎《升庵全集》卷一〇《跋趙文敏公書巫山詞》云："巫山十二峯在楚蜀之交，余嘗過之，行舟迅疾，不及登覽。近巫山王尹於峯端摹得趙松雪石刻小詞十二首，以樂府《巫山一段雲》按之，可歌。"則此組詞之發現在明代，楊慎將其收入《全蜀藝文志》卷二五，其後《蜀中廣記》卷二二、《花草稡編》卷四等皆收錄，今與《全蜀藝文志》及《蜀中廣記》所錄對校。

[六] "障"，《全蜀藝文志》、《蜀中廣記》作"嶂"，義同。

[七] "鶴"，原作"鸛"，據《全蜀藝文志》《蜀中廣記》改。

[八] "冷"，《蜀中廣記》作"泠"，誤。

[九] "戀"，《全蜀藝文志》《蜀中廣記》作"鶴"，誤。

娥伴，花爲宋玉隣。一聽歌調一含嚬，哀怨《竹枝》春。"右朝雲峯。

"雨過蘋汀遠，雲深水國遙。渡頭齊舉木蘭橈，纖細楚宮腰。映水勻紅臉，偎花整翠翹。行人倚棹正無聊，一望一魂銷。"右集仙峯。

"碧水鴛鴦浴，平沙豆蔻紅[一]。望霞峯翠一重重，帆卸落花風。淡薄雲籠月[二]，霏微雨洒篷。孤舟晚泊浪聲中[三]，無處問音容。"右望霞峯。

"芍藥空投贈[四]，丁香漫結愁。鳳樓鷟去兩悠悠，新恨怯逢秋。山色驚心碧，江聲入夢流。何時絃管簇歸舟，蘭棹泊沙頭。"右飛鳳峯。

"碧水澄青黛，危峯聳翠屏。《竹枝》歌怨月三更，別是斷腸聲。烟外黃牛峽，雲邊白帝城。扁舟清夜泊蘋汀，倚棹不勝情。"右翠屏峯。

"鸛信三山遠，羅裙片水深。高堂春夢杳難尋，惆悵至如今。十二峯前月，三千里外心。紅箋錦字信沉沉，腸斷舊香衾。"右聚鶴峯。

"曉色飄紅豆，平沙枕碧流。泉聲雲影弄新秋，觸處是離愁。臉淚橫波淡，眉攢片月收。佳人無笑準難休，平整玉搔頭。"[五]右聖泉峯。

"裊嫋江邊柳，飄飄嶺上雲。卸帆囘棹楚江濆，歸信夜來聞。欲拂珊瑚枕，先熏翡翠裙。江頭含笑去迎君，鷟鳳畫成群。"右起雲峯。

巫山上有琵琶峯，故其地女子皆曉音律，尤善吹簫。凡一女嫁，衆女子治具送之，吹簫數日爲樂，風流冶麗，殊異世俗矣[六]。

嘉定州另產一竹，每月生笋，名曰月竹[七]。

文君井在卭州治南半里，水有酒味，相傳是文君所鑿者[八]。

[一]"豆"，大觀本、《全蜀藝文志》《蜀中廣記》作"荳"，同。
[二]"淡"，《全蜀藝文志》《蜀中廣記》作"澹"，義同。
[三]"晚"，原作"曉"，誤，據《全蜀藝文志》《蜀中廣記》改。按，詞中"帆卸"之語可證乃天暮時，因夜晚行船過三峽極度危險也。
[四]"空"，《全蜀藝文志》《蜀中廣記》作"虛"，二者皆可，但或當以作"虛"爲是。
[五]"準"，《全蜀藝文志》作"隼"，可通"準"。◎"平"，《全蜀藝文志》作"半"，《蜀中廣記》作"來"。
[六]按，此處陳氏不言所本，但《蜀中廣記》卷二二、五七引《巫山志》言"琵琶峯下女子皆善吹笛，嫁時群女子治具吹笛，唱《竹枝詞》送之"，與此處之吹簫不同也；而《益部談資》卷下、《補續全蜀藝文志》卷四六則云："巫山女子皆善吹簫，嫁時衆女子治具送之，吹簫數日爲樂。蜀中有此，毋乃神女之遺風乎？"
[七]按，嘉定州產月竹一說，《蜀中廣記》卷六三引《嘉州志》之文有相同記載，《天中記》卷五三、《補續全蜀藝文志》卷四六等則不言出處，萬曆三十九年《嘉定州志》卷五《物產志·竹之屬》則云"他《志》月竹之說，原無此種"。
[八]按，嘉靖《四川總志》卷一三《邛州·山川》下"文君井"條所載與此相合，《益部談資》卷上引《采蘭雜志》之語則與此略異："文君閨中一井，文君手汲則甘香，沐浴則滑澤鮮好，他人汲之與常井等。今白鶴驛中之井是也，水尚清澈，州人釀酒必取之。"

王褒宅在資縣，墓在資陽縣，舊碑剥落不堪讀矣[一]。唯大書"王褒墓"三字尚在。

　　郫筒酒，乃郫人剖大竹爲筒，貯春釀于中。相傳山濤治郫，用篘管釀酴醿作酒，經旬方開，香聞百步，今其製不傳矣[二]。

　　江南五月梅熟時，霖雨連旬，謂之黄梅雨。少陵詩云："南京犀浦道，四月熟黄梅。湛湛長江去，冥冥細雨來。"蓋唐人以成都爲南京，則蜀中梅雨乃在四月也。《庚溪詩話》[三]

　　左思《蜀都賦》有"紫梨津潤"之語，注不言其狀。按，蜀有梨樹，花以秋開，其花紅色。唐李遵有《進紫梨表》，元王秋澗有秋日詠紅梨花詞[四]，唐小説有《紫梨花記》[五]。

　　浣花溪在成都西南，一名百花潭。按，吴中復《冀國夫人任氏碑記》云："夫人微時，以四月十九日見一僧墮污渠，爲其濯衣，頃刻百花滿潭，因名曰百花潭。"又按，《蜀志補遺》云："浣花溪有石刻浣花夫人像。"夫人姓任氏，崔寧之妾也[六]。今石刻尚存。

[一] 按，關於王褒宅與墓之記載，《益部談資》卷中所言與此正相反："王褒宅在資陽，墓在資縣，舊碑剥落不堪讀。"嘉靖《四川總志》卷三《成都府》下《陵墓》《古蹟》所載與《益部談資》同，《寰宇通志》卷六一、《明一統志》卷六七《成都府·陵墓》亦稱王褒墓在資縣，但不載其故宅。復據《明一統志》所載資縣建置沿革，資縣即今資中縣，而王褒墓在今資陽市，亦即舊資陽縣，故知陳祥裔所言正確。從文字内容上看，或是據《益部談資》改動而來。

[二] 按，此條本自《益部談資》卷中，《明一統志》卷六七《成都府·土産》下"郫筒酒"條有類似記載，但均係無根之言。嘉慶《郫縣志》已不言山濤釀酒一事，并對此有懷疑：郫舊《志》云："考《晉書》山濤本傳，並未仕郫，酴醿作酒，或另一人名姓相同，未可知也。但覽趙抃《成都古今記》云：'成都府西五十里曰郫縣，以竹筒盛美酒，號曰郫筒。'張周封《華陽風俗録》云：'郫署有池，池旁有大竹，郡人剖其節，傾釀於筒，苞以藕絲，蔽以蕉葉，信宿香達於外。然後斷之，俗號郫筒酒。'並不言山濤所造，則其人固亡是公之類矣。"

[三] 按，此條出自宋人陳巖肖《庚溪詩話》卷上。改蜀都爲南京，事見《新唐書·肅宗本紀》，乃至德二年（七五七）時。宋人程大昌《演繁露·續集》卷四"荆州爲南京"條仍引杜甫此詩，以爲杜詩所言之南京乃荆州，誤矣。

[四] "秋澗"，原作"覆澗"，誤，據《升庵全集》卷八〇"紫梨"條及《秋澗先生大全文集》卷七四"水龍吟·賦秋日紅梨花"改。

[五] 按，此條本自《升庵全集》卷八〇，唯將"花以秋日"改爲"花以秋開"，并增"唐小説有《紫梨花記》"一説。然李遵《進紫梨表》及《紫梨花記》均暫未見他書有相關記載。

[六] 按，此處兩條引文皆本《蜀中廣記》卷二而來，其中，吴中復《冀國夫人任氏碑記》乃曹學佺改寫自《方輿勝覽》卷五一。《益部談資》卷中亦云："百花潭口舊有任氏一碑，立於風雨中。予令人滌去苔蘚，讀之，乃宋熙寧年間吴中復撰八分書也。字半漫滅，略可成誦。云夫人微時見一僧墜污渠，爲其濯衣，百花湧出，因名其潭。"而所引《蜀志補遺》之文則略有出入，《蜀志補遺》作者爲楊慎，此書今已不傳，唯《蜀中廣記》大量征引。曹氏所引原文云："《蜀志補遺》：'浣花谿有石刻浣花夫人像，三月三日爲夫人生辰，傾城出遊。'"後文之"夫人姓任氏，崔寧之妾也"則爲《成都記》之語，亦見《蜀中廣記》卷二。

成都節度使崔旰入朝[一]，楊子琳乘虛突入成都。旰妾任氏出家財募兵，得數千人，自帥以擊之。子琳敗走，朝廷加旰尚書，賜名寧，任氏封夫人。《通鑑》[二]

　　乾德五年四月十九日，王衍出游浣花溪。龍舟綵舫，十里綿亘，自百花潭至萬里橋，游人士女珠翠夾岸。日方午，暴風起，須臾雷電晦冥，有白魚自江心躍起，騰空而去，或云變爲蛟。《蜀檮杌》

　　四月十九日浣花夫人誕辰，太守出笮橋門，至梵安寺謁夫人祠，就宴于寺之設廳。既宴，登舟觀諸軍騎射。倡樂導前，泝流至百花潭，觀水嬉競渡。官舫民船乘流上下，或幕帟水濱以供晏賞，謂之大游江。《歲華記麗譜》[三]

　　又小游江始于張乖崖[四]。

　　任一正《游浣花記》[五]："成都之俗，以游樂相尚，而浣花爲特甚。每歲孟夏十有九日，都人士女麗服靚妝，南出錦官門，稍折而西[六]，行十里入梵安寺，羅拜冀國夫人祠下。退游杜子美故宅，遂泛舟浣花溪之百花潭，因以名其游與其日。凡爲是游者，架舟如屋，餙以繒綵，連檣銜尾，蕩漾波間，簫鼓絃歌之聲喧闐而作。其不能具舟

[一] "旰"，原作"旴"，形近而誤，今據《舊唐書·崔寧傳》改，後文此字徑改，不再出校。

[二] 按，此條云出《通鑑》，但《資治通鑑·唐紀四十·代宗》大曆三年夏四月庚申下所載與此處略異，最突出之處在於無"任氏封夫人"一說。實則此說出自楊慎《升庵全集》卷四九"浣花夫人"條，故此處言出自《通鑑》，乃據《升庵全集》轉引，非《通鑑》原文。《補續全蜀藝文志》卷四七、俞樾《茶香室叢鈔·續鈔》卷五"浣花夫人"條皆據《升庵全集》轉引，唯後者誤以爲升庵所引出自《成都通鑑》，實無此書也。

[三] 按，《歲華紀麗譜》現在保存於《全蜀藝文志》卷五八，經過核對，此處內容大致與原文吻合。但稱浣花夫人誕辰爲四月十九，或據下文所引之《游浣花記》也；然《升庵全集》卷四九"浣花夫人"條則稱其生辰爲三月三日，待考楊氏所本。

[四] "小遊江"，《歲華紀麗譜》云："二月二日踏青節。初，郡人遊賞，散在四郊。張公詠以爲不若聚之爲樂，乃以是日出萬里橋，爲綵舫數十艘，與賓僚分乘之，歌吹前導，號小游江。蓋指浣花爲大游江也。"據《成都文類》卷九所收張詠《二月初二日萬里橋小遊江宴集詩》"我身豈此浮遊輩？蜀地重來治凋瘵"，則小游江乃張詠第二次鎮蜀時之事。據《九朝編年備要》卷六，張詠第二次鎮蜀在咸平六年（一○○三）四月，又據《續資治通鑑長編》卷六三，任中正代替張詠治蜀在真宗景德三年（一○○六）六月，則小游江之始至少在咸平七年或之後也。關於張詠鎮蜀之事，可參《宋史》本傳與伍聯群《北宋文人張詠入蜀述略》一文。

[五] "任一正"，原作"任正一"，誤倒，今據《成都文類》卷四六、《全蜀藝文志》卷四○改。《全宋文》卷四八六五錄其文五篇，據《五百家播芳大全文粹》卷九《賀施參政啟》之題名"任子方"而以爲"子方"乃其字。◎此文又見於《成都文類》卷四六、《全蜀藝文志》卷四○，故以之參校。

[六] "西"，《成都文類》作"東"；《全蜀藝文志》亦作"東"，但校記云當作"西"。根據地理位置來看，的確應作"西"。

者，依岸結棚，上下數里，以閱舟之往來。成都之人，于他游觀或不能皆出，至浣花則傾城而往，里巷闐然。自旁郡觀者，雖負販荛蕘之人，至相與稱貸易資，爲一飽之具以從事窮日之游。府尹亦爲之至潭上，置酒高會，設諸水戲競渡[一]，盡衆人之樂而後反。其傳曰：'此冀國故事也。'

冀國姓任，本漢上小家女[二]。任媪嘗禱于神祠，夢神人授以大珠，覺而有娠，明年四月十九日而生女。稍長，奉釋氏教甚謹。有僧過其家，瘡疥滿體，衣服垢敝，見者心惡，獨女敬事之。一日，僧持衣從以求浣，女忻然濯之溪邊。每一漂衣，蓮花輒應手而出[三]。里人驚異，求僧，已不知其所在，因識其處爲百花潭。會崔寧節度西川，微服行民間，見女，心悅之，賂其家，納以爲妾。寧妻死，遂爲繼室，累封至冀國[四]。既貴，每生日即來置酒其家，艤船江上，訪漂衣故處，徘徊終日。後人因之，歲以爲常，且即寺之東廡作堂祠之。

余自爲兒時，得以傳聞如此[五]，顧未嘗一至其處。今歲之夏，以事留成都，而適及是日，與二三友觀焉。訪冀國遺跡，漫無可考。獨有吳仲庶所作《祠堂記》[六]，與余昔所聞于爲兒時者大抵略同。時余猶爲疑其說之不然者。余按《唐書》：大曆中崔寧自蜀入朝，留其弟寬守。楊子琳自瀘州襲之，寬戰力屈。寧妻任素驍勇，出家財募士得千人，設部隊自將以進。子琳懼，隱去，蜀賴以全。止以姓見，初不載其封冀國及爲何許人。其嘗捍大寇，以功得封，史家略而不書，尚或有之。至其家世，實不知所據。杜子美詩曰'百花潭北莊'，又曰'百花潭水即滄浪'[七]，其來久矣，非由冀國而得名也。吾意蜀人之不忘冀國之功，歲即其祠致禮焉，因相與朋聚爲樂，非謂其爲此邦之人及嘗自爲僧漂衣之異也[八]。

[一] "諸"，《成都文類》《全蜀藝文志》無。
[二] "漢"，《全蜀藝文志》作"溪"，據校勘記，乃校者臆改，不可從。
[三] "輒"，《成都文類》作"即"，義可通。
[四] "至"，原作"之"，據《成都文類》《全蜀藝文志》改，文義更暢。
[五] "以"，《成都文類》《全蜀藝文志》作"於"，二者於文義皆可通。
[六] 按，吳仲庶所作《祠堂記》即前文所言吳中復《冀國夫人任氏碑記》。吳中復，字仲庶，《宋史》卷三二二有傳。據《續資治通鑑長編》卷二一六，此人於熙寧三年（一〇七〇）知成都府。
[七] 按，此處二句杜詩，前者出《懷錦水居止二首》其二，後者出《狂夫》。
[八] "自"，《成都文類》《全蜀藝文志》作"有"，於文義皆可通。

而或者因百花潭之名附會其說，務爲誇誕，若不足憑。況潭在成都爲近郊，使冀國實生于是，寧方節度鎮蜀，何至奪其境内之民而妾之？豈爲民父之意哉？此甚不然哉矣。

客有謂予曰：'杜子美在蜀，與寧同時。潭之得名與子美實相後先，子又安知其不然？寧，跂扈人也，何有于境內一女子乎？大曆之世，朝野多虞，干戈兵甲時有所貸而不問[一]。重以從事中原，未遑他及，寧自視僻遠，違禮判律以資聲色之奉，以期朝廷之不知且莫我誰何者，蓋有所恃而爲此也。後寧從德宗狩奉天，爲盧杞譖死，不能保其首領。雖曰非罪，得非罔上之報，天或使之邪[二]？方寧無恙時，驕其嬖妾，至馳騁出游于十數里之外[三]，使人習之而不能改，遺風餘烈猶足以啓後人之侈心。想其當時車服之盛，疾驅于通道大都，震耀其閭里之人，傲睨一時，不知有識者得以指議其後。雖冀國嘗有功于蜀，而專恣亦甚矣。'

吾以吾之說如此，客以客之說又如此，相與詰難久之。會日暮，笑謂客曰：'是游可樂，事之然否，姑置之，未暇究也。'坐客皆笑而罷[四]，明日錄其言爲記。"

祥裔《臨江仙》詞："溪水滄浪流不動，微風吹皺成紋。芙蓉倒影浸紅雲。浣花人已没，留待濯纓人。猶憶當年搽粉客，提戈能袯妖氛[五]。羞他束手虎賁臣。應銷金鎖甲，多買綠羅裙。"

漢諸葛亮屯江陽，即今之瀘州地，蜀之有屯自此始[六]。宋紹興七年，川陝宣撫吳玠治廢堰營田，共六十庄，計田八百五十四頃，收納二十五萬

[一] "問"，《成都文類》作"聞"，義遜。
[二] "邪"，《成都文類》作"耶"，義同。
[三] "十數"，《成都文類》互倒。按，據文義，"數十"更佳。
[四] "客皆"，《成都文類》作"而談"，義遜。
[五] "袯妖氛"，按，"袯"即妖氛，不詳之氣也，於此文義不通。《全清詞·順康卷》第二十冊所收陳祥裔詞集，亦作"袯"，頗疑乃"癉"字之誤，存疑俟考。
[六] "諸葛亮"，原作"建興初"，誤，今據《元和郡縣圖志》卷三二《劍南道下·瀘州》"初，曹公入漢中，諸葛亮出屯江陽"與《太平寰宇記》卷八八《劍南東道七·瀘州》"《蜀志》曰'魏武入漢中，諸葛亮出屯江陽'是也"改。按，《太平寰宇記》校勘記引宋人校記云："按《三國志》：'建安二十年，先主已得益州，聞操定漢中，與孫權連和。'《武侯傳》及《華陽國志》皆不載屯江陽事，惟今《瀘州圖經》與今《記》合，莫詳所據。況聞操定漢中而出屯江陽，絕無謂，必謬誤。"此說有一定道理，但我們認爲《太平寰宇記》的資料來源當即《元和郡縣圖志》，謂其出《蜀志》則妄。此處陳祥裔稱"漢建興初"則更不知所謂也，漢建興初當指蜀後主建興元年（二二三），姑以《元和郡縣圖志》所言有據，其時絕非建興初也。故改"建興初"爲"諸葛亮"。然李吉甫所據確否，則文獻乏徵矣。

石以助軍餉[一]，號爲極盛。迨明洪武初，命諸將分軍龍、江等處屯田，自是立法漸密。凡衛所軍士，以三分守城，七分屯種[二]。每軍納糧二十四石，上倉十二石爲正糧，本軍月支食用十二石爲餘糧[三]。自國朝六年停屯政。

武都山精化爲美女[四]，蜀王納爲妃，不習水土而死。王乃遣五丁于武都擔土爲冢，故名武擔。蓋地數畝，高七尺，上有一石，厚五寸，徑五尺，瑩徹，號曰石鏡。王見，悲悼，作《臾邪》之謂、《龍歸》之曲。《蜀記》

開明妃墓，今武擔山也。有二石闕、石鏡，武陵王蕭紀掘之，得玉石棺，中美女容貌如生，體如冰。掩之而寺其上，鏡周三丈五尺。《路史》[五]

杜甫詩：“蜀王將此鏡，送死置空山。冥寞憐香骨[六]，提攜近玉顏。眾妃無復憶，千騎亦虛還。獨有傷心石，埋輪月宇間。”蘇頲詩：“武擔獨蒼然，墳山下至泉。鼇靈時共盡，龍女事同遷[七]。松柏銜哀處，幡花種福田。詎知留鏡石，長與法輪圓。”

漢時蒲江縣主簿王興好道，忽一日遇白玉蟾，引入長秋山仙去[八]。

[一] "二十五"，原作"一十五"，誤，今據《宋史·食貨志四》及《文獻通考·田賦考七》改，蓋陳氏摘錄時偶誤也。
[二] 按，此說見《明會典》卷一九。
[三] 按，賦糧之數，《明文海》卷七八所載屠中孚《屯鹽》一文有詳細記錄，可參看。
[四] "武都"，原作"武擔"，誤，今據《太平寰宇記》卷七二及後文之"武都"改。◎陳祥裔此處乃據《太平寰宇記》所引之文而刪改也，所謂《蜀記》，《藝文類聚》卷七〇題作《蜀本紀》，舊題爲揚雄所作。
[五] 按，此說轉引自宋人羅泌《路史》卷四《蜀山氏》"其妻曰妃，俱葬之"條注文。但據前引《蜀記》之文與後錄杜甫、蘇頲之詩，可知陳祥裔此處乃根據《蜀中廣記》卷三改寫而來也。
[六] "寞"，原作"漠"，乃承《蜀中廣記》之誤也，杜詩《石鏡》原作"寞"，故據改。
[七] "遷"，原作"邊"，於義不通，據《文苑英華》卷二三三、《全蜀藝文志》卷一四所引改。◎"龍女事"，按，當即龍女於成都中興寺聽《法華經》之事也。《蜀中廣記》卷三引《成都記》云："唐高僧智浩嘗於中興寺誦《法華經》，鄰有龍女祠，龍每夜聽之。一夕施一寶珠，浩曰：'僧家無用此。'龍以神力化大圓石榴而去，今以水澆之，則'龍宮石室'四字隱隱可見。"
[八] "漢時"，原作"唐時"，誤，今據《墉城集仙錄》《蜀中廣記》等改。按，此條不言出處，但從文獻對比來看，與明人陸應陽《廣輿記》卷一七《邛州·山川》下"長秋山"條所載相合，而《明一統志》卷七二則將事發地定爲七盤山，且云出處爲《元豐九域志》，核檢今本《元豐九域志》，并不載其說，可知《明一統志》所言無根。《雲笈七籤》卷二八云："第六主簿山治，在邛州蒲江縣界，去成都一百五十里，蜀郡人王興于此學道得仙，一名長秋山。"《太平廣記》卷六四"楊正見"條引《墉城集仙錄》云："其昇天處即今邛州蒲江縣主簿化也，有汲水之處存焉，昔漢主簿王興上昇於此。"綜合茲二者，可知主簿山治因主簿王興於此上升而得名。而主簿治乃天師道二十四治之一，成立時間在漢代，故陳祥裔言乃唐時主簿王興得道所，顯誤。《蜀中廣記》卷七四引舊《圖志》云："漢唐王、楊二真人栖隱之所，觀有龍洞，洞有石蟾。鄉老相傳，漢時縣主簿王興好道，一旦遇白蟾，引至此山，昇仙而去。後人以白石琢蟾像置於洞中。"此可證主簿王興乃漢代人而非唐人也。至於《寰宇通志》卷六七《眉州·山川》下之"主簿化"及《明一統志》卷七一《眉州·山川》下之"牛心山"關於主簿化的記載，兩相對比即知其言無根，無需多辨。

三雅池在閬中，昔有人于此得三銅器，狀如杯盞。上各有篆字，一曰伯雅，二曰仲雅，三曰季雅。按魏文《典論》，靈帝末斗酒值萬錢。劉表一子好飲，乃製三爵，大曰伯雅，注一斗；次曰仲雅，注七升；小曰季雅，注五升。昔之所得，乃劉氏酒器也。《侯鯖錄》[一]

太平縣山谷間有蛇，無目，長尺餘，身短而肥，尾有針。吐絲艸上，人物觸之即逸出相噬，被噬者負痛立斃。或有持竹杖先擊艸而行，觸絲，亦出噬其杖，人即棄杖，便得無恙。倘棄之稍緩，毒即從杖入手，腕指隨腫。山下居民亦有善治此毒者，但不暇覓醫耳。行人不知，苟中其毒，即于未腫處用繩縶緊，隨以刀自劚其皮肉，出黑血，去腐肉，或間有得生者。蜀俗呼曰老蛇，或云即虺[二]。

巴邛人家有橘園，霜後盡收，餘兩大橘，如三斗盎。剖開，每橘有二叟，鬚眉皓然，相對象戲。一叟曰："君輸我瀛洲玉塵三斛[三]，後日于青城艸堂還我耳。"一叟曰："橘中之樂不減商山，但不得深根固蔕于其中耳。"一叟曰："飢虛矣，須龍根脯食之。"即于袖中抽出一艸根，方圓逕寸，形狀宛如龍，因削食之，隨削隨滿。食訖，以水噀之，化爲二龍，共乘之而去。《幽怪錄》

玉鞭池在通江壁山之上，昔有拾玉鞭于此，故名。朱慶餘《送壁州劉使君》詩"江分入峽路，山見採鞭人"即咏此事[四]。

味江水出青城長樂山下，江中有大石高數丈，號大坎。又有小石在其下，亦高數丈，爲小坎[五]。水激其上，洶涌聞于數里。古老傳云：味江水甘美，人爭飲之，因名。《寰宇記》

[一] "侯鯖錄"，三字原在"三曰季雅"後，今據《侯鯖錄》卷一原文移至此處。實則"按"字之前部分乃趙令時引唐人潘遠《紀聞譚》之語，按語乃趙令時之考證也。此條最末一句下，原文尚有"恐盛酒器，非飲器也"一句。◎關於三個酒器的容量，《太平御覽》卷四九七、《太平廣記》卷二二九引《典論》則云伯雅受七升，仲雅受六升，季雅受五升，與此略異。

[二] 按，此條陳氏不言出處，清人彭遵泗《蜀故》卷一九及清人趙彪詔《說蛇》均有相同記載，亦不題出處，後二者當即本自《蜀都碎事》也。

[三] "塵"，原作"麈"，誤，今據《玄怪錄》卷三"巴邛人"條改。《玄怪錄》，唐人牛僧孺撰，宋人避始祖玄朗之諱而改稱《幽怪錄》，陳祥裔此處有刪節。

[四] 按，此條未言出處，但《蜀中廣記》卷二五所載與此相合，陳氏或據之改寫也。道光《通江縣志》卷二《山川》門同條所載之傳說則與此不同，更具神話色彩："玉鞭池在治西十里。昔有李姓女子代父戍邊，騎虎而歸，投鞭於地，鞭化爲龍，水滙爲池，池中生並蒂蓮。因名其人曰虎仙，或云即木蘭也。昔曾有廟，今毀矣。"

[五] "小"，原作"山"，形近而誤，今據《蜀中廣記》卷六及《太平寰宇記》卷七三改。按，此處陳祥裔全抄錄《蜀中廣記》之文，而曹學佺亦是據《太平寰宇記》改寫也。

昔蜀王征西番，埜人以壺漿爲獻。王使投之江中，三軍飲之皆醉，故名曰味江。《舊經》[一]按，味江在灌縣，即今漩口江也[二]。

　　蜀妃與五丁同生，父母棄之溪。後聞呱呱聲，就視，乃一女五男。女即蜀妃，男即五丁。今綿竹有玉妃溪，即此。《成都耆舊傳》[三]

　　玉壘山在灌縣，衆峯簇擁，遠望無形，惟雲表崔嵬稍露。山石瑩潔可爲器，亦砆砎之類。《名山志》[四]按，唐貞觀刱關其下，名玉壘關，亦名七盤關，乃蕃夷往來之衝也。

　　唐時大渡戍一不守，則黎、雅、卭、嘉皆擾。宋初建隆三年，王全斌平蜀，以圖來上。議者欲因兵威服越嶲，藝祖以玉斧畫此河，曰："此外吾不有也。"于是爲黎之極邊。昔時河道廣平，可通漕船。自玉斧畫後，河中流忽陷下五六十丈，水至此澎湃如瀑，從內而落，舂撞號怒，波濤洶湧，船筏不通，名爲噎口，殆天設險以限夷狄也。父老云："舊有寨將欲載杉木板由陽山入嘉定貿易，以數片試之，板至噎口，爲水所舂没。須臾，片片自沫水浮出，蠻人聞之，益不敢窺視矣。"《方輿勝覽》[五]按，大渡河源出吐蕃，經黎州城南，東注嘉定，入于岷江[六]。隋設大渡縣，今廢

[一] "舊經"，原書名稱及撰者皆難考，此處乃據《蜀中廣記》卷六轉引，而曹學佺則引自《海錄碎事》卷三下。

[二] 此按語亦出自《蜀中廣記》卷六，曹學佺引自《青城外史》也。

[三] 按，此條云出《成都耆舊傳》，當爲陳氏轉引者，相關記載見《蜀中廣記》卷九及《方輿勝覽》卷五四《漢州·山川》之"玉妃溪"條，但皆言出處爲《成都耆老傳》，雖有一字之異，實應爲一書。然此書作者、時代皆不詳，王文才、王炎所輯《蜀志類鈔》輯錄有數條佚文，可參看。◎"玉妃溪"，原作"玉女溪"，據《方輿勝覽》《蜀中廣記》改。"今綿竹有玉妃溪，即此"非《成都耆老傳》之文。

[四] 按，此條之引文與後之按語，皆見《蜀中廣記》卷六，曹學佺僅題出處爲《志》，不知陳祥裔據何言出《名山志》。又，明人王嗣奭《杜臆》卷六《登樓》詩注所引文句與此全同，則題出處爲《名勝志》，當即曹學佺《大明一統名勝志》之省稱，或爲《蜀中名勝記》之別名，均爲曹學佺之書。後之《佩文韻府》卷三四之六、王琦注《李太白詩集注》卷八《上皇西巡南京歌十首》之四、許鴻磐《方輿考證》卷六五等引此條資料皆題出處爲《名山志》，或即本自《蜀都碎事》，而《名山志》恐係《名勝志》之誤也。

[五] "方輿勝覽"，原作"方輿志"，今與《方輿勝覽》卷五六《黎州·山川》之"大渡河"條比勘，可證準確出處爲《方輿勝覽》，故改之。按，陳祥裔之所以會誤題爲《方輿志》，乃受《蜀中廣記》卷三五影響。曹學佺引此條時題《方輿》，乃省稱；陳祥裔轉引時誤增"志"字，實無《方輿志》一書也。

[六] "岷江"，原作"江臨"。"臨"字乃陳祥裔摘錄《蜀中廣記》之文時刪取不當而誤衍者。《蜀中廣記》卷三五原文云："大渡河源出吐蕃，經黎州城南九十里東注嘉定，入於江。臨河有大渡巡檢司戍之，隋大渡縣設焉，今廢爲鎮。若唐之大渡縣，則接蘆山縣界。""岷"字則據《明一統志》卷七三《黎州安撫司·山川》下"大渡河"條補，乃曹學佺之語所本也，原文云："大渡河源出吐蕃，經于城南九十里東注嘉定，入于岷江。"

焉。若唐之大渡縣，則在蘆山縣界，大渡河即瀘水也[一]。

大渡河邊五六月瘴氣如烟，亦如旋風，忽起忽滅，犯之必死。若黎明及陰雨時，則少殺可渡。此地男女皆以立夏後各居，去千户所治南九十里，有避瘴山，男子則入此山避之。至霜降後，乃同寢處，故有半世夫妻之説。經商者見寡女獨居，挑與之合則病，必流五色精而死，亦間有生者，必瘖瘂[二]。

金花娘子，俗云是姜維之妹，歿而爲神。雅州諸處居民奉之甚虔，廟食無替，姜公弗若之矣。

雅州城東蔡山上有小廟，以鐵爲瓦，云周公廟。相傳武侯駐師于此，夢見周公，故立文憲王廟。今殿中所奉釋迦佛也，如周公何？

大渡河邊有要衝城，唐韋皋築，今俗呼曰沙米寨[三]。

漢王涣墓在新都縣北五里。涣字稚子，東漢循良吏也。冢前二石闕，其一題"漢故兗州刺史、雒陽令王君稚子之闕"，其一題云"漢故先靈侍御史、河内縣令王君稚子闕"[四]。

劉涇《王稚子石闕記》[五]："西漢循吏稱文翁，老于成都，其石室在學宫。東漢循吏稱王稚子，蓺于郪縣，即今之新都，石闕在道旁。然石室依古禮殿，得不磨滅；而石闕獨暴露，骨立可憐。歷兩漢千三百餘年間，二人爲古今吏師，而遺跡亭亭，勢糸峨眉，氣凛雪山。蓋官學者所

[一] 按，"大渡河即瀘水"乃陳祥裔之説，此大渡河非匯於樂山之大渡河，乃《寰宇通志》卷六八、《明一統志》卷七二《雅州·山川》下之"大渡水"也；此瀘水也非孔明"五月渡瀘"的金沙江，蓋陳祥裔因大渡水在蘆山縣内而名其爲瀘水也，實不可據。

[二] 按，此條暫未見他書有相關記載，其説頗不經。瘴氣襲人，古有其説，故"避瘴山"數見於典籍，如《明一統志》卷七三《黎州安撫司·山川》下云："避瘴山，在司城南九十里，近大渡河。嵐瘴夏秋最多，土人移居此山避之。"《蜀中廣記》卷三五云："近河有避瘴山，夏秋之交境多嵐瘴，飛鳶群集。至立冬前瘴已，乃飛去。土人避瘴恒以鳶爲候，故名銷瘴山也。"然云避瘴亦分男女，則甚可駭怪也。土人男子若需避瘴遠去，爲何經商男子可至而不遭害？真無稽之談，不可信也！

[三] "沙"，嘉靖《四川總志》卷一五《黎州安撫司·古蹟》下"要衝城"條亦作"沙"，《明一統志》卷七三同條則作"炒"，《蜀中廣記》卷三四作"炒"，但卷三五則云"司南百里臨大渡河有韋皋所築要衝城，俗呼沙米寨，亦作炒米城矣"，"沙、炒"形近易誤，難考孰是。

[四] "先靈"，原作"先零"，誤，今據《隸釋》卷二四、《金石録》卷一四、《輿地碑記目》卷四等所録及《金石萃編》卷五拓片改。〇"縣"，《金石萃編》卷五認爲當是"緼"字，通"溫"，以王涣曾任河内郡溫縣令也，其説言之有理，文繁不録。〇"稚子"下，原有"之"字，當是據《輿地碑記目》所載而來，與《隸釋》《金石録》等不合，與下文劉涇之記所言"闕面有隸字三十一"亦不合，故知此"之"字乃衍文，刪之。關於二闕之介紹，亦可參《金石苑》卷一。

[五] 劉涇，字巨濟，簡州陽安人，《宋史·文苑傳五》有傳。此文載於《成都文類》卷四六、《全蜀藝文志》卷四〇等。

當臣于下風，以幸教髣髴而至；有未及知者，其不蘧如此[一]。

予訪古石類，得秦石犀、石笋，漢石室、石柱、石闕，凡物五。若犀、笋與柱，無甚損益事；而石闕苟不朽，則實二人之《甘棠》也。于是新都令王君天常趣古甚力，得予說，因請大尹莆陽蔡公爲稚子作屋書榜以昭昏昏。按，闕面有隸字三十一，法度勁古，過于鍾、梁[二]；闕上下有衣冠鳥獸等象，僅可辨，氣韵精簡，過于顧、陸[三]，并以告來者。"

祥裔《過王稚子渙墓》詩："廉吏漫言爲不得，雙標石柱漢循良。停驂拜罷悲無限，墳上殘碑卧夕陽。"

彭大雅知重慶，大興城築，僚屬更諫，不從[四]。彭曰："不把錢做錢看，不把人做人看，無不可築之理。"[五]既而城成，僚屬乃請立碑以記之。大雅以爲不必，但立四大石于四門之上，大書曰"大宋嘉熙庚子，制臣彭大雅城渝，爲蜀根本"[六]。其後蜀之流難者多歸焉。蜀亡，城猶無恙，

[一] 按，此長句義頗費解，筆者姑據語感標點如上，《全蜀藝文志》及《成都文類》之標點者斷句均與此異，或文字有誤耶？存疑俟考。

[二] "鍾梁"，謂鍾繇、梁鵠，鍾繇見《三國志·魏志》卷一三本傳，梁鵠小傳見張懷瓘《書斷》卷中，二人皆以書法聞名，故史稱鍾梁。

[三] "顧陸"，謂顧愷之、陸探微，顧愷之見《晉書》卷九二本傳，陸探微小傳見張彥遠《歷代名畫記》卷六，《歷代名畫記》卷二稱"陸探微師於顧愷之"，故後世以二人並稱。

[四] "彭大雅"，字子文，曾官四川制置副使，嘉熙四年（一二四〇）爲禦蒙古兵而筑重慶城。元劉一清《錢塘遺事》卷三、佚名《宋季三朝政要》卷二及雍正《江西通志》卷八八爲其立小傳，稱大雅於淳祐三年癸卯（一二四三）守重慶，此說或誤。《宋史·理宗紀二》云："（嘉熙四年）三月辛未，詔四川安撫制置副使彭大雅削三秩……夏四月壬寅，前潼川運判吳申進對，因論蜀事，爲上言：'鄭損棄邊郡不守，桂如淵啓潰卒爲亂，趙彥吶忌勇不救，彭大雅險譎變詐，殊費關防。'"（淳祐元年十二月）丁丑，侍御史金淵言彭大雅貪黷殘忍，蜀人銜怨，罪重罰輕，乞更竄責。詔除名，贛州居住。"《宋史·理宗紀三》云："（淳祐五年）三月庚子，詔嚴贓吏法，仍命有司舉行彭大雅、程以升、吳淇、徐敏子納賄之罪。"以此觀之，吳申、金淵奏本彭大雅變詐貪黷，正爲其不顧僚屬勸阻而興城筑之事也。彭大雅守重慶不顧花費錢財與人力大筑城防，斷不在淳祐年間。

[五] "不把錢做錢看"，"做"字，原爲"作"，雖云"作""做"可互通，然爲尊重引文及行文統一，據涵芬樓本《說郛》卷五七、宛委山堂本《說郛》卷二九《雪舟脞語》及《古今說海》卷九五《三朝野史》所錄之改。◎"不把人做人看"，原文及宛委山堂本《說郛》卷二九皆無，此據涵芬樓本《說郛》及《古今說海》所錄補。

[六] 按，此書石之文，原作"某年月日大雅築此城，爲蜀之根本"，宛委山堂本《說郛》卷二九《雪舟脞語》作"某年某月彭大雅築此城，爲蜀根本"，共十四字，與此不合，當是陳祥裔抄錄偶誤也；涵芬樓本《說郛》卷五七《雪舟脞語》作"某年某月彭大雅築此城，爲西蜀根本"，共十五字；而涵芬樓本《說郛》卷五七及宛委山堂本《說郛》卷二六《姑蘇筆記》所錄"題梁"條則爲"大宋嘉熙庚子，制臣彭大雅城渝，爲蜀根本"，共十七字；《宋季三朝政要》卷二作"某年某月某日，守臣彭大雅築此，爲國西門"。據前文考訂，可知彭大雅筑重慶城完工在嘉熙四年庚子，正與《姑蘇筆記》所載合；稱"某年某月"或"某年月日"者，或因不知確年而含混其詞也，言辭之氣勢、風格亦遠遜《姑蘇筆記》所載之語。爲便於學者征引，故據改。

真西蜀根本也[一]。邵桂子《雪舟脞語》[二]

文翁立講堂作石室一曰玉堂[三],在城南。初,堂遇火,太守更修立,又增二石室。《華陽國志》

唐裴鉶《題石室》詩[四]:"文翁石室有儀型,庠序千秋播德馨。古柏尚留今日翠,高岷猶靄舊時青。人心未肯抛羶蟻[五],弟子依前學聚螢[六]。更嘆沱江無限水[七],爭流祇願到滄溟。"

宋右仁《石室銘》[八]:"昔夏禹定九州貢法,明三壤同異,山川、艸

[一] "蜀亡",原作"蜀王",宛委山堂本《說郛》卷二九亦作"蜀王",文義不通,據涵芬樓本《說郛》卷五七及《古今說海》卷九五等改。《宋史·理宗紀三》云:"(淳祐十二年十二月)己未,詔追錄彭大雅創城渝州功,復承議郎,官其子。"此正可見彭大雅築城之偉績也!

[二] "邵桂子《雪舟脞語》","邵桂子",原文及宛委山堂本《說郛》均作"王仲暉",涵芬樓本《說郛》題作者爲"宋末國初邵桂子,字玄同,嚴陵人",書名下亦注云"一卷,先名《甕天脞語》"。按,雍正《浙江通志》卷一八二引鮑樞《雪舟詩序》云:"青溪邵桂子,字德芳,太學上舍登咸淳進士,任處州府學教授。宋運訖錄,解組賦歸,避地雲間,贅曹氏,居泖湖之闕溪。嘗瀕湖構亭,名雪舟,著述其間。有《脞稿》十卷、《脞談》二十卷,皆以雪舟名之。《萬姓統譜》卷一〇三亦錄小傳,稱其於咸淳七年登第。《兩宋名賢小集》卷三五四收其《慵庵小集》,亦爲之立傳;《本草綱目》卷一列引書目錄亦有"邵桂子《甕天語》"。以上資料足證《雪舟脞語》乃邵桂子之書。而題作者爲王仲暉者,據目前資料來看,僅《蜀都碎事》《淵鑑類函》卷三四〇、《佩文齋書畫譜》卷三四、《六藝之一錄》卷三四四及《閩中書畫錄》卷一五引文時題王仲暉作,此五者成書皆晚於宛委山堂本《說郛》,故承襲其誤之可能性極大。綜上,今校改作者爲邵桂子。◎"脞",原文及、宛委山堂本《說郛》卷二九均作"譇",《類篇·言部》云:"蘇禾切,佗也,動也。又祖臥切,以言折人。"二義於此均不合,蓋因與"脞"字形近而誤也。脞者,細碎也,書名多用之,如《搢紳脞說》《譚崖脞說》《讀書脞錄》之類。今據涵芬樓本《說郛》改。

[三] "一曰玉堂",任乃強《華陽國志校補圖注》卷三認爲乃注文闌入正文者,其說是;文淵閣本《蜀中廣記》卷一此四字作"一作玉室",而文津閣本則刪此四字,亦是以其爲注文也。故今作小字注文處理。

[四] 此詩亦見《成都文類》卷四、《全蜀藝文志》卷一〇、《蜀中廣記》卷一等,故以之對校。◎"裴鉶",原作"裴硎","硎""鉶"二字形近,作磨刀石講則義也可通,古籍中"裴鉶"亦多有寫作"裴硎"者,今據通行寫法改作"裴鉶"。其事跡見李劍國《唐五代志怪傳奇敘錄》之《傳奇》,此詩作於乾符五年(八七八)以御史大夫任成都節度副使時也。

[五] "人心未肯抛羶蟻",典出《莊子·徐無鬼》:"卷婁者,舜也。羊肉不慕蟻,蟻慕羊肉,羊肉羶也。舜有羶行,百姓悅之,故三徙成都,至鄧之虛而十有萬家。"此處喻民心向善慕學如蟻之慕羊肉也。

[六] "弟子依前學聚螢",典出《晉書·車胤傳》:"家貧不常得油,夏月則練囊盛數十螢火以照書,以夜繼日焉。"

[七] "嘆",原作"慔",當是其俗體字,暫未見字書有載,故從《成都文類》等改爲通行體。

[八] 此銘載於《成都文類》卷四八、《全蜀藝文志》卷四四,故以之參校。◎"宋右仁",據《成都文類》卷四二所錄宋人常璟撰《蕤桂堂記》,"凡宋氏登科,慶曆五年二人,曰右賢,曰右人,皆贈朝散大夫",此宋右人,當即作此銘之宋右仁也。又據一九九八年出土的《炎宋陝西轉運副使公大卿內志》所載,其名的確爲宋右仁,作"宋右人"者誤。關於其職官,亦與《蕤桂堂記》所載不合:"祖右仁,終朝散大夫,與曾祖皆贈朝議大夫。"《全蜀藝文志》卷五五錄《氏族譜》存雙流宋氏譜,但與《炎宋陝西轉運副使宋公大卿內志》亦有不合處,文繁不引,當以出土文獻所載爲準。《全宋文》不收宋右仁之文,《中國歷代人名大辭典》亦不載,皆可補也。

木、鳥獸，戎夏土地所生[一]，財賦所出，聲教所暨，咸悉載之[二]，無一遺者。至于天下人性賢愚、民心善惡之所係，則闕而不載焉。三代而下，史策所存者，咸能著之圖籍。而志其地理，迹其記錄，則于天下人氏所係之性，亦略而無聞焉。聖賢之述作，亦有所闕乎？豈聖賢之志，將有所蘊乎？意者謂人性之上下，不常于世，隨其教化而移易也。故上之教行則民興善，上之令嚴則民興暴，皆從其上之所爲爾。《語》曰'如風之偃艸'，又曰'若泥之在鈞'者，豈虛言哉！此聖賢所以不可不筆之而傳後世者矣。且蜀之開國，地遠中夏，民性怯懦而多浮侈。迨文翁之爲守，立學校，造講堂、石室以備其制度，遣俊乂之士東受七經[三]，還以教授。于是風教大行，而岷絡之地比于齊魯。厥後相如既沒，而淵雲之徒森然繼出[四]，兩漢之際，舉不乏賢，得人之稱，迨今攸盛。

於戲[五]！蜀始以僻陋險隘，人民夸訑[六]，古謂難治。暨文翁以儒學教導之，則其人莘莘然嚮慕于文學而見用于當世者，得非上之教化移易于人民若是哉？覽之前記，尤美其事；觀夫遺迹，則石室猶存。雖前賢有銘其徽烈者，大率言立學興儒；而以石室琱琢，取學者磨礱之意，又欲樹功于不朽也。觀其言詞，似猶未盡賢守教化之深意[七]，因復廣而銘之曰：

地有常形，民無常性。躔上之化，所從而正。雖蜀之郡，在天一隅。俗尚浮侈，人希服儒。賢哉文翁，來牧茲土。爰立石室，始興庠序。俾此岷絡，儒風大行。于以兩漢，英賢踵生。降及我朝，得人侔古。家慕淵雲，學隆鄒魯。政教下格，文材上通。迨今蜀人，詠歌德風。"

[一] "夏"，《成都文類》《全蜀藝文志》作"狄"，或誤。按，夷夏對舉，指邊疆少數民族地區與中原地區，於義更長。
[二] "悉"，《成都文類》作"思"，或形近而誤。按，"咸""悉"併舉表示"都""皆"之義，載籍習見，如《三國志·魏志·劉曄傳》："曄撫慰安懷，咸悉悅服，推曄爲主。"《南史·循吏傳序》："梁武在田，知人疾苦，及定亂之始，仍下寬書。東昏時雜調咸悉除省。"
[三] "遣"，原作"遺"，形近而誤，今據《成都文類》《全蜀藝文志》改。◎此"俊乂之士"，《華陽國志》卷一〇《張寬傳》云："太守文翁遣寬詣博士東受七經，還以教授，於是蜀學比於齊魯。"而《三國志·蜀志·秦宓傳》云："文翁遣相如東受七經，還教吏民，於是蜀學比於齊魯。故《地理志》曰：'文翁倡其教，相如爲之師，漢家得士，盛於其世。'"二說各異，但以後者更有影響力。故後文有"相如既沒"之語，而"得人之稱"亦本自《秦宓傳》也。《秦宓傳》中之《地理志》原作"地里志"，誤，實爲《漢書》卷二八下之《地理志》也，今據改。
[四] "淵雲之徒"，謂王褒、揚雄也，王褒字子淵，揚雄字子雲。
[五] "於"，底本原作"于"，今據大觀本等改。按，作嘆詞，"於戲"不寫作"于戲"。
[六] "人"，原作"之"，於義不暢，今據《成都文類》《全蜀藝文志》改。
[七] "猶"，《成都文類》作"有"，於義亦通。

41

唐鄭藏休《石室贊》[一]："自張儀諷蜀，劍路攸通。何者魚鳧[二]，未知鹽鹺。詩書罔設，禮樂誰崇？征伐不休，城池屢空。爰暨有漢，是生文翁。符守此邦，鬱爲儒宗。大開庠序，啟我童蒙[三]。誦以八索，歌之九功。化流南蠻，德伏西戎[四]。豈曰滇筰，亦惟巴賨[五]。其後相如，傳之揚雄[六]。岷峨孕靈，川瀆氣融。石室猶在，金聲無窮。南隣孔門，北接玉宮。千齡萬古，永播餘風。"

宋祁《文翁祠堂記》[七]："蜀之廟食千五百年不絶者，秦李公冰、漢文公翁兩祠而已[八]。冰爲蜀鑿離堆，逐捍水以溉民田[九]，溉所及，常無旱年[十]，西人德之。因言冰身與水怪鬬，怪不勝[十一]，死。自是江無暴流，蛟鼉怖藏，人恬以生。故侈大房殿，歲擊羊豕雉魚，伐鼓嘯簫[十二]，傾數十州之人。人得侍祠[十三]，奔走鼓舞以娛悅神，祝已傳嘏，而後敢安。翁之治蜀，開學校以詩書教人，澡刷故俗[十四]，長長少少，尊尊親親[十五]，

[一]"唐鄭藏休"，原文及《全蜀藝文志》卷四四皆作"宋鄭藏休"，《成都文類》卷四八雖不題作者時代，但依其體例，亦是以之爲宋人也，今據《輿地碑記目》卷四改。按，《輿地碑記目》卷四《成都府碑記》"石室贊"條云："唐維州刺史鄭藏休撰，大曆十年殿中侍御史李樞篆。"郁賢皓《唐刺史考全編》所據亦同，但人名作"鄭藏林"，其所據當爲《粵雅堂叢書》本《輿地碑記目》也。◎此文亦以《成都文類》《全蜀藝文志》參校。
[二]"何"，原文及《全蜀藝文志》皆作"向"，於義不通，形近而誤也，今據《成都文類》改。按，此句云巴蜀不與秦塞相通時，中原之地不知何者爲鹽鹺、魚鳧也。
[三]"啟"，《成都文類》《全蜀藝文志》作"匪"，通"斐"，謂使之有文采，亦通。然"啟我童蒙"乃本《妣志》詩，《後漢書·文苑列傳·傳毅》云："誰能昭聞，啟我童昧？"
[四]"伏"，原作"狀"，不辭，形近而誤，今據《成都文類》《全蜀藝文志》改。
[五]"賨"，《成都文類》整理者誤之爲"賓"。
[六]"揚雄"，原作"楊雄"，而後引宋祁《文翁祠堂記》又作"揚雄"，今統一爲通行寫法，所引古籍寫作"楊雄""楊子雲"者亦改之，以後不再出校。
[七]"宋祁《文翁祠堂記》"，文淵閣《四庫全書》本宋庠《元憲集》卷三六題作《成都府新建漢文翁祠堂碑銘》，以爲乃宋庠所作，此說誤矣。據文中"嘉祐二年，予知益州"及《宋史》本傳，可知此文作者爲宋祁，非宋庠。◎此記亦載《成都文類》卷三四、《全蜀藝文志》卷三七，《景文集》卷五七則題爲《成都府新建漢文公祠堂碑》，均用以參校。
[八]"而已"，原文及《全蜀藝文志》皆作"而祀"，文義不暢，今據《景文集》《成都文類》改。
[九]"捍"，《景文集》作"悍"。按，作"勇猛"義講，"捍"可通"悍"。◎"民田"及下"溉"字，《景文集》無。
[十]"及常"，原文及《全蜀藝文志》互倒，今據《景文集》《成都文類》乙正。
[十一]"怪"，原文及《成都文類》《全蜀藝文志》皆無，今據《景文集》補。按，若無此字，則意謂李冰身死，與後文"江無暴流，蛟鼉怖藏"相矛盾矣。
[十二]"嘯"，原作"笑"，今據《景文集》改。《成都文類》已據《景文集》改，而整理本《全蜀藝文志》則據朱雲煥、鄒蘭生刻本《全蜀藝文志》改爲"吹"。
[十三]"得"，《景文集》作"必"，二者皆可。
[十四]"刷"，《景文集》作"熨"，文義皆通。
[十五]"尊尊親親"，《景文集》作"親親尊尊"。

百姓順頼。其後司馬相如、王褒、揚雄以文章倡，張寬以博聞顯，莊遵、李仲元以有道稱，何武入爲三公，漢家號令、典章，赫然與三代等。蜀有儒自翁始，班固言之既詳矣。初，翁爲禮殿以舍孔子及七十二子之像。殿右廡作石室，舍翁像于中。晚漢學焚，有守曰高朕[一]，能興完之。後人又作朕像，進偶公室。歲時，長吏率掾屬諸生，奉籩豆、饗醯薦于前，虔跽謹潔，一再奠而退辭，無敢不信焉[二]。冰以功，翁以德，功易見，德難知，故祠雖偕而優狹異焉[三]。

嘉祐二年，予知益州，往欸公祠。至則區位湫溢，埃蝕垢蒙，不稱所聞，大懼禮益懈忽，神弗臨享。其明年，乃占學宮之西，改位鳩工，弗亟弗遲，作堂三楹，張左右序及獻廡，大抵若干間。布尋以度堂，累常以度庭，疏窗以快顯，壯闈以嚴閉[四]。采有青丹，陛有級夷，瓦密棟強，若棘若飛。乃肖公像于宁間[五]，繪相如等于東西壁。本古學之復，莫若朕；本今學之盛，莫若故樞密直學士蔣公堂[六]，故繪二公于宦漏，皆配祠焉。于是擇日告成于神，揖而升，籩莘、果酒[七]、脯脩，紛羅而有容，可以告虔[八]；趨而降，罍罇、巾洗、庭燎[九]，並施而不愚，可以盡儀。相者循循，任者舒舒，禮生于嚴廣，靈妥于闃寂故也[十]。噫！自公以來，蜀之人自視若鄒魯。宋興，名臣巨公踵相逮于朝[十一]。先帝時，巨盜再作亂，

[一]"朕"，《成都文類》《全蜀藝文志》作"眹"，誤矣。按，關於此高太守之名，歷來有疑其不當作"朕"者，蓋以爲乃帝王自稱用字，人名不當用之，故歐陽修《集古錄跋尾》卷五《唐益州學館廟堂記》云："高朕之名，於義不安。頗疑有意得於古碑之訛缺爾，存之以俟博學者。"然據《東齋記事》卷四："朕或以爲勝，宋溫之璋洗石以辨之，乃朕字也。"《成都文類》卷四、《全蜀藝文志》卷一〇錄李石《石室》詩之題注亦言及此說，但字卻仍作"眹"。而《廣川書跋》卷五《周公禮殿記》亦云："昔人曾疑朕非制名可稱於臣下者，自秦漢天子所爲稱，豈復可存耶？流俗謂爲高勝，至宋璋洗視，知爲高朕，范蜀公嘗爲人道之甚詳。余嘗至其處求字畫，得之，實爲朕字，知在漢猶未有嫌，不必曲辨朕爲勝也。"以是觀之，則其名用字實爲"朕"字也。
[二]"敢不"，原互倒，今據《景文集》《成都文類》乙正。
[三]"祠"，《景文集》作"祀"，義遜。
[四]"閉"，原作"閑"，形近而誤，據《景文集》《成都文類》《全蜀藝文志》改。
[五]"宁"，《成都文類》誤改作"寧"。按，"宁"音 zhù，《禮記·曲禮下》："天子當宁而立，諸公東面，諸侯西面，曰朝。"鄭玄注："宁，門屏之間。"
[六]"故"，原作"古"，據《景文集》改。按，蔣堂曾以樞密直學士知益州，詳《宋史》本傳。
[七]"酒"，《景文集》作"湆"，音 qì，肉汁也，於義亦通。
[八]"告"，原文及《全蜀藝文志》作"造"，據《景文集》《成都文類》改。
[九]"庭"，原作"度"，據《景文集》改。
[十]"闃"，原作"間"，據《景文集》《成都文類》《全蜀藝文志》改。
[十一]"巨"，《景文集》作"鉅"，義同。

弄庫兵，爭劍閣。是時，蜀豪英無一汙賊者[一]，群頑愁窘，不容喘而滅[二]。非人知忠、家知孝使然耶？所使然者，不自公歟？傳曰：'非此族也，不在祀典。'[三]公在之矣。則是祠之作，願自予而古，無俾壞息云[四]。

祠之興，同尚之賢，則轉運使趙抃及提點刑獄使者凡三人；賢輔之勤[五]，自通判軍州事祝諮以降六人；營董之勞，自兵馬都監毛永保而下二人。咸畫像於西廂[六]，列官里于石陰。銘曰：公二千石兮守大邦，冠峨峨兮紱斯皇。出有瑞節兮車騎羅，石室孔卑兮人謂何。新堂翼翼兮耽耽[七]，庭廣直兮序嚴嚴。吏奉神兮不譁，神來徙兮此其家[八]。儼群賢兮並陳，公所教兮如其仁。庖魚挺兮俎肉鮮，神來享兮憺冤延[九]。公教在人兮無有頗，蜀賢不乏兮才日多。俗祥順兮孝慈，公祀百年兮庸可知。

治平四年記[十]。"

重慶府江津縣，邑人春月游天水池，競于池中摸石祈嗣。得石者生男，得瓦者生女，頗驗[十一]。

杜家溝在資縣，池水一泓，清泠澄澈。下即龍泉洞，天將雨，則雲

[一] "一"，原無，據《景文集》《成都文類》《全蜀藝文志》補。按，有此字文義更勝。
[二] "喘"，原文及《全蜀藝文志》作"喙"，於義不通，據《景文集》《成都文類》改。按，"不容喘"謂來不及喘息，言迅速也。
[三] "祀"，原作"祠"，據《景文集》《成都文類》《全蜀藝文志》改。按，此語出《禮記·祭法》。
[四] "自予而古，無俾壞息"，原作"自今而古，無俾外息"，據《景文集》改。《成都文類》作"自余而古無俾壞息"，校勘記"疑'自余而古'當作'自今而後'"；《全蜀藝文志》則據朱雲煥、鄒蘭生刻本《全蜀藝文志》改作"自今而後，無俾休息"。按，"自予而古"謂自我今日而變得古老久遠，"古"字用作動詞，文義通暢，不煩改作"自今而後"；別本《全蜀藝文志》"壞息"改作"休息"，所據亦未必可從。
[五] "賢"，《景文集》作"贊"，亦通。
[六] "畫"，《景文集》作"書"，形近而誤。
[七] "翼翼"，《景文集》作"翼"，脫一字也。按，"翼翼"謂莊嚴雄偉貌，《詩·大雅·縣》："縮板以載，作廟翼翼。"左思《魏都賦》："翼翼京室，眈眈帝宇。"此或宋祁所本也。
[八] "徙"，原文及《全蜀藝文志》作"此徙"，文義不通，今據《景文集》《成都文類》改。
[九] "冤"，《全蜀藝文志》作"寬"，誤。按，"憺"謂安樂、安定。《楚辭·九歌·東君》："羌聲色兮娛人，觀者憺兮忘歸。"王逸注："憺，安也。""冤延"同蜿蜒，《漢書·揚雄傳上》："曳紅采之流離兮，颺翠氣之冤延。"王先謙補注引錢大昭曰："冤延，與蜿蜒同。"故此句謂安樂綿遠也。
[十] "治平四年記"，《景文集》無。
[十一] 按，此條見《玉芝堂談薈》卷二四，《廣輿記》卷一六《重慶府·山川》之"天水池"條亦載，《明一統志》卷六九同條所載則更詳細，《寰宇通志》卷六二《重慶府·池館》下同條則與《明一統志》略異。

44

生竅穴，霧彌空谷[一]。前有石柱[二]，相傳龍出毀殿，止存二柱。崖上鐫二龍，土人懼其飛動[三]，摧去其二角。

龍馬潭在瀘州城東北，即王昌遇所乘落魄仙馬化龍處[四]。

揚雄宅即成都縣治，治前有池曰洗墨池，舊有亭于池上，今廢[五]。

高惟幾《揚子雲宅辯碑記》[六]："《前書》傳[七]，揚子雲之先'揚侯逃于楚巫山[八]，因家焉。楚漢之興也，揚氏遡江上，處巴江州[九]，即犍爲縣，有雄宅井洞，洞前刻像即揚侯，以雄名顯，後人慕之，第稱揚雄宅與像[十]，迨此存焉。而揚季官至廬江太守，漢元鼎間避仇，復遡江上，處崏山之陽，曰郫。有田一壒，宅一區。'《禹貢》曰：'岷山之陽，至于衡山。'孔安國曰：'岷山，江所出，在梁州南。衡山，江所經，在荆州。'李膺《益州記》曰：'岷山去成都五百里，有岷山縣，江源所起也。'故其西之八十里，江之南，石紐，禹所生處。而班氏謂岷山之陽曰郫，采撝之誤耳[十一]。且岷去蜀郡五百里，郫去成都四十里，則郫不在岷山之陽明矣。

[一] "彌"，原作"迷"，據《蜀中廣記》卷八改。按，此條乃因《蜀中廣記》所錄之舊《資縣志》改寫而成，故據之校勘。
[二] "石柱"後，《蜀中廣記》有"殿"字，或陳氏有意刪去也。按，有無此字於文義影響不大。
[三] "飛動"，《蜀中廣記》作"飛去"，義長。
[四] 此條末尾原有小字注文"寰宇記"，謂本自《太平寰宇記》也。然檢《太平寰宇記·劍南東道七·瀘州》下，並無龍馬潭的記載，故刪之。實則《寰宇通志》卷六八及《明一統志》卷七二《瀘州·山川》之"龍馬潭"係有相關記載，《明一統志》所言更詳："龍馬潭，在州城東北二十里。唐王昌遇，落魄仙授以道術，比歸，呼售馬送童子。於潭前得馬，乘之，瞬息至家，而馬化龍入潭，因名。潭上今有冲虛觀。"《輿地紀勝》卷一五三《瀘州·仙釋》之"落魄仙"條對此傳說亦有相關記載，文繁不引。
[五] "揚雄宅"，嘉靖《四川總志》卷三《成都府·古蹟》下"揚雄宅"條云："府治西南，内有草玄堂……今成都縣治即其地也。"◎"洗墨池"，嘉靖《四川總志》同卷《山川》下"墨池"條云："成都縣治東，即揚雄草《玄》洗硯之池，米元章書扁，至今猶存。"◎"舊有亭于池上"，即嘉靖《四川總志·成都府·宫室》下之"載酒亭"："府治西揚雄宅内。"《方輿勝覽》卷五一《成都府·樓臺》下"草玄臺"注文云："《圖經》云即今中興寺，有載酒亭及墨池。"
[六] "高惟幾"，《宋詩紀事小傳補正》卷一云："睢陽人，官澤州判官。"《宋會要輯稿·選舉三十三·皇祐元年》下云："五月六日，前益州路提刑、度支員外郎高惟幾直史館，知梓州。"復據《潞公集》卷三八之《舉高惟幾》，文彥博於慶曆六年（一〇四六）舉薦時任益州路提點刑獄之高惟幾，則高氏作此記當即在益州任上也。◎此記亦載《成都文類》卷四二、《全蜀藝文志》卷三九，故以之參校。◎"辯"，《成都文類》《全蜀藝文志》作"辨"，二者可互通。
[七] "《前書》傳"，即《漢書·揚雄傳》，亦以之參校。
[八] "子"，原無，《成都文類》據《漢書·揚雄傳》補，《全蜀藝文志》則據朱雲煥、鄒蘭生刻本《全蜀藝文志》補，故今亦補之。
[九] "巴"，原作"于"，據《揚雄傳》改；《成都文類》《全蜀藝文志》則原作"已"，也已據《揚雄傳》改。
[十] "與"，原作"以"，據《成都文類》《全蜀藝文志》改。
[十一] "撝"，原作注文"闕"字，《成都文類》則據四庫本《全蜀藝文志》補作"撝"，可從，故補之。

蜀都故治曰中興寺[一]，即西漢末揚雄宅。南齊時，有僧建艸玄院，以雄于此艸《太玄》也。《蜀記》曰：'艸玄亭，即揚雄艸《太玄》所也，宅在州城西北二里二百八十步。'揚氏《蜀王本記》云：'蜀之地本治廣都樊鄉，後徙居成都。秦惠王遣張儀定築成都而縣之[二]，今州子城乃龜城也，亦儀所築。'《縣經》曰：'縣在子城西北二里一百步。'今艸玄亭廢址乃其宅，去縣僅二百步，與二說符矣。《益州圖經》有揚雄坊，而郫無揚雄宅，郫亦不載揚氏遺事。是知季五世傳一子，世世為成都人也，宅豈郫乎？矧郫與岷殊不相涉，史氏務廣載備言，捃掇之舛，固亦有焉。予因辯其誤，意泥古者止以班史嵋陽之郫有宅為然矣。"

宋祁《揚子洗墨池》詩[三]："宅廢經池在，人亡墨溜翰[四]。蟾蜍兼滴破，蝌蚪共書殘。蠹罷芸猶翠，蒸餘竹自寒。它揚無可問[五]，撫物費長嘆。"

范處士名德昭，蜀人也。不知所修之道，著《通宗論》《契真刊謬論》《金液還丹論》。偽蜀主頻召入內[六]，問道稱旨，頗優禮之。處士談論多及物情，以鑒戒為先。蜀人每中元多生五穀[七]，俗謂之盆艸，盛以供佛。初生時[八]，介意禁觸，謂嘗有雷護之。既中元後，即棄之糞土。處士太息曰："豈知聖人則天之明，生其六氣；因地之性，用其五行。斲木為耜，操木為耒[九]，耒耨之利，以教天下。播種五穀，以育于人。而不知天地生育之恩，輕棄五穀如是，宜乎神明不祐！而云獲福[十]，悲夫！"《茅亭客話》

[一] "治"，原作注文"闕"字，《成都文類》《全蜀藝文志》亦同。按，《方輿勝覽》卷五一《成都府·樓臺》下"草玄臺"注文云："《圖經》云即今中興寺，有載揚亭及墨池。"嘉靖《四川總志》卷三《成都府·古蹟》下"揚雄宅"條云："府治西南，內有草玄堂……今成都縣治即其地也。"而後文云《縣經》曰：'縣在子城西北二里一百步。'今草玄亭廢址乃其宅，去縣僅二百步。與二說符矣。"綜合三則材料可知，唐代之中興寺與揚雄故宅十分接近，而其地後來又被作為成都縣之治所，故此"闕"字可補為"治"，今臆補。

[二] "成都"下，《成都文類》有"西"字，疑誤衍也。

[三] 此詩亦載《成都文類》卷七、《全蜀藝文志》卷一二、《景文集》卷一〇，據末聯"長揚無可問"，可知陳氏抄錄自《全蜀藝文志》。今以《景文集》《成都文類》參校。◎"揚子洗墨池"，《景文集》作"揚雄墨池"，且《成都文類》《全蜀藝文志》《景文集》於題下皆有"即草玄所"四字。

[四] "溜"，原作"淄"，形近而誤，今據《景文集》等改。

[五] "它揚"，原作"長楊"，《景文集》作"他揚"，《全蜀藝文志》原文亦作"長揚"，皆不確，故據《成都文類》改。按，此句本自《漢書·揚雄傳》："自季至雄，五世而傳一子，故雄亡它揚於蜀。"顏師古曰："蜀諸姓揚者皆非雄族，故言雄無它揚。"

[六] "入內"，原無，據《茅亭客話》卷二補，文義更暢。

[七] "中元"下，《茅亭客話》原有"節"字。

[八] "生"，原作"至"，於義未安，據《茅亭客話》改。

[九] "為耒"，原無，於義不通，據《茅亭客話》補。

[十] "福"，《茅亭客話》作"禍"，義遜，或涉形近而誤也。按，蜀人生盆艸以供佛，正為邀福，然范處士稱其不知天地生育之恩，輕棄五穀，活該老天不佑，反云借此獲福，太悲哀了。如作"獲禍"，則"云"字無著落也。

蜀鹽與天下異，鑿石得泉，深數十尋，徑廣數寸。鑿之之法，與鑿井亦異，縋銕而下，斲之經年屢月，始得及泉。恐水與鹺合，以櫻樹四圍砌之[一]，只留鹺泉。取水之法，則轆轤以牛，人力弗勝也。以竹作雲梯十數丈于井口，復以一竹筒長丈爲汲水之具，旁設竈，煑一晝夜始成鹽塊，土人謂之鹽疤。

三峽謂巫峽、巴峽、明月峽也，惟明月峽乃在廣元縣晏殊《類要》[二]。按，三峽相連，無緣一在川北，仍當以前說爲正[三]。或又云一是廣陽峽[四]。

探梅石在南江縣東北亂石中[五]，有刻云"宋人少華陳祉介、卿浚儀、潘士政執禮厭次來，高元敷携樽探梅。靖康丙午歲閏四月望"[六]。

[一] "以櫻樹四圍砌之"，此說若爲陳祥裔親見，則當是卓筒井鑿井法之變異也。《蜀中廣記》卷六六錄明人馬驤《鹽井圖說》，謂隔絶淡水者乃大竹筒，此處言乃櫻樹，與之不同。
[二] "晏殊《類要》"，此字前原有"石壁圓孔，形如明月，高四十餘丈"一句，今據《方輿勝覽》卷六六《利州•山川》下"明月峽"條引《類要》之語及六〇《重慶府•山川》"明月峽"條注文而刪。按，晏殊《類要》清抄本無此段文字，陳祥裔當是本自《方輿勝覽》而來，《太平寰宇記》卷一三五《利州•綿谷縣》下"三峽"條文字與《類要》之語相合，但不言出處，疑晏殊即據《太平寰宇記》抄錄也。而"石壁圓孔，形如明月，高四十餘丈"，乃形容巴縣明月峽者，《廣輿記》卷一六《重慶府•山川》"明月峽"條云："巴縣，石壁圓孔，形如明月，高四十餘丈。"從文字上看，與此吻合；《太平寰宇記》卷一三六《渝州•巴縣》下"明月峽"條亦云："明月峽在縣八十里，《華陽國志》云'郡江州縣有明月峽'，即此。李膺《益州記》：'廣陽州東七里水南有遮要三堆石，石東二里至明月峽。峽首南岸壁高四十丈，其壁有孔，形如滿月，因以爲名。'"以是觀之，則形容巴縣明月峽之語最早源於《益州記》，《廣輿記》對其進行改寫，陳祥裔抄錄《廣輿記》時則將巴縣明月峽與利州明月峽混爲一談，且誤入《類要》之語矣。
[三] "以前說爲正"，按，此"前說"不知爲何說，疑陳氏原書有闕誤。關於"三峽"之名，有數種說法，《華陽國志》卷一《巴志》云："其先王陵墓多在枳。其畜牧在沮，今東突硤下畜沮是也。又立市於龜亭北岸，今新市里是也。其郡東枳，有明月硤、廣德嶼、難鳴硤，故巴亦有三硤。"《太平寰宇記》卷一四八《夔州•奉節縣》"三峽山"條云："三峽山謂西峽、巫峽、歸峽，俗云'巴東三峽巫峽長，清猿三聲淚沾裳'。"《方輿勝覽》卷五七《夔州•山川》下"三峽"條亦同。若據《水經注•江水》，三峽則爲廣溪峽、巫峽、西陵峽，而今日習稱之三峽，則爲《方輿紀要》卷一二八所之巫峽、瞿唐峽、西陵峽，此外，《太平寰宇記》卷八八《瀘州•江安縣》下引《峽程記》則云："謂之三峽者，即明月峽、坐山峽、廣澤峽，其有瞿唐、灩澦、燕子、屏風之類，皆不預三峽之數。"
[四] 按，此說陳氏不言所據，或即《醒世恒言》卷二五《獨孤生歸途鬧夢》中"元來巴東峽江一連三個：第一是瞿塘峽，第二是廣陽峽，第三是巫峽"一說也。然據《太平寰宇記》卷三六關於明月峽的記載，明月峽在廣陽州東七里，此廣陽峽或即明月峽之別稱也。
[五] "梅"，原作"毒"，今據《蜀中廣記》卷二五改，後之"梅"字原亦作"毒"，不復出校。按，陳氏或是據《潘確類書》卷二七《石•四川》下"探毒石"條而來，文字全同。然"探毒"費解，當是因"梅"可作"槑"，交換上下部位置，則與"毒"字形近而易致誤也。
[六] "望"前，《蜀中廣記》有"幾"字。

瞿上城在雙流縣，蠶叢氏都此[一]。

古郫城即郫縣，杜宇都此。杜鵑城亦在郫縣，杜宇所築也。

僖宗幸蜀，政事悉出內侍田令孜手。左拾遺孟昭圖上疏論事，坐貶，令孜遣人投之蟇頤津。後人爲之立祠，津在眉州[二]。裴徹詩云："一章何罪死何名，千載惟君與屈平[三]。從此蜀江烟雨夜[四]，杜鵑應作兩般聲。"

蜀臨邛縣有火井，漢室之隆則炎赫彌熾，桓靈之際火勢漸微，孔明一窺而更盛。至景曜元年，人以燭投而滅，其年蜀併于魏[五]。《異苑》

白鶴灘在涪州西，爾朱真人冲舉之處。按，《志》云：爾朱洞既浮江而下[六]，漁人有白石者，舉網得之，擊磬方醒。遂于涪西灘前修煉，後乘白鶴仙去[七]，因以名灘。

灩澦堆在夔州府城西。按，《水經注》云："水門之西有孤石，爲淫預石。冬出水二十餘丈，夏則没。"[八]《南史》云："淫預大如襆，瞿塘不可觸。"[九]《類要》云："淫預大如鼈，瞿塘行舟絶。淫預大如龜，瞿塘不敢窺。"[十]今土人云："灩澦大如象，瞿塘不敢上。灩澦大如馬，瞿

[一] 按，此條所載與《明一統志》卷六七《成都府·古蹟》"瞿上城"條相合。而《廣輿記》卷一六《成都府·古蹟》下亦載此條，文字略異；下文之"古郫城"與"杜鵑城"在《廣輿記》同卷中前後相連，與此相合，而《明一統志》則無杜鵑城，可知陳祥裔抄錄自《廣輿記》也。

[二] "津在眉州"下，原有"蜀橋杌"三字，實承曹學佺之誤，今刪。按，從文字內容及後文引詩來看，陳祥裔此處當是抄錄自《蜀中廣記》卷一二，然此非《蜀檮杌》佚文，據王文才先生考證，實乃《容齋三筆》卷六《唐昭宗贈諫臣官》之語，曹學佺誤題出處，陳氏不察而踵襲也。

[三] "千載"，《唐詩紀事》卷六八、《南部新書》卷六等引作"投水"，此處與《蜀中廣記》《錦繡萬花谷續集》卷一一等同。

[四] "夜"，原作"後"，據《唐詩紀事》《蜀中廣記》等改。按，作"後"字者，目前僅見此例，當是陳祥裔誤錄也。

[五] "蜀"，原無，據《異苑》卷四補，文義更暢。其他文字小異者則仍之。

[六] 按，此條乃據《蜀中廣記》卷一九改寫而來，"洞"字原無，當是陳氏所補也。至於所引之《志》，則不知是《重慶府志》還是《涪州志》。

[七] "乘白鶴仙去"，按，曹學佺據《方輿勝覽》卷六一《涪州·山川》下"白鶴灘"條，以爲其乃爾朱真人上升之處，故有"白鶴灘在涪州西，爾朱真人冲舉之處"一說，然《方輿勝覽》原文并不言此事。至於爾朱真人成仙異事，《輿地紀勝》卷一七四《涪州·仙釋》下"爾朱先生"條言其至荔枝園，白晝升天，與此不合。《歷世真仙體道通鑑》卷四五有其小傳，可參看。

[八] 按，此句乃據《水經注》卷三三《江水》改寫而來。

[九] 按，此句云出《南史》，乃襲楊慎之誤，見《全蜀藝文志》卷三《淫豫歌》，今本《南史》無此語也。實則此歌目前能見之最早出處爲《樂府詩集》卷八六，然郭茂倩以爲乃梁簡文帝所作，鄭樵《通志·樂略一·山水二十四曲》則辨其乃舟人商客刺水行舟之歌，非簡文所作。清人吳景旭《歷代詩話》卷二七有更詳細之考證，文繁不引。

[十] 此句引《類要》，亦轉引自《全蜀藝文志》卷三，晏殊殆亦采自《太平寰宇記》卷一四八《夔州·奉節縣》下所錄之民歌也。

塘不敢下。"以爲水候，險可知矣[一]。

唐周邯自蜀買奴曰水精，善沉水，乃崑崙之屬也。邯疑瞿塘之險必有怪，使水精入瞰。久之乃出，曰："下有關，不可度，得珠貝而還。"《珊瑚鈎詩話》[二]

梓橦有五嬪山，秦王遺蜀王美女五人，蜀王遣五丁迎之。至梓橦，五丁躡地大呼，驚五女，並化爲石。蜀王築臺而望之不來，因名五婦候臺。《蜀記》[三]

高梁之山，其上多堊，其下多砥礪，其木多桃枝、鉤端[四]。有艸焉[五]，狀如葵而赤華、莢實[六]、白跗，可以走馬。《山海經》按，梁山在劍州，今大劍山是也。

灌縣東有楊妃池。妃父玄琰[七]，爲蜀州司户，妃生于蜀。誤墜池中，故名。

涪州鑑湖上流有石刻雙魚[八]，皆三十六鱗，一啣冀艸[九]，一啣蓮花。

[一] 按，所謂土人云云之語，從文字上來看，與《方輿勝覽》卷五七《夔州·山川》之"灩澦堆"條相合，但俗語之內容，則早見於《吳船錄》卷下也。
[二] 按，此條出《珊瑚鈎詩話》卷二，略有改動。
[三] 按，此條轉引自《太平寰宇記》卷八四《劍州·梓潼縣》下"五婦山"條，至於此《蜀記》之作者，則難以詳考。
[四] "端"，原作"瑞"，形近而誤，今據《山海經》卷五《中山經·中次九經》改。
[五] "有"，原無，據《山海經》補。
[六] "莢"，原無，據《山海經》補。
[七] "玄"，原作"元"，乃避諱而改者，今據《方輿勝覽》卷五五《永康軍·古跡》"楊妃池"條及《楊太真外傳》《益部談資》卷上等改。從文字上來看，此條與《方輿勝覽》《益部談資》所載近似。《蜀中廣記》卷六亦言此事，且文明時"爲邱、洪二姓宅"。
[八] "石刻雙魚"，據李勝《〈水下碑林白鶴梁〉題刻釋文校讀記》考證，現在能看到的最早題刻有"唐廣德二年春二月歲次甲辰"字樣，知公元七六四年以前此石魚已刻成。
[九] "冀"，原作"萱"，今據《方輿勝覽》卷六一《涪州·古跡》下"江心石魚"條、《輿地紀勝》卷一七四《涪州·景物上》"石魚"條、《宋詩紀事補遺》卷一四所錄劉忠順石刻詩句及姚覲元《涪州石魚文字所見錄》等改。按，從文字內容看，此條實本自《明一統志》卷六九《重慶府·古跡》"江心石魚"條，《明一統志》亦作"萱草"。"冀""萱"二字形近，頗易致訛。據陸佃《埤雅》卷一《釋魚·龍》云"鯉，三十六鱗，具六六之數，六，陰也"，知此圖所繪之魚爲鯉魚，民間亦以之爲祥瑞，除鯉魚躍龍門外，還有年年有餘之意。"冀"諧音"明"，"蓮"諧音"年"，且此圖還繪有秤、斗之衡器，則兆示來年豐收之義明矣。若所繪爲萱草，則殊爲費解。整理本《輿地紀勝》反據同卷《詩文》"頻看召客趨金馬，再見豐年出石魚"注引劉忠順詩"七十二鱗波底鱗，一銜萱草一銜蓮"而改作"萱"，此或承襲清刻本之誤也。《宋詩紀事補遺》卷一四據石刻錄劉忠順《留題涪州石魚》詩，亦作"冀草"，且詩文遠較《輿地紀勝》所錄完整，足證此字當爲"冀"字。此雙魚石刻在涪陵白鶴梁，近年來相關研究成果眾多，且白鶴梁博物館已於二〇一〇年建成開放，眾多石刻可一覽無餘矣。今錄劉詩于後，以饗讀者：七十二鱗波底鱗，一銜冀草一銜蓮。出來非共貪芳餌，奏去因同報稔年。方客遠書徒自得，牧人佳夢合相先。前知上瑞宜頻見，帝念民饑刺史賢。

有石秤、石斗在傍，現則年豐。

王士禛阮亭過涪，有詩云："涪陵水落見雙魚，北望鄉園萬里餘。三十六鱗空自好，乘潮不寄一封書。"[一]

工部《愁坐》詩云[二]："高齋常見野，愁坐更臨門。十月山寒重，孤城水氣昏。葭萌氐種迥[三]，左擔犬戎屯[四]。終日憂奔走，歸期未敢論。"注云："葭萌屬利州，'左擔'當作'武擔'。"[五]或又改作立擔，皆可笑。按，《太平御覽》引《益州記》云[六]：蜀山自綿谷葭萌，道徑險窄，北來擔負者不容易肩，謂之左擔道。又任豫《益州記》云[七]："陰平縣有左擔道，其路至險。自北來擔在左肩，不得度右。"常璩《南中志》云："自僰道至朱提，有水步道。水道有黑水及羊官水[八]，至險難行。步道度三津，亦艱阻[九]。故行者謠曰[十]：'楢溪[十一]、赤木，盤蛇九曲；盤羊、烏櫳，氣

[一] 按，此詩收入王士禛《漁陽精華錄》卷六，乃其於康熙十一年（一六七二）遊覽涪陵石魚而留題者，此詩石刻今存。其《漁洋詩話》載此詩趣事一則云："孫寶侗，字仲孺，益都相國仲子，有才氣，善詩文，然持論好與余左。……又題《涪州石魚》云：'涪陵水落見雙魚，北望鄉園萬里餘。三十六鱗空自好，乘潮不寄一封書。'孫駁之曰：'既是雙魚，合道七十二鱗。'余聞之，笑曰：'此之謂鼇廝踢。'"

[二] 按，此條刪改自楊慎《詩話補遺》卷下"杜詩左擔之句"條，但從文字對比來看，顯係據《蜀中廣記》卷一〇一轉引而來，故以《詩話補遺》及《蜀中廣記》參校。

[三] "迥"，《詩話補遺》作"迴"，形近而誤，杜詩原文的確爲"迥"。

[四] "屯"，《詩話補遺》作"存"，蔡夢弼《杜工部草堂詩箋》本此詩作"存"，當即升庵所本也。然升庵《譚苑醍醐》卷五"杜詩左擔之句"類似文字所引則作"屯"，當是其抄錄時所本杜集不同所致。

[五] 按，此注乃鮑欽止之語，見《集千家注分類杜工部詩》所引。

[六] "益州記"，原作《蜀記》，《詩話補遺》則作"李克《蜀記》"，此"李克"顯係"李充"之誤，但覆覈《太平御覽》卷一九五，僅有任豫《益州記》之文"江油左擔道，案圖在陰平縣北，於成都爲西。其道至阻，自北來者，擔在左肩，不得度擔也。鄧艾東馬懸車處"，故此處乃楊慎誤記之語，今改之。又，升庵之書如《升庵全集》卷七八、《譚苑醍醐》卷五、《詩話補遺》卷下、《丹鉛總錄》卷二等論左擔道均誤記有李充《蜀記》一說，然《丹鉛餘錄》卷一一則不誤，足證其前後矛盾。後來注杜詩者如《杜詩詳注》《杜甫全集校注》，引升庵文者如《蜀中廣記》卷五八、卷一〇一、雍正《四川通志》卷四六等，皆承襲其誤，以訛傳訛，惜哉！

[七] "任豫"，原作"李公胤"，《詩話補遺》亦同，今據《藝文類聚》卷六四改。按，李公胤即李膺，著有《益州記》，但此處之文暫未見更早資料證明乃李膺之書者，而《藝文類聚》卷六四云："任豫《益州記》曰：江曲由左擔道，按圖在陰平縣北，於成都爲西。其道至險，自北來者，擔在左肩，不得度擔也。"此正《太平御覽》卷一九五所引之文，個別文字略異而已。

[八] "水道"，《詩話補遺》誤作"九道"，《華陽國志》卷四正作"水道"也。

[九] "至險難行步道度三津亦艱阻"，《詩話補遺》誤作"道度三津至險難行"，蓋《蜀中廣記》轉引時已據《華陽國志》是正也。

[十] "謠"，原作"望"，誤，今據《詩話補遺》《蜀中廣記》改；《華陽國志》原文作"爲語"。

[十一] "楢"，《蜀中廣記》作"猶"，《水經注》卷三六所引則作"楢"，當以"楢"字爲是，任乃強云沿溪多有此樹故謂之楢溪也，詳見《華陽國志校補圖注》。

與天通；庲降賈子[一]，左擔七里。"據三書，是左擔有三，綿谷一也，陰平二也，朱提三也，義則一而已[二]。朱提，今之烏撒，雲貴往來之西路也。

"豆子山，打瓦鼓，陽平山[三]，撒白雨。"此綿州巴謌也[四]，巴謌二字始見此。後劉禹錫之《竹枝詞》[五]、李白之《巴女詞》[六]，皆其變體也。若常璩《巴志》所載[七]，則皆古詩者流，非通俗之唱矣。

成都西金容坊有石二株，舊曰石笋，前秦寺遺址[八]，諸葛孔明掘之。有篆字曰"蠶叢氏啟國誓蜀之碑"[九]。以二石柱橫埋，中連以鐵，一南一北，無所偏倚。又五字，"濁歇燭觸蠲"，時人莫曉。後范長生議曰："亥子歲，濁字可視，主水災；寅卯歲，歇字可視，主飢饉；巳午歲，燭字可視，主火災；申酉歲[十]，觸字可視，主兵災；辰戌丑未歲[十一]，蠲字可視，主豐稔。"後以年事推驗，悉皆符合。

《石笋行》："君不見益州城西門，陌上石笋雙高蹲。古老一作來相傳是海眼[十二]，苔蘚蝕盡波濤痕。雨多往往得瑟瑟，此事恍惚難明論。恐是昔時卿相墓，立石為表今仍存。惜哉俗態好蒙蔽，亦如小臣媚至尊。政化

[一]"庲"，原文誤將此字下部之"來"刻作"采"，今據《詩話補遺》《蜀中廣記》及《華陽國志》改。◎"庲"字之前，《華陽國志》尚有"看都濩洍，住柱呼尹"八字，升庵引用時刪之。

[二]按，由於第一條所謂"綿谷葭萌"者無他文獻可證，實則有左擔道者唯二處也。

[三]"山"，原無，文義不通，據《蜀中廣記》卷一〇一補。按，此條即本自《蜀中廣記》也，故以之參校。

[四]"綿州巴謌"，此處僅錄歌詞之部分，非全篇也。記載此歌的最早著作當是《嘉泰普燈錄》卷一一《漢州無為宗泰禪師》之傳記，《蜀中廣記》卷八九亦有引用："豆子山，打瓦皷，陽平山，撒白雨。白雨下，取龍女，織得絹，二丈五。一半屬羅江，一半屬玄武。""陽平山"，《嘉泰普燈錄》作"楊平山"。

[五]"詞"，原無，據《蜀中廣記》及《劉禹錫集》補，陳氏當是以後文有"詞"字而故意省略也。

[六]"李白"，原文及《蜀中廣記》均作"李紳"，顯誤，今據《李太白全集》卷二五改為"李白"。按，李紳無《巴女詞》，乃李白所作也，詩云："巴水急如箭，巴船去若飛。十月三千里，郎行幾歲歸。"曹學佺所編《石倉歷代詩選》卷四二之下亦收此詩，不知此處何以誤作李紳之詩。《補續全蜀藝文志》卷四二、雍正《四川通志》卷四六亦承襲此誤，均當是正。

[七]按，此後《蜀中廣記》引有"川岷惟平，維月孟春"八字，陳氏故刪也。

[八]"寺"，原無，據《錦繡萬花谷前集》卷六"成都‧蠶叢啟國之誓"條所引補，否則於義不通。按，從文字來看，此條當係抄錄自《補續全蜀藝文志》卷五〇，而杜歷芳又據《錦繡萬花谷》刪改而成，故以《錦繡萬花谷》參校。又，宋郭知達《九家集注杜詩》卷七《石笋行》詩題注引杜光庭《石筍記》之語，當即《錦繡萬花谷》所本也，原文遠較此處詳細，《廣成集》整理本佚文輯補即據《九家集注杜詩》收錄，可參看。

[九]"蠶叢氏啟國誓蜀之碑"，原文及《補續全蜀藝文志》皆作"蠶叢起國之碑"，據《錦繡萬花谷》補。

[十]"申酉"，原文及《錦繡萬花谷》原作"辰戌丑未歲"，今據《九家集注杜詩》改。

[十一]"丑未"，《錦繡萬花谷》無，《補續全蜀藝文志》當是已據《九家集注杜詩》而補也。

[十二]"一作來"，據《杜甫全集校注》卷七校勘記，《文苑英華》等"古來"正作"古老"。

錯迕失大體，坐看傾危受厚恩。嗟爾石笋擅虛名，後來未識猶駿奔。安得壯士鄭天外，使人不疑見本根。"

西蜀水中出石甚堅潤，色黔白，石理遍有區紋如豆大。中有紋如桃杏花心，土人鐫礲爲龜蟾鎮紙[一]。又一種，紋理如濃墨，勻作圈點[二]，尤溫潤。又一種，微黲黑[三]，石理稍粗澀。又一種，斑黑光潤[四]，龜背上作盤蛇勢[五]，或白或朱，土人以藥點餙，謂之玄武君[六]。_{杜綰《雲林石譜》}今中江縣出石，土人磨以爲圖書或硯，石理微粗，紋有極靈異者。有像人形者，有鳥獸蟲魚山水花木者，然此等極爲難得。下次則墨白相雜，作松梅形者與龜背紋者甚多，然石極堅硬，難鐫作硯，又不下墨，良可惜耳。

蜀人楊行廉精巧，嘗刻木爲僧，于益州市引手乞錢，滿五十於手[七]，則自傾寫下瓶口。《獨異志》

彭縣有丹景山，舊《志》以爲山蒔牡丹，春時紅艷照人[八]。今牡丹百無一存矣。僞蜀太妃徐氏詩云[九]："丹景山頭宿梵宮，玉輪金輅駐遙空。軍持無水注寒碧，蘭若有花開晚紅。武士盡排青嶂下，內人皆在講筵中。我家弟子專王業[十]，積善終期四海同。"

蜀有竹蜜蜂，好于野竹上結窠，與蜜並紺色可愛，甘倍于常蜜[十一]。

夔州府江岸與八陣圖相對，有石皷，相傳爲武侯教戰之皷[十二]。

[一] "土人"，原作"工"，殆脫"人"字且將"土"誤作"工"也，今據《雲林石譜》卷中"西蜀石"條改。

[二] "勻"，原作"句"，形近而誤，據《雲林石譜》改。

[三] "黲黑"，原作"黔墨"，不詞，據《雲林石譜》改。按，"黲"音 cǎn，《說文·黑部》："黲，淺青黑也。"

[四] "黑"，原作"墨"，據《雲林石譜》改。

[五] "上"，原無，據《雲林石譜》補。

[六] "君"，《雲林石譜》作"石"，但文淵閣《四庫全書》本《雲林石譜》又作"君"，姑仍之。

[七] "於"，原作"餘"，今據《獨異志》卷上改。按，此木頭僧乃機關設定手臂最重只能承載五十錢，故作"餘"不確，或因音同而誤。

[八] 按，此條乃據《蜀中廣記》卷五所引舊《彭縣志》改寫而來，其後所引徐氏詩亦見《蜀中廣記》。

[九] "太妃徐氏"，即徐耕之長女，嫁前蜀王建，封朔聖太妃，此詩乃與其妹順聖太后《題丹景山至德寺》詩相唱和者，載《鑒誡錄》卷五《徐后事》，故以之參校。

[十] "專"，原文及《蜀中廣記》皆作"傳"，今據《鑒誡錄》改。

[十一] 按，此條本自《酉陽雜俎·前集》卷一七《蟲篇》，有刪節；但從文字對比來看，與《補續全蜀藝文志》卷五〇所載全同。

[十二] 按，此條見《補續全蜀藝文志》卷五四"諸葛石鼓"條，原文云出《夔州志》，本自正德《夔州府志》卷七《古蹟·本府》下"石鼓"條也。

灌縣朝天寺，正德末有僧開闢穢址得一石，有詩，前已剝落，結句云"天孫縱有閒針線，難繡西川百里圖"。筆法遒勁可愛，至今猶在[一]。
　　五福樓在成都城內，唐劉闢建[二]，今其址不可考。
　　誓鬼臺在灌縣青城山丈人峯下，有龍穴出水，暴害禾稼。漢張道陵立石臺于上以鎮之。《明一統志》[三]
　　蜀都兩江有七橋[四]，直西門郫江曰冲里橋[五]，西南石牛門曰市橋，橋下石犀所潛泉也[六]。《華陽國志》
　　天國山在灌縣，左連大面，右連鶴鳴，前臨獅子，後枕大隋。上有龍池及融照寺。按，即天國寺，云是黃帝築壇封寗封處。《蜀中廣記》[七]
　　鐵山在井研縣，諸葛孔明取爲刀劍，宇文度封鐵山侯即此。《周地圖》[八]
　　龍安山在安縣，上有林泉之勝。隋開皇間，蜀王秀建亭避暑于此。《明一統志》[九]
　　青衣江在南溪，有青衣國，與叙相隣。慕漢文物，求內附，因以名

――――――――――

[一] 按，此條見《補續全蜀藝文志》卷五四"朝天石"條，原文云出《灌縣志》，無"至今猶在"四字，當即陳氏親見而補者也。

[二] "劉闢"，原作"韋皋"，誤，今據《新唐書·韋皋傳附劉闢傳》改。按，此條本自嘉靖《四川總志》卷三《成都府·宮室》"五福樓"條，除雍正《四川通志》卷二六、《蜀故》卷七承襲其說外，暫未見更早著作有相關記錄。據《唐國史補》卷中、《南部新書》卷八及《文苑英華》卷八一〇所錄符載《五福樓記》，在成都造此樓者乃劉闢也。又檢《新唐書·韋皋傳》，發現附傳之劉闢"欲以所善盧文若節度東川，即以兵取梓州，且以術家言五福太一舍于蜀，乃造大樓以祈祥"，劉大謨等編《四川總志》因劉闢傳附在韋皋傳之後，遂以爲造此樓者乃韋皋，疏忽大意也。

[三] "明"，原無，今據《明一統志》卷六七《成都府·宮室》"誓鬼臺"條補。按，陳祥裔編《蜀都碎事》時康熙《大清一統志》尚未修成，故知此書乃《明一統志》也，爲免誤會，今補之，後有類似之處則徑補，不再說明。

[四] "兩"，原作"蒲"，據《華陽國志》卷三改。按，此條雖云出《華陽國志》，但係據《初學記》卷七《地部下·橋第七》"潛犀"條注文轉引而來，《初學記》亦作"蒲"也。

[五] "里"，《初學記》亦同，而《華陽國志》實作"治"，唐朝避李治諱而改爲"里"也。

[六] 二"橋"字，《初學記》原無，陳氏據文義補也，《華陽國志》則僅有一"橋"字。

[七] "蜀中廣記"，原作"蜀本記"，誤，今據《蜀中廣記》卷六改。按，此條實出自《蜀中廣記》，"即天國寺，云是黃帝築壇封寗封處"乃曹學佺之按語，而前面部分文字，據曹氏所言，乃本自《方輿勝覽》，正《崇慶府·山川》"天國山"條注文也，不知陳氏因何而誤。至於黃帝築壇封寗封子一事，曹學佺亦言"未詳"，據《蜀中廣記》前後文，此說或出自《青城山乙記》也。

[八] "周地圖"，原作"梁益篇"，誤，今據《蜀中廣記》卷八及《太平寰宇記》卷八五改。按，此條從文字上來看，顯係據《蜀中廣記》轉引，而《蜀中廣記》又是據《太平寰宇記》卷八五《陵州·始建縣》下"鐵山"條所引改寫而來。《輿地紀勝》卷一五〇《隆州·景物上》"鐵山"條所載亦引有《周地圖》之文。

[九] 按，此條乃據《明一統志》卷六七《成都府·山川》下"龍安山"條刪改而成。

53

江[一]。

　　馬湖府三百八十里有雷番山，山中艸木皆有毒，經過牲畜必籠其口，行人亦必緘默。若吐聲，雖冬月必有雷霆之應。隋史萬歲征西南夷經此，大書"雷番山"三字，鐫于石壁[二]。

　　老人村在灌縣西七十里，岷江之南、青城山之西北，中有平皁一區，如秦人之桃源。昔人避難其中，多享年壽，故名。或謂潛夫張不群因入山採藥，浹旬不返，見一老叟，致敬而問。曰："吾族本丞相范賢之裔，范知李雄之祚不久，挈吾輩居此，爲終焉之計。"蘇子瞻云："蜀青城山老人村有五世孫者，道極險遠，生不識鹽醯[三]，而溪中多枸杞，根盤如龍虵，飲其水即得長壽。"故《圖經》云即老人溪也。按，《夷堅丙志》云[四]："青城老澤，平時無人至其處。關壽卿與同志七八人作意往游，未到二十里，日勢薄暮，鳥鳴猿悲，境界淒厲[五]。同往相顧，塵埃之念如掃，策杖徐進。久之，山月稍出，花香撲鼻。諦視之[六]，滿山皆牡丹也。幾二更，乃得一民家。老人猶未睡，見客至，欣然延入，布葦席而坐。客謝曰：'中夜爲不速之客，庖僕尚遠，無所得食，願從翁賒一餐，明當償值矣。'翁曰：'幸不以糲食見鄙[七]，敢論值乎？'少頃，設麥飯一盎，菜羹一盆，當席間環以椀，揖客坐食，翁獨據榻正中坐[八]。俄蒸一物如小兒狀置于前[九]，衆莫敢下箸，獨壽卿擘食少許。翁曰：'儲此味六十年，規以待老。今遇重客，不敢愛，而皆不顧，何也？取而盡食之，此松根下人參也！'[十]明日導往旁舍，亦皆爭相延饌，曰：'兹地無稅租，吾屬

─────────

[一] 按，此條與《廣輿記》卷一六《敘州府・山川》下"青衣江"條所載合。
[二] 按，此條所載與《明一統志》卷七〇《馬湖府・山川》下"雷番山"條相合，但文句略有改易。
[三] "醯"，原文及《補續全蜀藝文志》作"醢"，形近而誤，今據《方輿勝覽》及蘇軾《和桃花源詩・序》改。按，此條除後文所引《夷堅志》之語外，見於《方輿勝覽》卷五五《永康軍・山川》下"老人村"條，文字略異。但這整段文字，陳祥裔實轉引自《補續全蜀藝文志》卷五〇所引《灌縣志》之語，中間所謂"蘇子瞻云"者，見《和桃花源詩・序》，故皆以之參校。
[四] 按，此條所載見《夷堅丙志》卷四《青城老澤》，略有刪改，故亦以之參校。
[五] "厲"，《夷堅志》作"萬"，形近而誤，可據此改。
[六] "之"，原無，據《補續全蜀藝文志》及《夷堅志》補。
[七] "以"，原文及《補續全蜀藝文志》無，據《夷堅志》補，文義更暢。
[八] "榻"，底本作"揚"，形近而誤，據大觀本及《補續全蜀藝文志》《夷堅志》改。〇"中"，原無，據《補續全蜀藝文志》及《夷堅志》補。
[九] "蒸一物"，原作"然一"，文義不通，《補續全蜀藝文志》作"然一物"，今據《夷堅志》改。
[十] "食之"下，《夷堅志》有"曰"字，則不以"取而盡食之"爲老人之語也，《補續全蜀藝文志》刪"曰"字，於文義反而更契合。

山爲隴，僅可播種以贍伏臘。縣吏不到門，或經年無人跡，諸賢何爲肯臨乎？'留三日始出山，凡在彼所見百人，其少者亦龐眉白髮，略無兒曹。"近歲道漸通，漸能致五味，而壽亦衰[一]。今屬滋茂鄉。

西湖在富順縣舊址之西，相傳有此監即有此湖。宋皇祐間，周侯延儁記，仍有亭榭[二]。按，《輿地紀勝》云："西湖周三里[三]，有洞窈邃。昔有入洞者，見二女櫛髮于洞間，遺以石鏡，其人致富百倍[四]。洞前厓上鐫觀音大士像，天禧元年刻石記云：'六月甘露降像前，明日又降。'紹聖元年又降，瑩潔如珠。"[五]今石像碑碣猶存，形跡字畫磨滅殆盡。

順慶府蓬州西資聖院有金錢井，每月明輒有金錢影浮水面[六]，因名。

青衣津在嘉定州治南，有青衣神廟。按，《益州記》云："神號雷塠廟，即《華陽國志》之雷垣也，班固以爲離堆。下有石室名玉女房，蓋此神耳。"[七]

使君灘在夔州府之雲陽縣治東大江中，昔楊亮爲益州，至此舟覆，懲其波瀾，蜀人至今猶名之爲使君灘[八]。張騫奉使西域，于此舟覆，亦名博望灘[九]。

子美《玄都壇歌》云："子規夜啼山竹裂，王母晝下雲旗翻。"或以謂瑤池金母，非也。陳彥和言，頃在宣和間掌禽苑，四方所貢珍禽不可殫述。蜀中貢一種鳥，狀如燕，色紺翠，尾甚多而長，飛則尾開，裊裊如兩旗，名曰王母。則子美所言，此鳥也[十]。

[一] 按，此句出《和桃花源詩·序》。
[二] "有"，原作"建"，今據《蜀中廣記》卷一五、《方輿勝覽》卷六五改。按，這一整段文字除最末一句外，乃陳氏據《蜀中廣記》改寫而來，此前之語本自《方輿勝覽》卷六五《富順監·山川》下"西湖"條。
[三] 按，"西湖周三里"一說，《輿地紀勝》原文實無，乃曹學佺所增。
[四] 按，此前文字見《輿地紀勝》卷一六七《富順監·景物下》"西湖洞"條。
[五] 按，關於鐫記之記載，見《輿地紀勝》卷一六七《富順監·古跡》下"西湖石觀音"條。原文言天禧元年之鐫記乃解旦所刻，而紹聖元年之鐫記則爲鞏侁所刻，此處有省略。
[六] "影"，原無，據《輿地紀勝》卷一八八《蓬州·景物下》"金錢井"條補。
[七] 按，此條改寫自《蜀中廣記》卷一一，而《益州記》之文則爲曹學佺據《太平寰宇記》卷七四《嘉州·平羌縣》下"青衣津"條所引而改寫也。◎《華陽國志》之語見其書卷三，班固之語即《漢書·溝洫志》"於蜀，則蜀守李冰鑿離崖，避沫水之害"也。
[八] 按，此說出《蜀中廣記》卷二三，而曹學佺又係改寫自《太平寰宇記》卷一四九《萬州·南浦縣》下"使君灘"條。
[九] 按，此說亦出《蜀中廣記》卷二三，而曹學佺改寫自《太平御覽》卷六九所引《荊州記》之語。
[十] 按，此條出《墨莊漫錄》卷一，略有改動，《蜀中廣記》一○一亦有引。

笋篢山在黎州司治西北，有前篢、後篢，以山多笋故名。春時，州人悉入山斸取。宋紹興間始立笋租以贍學，歲收緡錢八十千，土人名爲錢篢山[一]。

　　酉陽司治北一百里有胡子崖，崖下路通司治。行者過此，渴欲飲，四顧無人，高聲呼曰："婆婆賚水來吃。"初呼一聲，崖下水滴一點，再呼再滴，至呼三五聲後，則水如壺中傾下，注于崖下之石盤中。量定數人，飲足即止，至今如常[二]。

　　今之遠官及服賈者，皆曰天涯海角，蓋俗談也。頃在成都，嘗聞有天涯、海角石。暇時訪古及閱志圖，乃知天涯石在中興寺，事載《游宦紀聞》中及《耆老傳》[三]。云人坐其上則脚腫不能行，至今人不敢踐。按，天牙石在城東[四]，對昭覺寺，高六七尺，有廟，今廢，石亦入在湯家園内。地角石，舊有廟，在羅城内西北角，高三尺餘。王均之亂，爲守城者所壞，今不復存矣。

　　李白宅在彰明，聞有碑刻尚存[五]。

　　李白與人談論皆成句讀，如春葩麗藻粲于齒牙，時號白爲粲花之論。《卮言》[六]

　　相如宅在城西南五里，又云在成都市橋西。今琴臺去城五里，豈非其處乎？秀柏參差，當壚滌器，風流宛然可想見也[七]。田況《題琴臺》詩："西漢文章世所知，相如宏麗冠當時[八]。游人不賞凌雲賦[九]，只說琴臺是故基。"

　　祥裔《琴臺》詩："日暮琴臺起翠霞，寶鈿零落斷腸花。道旁多少當

[一] 按，此條本自《蜀中廣記》卷三五，而曹學佺又據《方輿勝覽》卷五六《黎州·山川》下"笋篢山"條改寫而成。

[二] 按，此條見嘉靖《四川總志》卷一四《酉陽宣撫司·古蹟》下"胡子崖"條。

[三] "游宦紀聞中"，原作"宦遊紀聞錄中"，不知因何而誤，今據《游宦紀聞》卷六改。

[四] "牙"，原作"崖"，誤，今據《游宦紀聞》改。按，前文既言天涯石在中興寺中，而中興寺在成都府西南，不當北方之昭覺寺復有天涯石也。《補續全蜀藝文志》卷四六則云天涯石在城東門内，與此異。《成都城坊古跡考》對此三石有簡單考證，可參看。

[五] 按，此說見《益部談資》卷中及《補續全蜀藝文志》卷四六。

[六] "卮言"，按，此書不知爲何時何人所作，若陳氏所題爲簡稱，筆者已覆覈楊慎《楊子卮言》、王士禛《藝苑卮言》，皆未載，待考。實則此說早見於《開元天寶遺事》卷下"粲花之論"條。

[七] 按，此說本自《補續全蜀藝文志》卷四六。

[八] "宏麗"，《成都文類》卷七、《全蜀藝文志》卷一二錄田況詩作"閎麗"，音義皆同。

[九] "凌雲賦"，《漢書·司馬相如列傳》云："相如既奏《大人賦》，天子大說，飄飄有陵雲氣游天地之閒意。"

鑪娥，都是尋常賣酒家。"又《臨江仙》詞："野艸西風山郭外，荒臺日暮烟深。小橋斜逕入疎林。只今橋下水，猶是古琴心。斷雁一聲天地暝，愁來有泪沾巾。燒琴人作賞音人[一]。賣文無計久，誰不惜千金[二]。"

江州縣，郡治。塗山有禹王廟及塗后祠，北水有銘書，詞云："漢初犍爲張君爲太守，忽得仙道，從此升渡。"今民曰張府君祠。縣下有清水穴，巴人以此水爲粉，膏暉鮮芳，貢粉京師，因名粉水，故世謂江州墮林粉也。《巴志》[三]

鼈縣，故犍爲郡城也。不狼山，出鼈水，入延[四]。有野生薜，可食。《南中志》[五]

魚蛇水，東北自陵州界入青神縣界。任豫《益州記》[六]

龍盤山有一石，長四十丈，高五丈。當中有戶及扉[七]，若人掩閉，古老相傳爲玉女房。同上

葭盟縣十里有刀鐶山，赤銅水出焉。同上

南充縣西南六十里有昆井、鹽井。又曰：雞郵神在相如縣東次北，下步有雞郵溪，因此而爲之名。同上[八]

海棠樓，李回所建，以會寮佐議事，裴坦爲記[九]。今其基不可考。

青城山在灌縣西南八十里。《青城甲記》云："黃帝封青城山爲五

[一] "燒琴"，《苕溪漁隱叢話前集·西崑體》："《西清詩話》云：'《義山雜纂》，品目數十，蓋以文滑稽者。其一曰殺風景，謂清泉濯足，花上曬褌，背山起樓，燒琴煮鶴，對花啜茶，松下喝道。'"雖謂燒琴之人殺風景，而此處則體現一種遺憾之感，所謂燒琴，其實應是俞伯牙之摔琴也。

[二] "千金"，謂相如之賦作也，辛棄疾《摸魚兒·淳熙己亥自湖北漕移湖南同官王正之置酒小山亭賦》云："千金縱買相如賦，脈脈此情誰訴？"《文選·司馬相如〈長門賦·序〉》云："孝武皇帝陳皇后，時得幸，頗妒，別在長門宮，愁悶悲思。聞蜀郡成都司馬相如天下工爲文，奉黃金百斤，爲相如、文君取酒，因于解悲愁之辭。而相如爲文以悟主上，陳皇后復得親幸。"

[三] 按，此條出《華陽國志》卷一《巴志》。

[四] "延"，原作"沅"，今據任乃強校注之說改。

[五] "南中志"，原作"蜀志"，誤，今據《華陽國志》卷四《南中志》改。

[六] "任豫"，按，關於魚蛇水在《益州記》中的記載，目前能見到的最早資料爲《初學記》卷八《州郡部·劍南道第八》之"魚蛇水"條注文，但原文僅云出《益州記》，而不題作者名。《益州記》有任豫、李膺所著兩種，而將此條歸入任豫名下者，見宛委山堂本《說郛》卷六一，或即陳氏所本也。

[七] "中"，原無，文義不通，今據《初學記》卷八《州郡部·山南道第七》之"石戶"條、宛委山堂本《說郛》卷六一所錄《益州記》補。

[八] 按，此條見《初學記》卷八《州郡部·劍南道第八》之"昆井、郵溪"條及宛委山堂本《說郛》卷六一。從以上四條連續出現的情況來看，陳祥裔抄錄自《說郛》的可能性更大。

[九] 按，此條見宛委山堂本《說郛》卷六二所錄趙抃《成都古今記》之記載。裴坦，《新唐書》卷一八二有傳。

岳丈人，乃岳瀆之上司，真仙之崇秩。一月之内，群岳再朝焉。」[一]《玉匱經》云：「天下有三十六大洞天，青城爲第五大洞寶仙九室之天，一名赤城山。」[二]上有流泉懸澍[三]，一日六時灑落[四]，謂之潮泉[五]。天倉諸峯三十六，前十八謂之陽峯，後十八謂之陰峯。前曰青城，後曰大面。又有七十二小洞，應候；八大洞，應節。道書爲神仙都會。《夷堅丙志》云[六]：青城以二月望爲道會，四遠畢至。巨室張氏、唐氏輪主之，既集閉門，罷會乃啓。一日方齋，有道人扣門，閽者止之。乃下茶肆，脫笠挂壁間，曰：「爲我視此，隨當復來。」少頃，笠旋如風輪。驚報觀中，揭之，下詩云：「偶乘青帝出蓬萊，劍戟崢嶸徧九垓。綠履黄冠人不識，爲留一笠不沉埋。」衆相視悔恨。

青城山有一百八景[七]，風日佳時，登儲福宮望之，歷歷可數。曰彭祖峯，曰石鑑峯，曰龍牙峯，曰垫雲溪，曰藏雲塢，曰齊雲榭，曰垂虹亭[八]，曰捎雲閣[九]，曰觸石軒，曰臥雲庵，曰青溪，曰碧桃溪，曰芙蓉

[一] 按，此處所引《青城甲記》之語見《蜀中廣記》卷六，而《太平御覽》卷四四所引之相同記載則云出《玉匱經》。《青城甲記》即《青城山甲記》，乃杜光庭所作，原名本爲《青城山記》，見《文獻通考·經籍考三十三》及《直齋書錄解題》卷八等。據《輿地碑記目》卷四《永康軍碑記》，有宋人范仲立所編《青城山乙記》，當是與杜光庭書相對而言者，故後多稱杜光庭書爲《甲記》，范仲立書爲《乙記》。《全唐文》卷九三二保留了部分杜光庭書之佚文，今整理本《廣成集》所輯佚文，乃目前最齊備者，可資參考。

[二] 按，此條亦轉引自《太平御覽》卷四四。

[三] 澍，原作「樹」，乃承襲《補續全蜀藝文志》卷四六之誤也，今據《方輿勝覽》卷五五《永康軍·山川》下「青城山」條注文改。按，此句之後及引《夷堅丙志》之語皆抄錄自《補續全蜀藝文志》，略有刪改。

[四] 「六時」，按，據杜光庭《錄異記》卷七《宗玄觀六時水》《雲笈七籤》卷一二二《青城絕頂上清宮天池驗附六時水驗》《方輿勝覽》卷五五《永康軍·道觀》下「延慶宮」注文等，當以「六時」爲是；而《元和郡縣圖志》卷三一《劍南道上·成都府》《輿地紀勝》卷一五一《永康軍·景物下》《方輿勝覽》卷五五《永康軍·山川》下「青城山」條則作「三時」。蓋由唐至宋已將此傳說分成兩大系統也。

[五] 「潮」，原文及《補續全蜀藝文志》作「朝」，誤，今據《輿地紀勝》卷一五一《永康軍·景物下》《方輿勝覽》卷五五《永康軍·山川》下「青城山」條改。按，所謂潮泉者，顧名思義，如潮水有信也。

[六] 按，此事見《夷堅志·丙志》卷三《道人留笠》，乃《補續全蜀藝文志》刪要而成，陳祥裔承襲之也。

[七] 「青城山有一百八景」，按，青城山一百又八景見於《輿地紀勝》卷一五一《永康軍·景物下》「一百八景」條，楊慎所著《蜀志補罅》亦收錄，但此書今已不存，僅見《蜀中廣記》有少量徵引，此條即本自《蜀中廣記》卷六。《輿地紀勝》與《蜀中廣記》所載一百八景之名在文字上偶有不合，但以《蜀中廣記》所載文字爲勝；《蜀都碎事》與《蜀中廣記》相較則舛錯較多，故今以三者互校。

[八] 「虹」，《輿地紀勝》作「雲」。

[九] 「捎」，《輿地紀勝》作「梢」。

溪，曰躑躅溪，曰海棠溪，曰溪光亭，曰過溪橋，曰乳泉，曰滴珠泉，曰檻泉[一]，曰清風湖，曰鑑湖，曰荻花洲，曰蓼嶼[二]，曰碧霞洞，曰斜川，曰曲水，曰紫霞洞，曰鑑橋，曰藥圃，曰紫微洞，曰酴醾洞，曰青陰橋[三]，曰綠篠橋，曰玉徽亭[四]，曰紅霞塢，曰爛柯亭，曰灌稻泉，曰翠光亭，曰茅堂，曰紫陽洞，曰桃源，曰暗香亭，曰金華堂，曰舸齋，曰蕙谷，曰黃梅嶺，曰煎茶溪，曰芹浦，曰鸚鵡林，曰葦廬[五]，曰埜人澗，曰柘坪，曰寶遂社，曰妙高峯，曰娑羅坪，曰木蘭岫，曰桂香亭，曰石寶，曰白蘋洲，曰藻塈，曰望岷嶇，曰豹谷，曰百花潭，曰鹿關，曰瑞香嶺，曰芝畦，曰瑞荷堂，曰蒹葭渚[六]，曰黃浦，曰菱灣，曰芭蕉谷，曰直釣亭[七]，曰和芳隴[八]，曰金根徑，曰橘逕，曰鑑雉泓，曰芙蕖塢[九]，曰歲寒洞，曰葦杭，曰栖真洞，曰望仙坡，曰黃葵坡，曰鳳簫樓，曰跨鳳亭，曰牛關，曰馭鶴峯，曰化城洞，曰望闕臺，曰凝碧溪，曰玉女潭，曰寶陀岩，曰蕁坡，曰藏春島，曰桂子谷，曰九曲池，曰華海，曰江梅島，曰水仙滙，曰蒼萄岡，曰丹臺，曰浴丹池，曰曝藥臺，曰芳艸渡，曰采薇汀[十]，曰金絲堤，曰菖蒲谷，曰種茶岩，凡一百有八云。楊用修《蜀志補罅》

文同《漢州王氏林亭》詩[十一]："短彴疏籬入野扃，竹烟松露滿襟清。奔湍激險飛寒響，弱蔓穿林挂晚英。惜去更觀曾畫壁，記來重注舊題名。門前便是紅塵道，誰肯同過洗俗纓？"張乖崖《游青城山》詩[十二]："公

[一] "檻"，《輿地紀勝》作"鏗"。
[二] "曰清風湖，曰鑑湖，曰荻花洲，曰蓼嶼"，原無，據《蜀中廣記》補。
[三] "青"，《輿地紀勝》作"清"。
[四] "徽"，原作"微"，據《輿地紀勝》改。按，"徽"謂琴徽也，司馬光《和何濟川漢州西湖雜詠十七首》之六爲《玉徽亭》，是漢州有同名之亭，可爲此亭命名之旁證。
[五] "廬"，《輿地紀勝》作"盧"。
[六] "渚"，原作"浦"，據《蜀中廣記》卷六改，《輿地紀勝》亦作"渚"。
[七] "釣"，《輿地紀勝》作"鈎"。
[八] "和"，《輿地紀勝》作"秋"，義勝。
[九] "塢"，《輿地紀勝》作"島"。
[十] "汀"，原作"江"，形近而誤，今據《輿地紀勝》改。
[十一] "漢州王氏林亭"，原作"青城山丈人觀"，誤。今據《文同全集編年校注》卷一〇、《蜀中廣記》卷九改，《成都文類》卷八、《全蜀藝文志》卷一二所引則題爲《遊彌牟王氏園》。按，陳祥裔錄此詩乃爲附錄青城山相關藝文，下一首引張詠之詩亦同，不知何以誤將此詩當成題青城山者。
[十二] 按，《張乖崖集》卷三此詩題作《送趙寺丞罷秩游青城山》。

餘長閉目，只是老心情。聞道尋山去，連忙出户迎。好峯須到頂，靈跡要知名。廻日從容說，余將少解醒。"

哀牢夷，西蜀國名也。其先有嬪人捕魚水中，觸沉木[一]，育生男子十人。沉木爲龍，出水上，九男驚走[二]，一兒不去，背龍，因舐之[三]，後諸兒推爲哀牢王[四]。《述異記》

蜀蠻卭部川都王蒙備死，氣未絶，其妻子以錦數疋相續繫死者，曳之于地，置十數里外高山上，令氣絶。乃復以錦被裹而埋之，會其族哭之，名作鬼親。《續博物志》[五]

牛心山在龍安府城東，梁李龍遷塋此。武后時，鑿斷山脈。玄宗幸蜀，有老人蘇垣奏："龍州牛山，國之祖墓。今日蒙塵，乃則天掘鑿所致也！"玄宗命刺史修築如舊，未幾誅祿山[六]。

[一] "沉"，原作"沈"，形近而誤，今據《述異記》卷下改，後一"沉"字亦同，不復出校。
[二] "驚"下，原有"死"字，今據《述異記》刪。
[三] "舐"，原文及《述異記》原皆作"舐"，於義不通，形近而誤，今據《後漢書・哀牢夷傳》改。按，《述異記》此條所載之傳說見於《後漢書》《華陽國志》卷四及《水經注》卷三七等。
[四] "兒"，原無，今據《述異記》補，文義更暢。
[五] 按，此條出《續博物志》卷五。
[六] 按，此條末尾有"九域志"三字注文，謂此條出自《元豐九域志》也，然係陳氏誤記，今刪。據查，此條抄自《廣輿記》卷一七《龍安府・山川》下"牛心山"條，文字全同。而關於此靈異事件的詳細記載，見於《雲笈七籤》卷一二二《李賞研龍州牛心山古觀松柏驗》。

蜀都碎事卷之二

　　江出岷山，其源實自蜀西戎萬山來[一]。至嘉定而沫水自巂州合大渡河，穿夷界十山以會之。至敘州而馬湖江會之，又十五里而南廣江會之[二]。至瀘州而內江又自資、簡會之，至重慶而嘉陵江自利、閬、果、合等州會之[三]。至涪州而黔江合南夷諸水會之，至萬縣而開江水自開、達等州會之[四]。夫然後總而入峽，是江自峽而西受大水凡八。及出峽而下岳陽，則會之者洞庭湖所受湖南北諸水也。又自是而下鄂渚[五]，則會之者漢口所受興元諸郡水也[六]。又自是而下黃州東四十五里，則會之者巴河也。又自是而下九江[七]，則會之者彭蠡——今名鄱陽湖所受之東西諸郡水也。又自是而下，則會之者皖水所受淮西諸水也。夫然後總而入海，是以自峽而東又受大水凡五。略計天下之水會于江者[八]，居天下之半，其名稱之大而可考者凡十有三，故曰：江源其出如甕而能滔滔萬里達海，所受者衆也。嗚呼！問學者可以觀矣。

[一] 按，此條本自范成大《吳船錄》，然非范氏原文，乃宋人黃震在《黃氏日抄》卷六七中節錄拼合者也。而陳祥裔所引，亦非直接源於《黃氏日抄》，乃據楊慎《丹鉛總錄》卷二"大江"條或《補續全蜀藝文志》卷四七而轉引也，《補續全蜀藝文志》所載全同楊慎之文。此條文字錯訛較多，而《丹鉛總錄》《補續全蜀藝文志》所改之與《黃氏日抄》文字略異但不傷大雅者則不論。今以孔凡禮整理之《范成大筆記六種》所附黃氏節錄之文參校，省稱"節錄"。
[二] "廣"，原作"慶"，形近而誤，據節錄改。
[三] "重慶"，節錄作"恭州"，乃古名也，崇寧元年（一一〇二）改渝州爲恭州，紹照十六年（一一八九）升爲重慶府。
[四] "達"，原作"建"，形近而誤，今據節錄及《丹鉛總錄》等改。
[五] "渚"，原作"都"，今據節錄及《丹鉛總錄》等改。
[六] "則會之者漢口所受興元諸郡水也"，原作"所會之者淮白所受諸水也"，不知陳氏因何而誤。今據節錄及《丹鉛總錄》等改。
[七] "九江"，節錄作"江州"，此乃楊慎所改也。
[八] "略"，原作"路"，形近而誤，今據節錄及《丹鉛總錄》等改。雖云作"路"字而上屬，文句亦通，然前文"凡八"與後文"凡十有三"者皆無"路"字，故改之。

沫水出蜀西徼外，今陽山江、大皁江皆爲沫水，入西川[一]。始[二]，嘉、眉、蜀、益間，夏潦洋溢，必有衝決之患。自秦李冰鑿離堆以分其勢，一派南流于成都以合岷江，一派䟽永康至瀘州以合大江，一派入東川，而後西川沫水之害減，耕桑之利溥矣。皁江支流迤北曰都江口，置大堰䟽北流爲三，曰外應，漑永康之導江、成都之新繁而達于懷安之金堂；東北曰三石洞，漑導江與彭之九隴、崇寧、濛陽而達于漢之雒[三]；東南曰馬騎，漑導江與彭之崇寧、成都之郫、溫、新都新繁、成都華陽。三流而下，派別支分，不可悉紀。其大者十有四[四]，自外應而分曰保堂、曰倉門；自三石洞而分曰將軍橋、曰灌田、曰雒源；自馬騎而分曰石址、曰皷觟[五]、曰道溪、曰東穴、曰投龍、曰北水[六]、曰樽下[七]、曰五徙。而石渠之水則自離堆別而東，與上下馬騎、乾溪合，凡爲堰九：曰李光、曰膺村、曰百丈、曰石門、曰廣濟、曰顏上、曰弱水、曰濟、曰導，皆以隄攝北流注之東而防其決[八]。離堆之南，實支流故道，以竹籠石爲大隄，凡七壘，如象鼻狀以捍之。離堆之址，舊鐫石爲水則，則盈一尺，至十而止。水及六則，流始足用，過則從侍郎堰減水河泄而歸諸江。歲作侍郎堰，必以竹繩自北引而南，準水則第四以爲高下之度。江道旣分，水復湍暴，沙石塡委，多成灘磧。歲莫水落，築隄壅水上流。春正月，役工濬治，謂之穿淘。《宋史》[九]有熙寧制書：凡創水磑碾有妨灌漑民田者，以違制論。

[一] 按，此條出《宋史·河渠志五·岷江》，《蜀中廣記》卷六亦引之。以文字比對來看，陳氏顯係據《蜀中廣記》而轉引也，故以二書參校，於文義無傷之異文則不論也。
[二] "始"，原文及《蜀中廣記》皆無，據《宋史》補，文義更暢。
[三] "濛"，原作"蒙"，據《蜀中廣記》及《宋史》改。按，乾隆《大清一統志》卷二九二《成都府·古蹟》下有"濛陽廢城"，以其在濛江之北而得名，故知此城不名"蒙陽"也。
[四] "十有四"，按，此處云大水十四，然後文僅言十三，或此"十四"乃"十三"之誤，或後之"石渠水"亦在十四之數內也。
[五] "皷觟"，原文及《蜀中廣記》作"鼓兜"，形近而誤，今據《宋史》改。
[六] "水"，《蜀中廣記》《宋史》無，此處乃陳氏所補。按，陳氏或以一"北"字頗不類水名而補"水"字，然他水之名亦皆省"水"字，故補之反成蛇足矣。
[七] "樽"，《蜀中廣記》作"撙"，形近而誤。
[八] "隄"，原作"提"，形近而誤，據《蜀中廣記》及《宋史》改。
[九] "宋史"，原在此段之末，然《宋史》並不載此碑刻制書，實乃曹學佺據所見而增補者，故移至此處。

宋吳師孟《導水記》[一]："蕞爾小邦，必有流通之水以濟民用[二]，藩鎮都會，顧可闕歟？雖有溝渠，壅閼沮洳，則春夏之交沉鬱湫底之氣漸染于居民，淫而爲疫癘。譬諸人身，氣血并凝，而欲百骸之條暢，其可得乎？伊、洛貫成周之中[三]，汾、澮流絳郡之惡[四]，《書》之'濬畎澮'[五]，《禮》之'報水庸'[六]，《周官》之'善溝防'[七]，《月令》之'導溝瀆'[八]，皆是物也。按《史記》：蜀守氷鑿離堆，穿二江成都之中，皆可行舟，有餘則用溉[九]。然則成都水行其中，尚矣。自高燕公駢乾符中築羅城，堰糜棗，分江水爲二道，環城而東，雖餘一脈如帶潛流於西北隅城下之銾窗，涓涓然，潤贖所及[十]，不能并蒙于一府。歲久，故道迷漫，遂絕。以故氣象枯燥，而艸木亦少滋澤。其五門之南江及錦江，二水之

[一]"吳師孟"，字醇翁，成都人。《全蜀藝文志》卷五三《氏族譜·吳氏》云："九世諸孫師孟，第進士，官至左朝議大夫，門望始大。王公安石當國，謂師孟同年生也，自鳳州別駕擢爲梓州路提舉常平倉兼農田水利差役事。師孟疏力言法不便，寧罷歸故官。後知蜀州，又論茶法害民，繼謝事去。"據此，"同年生"若理解爲同年誕生，則與王安石同生於一〇二一年，張撝之主編《中國歷代人名大辭典》則如是認爲；若理解爲同年登第，則在慶曆二年（一〇四二）中進士也，曾貽芬《宋代對歷史文獻的校勘》一文即主此說。關於其卒年，宋人吳曾《能改齋漫錄》卷九"蜀石牛"云："醇翁以通議大夫致仕，享年九十。"故《中國歷代人名大辭典》定其卒於一一一〇年。關於吳師孟之仕宦，除《氏族譜》所載外，《全蜀藝文志》卷三九所收吳師孟《劍州重陽亭記》亦稱"治平二年夏四月二十有五日，師孟從蜀帥南陽公次劍州……是歲六月晦日，朝奉郎、尚書職方員外、通判閬州軍州兼管內勸農事、上輕車都尉、賜緋魚袋吳師孟撰"，明陶宗儀《書史會要》卷六則稱其"官至知蘷州，善書"。其作品今存不多，散見於《成都文類》《全蜀藝文志》等書。此《導水記》即載於《成都文類》卷二五及《全蜀藝文志》卷三三。從文字上來看，此處乃據《全蜀藝文志》轉引者，今以《成都文類》及《全蜀藝文志》參校。

[二]"流通"，《成都文類》互倒。

[三]"伊、洛貫成周之中"，謂伊水、洛水在洛陽城匯聚。《水經注·洛水》云："又東過洛陽縣南，伊水從西來注之。"

[四]"汾澮"，按，《左傳·成公六年》"有汾澮以流其惡"，注云："汾水出大原，經絳北，西南入河；澮水出平陽絳縣南，西入汾。"

[五]按，此說見《尚書·虞書·益稷》："予決九川，距四海，濬畎澮，距川。"

[六]按，此說見《禮記·郊特牲》："古之君子，使之必報之。迎貓，爲其食田鼠也；迎虎，爲其食田豕也。迎而祭之也。祭坊與水庸，事也。"孔穎達疏云："坊者，所以畜水，亦以鄣水；庸者，所以受水，亦以泄水。故祭此坊與水庸之神。"

[七]按，此說見《周禮·匠人》："凡溝必因水埶，防必因地埶。善溝者水漱之，善防者水淫之。"

[八]按，此說見《禮記·月令·季春之月》："是月也，命司空曰：'時雨將降，下水上騰。循行國邑，周視原野，修利隄防，道達溝瀆，開通道路，毋有障塞。'"

[九]按，此說見《史記·河渠書》，有刪改。

[十]"潤"，原作"閏"，今據《成都文類》改，《全蜀藝文志》原亦作"閏"，亦已據《成都文類》改也。

名最著，而渠稍廣，且汙潴填閼，或溦或漻[一]，則編户夾街之小渠可知矣。閒有鬱攸之䔲[二]，以無水故，艱于撲滅。曩雖以甕貯水爲備，然器小而善壞，非應猝救焚之具，故水不足用，當平居無事時，遑恤氣象烟塞之生疾，而火災之爲害歟？

　　自丞相吕公及今户部尚書蔡公[三]，深惻民患，欲尋故道以達之，而所遣吏類皆苟簡，不能體二公之意，中作而罷。今寶文王公勤卹民隱[四]，目睹水事，憪然疚懷[五]。博訪耆艾[六]，得老僧寶月大師惟簡，言往時水自西北隅入城，累甓爲渠，廢址尚在，若跡其原，可得故道。遂選委成都令李偲行視，果得西門城之銕窗之石渠故基[七]。循渠而上，僅十里至曹波堰，接上游溉餘之棄水至大市橋，承以水槽而導之，其水槽即中原之澄槽也[八]。自西門循大逵而東，注于衆小渠；又西南隅至窰務前閘。南流之水，自南銕窗入城。于是，二渠既醻，股引而東，派别爲四大溝，脉散于居民夾街之渠，而輻湊于米市橋之瀆。其委也，又東滙于東門而入于江。衆渠皆順流而駛[九]，有建瓴之勢而無漱齧之虞[十]。回禄之患，隨處有備，又頗得以涑瀚涮濯焉。歲或霖潦，脱有溢溢，唯徹澄漕則衆渠立漻矣。凡爲澄漕二，木閘三，絶街之渠二，水井百有餘所[十一]，而民自爲者隨宜增減，不可遍數焉。

[一] "溦"，原文此字右邊上部有"艹"旁，乃誤刻俗字，今據《成都文類》《全蜀藝文志》改。
[二] "之"，原無，今據《成都文類》《全蜀藝文志》補。
[三] "丞相吕公"，謂吕大防也。據《吕大防研究》所載年譜，吕大防於元豐五年（一〇八二）四月自永興知成都府，元豐八年（一〇八五）遷户部尚書。◎"户部尚書蔡公"，謂蔡京也。《續資治通鑑長編》卷四七二"哲宗元祐七年夏四月癸丑朔"條："龍圖閣待制、知永興軍蔡京爲龍圖閣直學士，知成都府。"據《宋史》本傳，蔡京於"紹聖初，入權户部尚書"，《宋史全文》卷一三下紹聖二年（一〇九五）冬十月"丙子，户部尚書蔡京爲翰林學士"，可知吴師孟此記作於紹聖元年也。
[四] "寶文王公"，謂王覿也。《宋史》本傳云："紹聖初，以寶文閣直學士知成都府。蜀地膏腴，畝百金，無閒田以葬。覿索侵耕官地，表爲墓田。江水貫城中爲渠，歲久湮塞，積苦霖潦而多水災。覿疏治復故，民德之，號王公渠。"
[五] "憪"，原作"捫"，文義不通，今據《全蜀藝文志》改，《成都文類》亦據之而改也。按，憪然，不安貌也，見《史記·孝文本紀》。
[六] "博"，原作"傳"，據《成都文類》改，《全蜀藝文志》亦據之而改也。
[七] "門"，原無，據《成都文類》《全蜀藝文志》補。
[八] "也"，原無，據《成都文類》《全蜀藝文志》補。
[九] "駛"，《成都文類》作"駃"，均爲迅速義。
[十] "瓴"，底本原作"瓶"，形近而誤，據大觀本及《成都文類》《全蜀藝文志》改。
[十一] "水"，原作"木"，形近而誤，據《成都文類》《全蜀藝文志》改。

經始于仲春，迄成于季秋，言時記功，盡如其素。不妨民田，不勞民力，不逆地勢，而興除亡窮之利害，古之所謂有功德於民者，宜無間然。彼王褒紀三篇之迹[一]，廉范播五袴之謠[二]，乃一時褒德之美言，與夫千載澤民之實惠，可同日而論哉？謹書其事[三]，以備來者之詢考云。"

明時盧翊《灌縣治水記》[四]："蜀守李公冰鑿離堆以利蜀，刻'深淘灘，淺作堰'六言于石，立萬世治水者法，所以制水出入，為旱澇計者至矣。其用功緩急疏密之序，意自較然。漢晉以來，率用是法。永嘉間，李公贏深踵之。唐宋相承[五]，世享其利。元始肆力于堰，無復深淘之意。無乃公言不足法歟？假令沙石湧磧，水不得束潤，則雖鎔金連障，高數百尺，牢不可拔，亦何取于堰哉？矧所謂銕龜銕柱，糜費幾千萬緡者，曾未幾何，輒震蕩烟沒，茫無可賴。方諸籠石廉省、今古便焉者，孰得？比來民受其困，宜坐諸此。予竊少之，乃檄有司，置钁钁鉅蕢[六]，役夫三千，從事灘磧，以導其流。堰則仍民之便而已。顧工多日少，群力告瘁，未能勉其所欲為、究其所當止如公法云者，恥也。舊刻相傳在虎頭

[一]"王褒紀三篇之迹"，謂王褒作文以褒揚漢德也。《漢書·何武傳》云："宣帝時，天下和平，四夷賓服，神爵五鳳之間屢蒙瑞應。而益州刺史王襄使辯士王褒頌漢德，作《中和》《樂職》《宣布》詩三篇。"

[二]"五袴之謠"，《後漢書·廉范傳》云："百姓為便，乃歌之曰：廉叔度，來何暮？不禁火，民安作。平生無襦今五袴。"

[三]"事"，原作"可"，《全蜀藝文志》據他本而改作"事"，今從之。《成都文類》則作"時"，義遜。

[四]"盧翊"，乾隆《江南通志》卷一四〇為其列傳，云："盧翊，字鳳翀，常熟人。弘治庚戌進士，歷御史，出按四川，兼視水利，鑿都江堰，連歲大熟。撫降天全六番招討司，遷副使，守禦松潘。更定成法，禁戍長苛斂。修鐵索橋及葺治棧閣以通道，行者便之，土人名盧崖閣。進雲南參政，建策築堡於姚安界中，擇將屯守，以絕生熟彝之入寇。又洱海地素苦旱，為開陂儲水，築壩障泉，而田得灌漑，人食其利。以薦擢廣西布政，卒。"雍正《四川通志》卷四上云"峨眉縣舊土城，明正德七年僉事盧翊始甃以石"，而同書卷六則稱其正德八年才任水利僉事，兩相抵牾，實皆不可為據。據《明武宗實錄》卷五一"正德四年六月甲子"下"罰為民知府張津致仕、僉事盧翊米百石，坐巡按廣西時勘報征思恩功次延遲故也"，知正德四年，盧翊已在四川水利僉事任上，又據同書卷九六"正德八年正月辛未朔"下"陞四川按察司僉事盧翊為本司副使，整飭松潘兵備"，則此《灌縣治水記》當作於正德八年（一五一三）之前也。◎此記載於《全蜀藝文志》卷三三，今以之參校。

[五]"相"，《全蜀藝文志》整理本作"承"，文淵閣《四庫全書》本《全蜀藝文志》則作"相"，義皆可。

[六]"钁"，原作"鍬"，音義未詳，據《全蜀藝文志》改。按，钁、钁皆挖掘器具，蕢為盛土籓筐，正與後文淘灘之舉相合也。

山鬪雞臺，水則其旁[一]，歲久剝落，索弗獲。慮後之君子無考焉，因磨石重鐫碑側云。"

陳文燭《都江堰記》[二]："灌縣都江堰，蓋江之會云。禹導江自岷山西入大渡河，南過于汶，歷于灌堰，在江中流為二。有南河者會新津，有寶瓶口者流為三，至于漢，至于崇寧，至于華陽，故稱灌口。堰外低而寬，堰內高而狹，水勢也。作堰灌田，始于秦李冰。司馬遷著《河渠書》，瞻蜀之岷山，大李公之功，且云渠可舟行，民饗其利，蜀人廟祀焉。漢唐以及宋元，堰法漸壞。至元間，僉事吉當普鑄鐵龜，民利之。昭代以來，屢修屢圮，嘉靖間，復鑄鐵牛，詳在僉事陳公瑬記中[三]。其銘曰：'問堰口，準牛首；問堰底，尋牛趾。堰堤廣狹順牛尾，水沒角端諸堰豐，須稱高低修減水。'真名言云。

萬曆乙亥，江大溢，堰盡壞。成都知府徐元氣、灌縣知縣蕭奇熊列狀修復，巡撫都御史曾公、羅公慨然允行，後先軫念。巡按御史郭公慮益深長，增以鐵柱，令尋牛趾而濬之。自堰以下如仙女、三泊洞、寶瓶、五陡口、虎頭諸岸，間植三十鐵柱，每柱長丈餘，共用鐵三萬餘斤。又樹柱以石，護岸以木[四]，水遇重則力分，安流則堰固，大都倣古云。水利僉事杜公詩悉心區畫，始萬曆三年十一月，越四年三月工成[五]，費金三百，灌溉千里，民咸歌頌。御史公適還朝，復按茲地，左布政使袁公隨、右布政使潘公允端、按察使劉公庠、叅政蔡公汝賢、秦公淦、副使王公原相、僉事甄公敬共觀厥成[六]。

[一]"水則"，原文及《全蜀藝文志》原作"水側"，今據元揭傒斯《揭傒斯全集》卷七《大元敕賜修堰碑》改。原文云："北江少東為虎頭山，為鬪雞臺。臺有水則尺，為之畫凡十有一。水及其九，其民喜，過則憂，沒其則困。乃書'深淘灘，低作堰'六字其傍，為治水之法，皆冰所為也。"

[二]"陳文燭"，字玉叔，沔陽人，嘉靖乙丑進士，官至南京大理寺卿，有《二酉園文集》存世。據卷九《游峨山記》"萬曆甲戌奉命督學事"，其時任四川提學副使，故得與此記中所言諸公過從。據記中所言，此文當作於萬曆四年（一五七六）也。◯此記，據題名，當出自《補續全蜀藝文志》卷二六，而《二酉園文集》卷一一則題為《修都江堰碑》，今以二者參校。

[三]按，陳瑬《鐵牛記》亦載於《補續全蜀藝文志》卷二六，但並無後文所言之銘也。《四庫全書存目叢書·集部》第一〇五冊收陳氏《已寬堂集》兩卷，然皆詩，無文也。

[四]"木"，原文及《補續全蜀藝文志》作"陿"，今據《二酉園文集》改。按，以陿護岸何須再言？且前言石，此言木，正以材質相對也。

[五]"工"，《二酉園文集》作"王"，形近而誤。

[六]"敬"，原作"潡"，誤，今據《二酉園文集》《補續全蜀藝文志》改。按，乾隆《大清一統志》卷二三《大名府二·名宦》下有其小傳。

燭聞而嘆曰：蜀稱天府，號陸海，豈謂沃野不在人耶？秦法作渠與井田并，太史公論禹、厮二渠以引河，其來舊矣。如西門豹引漳水，鄭當時引渭水，足利于國。中原變遷，間殫爲河[一]，法多湮滅，惟李公之堰幸存于蜀，乃二三公修之，俾古人遺意千載如斯，尚永賴哉！今天下事，鑿者創新論，怠者失故道。及其不支，諉曰天也，沉璧負薪何益焉？假令人皆師古，則行山表木之勳[二]，至今存耳，豈獨一堰哉！予益嘆二三公經世之智云[三]。"

宋乾德以前，劍、利間虎豹尤甚。白衛嶺、石筒溪虎名披鬃子，地號稅人場。綿、漢間白楊林虎名裂號子，嘉州牛頸山有子母虎，陵州銕爐山有青豹子，彭、蜀近山鎮縣暴獸成群，居民行旅共苦之。《茅亭客話》[四]

艷陽洞在仁壽縣至道觀之後。昔天師既誓玉女于井[五]，因藏去其衣，鎖之石室。相傳云洞在重岩下[六]，嵱岈幽窈，晦明變化，千態萬狀，雖距闤闠不數武，而若與世隔，蓋道陵修道之區也。《方輿勝覽》

五溪在彭水縣。《寰宇記》云："五溪謂酉、辰、巫、武、沅等溪也[七]。古老相傳，楚子滅巴[八]，巴子兄弟五人，流入五溪，各爲一溪之長。一說五溪蠻皆盤瓠子孫[九]，自爲統長，故有五溪之號，古謂之蠻蜑聚落。"三國時，先主于五溪蠻之地置黔安郡，即此地[十]。

三堆山在內江，尖峯插漢，桟閣憑空。有古石像，土人游焉。昔耕者于山掘得小銅板，上鐫詩云："塵世不我留，身寄白雲浮。若問真游處，

[一] "間"，通"澗"，見《史記·河渠書》："晧晧旰旰兮閒殫爲河！"
[二] "行"，原文及《補續全蜀藝文志》作"刊"，誤，今據《二酉園文集》改。按，"行山表木"見《史記·夏本紀》，謂隨所至之處判木作表記其功勳也。
[三] 按，此後《二酉園文集》尚有數句，今摘補於此：曾公名省吾，羅公名瑤，俱楚人；郭公名莊，關中人，觀者考焉。汶川知縣趙汝誼、蒲江知縣金棠有勞於堰者，餘皆載碑陰。
[四] 按，此條本自《茅亭客話》卷一"虎豹屏跡"條，有刪削。
[五] "誓"，原作"擔"，形近而誤，今據《方輿勝覽》卷五三《隆州·山川》之"艷陽洞"條改。另外，《輿地紀勝》卷一五〇《隆州·景物下》同條亦有相關記載。
[六] "云"，原作"雲"，今據《方輿勝覽》《輿地紀勝》及文義改。
[七] "沅"，《太平御覽》卷一七一"辰州"下引《十道志》作"源"，非也。而關於此五溪具體之名，《水經注》卷三七《沅水》下云："武陵有五溪，謂雄溪、楠溪、無溪、酉溪、辰溪其一焉。夾溪悉是蠻左所居，故謂此蠻五溪蠻也。"則又與此異也。
[八] "滅巴"，原作"城昔"，若云"城"字乃因《蜀中廣記》卷一九而誤，而"昔"字則不知何以致誤也。今據《太平寰宇記》卷一二〇《黔州·彭水縣》"五溪"條改。
[九] 按，此說見杜佑《通典》卷一八七《邊防三·南蠻上·盤瓠種》所載。
[十] 按，此句非《太平寰宇記》之文，乃《蜀中廣記》卷一九之語也，此條陳氏即抄錄自《蜀中廣記》，文字略有改動。

三山與十洲。"《梁益志》[一]

江在崇慶州，出麩金，一名皁江，水自永安軍青城縣百丈水南流入江源界[二]。《志》云："皁江迤江源至新津入河。昔張道陵投墨于江，其水盡黑，故名。"[三]

中巖在眉州，即諾距羅尊者道塲。上有喚魚潭，客至撫掌，群魚躍出[四]。山半三石突出，其形類笋。宋時有異僧入牛頭寺，主僧厚禮之，臨別贈一鑰，曰："後欲訪我，當中巖見石笋扣之。"明年，寺以佛頭失珠，主僧尋至石笋下，扣以鑰，峯裂爲三，乃見異僧。曰："盜取佛珠江濱，我得之久矣。"主僧喜，持珠而還。

重慶府武隆西古渡頭有斷石，中白痕如劍，光芒燭天，名爲天劍[五]。

蜀中久遭兵燹，詩書禮樂湮沒無聞。獨于婚姻一事，尤不可問。娶處女謂之靑頭女[六]，價亦甚廉。若有一寡嫗，娶之者須四五十金，然爭娶者猶致結訟。夫豈民之無良歟？亦教化之未至耳。

漢高帝置廣漢郡，領十縣以應十支，通湖在戌[七]，陽泉在亥，南安在子，涪流在丑，梓潼在寅，五城在卯，新都在辰，資中在巳，犍爲在午，什邡在酉。後封雍齒什邡侯，即今之什邡縣也。

㲨毯出藏中[八]，以㲨牛毛爲之。織紅黑方勝，藏中披以蔽風雨者。釋氏云"偏袒右肩"，則㲨袒之訛耳。又有藏毯，織成長紋或錦地紋，彼國中以爲裀席，云鋪之可隔濕溽之氣，又能避蚤虱。

[一] 按，此條云出《梁益志》，即宋代任弁所撰十卷之《梁益記》也。此書今已不存，亦暫未見他書載此條云出《梁益志》者，不知陳氏何據。而《蜀中廣記》卷八、《補續全蜀藝文志》卷五四有相關內容，但並不言出處。

[二] 按，此條所稱郫江之別名，《太平寰宇記》卷七五《蜀州・江原縣》下稱其爲"皁里水"。◎"江源"，乃漢代稱呼也，據《太平寰宇記》，宋朝開寶四年則改爲"江原"矣。

[三] 按，此處之《志》或即舊《崇慶州志》，《蜀中廣記》卷七所引與此合。

[四] 按，此前文字見《明一統志》卷七一《眉州・山川》下"中巖"條，略有改動，而此後之文則見同書《眉州・古蹟》下"石笋"條，當即陳氏綜合改寫而來也。

[五] 按，此條當即據《蜀中廣記》卷一九所引舊方志之語而來也。

[六] "靑頭女"，按，此處謂處女，甚是。《漢語大詞典》收"靑頭"一詞，舉李漁《意中緣》第十八出《沉奸》中之用例，以爲指"頭髮烏黑貌。形容年紀輕"，似未中鵠。實則《意中緣》之用例亦當作處女解也。

[七] "戌"，原作"戍"，乃承襲《明一統志》卷六七《成都府・古蹟》"雍齒城"條注文所引《廣漢土地譜》之語也，今據文義改。◎"湖"，《明一統志》作"胡"，未知孰是。

[八] "毯"，原從"毛"從"旦"，字書不載，當即"毯"字轉換聲符之俗字，今臆改，後之"毯"字同，不復出校。◎此條不知陳氏所據，而彭遵泗《蜀故》卷一九則據此轉錄也。

蜀南沈黎山有物似猴，長七尺，能人行，名曰玃。路見婦人則盜之入穴，西番部落最畏之。《博物志》[一]

涪州僧無相，嘗渡水無船，乃安鉢於中流，曰："汝可自渡。"便取芭蕉搭水渡之，鉢以隨至，達岸而去。《神僧傳》[二]

成都燕會，一春爲常，然各有定處，惟上巳學射山之集爲盛。山有通真觀，祀張伯子。其日，兩蜀之人咸赴，從道士受秘籙，謂一年禍福率由此日恭慢所致。《丹淵集》[三]按，學射山在成都城北，一名斛石山，以劉主禪于此學射，故名。

三學山在金堂，李八百三度學仙于此，故名。一名石城，亦名栖賢、開照。頂有神泉方丈，雲霞常興。唐天寶六年改爲雲頂山。《華陽記》[四]

唐明皇至劍門，山神見形迎駕，稱姓李氏。後陟武擔東臺，遠望祥雲紫氣盤結空界，問左右曰："此何處？"對曰："石城山。"乃悟山神扈衛之意，遂改雲頂爲慈雲焉。《西幸略》[五]

三學山有佛跡，石理堅潤，瑩白如玉，非世間槌琢所能。又有碧玉佛籠、藕絲袈裟、錦字《心經》、貝葉金字《涅槃經》，寺前後檜、柏皆隋故物。又有飛石，乃自雲頂飛來[六]。先是，寺有楠樹，已枯，石離爲二，有王頭陀語曰："五百年後寺當廢，若楠再生石再合後復興。"果如其言[七]。《方輿勝覽》[八]

[一] 按，此條當係據《太平寰宇記》卷七三《黎州·漢源縣》"夜叉穴"條所引而轉錄也，故與《博物志》卷三《異獸》下所載文字差異巨大。
[二] 按，此處云出《神僧傳》，見該書卷五"無相"條，文字有刪節；而《神僧傳》當即本自《續高僧傳》卷三五《感通篇·涪州相思寺釋無相傳》。
[三] 按，此處云出《丹淵集》，但並非直接引自原書，而是據《蜀中廣記》卷五五轉錄也，且有文字刪節。原文見《文同全集編年校注》卷二五《成都府學射山新修祠宇記》。
[四] 按，此處云出《華陽記》，據《蜀中廣記》卷九六"偽蜀廣政中荷澤院僧仁顯撰，《古今集記》取之"，則當《成都古今記》問世後，此書流傳漸稀，陳氏所言不知確否？而相關記載，與《蜀中廣記》卷八所載相合，據下條引《天寶西幸略》之語亦載於《蜀中廣記》卷八，頗疑陳氏題名有誤也。
[五] 按，《天寶西幸略》乃唐人鄭處誨撰，一卷，《宋史·藝文志二》著錄，今已佚。不知陳氏據何處轉引。然相關內容，見《宋高僧傳》卷一九"唐簡州慈雲寺待駕傳"，文字小異而已。
[六] 按，此前見《方輿勝覽》卷六五"懷安軍·山川""三學山"條注文。
[七] 按，此句見《方輿勝覽》卷六五"懷安軍·山川""雲頂山"條注文。《方輿勝覽》以爲石城山、雲頂山爲二山，而此則以爲乃一山，故陳氏當非直接據《方輿勝覽》而來也，實則本自《蜀中廣記》卷八所引。
[八] "方輿"，原作"輿地"，誤，今據《蜀中廣記》及《方輿勝覽》改。

偽蜀太后徐妃《三學山》詩[一]："虔禱游魂境，元妃夙志同。寶香焚靜夜，銀燭炫遼空。泉漱雲根月，鐘敲樹杪風。印章標聖跡，飛石顯神功。偶望天涯極，臨看日腳紅。猿來齋室上，僧集講筵中。頓覺超三界，渾疑正六通。願成修偃事，社稷保延洪。"偽蜀太妃建姜徐氏《三學山看聖燈》詩："聖燈千萬炬，旋向碧雲生。細雨瀝不暗，好風吹更明。磬敲金地響，僧唱梵天聲。若說無心法，此光如有情。"按，三學山在成都府漢州。

茂州西北最後番曰列鵝村，村有岷山，名曰鐵豹，一曰羊膊[二]。按，《漢書注》云一名鴻冢，一名沃焦，在隴山南，直上六十里，今俗謂鐵豹嶺[三]。

岷山神，馬首龍身，祠用雄雞，瘞用黍，則風雨可致焉。《山海經》[四]

葛由者，蜀之羌人也。周成王時，刻木爲羊賣之。一旦，乘木羊入蜀，蜀中王侯賓客追上綏山，隨之者皆得仙術。《列仙傳》[五]按，綏山即大蓬

[一] 按，此處二詩皆據《鑒誡錄》卷五《徐后事》所載轉錄，第一首詩原書題作《題漢州三學山夜看聖燈》，不知陳氏何以不用原題。

[二] 按，此條所載本自《蜀中廣記》卷七，原文云出《郡縣志》，實則與《全蜀藝文志》卷四八《山川形勝述》所載基本吻合。關於《郡縣志》，《輿地紀勝》中多有徵引所謂《皇朝郡縣志》者，然考《宋史·藝文志三》，共有兩種相關著作：一爲李德芻《元豐郡縣志》三十卷，圖三卷；一爲范子長《皇州郡縣志》一百卷。曹學佺引文中題名爲《郡縣志》者，多數與《輿地紀勝》之《皇朝郡縣志》合，蓋轉引自王象之書也，然不知究竟爲李德芻之書還是范子長之書。

[三] 按，此條亦據《蜀中廣記》卷七轉引，但所載有誤，今略辨之。《漢書·郊祀志第五上》云："自華以西，名山七，名川四。曰華山，薄山。薄山者，襄山也。嶽山，岐山，吳山，鴻冢，瀆山。瀆山，蜀之岷山也。"鴻冢與瀆山並列，則二山非一，明矣，故《漢書》非以岷山爲鴻冢也。實則此說見於《太平寰宇記》卷七八《茂州·汶山縣》下"岷山"條云："《華陽國志》：'岷山一曰沃焦山。'安鄉山直上六里，岷嶺之最高者。遇大雪開泮，望見成都。岷山一名鴻濛，即隴山之南首，故稱隴蜀也。"說岷山一名沃焦山，而今本《華陽國志》無此說；至於稱岷山一名鴻濛，王文楚等以爲"鴻濛、鴻冢"未知孰是，實則《史記·封禪書》云："鬼臾區號大鴻，死葬雍，故鴻冢是也。"因當以"鴻冢"爲是，但鴻冢非岷山，則可定矣。故曹學佺承襲《太平寰宇記》之謬又更生新錯，陳氏照搬《蜀中廣記》之言而不察，實皆不可據也。

[四] 按，此條見於《輿地紀勝》卷一四九《茂州·古蹟》下"江瀆神"條注文，《方輿勝覽》卷五五《茂州·祠廟》下同條所載亦與之合，但均與《山海經》卷五《中次九經》所載文字略異。

[五] 按，此條所載葛由事，在《列仙傳》卷二，但與原文差異巨大。據王叔岷校箋本，所謂綏山者，在峨嵋山西南，此峨嵋山即峨眉山也。而陳祥裔後文按則云山在順慶府蓬州，即今南充市蓬安縣、營山縣交界處也；《蜀中廣記》卷二八所言亦與之大致相合。然則此綏山究竟在何處？我們認爲，據《列仙傳》原文，此綏山當即峨眉山西南之綏山，《舊唐書·地理志四·劍南道》下載"綏山縣"條云："綏山，隋招致生獠，於榮樂城置綏山縣，取旁山名也。"以之爲蓬州之綏山者，肇自《太平御覽》卷四四"綏山"條："《列仙傳》曰：葛由者，蜀之羌人。周成王時，刻木爲羊賣之。一旦，乘羊入蜀，蜀中王侯賓之，上綏山。山在安固縣東三十里，隨之人皆得仙術。"而同書卷九〇二、九六七引《列仙傳》之文則與今本《列仙傳》合。其後《太平寰宇記》亦承襲《御覽》而兩存其說，卷七四《嘉州·羅目縣》下"綏山"條即與今本《列仙傳》所載合，而卷一三九《蓬州·良山縣》下"綏山"條則與《御覽》卷四四所載相合。故從資料沿襲情況來看，此綏山當指在嘉州者，云其在蓬州者，乃據《太平御覽》而來也。

山，梁于此置綏安縣[一]，唐改爲蓬山。山在順慶府蓬州。

萬歲池在成都府城北，廣袤十里[二]，溉三鄉田。歲久淤澱，王剛中知府日，集三鄉夫共疏之，累土爲防，上植榆柳，表以石柱，蜀人比之甘棠。《四川總志》[三]

落雲潭在夔州府梁山縣，相傳昔日常有雲氣覆潭上，有漁者拋網得一石老君像，自此不復有雲氣。今像在市民冉氏園中，背有字曰"天漢二年刻"[四]。

嘉定州地方產荔枝，今城外三五里江濱惟存樹二十餘本。花開時甚爛熳，行舟過其下，花氣襲人，名其處曰荔枝灣。

宋劉儀鳳詩有"但見臉如花，不知心似鐵"之句[五]，蓋爲女冠范志玄作也。志玄棲靜于合州純陽山中，時任安爲使，雅慕之，訂期而往。志玄化爲男子，騰空而去，追之不及[六]。

青石山在合州之西、涪水之南[七]，漢時山裂之處至今猶存。李膺《益州記》云：昔巴蜀爭界，久而不決。漢高八年，一朝密霧，山爲裂，自上及下，破處直若引繩焉，于是州界始判。上有古祠，靈于水旱，《華陽

[一]"綏安"，原作"綏山"，誤，今據《舊唐書·地理志三·山南西道》下所載"咸安"條改。

[二]"十里"，文淵閣《四庫全書》本《鴻慶居士集》卷三八收孫覿爲王剛中所撰《宋故資政殿大學士王公墓誌銘》作"千里"，顯誤也，《宋史》本傳據《墓誌銘》採入時已改作"十里"。

[三]"四川總志"，原作"通志"，乃據《蜀中廣記》卷三所引而來，唯末句略作改易而已。此"通志"即嘉靖《四川總志》，見其書卷三《成都府·山川》"萬歲池"條，今改爲正確題名。

[四]按，此條出《蜀中廣記》卷二三，而曹學佺則將《輿地紀勝》卷一七九《梁山軍·景物下》"落雲潭"條與同卷"仙釋"下"石老君像"條合併改寫而成。故所謂"今像在市民冉氏園中"者，乃宋時也，非明代亦非清朝。◎"天漢二年"，按，天漢元年即九一七年，時王建據蜀也。然天漢僅有一年，次年號光天也。

[五]"劉儀鳳"，《宋詩紀事》卷四四收錄此詩全文，並列劉氏小傳云："儀鳳，字韶美，普州人，紹興二年進士。孝宗朝累遷祕書少監、兵部侍郎，斥歸，復起知漢州、果州。"但屬鴉所錄詩句文字與此略異，《蜀中廣記》卷七八所錄亦有錯字。茲據《錦繡萬花谷續集》卷一三摘錄全詩以饗讀者："誰家遊冶郎，閒晉窺幽閨。但見臉如花，不知心似鐵。一夕變其軀，雪姿映雲髮。昔爲桃李姿，今作松篁節。"

[六]按，此條所載之事見於《方輿勝覽》卷六四《合州·山川》下"純陽山"條、《輿地紀勝》卷一五九《合州·仙釋》"女冠范志玄"條、《明一統志》卷六九《重慶府·山川》"純陽山"條、《蜀中廣記》卷七五、萬曆《合州志》卷八等，但皆與此文字有異，不知陳氏據何而刪改也。

[七]按，此條云青石山在合州之西、涪水之南，蓋謂合州石鏡縣境內之青石山也。據後文引《益州記》且談到《華陽國志》之語，陳祥裔當是據《太平寰宇記》卷一三六《合州·石鏡縣》下所載轉錄。然《太平寰宇記》卷八七《遂州·青石縣》下"青石山"條引《郡國志》之語亦言巴蜀爭界一事，《元和郡縣圖志》卷三三《劍南道下·遂州·青石縣》下"青石山"條雖言及巴蜀爭界一事，但不題出處。從地理位置看，當以合州之青石山爲是也。

國志》所謂青石神也[一]。

王望字子濛，開元初嘗與玄宗遇[二]。俗傳晉時人，且跨白驢入長安市，暮復回黃牛山。山在巴州北，今名北龕[三]。

元時，蓬州普安里民家女及笄，一日父母他出，有道士扣門求火。女不啟戶，道士大書"閉門不納"四字而去。女擦之不去，舌舐之乃滅，因感而娠。父母疑而責之，不自白，遂投江死。其尸逆流，親戚相與撈葬之。忽自腹中裂出肉印，方驚駭間，水瀑漲，湧沙成一大墳于江中[四]，水左右夾流若神力焉。今名仙女墳。

海棠有色無香，惟蜀之嘉州者香。《花譜》[五]

夏后啟之臣曰血塗[六]，是司神于巴。巴人訟于血塗之所，衣有血者執之。《山海經》

馬湖府產大節竹，一曰羅漢竹，可以為杖[七]。

章洛山在什邡[八]，亦曰章山，又曰洛通，又曰楊村，《華陽國志》謂大姓楊氏之所居。山有風洞，即之氣冷；有火洞，即之氣熱。古老傳云苻堅有子避難死于洛通山，即此。[九]

[一] 按，此處乃因襲樂史之誤也。實則《華陽國志》卷三"德陽縣"下有"青石祠"，不在合州，亦不稱青石神，更無禱雨靈驗之說。

[二] "開"下，原衍一"明"字，據《蜀中廣記》卷二五等刪。

[三] 按，此條當是陳祥裔據《蜀中廣記》卷二五所載刪改而成也。其中，關於王望跨白驢入長安之事，曹學佺乃根據《輿地紀勝》卷一八七"巴州·仙釋"下"王望"條所引《圖經》之語轉引；謂北龕即黃牛山，本自《九州要記》所載，而北龕復稱王望山、王蒙山，則本自《方輿勝覽》卷六八《巴州·山川》下所載也。

[四] "江中"，底本原作"江水中"，大觀本則無"水"字，實則"江水中"乃"江中水"三字之誤，今據《蜀中廣記》卷二八所引方志改，并將"水"字屬下句。按，曹學佺所本乃正德《蓬州志》卷七"古蹟"門"營山縣仙女墳"條，文字略異。

[五] 按，此條所載見於《全芳備祖集·前集》卷七、《明一統志》卷七二《嘉定州·土產》下"海棠"條及《蜀中廣記》卷一一等。然另有他書以為非嘉州海棠有香，而是昌州海棠，如《錦繡萬花谷後集》卷三七、《天中記》卷五三、《駢志》卷一七等。《方輿勝覽》卷六四《昌州·樓閣》下"香菲堂"條引《冷齋夜話》，亦云昌州即今大足縣、永川縣、榮昌縣所在地區海棠有香，故名海棠香國。以是觀之，海棠有香之地非一處也。

[六] "血塗"，按，武英殿本《水經注》卷三四"江水"、《蜀中廣記》卷二二引《山海經》等作"血塗"，然今本《山海經·海內南經》及《竹書紀年》卷上所作"孟塗"，二者互歧，難考孰是。

[七] 按，此說見嘉靖《馬湖府志》卷四《物產》下，然蜀地多此物，即邛竹也，並不限於馬湖府。

[八] "洛"，原作"佫"，承《蜀中廣記》而誤也，今據宋王應麟《通鑑地理通釋》卷一一"漢水"、《全蜀藝文志》卷四八引王象之《蜀水考》等改。

[九] 按，此條據《蜀中廣記》卷九轉引而來，其中關於章洛山之別名者，曹學佺云出自舊方志；引《華陽國志》之語，見於該書卷三"什邡縣山出好茶，楊氏為大姓"；所謂古老傳說，則見於《太平寰宇記》卷七三《漢州·什邡縣》下"洛通山"條；至於風洞、火洞，則曹學佺首倡其說也。

閬中靈山峯多雜樹，昔蜀王鼈靈登此，因名靈山。山東南隅有玉女搗練石，頂有泉清冽，洞穴懸絶，微有一小逕裁通。唐天寶六年敕改爲仙穴山，孤峯峭拔，介嘉陵、宋江之間，上有鼈靈墓。《周地圖》[一]

白馬泉在雅州北四十里山谷中，涌泉深不可測，一日三潮，風浪如雷。昔有白馬自泉出田壟間，雲擁之復没，故名曰白馬泉，又曰龍淵，有宋紹興間祈雨碑猶存[二]。今俗傳云是玄奘取經過此[三]，乏水，馬渴甚，跑地成泉，良甚誣矣。

眉州彭山縣象耳山下有磨針溪，相傳李白讀書山中，學未成，棄去。適過是溪，逢老媼方磨杵，白問何爲，曰欲作針。白感，遂還卒業。媼言姓武，傍有武氏巖[四]。

世傳天下有三怪：浙江水怪、雷州鼓怪、酆都鬼怪[五]。予未親歷，心實疑焉。今居蜀，然後知鬼怪之誣也。酆都縣屬川東重慶轄縣，城外二里有土山，山上有大廟，正中爲天子殿，即俗所謂五殿閻羅是也。袞冕圭藻，居然天子矣。旁列諸鬼，獰獰醜惡，變狀百千。殿階下有一井，云與海通，好事者投以雁鶩，越日從大江中浮出。其山後臨平羌江，土岸陡峻，名曰真珠簾。砂土日墜江中，飛洒而下如珠然，自昔至今不虧削，江亦不塞。世俗以爲有搬沙鬼，每夜仍移故處云。殿前有一石，圓如毬，大可徑尺，名曰心誠車。又有小石穴在堦上，游人或無意舉毬，就穴即能加于穴上，并可旋轉如磨。倘有意舉毬，雖大勇亦不能加穴上，殊不可解。傳聞昔年邑令歲供桃枝于廟，易舊供者謂換刑，今無此事，餘無他奇。由此觀之，鬼怪之說多屬荒渺矣。

五加皮，蜀中名白刺顛。陶隱居云："釀酒，主人益壽[六]，道家用此作灰，亦以煮石，與地榆並無別法。"山人王常曰："何以得長久，何不

[一] 按，此條乃據《蜀中廣記》卷二四轉引，而曹學佺又據《太平寰宇記》卷八六《閬州·閬中縣》"仙穴山"改寫也。《太平寰宇記》題出處爲《周地圖記》，別稱《周地記》《周地圖經》《後周地圖記》等，《隋書·經籍志二》著錄爲一百零九卷，已佚。
[二] 按，此前皆本自《蜀中廣記》卷一四所引舊方志之語，唯該泉一名龍門，陳氏未錄；其後之語則陳氏所加也。
[三] "奘"，原作"裝"，形近而誤，今改。
[四] 按，此條所載見於《方輿勝覽》卷五三《眉州·山川》下"磨鍼溪"條及《蜀中廣記》卷一二、康熙《眉州屬志》卷一等。
[五] 按，馮夢龍《警世通言》卷二三言及天下四絕，爲雷州換鼓、廣德埋藏、登州海市、錢塘江潮，陳氏此處言天下三怪，惜無詳說矣。
[六] "主人益壽"，《重修政和證類本草》卷一二"五加皮"條作"主益人"。

食石蓄金鹽母？"[一]又《巴蜀異物志·文章艸贊》云[二]："文章作酒，能成其味。以金買艸，不言其貴。"文章艸即五加皮也。

漢任永，犍爲僰道人，好學博古。公孫述累徵，待以高位，托青盲不至。及述敗，則曰："世適平，目即清。"光武聞而徵之，會病卒。《後漢書》[三]

夏李八百，蜀人也。初居筠陽之五龍岡，歷夏、商、周，年八百歲。一云動則行八百里，時人因號李八百。周穆王時，居金堂山，號紫陽真君[四]。

《寰宇記》云：每漢人與番人博易，不用錢，漢以紬[五]、絹、茶、布，番以紅椒、鹽、馬，至今猶然。

潼川州江心蟠石上生桃竹，可爲杖。《竹譜》云："竹性中皆空，此竹獨實如木。"杜工部詩云："江心蟠石生桃竹，蒼波噴浸尺度足。斬根削皮如紫玉"[六]，即此。

長寧軍有鳥名秦吉了，似鸚鵡，色白，腦有黃肉冠，頭紅，舌巧能言[七]。夷人欲以五十萬錢買之，其人告以："貧苦，將賣爾。"秦吉了云："我漢禽，不願入夷地。"遂驚[八]，不食而死。《聞見錄》

瀘州出荔枝，杜甫詩云："憶過瀘戎摘荔枝，清風隱映石逶迤。京中舊見君顏色，紅顆酸甜只自知。"[九]叙州府亦産荔枝，土人善爲荔枝煎，可以致遠。黄庭堅詩云："王公權家荔枝綠，廖致平家綠荔枝。試傾一杯重碧色，快剝千顆輕紅肌。撥醅葡萄未足數[十]，堆盤馬乳不同時。誰能

[一] "母"，據前文稱五加皮一名金鹽，此"母"字費解也。按，陳祥裔此處雖不言所據，但源出楊慎《升庵全集》卷八〇"五加皮"條無疑也。楊氏之說，早見於宋人《重修政和證類本草》卷一二"五加皮"條，《四部叢刊》初編本此字作"母"，而其後又載"何以得長壽，何不食石用玉豉"，從對仗角度看，頗疑此"母"字爲衍文，或爲"又"字之訛也。

[二] "巴蜀異物"，原無，據《升庵全集》補，此書乃晉人譙周所撰，已佚。

[三] "後漢書"，原作"漢書"，今據《後漢書·李業傳》所載而改。

[四] 按，此條乃據《歷世真仙體道通鑑》卷一〇《李八百傳》撮要而成，《明一統志》卷六七《成都府·仙釋》下"李八百"條亦有相關記載。

[五] "紬"，原作"細"，形近而誤，今據《太平寰宇記》卷七七《黎州·風俗》下所載改。

[六] 按，杜甫此詩題作《桃竹杖引》，此條所言本自《明一統志》卷七一《潼川州·土產》下"桃竹"條。

[七] 按，此條雖云出《邵氏聞見錄》，見其書卷一七，但原文並無關於秦吉了狀貌的描述，實見於唐劉恂《嶺表錄異》卷中，陳氏或綜合二者而成也。

[八] "驚"，《邵氏聞見錄》作"勁"，無後文"不食"二字，義不可解，疑誤。《錦繡萬花谷前集》卷三七、宋林景熙《霽山集》卷一等則云"不食而死"，無"遂驚"二字，與此略異。

[九] "酸"，原作"甘"，今據杜甫《解悶十二首》之九而改。

[十] "撥"，原作"發"，形近而誤，今據黄庭堅《廖致平送綠荔枝爲戎州第一，王公權荔枝綠酒亦爲戎州第一》詩改。按，"撥醅"亦可作"潑醅"，指重釀未濾之酒，然不作"發醅"也。

品此勝絶味，惟有老杜東樓詩。"[一]涪州亦有荔枝，城西五十里有妃子園，唐時供妃子太眞者[二]。合州亦有荔枝，然叙、瀘之品爲上，涪次之，嘉定與合州又次之。

成都府治内亭後有吳道子龜蛇碑、梓潼像碑、純陽像碑、蘇軾畫壽星碑[三]。

宋時，郫縣村民鑿古墓，得一銅馬，高可三尺許，製作精妙。簡池守景季淵取以歸，中宵風雨，輒聞嘶聲[四]。怪之，不敢留，移送佛寺。《成都志》[五]

明御史大夫丁玉以平羌將軍經略西番，鑄銀爲錠，與之要約，散給諸羌，得之者寶之如神物。上有誓詞，輕重不等，番中號之爲丁大夫[六]。同上

繁陽山在新都，山中麻姑洞即平陽治之別名也。在繁水之陽，因以爲名。洞開即年豐物賤。《梁益志》[七]

老鴉山在榮昌，有李戡、李戩故宅。二李善奕，會虜索碁戰，詔求天下善奕者，蜀帥以戡應詔，虜望風而畏，不敢措手。文潞公詩云："昌元建邑幾經春，百里封疆秀色新。鴨子池邊登第宅[八]，老鴉山下着碁人。"

石甕磧在涪州，太守吳侯嘗游磧上。遇一女，瀕去，解玉環付廂吏

[一] 按，論敘州產荔枝之事，本自《明一統志》卷六九《敘州府·土產》下"荔枝"條注文。
[二] 按，此處與《方輿勝覽》卷六一《涪州·土產》下"荔枝"條注文引《圖經》之語相合。
[三] 按，此條所載四碑，唯吳道子龜蛇碑在清人盧秉鈞《紅杏山房閒見隨筆》卷六有相關記載，餘皆暫未見他書有著錄，《蜀故》卷一〇則全抄此處之語也。
[四] "輒"，底本原作"轍"，今據大觀本及《成都文類》卷一一、宋人王灼《頤堂先生文集》卷二所錄《銅馬歌》題注改。
[五] "成都志"，歷來題名《成都志》者甚多，《蜀中廣記》卷九六即載宋人袁說友、元人費著同名二書，其"宋成都志"條云："慶元中，制置使建安袁說友序，作者不知爲誰。按，費著云全蜀郡志唯《成都志》有文類。今《文類》五十卷爲袁所集，則志必出其手而自序矣。"此外，《明史·藝文志二》著錄有明人彭韶《成都志》二十五卷，《全蜀藝文志》卷三〇收《四川成都志序》，則其書實名《四川成都志》也。據下一引明人丁玉之事，則此《成都志》應爲彭韶之書。
[六] "中"，原無，據《補續全蜀藝文志》卷五四增。按，此條云出虞同上，蓋亦指《成都志》也，則《補續全蜀藝文志》或也是據彭韶書轉引。然《蜀中廣記》卷三一引《西邊記》之語，則稱此銀爲"丁大夫寶"，且言"重五六兩者，番價值三五十兩。其家有一二錠，遂名爲財主。錠發夜光，稱神異矣"，與此略異。
[七] 按，此條所言，在杜光庭《錄異記》卷六《繁陽山麻姑洞》一文有相關記載，陳氏云出宋人任弁之《梁益志》，未必屬實也。
[八] "宅"，《方輿勝覽》卷六四《昌州·人物》"李戡"條注文及《輿地紀勝》卷一六一《昌州·詩》下第一首所引文彥博之詩皆作"客"，而文淵閣《四庫全書》本《兩宋名賢小集》卷七《文彥博集·榮昌縣》所載正作"宅"，但只錄詩歌，無事蹟說明，不知陳氏本自何處。

曰:"爲我謝使君,異日當歷顯任,子孫復守此州。"言訖不見。《方輿勝覽》[一]

上亭驛在梓潼,唐玄宗幸蜀,至此聞鈴聲,左右云似言三郎琅璫。又名琅璫驛,即今上亭舖[二]。姚清叔《琅璫驛》詩:"弄臣寧復解輸忠,偶契琅璫一語中。富貴易親貧易感,西來方憶曲江公。"[三]

川扇不知起自何時,然李德裕有《畫桐花鳳扇賦》,則唐時此地已嘗製之矣。竹本蜀中所富,但不甚堅厚,紙則出嘉州彭縣,輕細柔薄,惟可製扇。今其製久矣失傳[四]。

蜀中大抵雨多風少,故竹樹皆修聳。少陵古柏"二千尺",人譏其瘦長[五],詩固有放言。要蜀產與他迥異,若謂柏之森森者[六],惟蜀爲然;所謂喬木如山者[七],亦唯蜀爲然[八]。

赤水在南川西,即丹水也,唐置丹縣于此。丹溪水合于僰溪,故改南州爲僰州焉。僰水流入江津南,即所謂僰溪口也。今縣二里有僰水寺。《寰宇記》[九]

蘇老泉之祖白蓮道人,遇蔣山人示葬地,命取燈一盞,然于其所。雖四面風來,此燈凝然不動,曰:"此正穴也。"《夷堅續志》[十]

漢州治東有雒水,又名沉犀水,水性剛,宜淬刀,與信州葛溪同。雒字元從水,漢火德忌水,故改從隹。《圖經》[十一]

明皇狩蜀至萬里橋,問橋名。左右對以萬里,明皇歎曰:"開元末,僧一行謂更二十年國有難,朕當遠游至萬里之外,此是也。"遂駐蹕成都。《唐史》[十二]

[一] 按,此條見《方輿勝覽》卷六一《涪州‧山川》下"石甕磧"條,略有刪節。

[二] 按,《明一統志》卷六八《保寧府‧古蹟》"上亭驛"條所言與此相合。

[三] 按,此詩見《輿地紀勝》卷一八六《隆慶府‧琅璫驛詩》及《全蜀藝文志》卷一六等。

[四] 按,《益部談資》卷上、《補續全蜀藝文志》卷四六皆有相關記載,陳氏或據之刪改而成也。

[五] 按,此說見宋人黃鶴《補注杜詩》卷七《古柏行》"黛色參天二千尺"句注文。

[六] "柏之森森",杜甫《蜀相》:"丞相祠堂何處尋,錦官城外柏森森。"

[七] "喬木如山",范成大《范石湖集》卷一七《晚步宣華舊苑》:"喬木如山廢苑西,古溝疎水靜鳴池。"

[八] 按,此條本自明陸深《蜀都雜抄》,《補續全蜀藝文志》卷四六亦載。

[九] 按,此條云出《太平寰宇記》,不確。陳氏乃據《蜀中廣記》卷一八"南川縣"下之語而轉錄,然《蜀中廣記》僅言"《寰宇記》云南平西四里有赤水",其餘皆曹學佺之按語。

[十] 按,此條刪改自元人無名氏《湖海新聞夷堅續志》卷二《藝術門‧地理》"取鐙定穴"條。

[十一] 按,此條云出《圖經》,實則據《蜀中廣記》卷九轉引而來,然除"洛水在治東半里,又名沉犀水"外,餘者見《太平寰宇記》卷七三《漢州‧雒縣》"雒水"條。

[十二] 按,此條乃據《太平寰宇記》卷七二《益州‧成都縣》下"萬里橋"條轉引,樂史所稱《唐史》非今日所見兩《唐書》,不知究竟爲何書。

籌筆驛在廣元，武侯出師嘗駐此[一]。唐李義山詩云："猿鳥猶疑畏簡書[二]，風雲長爲護儲胥。徒令上將揮神筆，終見降王走傳車[三]。管樂有才終不忝，關張無命欲何如？他年錦里經祠廟，《梁父》吟成恨有餘。"

　　蜀人青文勝，明初任龍陽典史[四]。時邑民負租三萬餘石，文勝詣闕請免[五]。章三上不報，遂自縊于登聞鼓下。特命官覆實，免之，民因立祠祀焉。吁！典史卑職，爲民殉命如此，可爲尸位者羞矣。

　　貞元末，資州得龍，長丈餘，西川節度使韋皋匣而獻之。百姓縱觀三日，爲烟所熏而死[六]。

　　汶山有鹽石，煎之得鹽。《華陽國志》[七]

　　安縣有泉十四穴，甘香異常。痼疾飲之立瘥，名曰神泉。隋置神泉縣以此[八]。

　　白鹿山在彭縣，上有大乘金覺禪寺，晉佛圖澄所建，上有洗腸池。遺民劉敞，故州牧劉璋曾孫也，隱居白鹿山，高尚，皓首未嘗屈志。後爲羅尚所殺[九]。

　　雪山在威州，上有九峯，積雪春夏不消[十]。

　　清江在夔州府開縣，源出達州萬頃池。《圖經》云："蜀中水皆濁，

[一] 按，據此說及後文引李商隱之詩，陳祥裔或據《明一統志》卷六八《保寧府·古蹟》下"籌筆驛"條轉引而來也。
[二] "猿"，原作"魚"，劉學鍇、余恕誠《李商隱詩歌集解》錄《籌筆驛》詩，據抄本改"魚"爲"猿"，謂猿、鳥懼諸葛武侯之森嚴軍令而不敢靠近也，今從之。
[三] "傳"，原誤作"傅"，據《李商隱詩歌集解》改。
[四] 按，"青文勝"，《明史》卷一四〇有傳，《補續全蜀藝文志》卷二三有明人陸鈛所作《青忠惠公序》，皆可考其事蹟。
[五] "勝"，原無，據前文補。
[六] 按，《新唐書·五行志》、宋人曾慥《類說》卷五二引《紀聞談》皆載此事，然後者云"國史缺書"，則歐陽公抑或正據《紀聞談》而採入也。《紀聞談》亦作《紀聞譚》，《直齋書錄解題》卷一一著錄爲三卷，蜀人潘遠著。
[七] 按，《編珠》卷一、《太平御覽》卷五二等皆載此說，然今本《華陽國志》無載，任乃強據《太平御覽》及《太平寰宇記》補入。
[八] 按，此處當是本自《蜀中廣記》卷九引《郡國志》之語，而曹學佺則是轉引《太平寰宇記》卷八三《綿州·神泉縣》下"神泉"條。
[九] 按，此句之後陳氏注明出處爲《益部談資》，然該書實不載此事，當是抄錄時誤記也，今刪。相關記載見《蜀中廣記》卷五，曹學佺分別據《方輿勝覽》與《華陽國志》所載概括而來。
[十] 按，此句之後陳氏注明出處爲《寰宇記》，但該書實無此說，今刪。從內容來看，與《廣輿記》卷一六所載最爲接近，《明一統志》卷六七、嘉靖《四川總志》卷三《成都府·山川》下"雪山"條則較此處更詳細。

惟此獨清。"[一]

　　漢武帝時，夜郎竹王神者名興。初，有女子浣于遯水，見三節大竹，流入足間，推之不去。聞其中有號聲，持破之，得一男兒。及長，有才武，遂雄夷獠氏，自立爲夜郎侯，以竹爲姓。所破之竹棄于野，即生成林。王嘗與從人止石上，命作羹，從人曰無水，王以劍擊石，泉便涌出。今竹王水及破竹成林並存。後漢使唐蒙開牂牁郡，斬竹王首，夷獠咸以竹王非血氣所生，甚重之，求爲立後。太守吳霸以聞，帝封其三子爲侯，死，配食父廟。今夜郎縣中有竹王三郎祠，是其神也。劉敬叔《異苑》[二]按，遯水在桐梓縣。

　　正德辛巳[三]，有夫孀以弄猴爲衣食者十年矣，寓于嘉州之白塔山。主者死，塟于塔之左，猴日夜哀號。其孀更招一乞者爲夫，猴舉手揶揄之。孀弄猴使作伎，猴伏地不爲，鞭之輒奮叫。入夜，走主者之墓，跑土悲號，七日而死[四]。

　　附子出彰明縣，今併綿州。《廣雅》云："菫，奚毒[五]，附子也。一歲爲萴子，二歲爲烏喙，三歲爲附子，四歲爲烏頭，五歲爲天雄。"

　　東蜀楊天惠《彰明附子記》[六]："綿州，故廣漢地[七]，領縣八，惟彰明出附子。彰明領鄉二十，惟赤水[八]、廉水、會昌、昌明宜附子。總四鄉之地，爲田五百二十頃有奇。然秔稻之田五[九]，菽粟之田三，而附子

[一] 按，此條亦與《廣輿記》卷一七《夔州府・山川》下"清江"條相合，可證上條亦本自此書也。
[二] 按，此條見《異苑》卷五，《水經注》卷三六《溫水》下"東北入于鬱"條注文、《後漢書・西南夷傳》亦有相關記載。
[三] "正德辛巳"，即正德十六年，公元一五二一年。
[四] 按，此條乃據萬曆三十九年《嘉定州志》卷五《雜收志》所載改寫而來也，《補續全蜀藝文志》卷五二與《嘉定州志》所載全同，亦承襲之也。
[五] "菫"，原作"稜"，形近而誤，今據《廣雅・釋草》改。按，此字或寫作"蒩"，音同"捉"。
[六] "楊天惠"，郫縣人，曾爲彰明縣令，《宋詩紀事》卷二八列其小傳云："天惠，字祐父，郫縣人，元豐進士，攝卭州學官。徽宗朝，上書言事，入黨籍，卒。左丞馮澥志其墓，號西州文伯。"◎"彰明附子記"，按，此文今載《賓退錄》卷三、宛委山堂本《說郛》卷一〇六及《御定佩文齋廣群芳譜》卷九七等。《賓退錄》與《說郛》所載同，但亦混入了趙與旹的按語，則《說郛》據《賓退錄》而來明矣。陳氏此處所錄亦有趙氏按語，故據《賓退錄》與《說郛》參校。
[七] "廣漢地"，原文及《說郛》誤作"漢地廣"，今據《賓退錄》乙正。
[八] "水"，原文及《說郛》皆無，當是因下文有"水"字而省也，今據《賓退錄》補。
[九] "秔"，原文及《說郛》作"稅"，文義不通，形近而誤，今據《賓退錄》改。

之田止居其二焉。合四鄉之產[一]，得附子一十六萬斤已上。然赤水爲多，廉水次之，而會昌、昌明所出微甚[二]。凡上農夫，歲以善田代處[三]，前期輒空田，一再耕之，蒔薺麥若巢麋其中[四]。比苗稍壯，并根葉耨覆土下[五]，復耕如初[六]，乃布種。每畝用牛十耦，用糞五十斛，七寸爲壠，五尺爲符[七]，終畝爲符二十，爲壠千二百。壠從符衡[八]，深亦如之。又以其餘爲溝、爲涂。春陽墳盈[九]，丁壯畢出，疏整符壠以需風雨。風雨時過[十]，輒振拂而駢持之。既又挽艸爲援，以御烜日[十一]。其用工力比它田十倍，然其歲獲亦倍稱或過之[十二]。凡四鄉，度用種千斛以上，種出龍安及龍州[十三]、齊歸、木閑、青搥、小平者良。

其播種，以冬盡十一月止，采擷以秋盡九月止[十四]。其莖類野艾而澤，其葉類地麻而厚，其花紫葉黃蕊，長苞而圓其蓋，其實之美惡，視功之勤窳。以故富室之入常美，貧者雖接畛或不盡然。又有七月采者，謂之早水，拳縮而小，蓋附子之未成者。然此物謂畏惡猥多，不能常熟。或種美而苗不茂，或苗秀而實不充[十五]，或已釀而腐，或已暴而擎[十六]，若

[一] "四"，《說郛》作"曰"，誤。
[二] 下"昌"字，《說郛》無，誤。
[三] "代"，原文及《說郛》作"伐"，據《賓退錄》改。按，《漢書·食貨志》云："方今之務，在於力農，以趙過爲搜粟都尉。過能爲代田，一晦三甽，歲代處，故曰代田。"
[四] "麋"，原文及《說郛》作"糜"，據《賓退錄》改。按，"麋"，藥草名。《呂氏春秋·孟夏》："是月也，聚蓄百藥。麋草死。"高誘注："麋草，薺、亭歷之類。"
[五] "土"，原作"上"，形近而誤，據《賓退錄》《說郛》改。
[六] "復"，原文及《說郛》作"後"，據《賓退錄》改。
[七] "尺"，原文及《說郛》作"寸"，據《賓退錄》改。
[八] "符"，原文及《說郛》作"無"，據《賓退錄》改。
[九] "墳"，原文及《說郛》作"潰"，不詞，據《賓退錄》改。按，"墳盈"，亦作"憤盈"，《國語·周語上》"古者大史順時覛土，陽癉憤盈，土氣震發"，韋昭注云："憤，積也；盈，滿也。"載籍習見，如《唐文粹》卷二二載郤昂《岐邠涇寧四州八馬坊碑頌》云："今則以三月中，候陽崖墳盈，春草先長，便停蘖穀。"宋蘇頌《蘇魏公集》卷二八《太皇太后閣六首》其一："氣至風條達，陽升土墳盈。芸芸生物遂，兩兩泰階平。"
[十] "風雨時過"，原文及《說郛》作"雨過"，據《賓退錄》改。按，前文言風雨，不當此處獨言雨也。
[十一] "烜"，原文及《說郛》作"短"，據《賓退錄》改。按，烜日謂烈日也，不宜暴曬，故以草遮陽，作"短日"則不詞，形近而誤也。
[十二] "或過之"，原文及《說郛》作"成之"，文義不通，據《賓退錄》改。
[十三] "種出"，原文及《說郛》作"出"，據《賓退錄》補。
[十四] "盡"，原文及《說郛》作"冬"，據《賓退錄》改。按，九月不當稱冬也，且據上文句式及文義，作"盡"字是。
[十五] "實"，原文及《說郛》無，據《賓退錄》補。
[十六] 二"已"字，原文及《說郛》皆作"以"，據《賓退錄》改。

有物焉陰爲之。故園人將采，常禱于神，或目爲藥妖云[一]。

其釀法，用醯醅[二]，安密室，淹覆彌月乃發，以時暴涼，久乃乾定[三]。方出壤時，其大有如拳者。已定，不輒盈握[四]，故及兩者極難得。蓋附子之品有七，實本同而末異。其種之化者爲烏頭[五]，附烏頭而旁生者爲附子[六]。又左右附而偶生者爲鬲子[七]，又附而長者爲天雄，又附而尖者爲天佳，又附而上出者爲側子[八]，又附而散生者爲漏籃[九]，皆脈胳連貫[十]，如子附母，而附子以貴，故獨專附名，自餘不得與焉。凡種一而子六七以上，則其實皆小；種一而子二三，則其實稍大；種一而子特生，則其實特大，此其凡也。附子之形，以蹲坐正、節角少爲上，有節氣多鼠乳者次之[十一]，形不正而傷缺風皺者爲下。附子之色，以花白爲上，鐵色次之，青綠爲下。天雄、烏頭、天佳以豐實過握爲勝[十二]，而漏籃、側子，園人以乞役夫[十三]，不足數也。大率蜀人餌附子者少[十四]，惟陝輔、閩、浙宜之。陝輔之賈纔市其下者，閩、浙之賈纔市其中者，其上品則皆士大夫求之。蓋貴人金多喜奇，故非得大者不厭。

然土人有知藥者云：'小者固難用，要之半兩以上皆良，不必及兩乃可。'此言近之。按《本草經》及《注》載[十五]，附子出犍爲山谷及江左[十六]、山南、嵩高、齊魯間，以今考之，皆無有，誤矣。又曰'春采爲烏頭，

[一] "目"，原文及《說郛》作"自"，形近而誤，據《賓退錄》改。
[二] "醯"，原文及《說郛》作"醓"，形近而誤，據《賓退錄》改。
[三] "乃"，原無，據《賓退錄》補。
[四] "握"，原文及《說郛》作"掘"，形近而誤，據《賓退錄》改。
[五] "者"，原無，據《賓退錄》補。
[六] "旁"，《說郛》作"傍"，義可通。
[七] "鬲"，原文及《說郛》作"萠"，誤，下文復有"萠子"，不當此處亦有也，據《賓退錄》改。
[八] "出"，原無，據《賓退錄》補。〇"側"，原文及《說郛》作"萠"，《賓退錄》作"側"，二者同，見後文夾注；然下文亦有"漏籃、側子"，則知楊天惠一直用"側子"一詞也，今統一之。
[九] "生"，原無，據《賓退錄》補。〇"籃"，原文及《說郛》作"藍"，形近而誤，據《賓退錄》改，後不出校。
[十] "皆"上，原文及《說郛》有"出"字，據《賓退錄》刪。
[十一] "者"，原文及《說郛》作"香"，形近而誤，據《賓退錄》改。
[十二] "握"，原文及《說郛》作"掘"，形近而誤，據《賓退錄》改。
[十三] "乞"，音 qì，給予也，《賓退錄》於此字下注"棄"字，當爲注音也；若言義同"棄"則不確。
[十四] "蜀人"，原作"蜀中人"，《說郛》作"蜀人人"，據《賓退錄》改。
[十五] "本草經及注"，原文及《說郛》作"本經及志"，據《賓退錄》改。
[十六] "江左"，原文及《說郛》作"在"，據《賓退錄》改。

冬采爲附子'，大謬。又云'附子八角者良，其角爲側子'，愈大謬，與予所聞絕異。豈所謂'盡信書不如無書'者類耶？"

以上皆楊說，《古涪志》既刪取其略著于篇[一]，然又云"天雄與附子類同而種殊，附子種近漏籃[二]，天雄種如香附子。凡種必取土爲槽，作傾邪之勢[三]，下廣而上狹，實種其間。其先也，與附子絕不類。雖物性使然，亦人力有以使之"，此又楊說所不及也。審如《志》言，則附子與天雄非一本矣，楊說失之，《本艸圖經》與此小異。《廣雅》云："奚毒[四]，附子也。一歲爲莿與側同子，二歲爲烏喙[五]，三歲爲附子，四歲爲烏頭，五歲爲天雄。"蓋亦不然，莿子、天雄、漏籃三物，《本艸》皆不著，張華《博物志》又云："烏頭、天雄、附子一物，春秋冬夏，采各異也。"[六]

公孫述廢銅錢置鐵錢，百姓貨賣不行。蜀中童謠曰："黃牛白腹，五銖當復。"有好事者竊言王莽稱黃，述自號白，五銖錢漢貨也，言天下當還劉氏。《後漢書》[七]

酴醾花，《志》稱惟成都爲最佳。予見三種，曰白玉碗，曰出爐銀，曰雲南紅，色香俱美，江南所不及也[八]。

宋淳化中，羅江縣貢桃花犬。常循于御榻前，太宗不豫，犬亦不食。及升遐，號呼涕泣以致疲瘵，見者隕涕。參政李至作《桃花犬詞》以寄李若水，末句云："白麟赤雁且無書，願君書此儆浮俗。"[九]

蜀以錦擅名天下，故城名以錦官，江名以濯錦。而《蜀都賦》云"貝錦斐成，濯色江波"[十]，《游蜀記》云"成都有九璧村，出美錦，歲充貢"[十一]。宋朝歲輸上供等錦帛，轉運司給其費而府掌其事。元豐六年，

[一]"志"，原文及《說郛》無，據《賓退錄》補。
[二]"近"下，原文及《說郛》有"類"字，據《賓退錄》刪。
[三]"之"下，原文及《說郛》有"處"字，據《賓退錄》刪。
[四]"奚"下，原文及《說郛》有"素"字，據《賓退錄》及《廣雅》刪。
[五]"喙"，原作"隊"，形近而誤，據《說郛》及《賓退錄》改。
[六]"采"，原文及《說郛》作"味"，據《賓退錄》及《博物志》卷四改。
[七]"後漢書"，原作"漢書"，據《後漢書·公孫述傳》改。按，此處所引與原文略異。
[八]按，《益部談資》卷中、《補續全蜀藝文志》卷四六皆有相似記載，與此文字小異。
[九]按，此條亦見《補續全蜀藝文志》卷五三，云出《綿州志》。更早記載見《方輿勝覽》卷五四《綿州·古蹟》"桃花犬"條、《詩話總龜》卷一等，但文字略異，如"李若水"作"錢若水"，"無書"作"勿書"。《蜀中廣記》卷五九亦有相關考證，較此更詳。
[十]按，此指左思《蜀都賦》，非揚雄之同名作也，此賦載《文選》卷四。
[十一]按，此《遊蜀記》乃唐人段成式所作，已佚，佚文散見於《太平寰宇記》《太平御覽》等書，此條即載《太平寰宇記》卷七二《益州·土產》下。

呂汲公大防始建錦院于府治之東，募軍匠五百人織造，置官以蒞之。創樓于前，以爲積藏待發之所，榜曰錦官。公又爲之記[一]，其略云："設機百五十四，日用挽綜之工百六十四，用杼之工五十四，練染之工十一，紡繹之工百十一，而後足役。歲費絲權以兩者，一十二萬五千；紅藍紫茢之類以斤者[二]，二十一萬一千，而後足用。織室、吏舍、出納之府，爲屋百一十七間，而後足居。"自今考之，當時所織之錦[三]，其別有四：曰土貢錦，曰官告錦，曰臣僚襖子錦，曰廣西錦，總爲六百九十疋而已。渡江而後，外攘之務十倍承平。建炎三年，都大茶馬司始織造錦綾被褥[四]，折支黎州等處馬價，自是私販之禁興[五]。又以應天、北禪、鹿苑寺三處置埸織造，其錦自真紅被褥而下凡十餘品[六]。乾道四年，又以三埸散漫，遂即舊廉訪司潔己堂刱錦院，悉聚機户其中。猶恐私販之不能盡禁也，則倚宣撫之力，建請于朝，併府治、錦院爲一，俾所隸工匠各以色額織造。蓋馬政既重，則織造益多，費用益夥，隄防益密，其勢然也[七]。《蜀錦譜》

轉運司錦院織土貢錦三疋，花樣曰八答暈錦。官告錦四百疋，花樣曰盤毬錦，曰簇四金雕錦，曰葵花錦，曰八答暈錦，曰六答暈錦，曰翠池獅子錦，曰天下樂錦，曰雲雁錦。臣僚襖子錦八十七疋，花樣曰簇四金雕錦，曰八答暈錦，曰天下樂錦。廣西錦二百疋，曰真紅錦一百匹，花樣曰大窠獅子錦[八]，曰大窠馬打毬錦，曰雙窠雲雁錦，曰宜男百花錦；曰青綠錦一百匹，花樣曰宜男百花錦[九]，曰青綠雲雁錦。茶馬司錦院，

―――――――――――――――――

[一] 按，呂大防所作《錦官樓記》，今載《成都文類》卷二六、《全蜀藝文志》卷三四。
[二] "紫茢"，"茢"音"liè"，《周禮注疏·掌葛》"掌染草，掌以春秋斂染草之物"注云："染草：茅蒐、橐蘆、豕首、紫茢之屬。"疏引郭璞注《爾雅·釋草》之"藐茈草"，云紫茈草可以染紫，即《廣雅·釋草》之"茈茢"。
[三] "自今考之當時"，原無，據《全蜀藝文志》卷五六所載《蜀錦譜》補。按，此條所引元費著《蜀錦譜》，本附於《歲華紀麗》之後，然今《墨海金壺》本《歲華紀麗》文字錯訛較多，故以《全蜀藝文志》卷五六所載者相參校。
[四] "綾"，原作"表"，據《全蜀藝文志》改。
[五] "私"，原作"反"，據《全蜀藝文志》改。
[六] 按，此句《全蜀藝文志》之下原文有"於是中國織紋之工轉而衣被椎髻鴃舌之人矣"，爲陳氏所刪也。
[七] 按，此後亦省"今取承平時錦院與今茶司錦院所織錦名色著於篇俾來者各以時考之"一句。
[八] "一百匹花樣"，原無，據文義及《全蜀藝文志》補。按，《蜀錦譜》編排諸錦時，先列錦名，再列花樣，陳祥裔此處即據原文而以己意改寫，但此處有誤解，故正之。
[九] "錦一百匹，花樣曰"，原無，據文義及《全蜀藝文志》補。

逐年隨蕃蠻中到馬數多寡以用折博[一]，別無一定之數。錦之花樣曰皁大被，曰皁中被，曰緋大被，曰緋中被，曰四色中被，曰七八行錦，曰瑪瑙錦，曰真紅大被褥，曰真紅雙連椅背，曰真紅單椅背，曰真紅雙窠錦，曰皁大被褥，曰青大被褥，曰犒設紅錦，曰青綠瑞艸雲鶴錦，曰青綠如意牡丹錦，曰真紅宜男百花錦，曰真紅穿花鳳錦，曰真紅雪花毬露錦[二]，曰真紅櫻桃錦[三]，曰真紅水林檎錦[四]，曰鷲黃水林檎錦，曰紫皁段子，曰真紅天馬錦，曰真紅飛魚錦，曰真紅聚八仙錦，曰真紅六金魚錦，曰秦州細法真紅錦，曰秦州中法真紅錦，曰秦州麤法真紅錦[五]，曰真紅湖州大百花孔雀錦，曰四色湖州孔雀錦，曰二色湖州大百花孔雀錦。《蜀錦譜》

　　蜀王宗壽得一錍鏡，晦不可得覩，置巾奩中有日矣。一旦，忽光彩煥發，照見一青衣小兒，卯角獨坐酒樓上。令人訪之，青衣隨至，曰："錍鏡神物，當見還。"宗壽出鏡與之，長揖而去。《九國志》[六]

　　吳黃龍元年[七]，越巂之南獻背明鳥，形如鶴，止不向明，巢必對北。多肉少毛，聲音百變，聞鐘磬笙竽之聲則奮翅搖頭，人以爲吉祥[八]。《酉陽雜俎》[九]

　　蜀土有給客橙，似橘而非，若柚而香。冬夏華實相繼，或如彈丸，或如拳，通食之，亦名盧橘。《花木志》[十]

[一]"博"，原作"傳"，形近而誤，據《全蜀藝文志》改。
[二]"露"，原無，據《全蜀藝文志》補。
[三]"真紅"，原無，據《全蜀藝文志》補。
[四]"檎"，《全蜀藝文志》整理者改爲"禽"，多此一舉。按，水林檎者，即花紅也，鄭谷有《水林檎花》一詩，蜀錦以此名者，蓋綉其花於上也。"林檎"本亦可作"林禽"，不煩改。
[五]"麤"，原作"鹿"，恐因"麤"可作"麁"，與"鹿"形近而致誤也，今據《全蜀藝文志》改。
[六]"九國志"，宋人路振著，《宋史・藝文志三》著錄爲五十一卷，實則原書四十九卷，後二卷乃張唐英補遺者。其書後散佚，清人邵晉涵從《永樂大典》輯出，今存十二卷。此條見今本卷六《王宗壽傳》，但文字差異較大。《全蜀藝文志》卷五六錄元人費著《器物譜》所載則與《九國志》亦迥異也，《蜀中廣記》卷六八引《蜀檮杌》之語與《全蜀藝文志》相合，且考證此青衣小兒乃神和子，可參看。
[七]"黃龍元年"，即公元二二九年，此年吳國遷都至建業，故四方獻珍奇祥瑞之物。然"背明"古音近"背亡"，吳人皆以爲不祥。後果符其兆，此鳥亦不知所蹤。晉人王嘉《拾遺記》卷八載此事甚詳，可參看。
[八]"爲"，原無，據《拾遺記》補。
[九]按，此處云出自《酉陽雜俎》，該書卷一六雖載背明鳥一事，但文字與此迥異，陳氏顯非據段成式之書而來，不知何以題名如此。
[十]"花木志"，按，《太平御覽》卷九九六引《魏王花木志》，所載與此正合。此書爲《齊民要術》大量引用，具體成書時間及作者不詳，宛委山堂本《說郛》卷一〇四有此書輯錄本。《史記・司馬相如列傳》"於是乎盧橘夏孰"句，裴駰集解引郭璞之語亦與此合。

井鑕山在井研縣，其山俯臨井鑕，因以爲名。僖宗幸蜀，井鑕山神見，即此山也。《蜀譜》[一]。

　　保寧府北玉臺山上有滕王亭，杜詩"君王臺榭枕巴山[二]，萬丈仙梯尚可攀"即此[三]。後有滕王墓，今則無一存矣[四]。

　　保寧府文廟中有宣聖篆碑二，其一題比干墓，曰："左林右泉，峻岡前導，萬世之寧，玆焉是寶。"其一題曰："嗚呼！有吳延陵季子之墓。"[五]此好事者鉤摹湯陰、丹陽古碑而刻之閬中耳。

　　忠州鳴玉溪邊有花如蓮，葉如桂，當時亦無有識者。白樂天詩云："如折芙蓉栽旱地，似抛芍藥挂高枝。雲埋世隔無人識，惟有南賓太守知。"[六]士懷才抱德，埋光鏟采于山林皋壤間者[七]，如此花多矣，人焉識之哉！

　　射洪縣有飛石岩，岩岉絕，峭壁直數十仞，下瞰江流，鑿石迤以通行道。古老傳云，當時有巫山士人，嘗以關節預購試目，自謂得售猶掇之耳。比赴省試，騎馬過巖下，忽飛石自空墜，中士人，立斃，從者驚散。俄有同庠士人，亦應試過此，爲槥而斂之，寄于旁寺廊下。夜夢士人來告，曰："某不幸以賄潰進，致天譴，幸君收之，願以關節助君爲謝。"是秋，其人果與解額，遂返士人之柩于故丘。因以名巖，鑿石爲士人墜馬之像示戒行者，至今猶可披閱[八]。嗚呼！是當日之天道猶可問也，若數十年來江浙士人，何無一天譴者耶？

　　劍州武連驛山麓有寺，曰覺苑寺，乃宋賜額也，元豐五年勅牒石刻

────────────────

[一] 按，此條云出《蜀譜》，不知爲何書，但顯非晉人孫盛同名之書也，待考。此條所載與《明一統志》卷六七"成都府·山川""井鑕山"條相合。

[二] "臺"，原作"亭"，據《蜀中廣記》卷二四及杜詩《滕王亭子二首》改。

[三] "仙"，杜詩作"丹"，然《方輿勝覽》卷六七"閬州·樓亭""滕王亭"及《蜀中廣記》卷二四皆作"仙"，曹學佺本自祝穆書無疑，不知祝穆所本爲何也。

[四] 按，此條乃據《蜀中廣記》卷二四轉引，但"今則無一存矣"乃陳氏之按語。

[五] 按，此前之文與《補續全蜀藝文志》卷五四引《保寧志》之語相同，而其後之按語則陳氏所加也。明陶宗儀《書史會要》卷一對此二銘有相關介紹，文繁不引。

[六] 按，此詩見《白居易集》卷一八，以序爲題，云："木蓮樹生巴峽山谷間，巴民亦呼爲黄心樹。大者高五丈，涉冬不凋。身如青楊，有白文，葉如桂，厚大無脊。花如蓮，香色艷膩皆同，獨房蕊有異。四月初始開，自開迨謝僅二十日。忠州西北十里有鳴玉谿，生者穠茂尤異。元和十四年夏，命道士毋丘元志寫，惜其遐僻，因題三絕句云。"

[七] "鏟"，原作"鐘"，當是因《補續全蜀藝文志》卷五〇而誤也。實則此條出《韻語陽秋》卷一六，文字略異而已，故據原文改。

[八] 按，此條本自明人潘士藻《闇然堂類纂》卷五"飛石巖"條，文字略異，《補續全蜀藝文志》卷五〇亦摘自潘書，其後之感慨則陳氏所發也。

尚存。庭有二桂樹，高矗天表，逕可三丈，枝幹蒼古，意亦宋物也。大門旁左有顏真卿大書"逍遙樓"三字碑，右又種松碑，字大如雞卵，鐫郭璞讖云"縣路翠，武功貴；縣路青，武功榮"[一]。岷山何琰榜"茲地勉忠孝、翊聖世[二]，慶元丁巳[三]，治路種松碑"，碑側小書。是碑也，得之西廊塵埃中，敬識而竪之，時大順元年辛酉端月鎮守利州守備吳國輔記[四]。寺基甚宏敞，階礎猶存。今則廟祇三楹，像宇傾頹殆盡，洵足動人今昔之悲。

蜀後主有桃核二扇，每扇盛水五升，良久成酒，能醉人。更互貯水以供其宴。《藝文外紀》[五]

蜀有兩楊雄[六]，兩王褒，兩李膺。漢揚雄，成都人，乃作《太玄經》者，字從手。漢王褒，資中人，作《賢臣頌》者。晉李膺，涪州人，作《益州記》者。已上皆土著也。漢李膺爲益太守，《寰宇記》云：城西三里有李膺宅。後周王褒同庾信從益州趙王出鎮之蜀[七]，褒詩有《奉和趙王途中五韵》"峽路沙如月，山峯石似眉"之句[八]。隋楊雄，持節入蜀迎梁王蕭巋者，字從木。已上皆宦游也。

僧貫休入蜀上王建詩曰："一瓶一鉢垂垂老，萬水千山得得來。"建大悅，賜號禪月，因名爲得得和尚[九]。

蜀中花木之美者有海棠焉。其木極堅而多節，其枝柔密而條暢。其

[一]"讖"，原無，據《方輿勝覽》等補，文義更暢。按，關於逍遙樓碑及郭璞讖言，載《方輿勝覽》卷六七《隆慶府·山川》下"七盤山"條及《蜀中廣記》卷二六。
[二]"琰"，原無，文義不通，據《蜀中廣記》卷二六"其後青城何琰宰是邑，遂刻石于縣門"而補。
[三]"慶元丁巳"，即公元一一九七年，南宋寧宗慶元三年也。
[四]"大順"，此年號爲唐昭宗時所用，大順元年爲八九〇年，據上下文，此碑顯非唐碑。明代年號中有"順"字者乃明英宗朱祁鎮之"天順"，其元年爲公元一四五七年，而據道光《重修昭化縣志》卷三九"人物志"所載，吳國輔萬曆二十七年（一五九九）任利州衛指揮，時間差距太大。則或當理解爲元天順帝及明宗之年號，天順僅一年，即一三二八年也，而彼時之"吳國輔"則不可詳考矣。
[五]"藝文外紀"，即《補續全蜀藝文志》卷五〇《志餘·外紀五》也，不知其所本爲何。《山堂肆考》卷一九一載此事，則云出《雜俎》，而《格致鏡原》卷二二及《蜀典》卷八卻訛作《酉陽雜俎》，段成式乃唐人，焉能記五代時事？而古書中有"雜俎"二字者甚夥，待存究竟爲何書。
[六]"楊"，據文義，此字從"手"、從"木"似皆可亦皆不可，《蜀中廣記》卷一〇一則作"揚"。按，陳祥裔即抄錄自《蜀中廣記》也。
[七]"庾"，底本作"庚"，形近而誤，據大觀本及《蜀中廣記》卷一〇一改。
[八]按，《蜀中廣記》與《藝文類聚》卷二七皆題此詩爲王褒作，然《庚子山集》卷三亦收此詩，據資料可靠性來看，唐代之《藝文類聚》當較明人編訂之庾信集更可靠。
[九]按，此條載於《五代史補》卷一、《蜀中廣記》卷一〇二、《補續全蜀藝文志》卷四三等皆有徵引，貫休此詩見《禪月集》卷二〇，題作《陳情獻蜀皇帝》。

葉類杜，大者縹綠色，小者淺紫色。其花五出，初極紅如胭脂點點然，及開則漸成結暈，至落則若宿妝淡粉矣。其蒂長寸餘，淡紫色，于葉間或三萼或五萼爲叢而生。其蕊如金粟，蕊中有鬚三，如紫絲。沈立《海棠記》[一]

南山在忠州，即翠屏山也。山中有禹廟、陸宣公墓、玉虛觀、朝真洞、望天臺、仙履跡諸勝。白傅作樓以望之[二]。《冢廟記》

宿山圖，隴西人也，采藥于峨眉之隴寧山，服而羽化。《神仙傳》[三]

巴子臺在忠州西五里，白居易詩云："迢迢東郊上[四]，有土青崔嵬。不知何代物，疑是巴王臺。"

晉惠帝時，蜀中謠："江橋頭，闕下市[五]，成都北門十八子。"十八子，李也。其後李雄據蜀僭號。按，漢武元鼎二年[六]，立太城九門，少城九門，故有十八子之稱。《詩話》[七]

王逸少《與周益州書》："司馬相如、揚子雲俱有後否？"[八]《西京雜記》載卓文君爲相如作誄[九]，梁劉孝威詩："君平子雲俱不嗣，江漢英靈信已衰。"[十]宋有逃禪子揚補之，則自稱子雲後云[十一]。

[一] 按，此條雖云出沈立《海棠記》，但係刪節補綴而成。沈立之文載《海棠譜》卷上，《蜀中廣記》卷六二、《全蜀藝文志》卷五六亦載。

[二] "傅"，底本作"傳"，形近而誤，據大觀本及《蜀中廣記》卷一九改。按，白傅指白居易，《蜀中廣記》引"江上新樓名四望，東西南北水茫茫"句，以證明白居易曾建樓望遠，其說誤矣。此詩《白居易集》卷一八題作《寄題楊萬州四望樓》，後兩句云"無由得與君攜手，同凭欄干一望鄉。"同卷又有《答楊使君登樓見憶》詩："忠萬樓中南北望，南州煙水北州雲。兩州何事偏相憶，各是籠禽作使君。"則白居易不曾作樓，此樓乃萬州刺史楊歸厚所作也。陳氏失察，承襲曹學佺之誤，則此條本自《蜀中廣記》明矣。不知以何題出處爲《冢廟記》。至於此《冢廟記》爲何人作，則更難詳考矣。

[三] 按，此條轉引自《太平寰宇記》卷七四"嘉州·眉目縣""隴寧山"條，今本《神仙傳》不載此人事蹟。《列仙傳》卷下有"山圖"，當即此人，則《太平寰宇記》所稱宿山圖者，"宿"字或衍，或作時間副詞"早先"解矣。

[四] "郊"，原作"郭"，承《明一統志》卷六九"重慶府·宮室"下"巴子臺"條而誤也，今據《白居易集》卷一一《登城東古臺》詩改。按，白居易稱巴子臺在城東，《蜀中廣記》卷一九引舊《志》亦稱在州東一里，不知《明一統志》何以云在忠州西五里。

[五] "闕"，原作"關"，承襲《蜀中廣記》卷一〇之誤也，今據《蜀中廣記》卷一及《魏書·竇李雄傳》改。

[六] "元鼎二年"，即公元前一一五年，待考曹學佺此說所據爲何。

[七] 按，此《詩話》指《蜀中廣記》卷一〇即《蜀中詩話記》卷一也。

[八] 按，唐李綽《尚書故實》載此事。

[九] 按，此說見《西京雜記》卷二。

[十] 按，劉孝威詩載《文苑英華》卷二〇〇及《全蜀藝文志》卷五，題作《蜀道難》。

[十一] 按，楊慎《升庵全集》卷二六《題揚補之梅》詩云："逃禪老人揚補之，南昌新籍西川移。寂寞真稱子雲裔，清夷不爲秦檜緇……"且注云："補之，子雲之後，字從才不從木。"◎此段曾抄錄《蜀中廣記》卷一〇一。

徐畊[一]，成都人，生二女皆國色，教之爲詩，有藻思。王建入蜀，聞之，納于後房，生衍。及衍嗣位，尊爲太后、太妃。同衍禱青城山，各有倡和詩刻石。次至漢州三學山夜看燈，太后詩："周游靈境散幽情，千里江山暫得行。所恨風光看未足，却驅金翠入龜城。"太妃詩："翠驛江亭近蜀京，夢魂猶是在青城。此來出看江山景[二]，却被江山看出行。"[三]

漢州出鸑兒酒，杜甫詩："鸑兒黃似酒，對酒愛新鸑。"[四]陸游詩："漢州鸑黃鸞鳳雛"，"眉州玻瓈天馬駒。"[五]今其製不傳。

蜀有紅梔子，其花六出。孟知祥召百官于芳林園賞之[六]。杜甫《紅梔子》詩[七]："梔子比衆木，人間誠未多。于身色有用，與道氣傷和[八]。紅取風霜實，青看雨露柯。無情移得汝，貴在映江波。"

忠州出木蓮花，巴民呼爲黃心樹。高四五丈，經冬不凋，身如青楊，葉如桂，花如蓮，香色艷膩，超然獨芳。四月初花開，連謝僅二十日。《香山集》[九]

威鳳山在府城北，一名小蓬萊。上產靈藥，乃張伯子得道之所[十]。

鶴鳴山在崇慶州，絕壁千尋，張道陵登仙之所。嘗有白鶴游其上。《益州記》[十一]

崆峒山在龍安西北，峽谷深險，直接土蕃界。以似平凉之崆峒，故名。《一統志》[十二]

[一]"畊"下，原誤衍"生"字，今刪。
[二]"此"，《鑒誡錄》卷五、《蜀中廣記》卷一〇二、《蜀檮杌》卷上等作"比"。
[三]按，《鑒誡錄》卷五"徐后事"云此二詩乃題成都天回驛者，非漢州三學山，陳氏當是據《蜀中廣記》卷一〇二轉錄，而曹氏則本之《蜀檮杌》卷上也。
[四]按，杜詩題作《舟前小鵝兒》，實寫水中鵝也，因其首句以酒喻之，故陸游援以作《蜀酒歌》。
[五]"玻瓈"，亦酒名，陸游《淩雲醉歸作》"玻瓈春滿琉璃鍾"，自注云："玻瓈春，眉州酒名。"
[六]按，《蜀檮杌》卷下、《益部談資》卷上等皆載此事，云花籽乃青城山所出也。
[七]按，杜詩原題無"紅"字。
[八]"傷"，原作"俱"，誤，今據《杜甫全集校注》改。按，《本草》云梔子性至冷，其花可食，可傷氣，故作"傷"字是。然《全芳備祖集・前集》卷二二、《山堂肆考》卷二〇一等所引則作"俱"，不知陳氏具體所本爲何書。
[九]按，此即前文"忠州木蓮花"條所引《白居易集》卷一八其詩之詩題也，略有改易，實當合併也，可見陳氏此書編排之疏。
[十]按，此句之後，原文注出處爲《神仙傳》，然該書實無此人傳記，陳氏所引之語與《廣輿記》卷一六《成都府・山川》"威鳳山"條注文全同，則出自該書明矣，不知何誤題。今刪去。
[十一]按，此條改寫自《太平寰宇記》卷七五《蜀州・晉原縣》"鶴鳴山"條。此《益州記》乃晉人李膺書也。
[十二]按，此處云出《一統志》，《明一統志》卷七〇《龍安府・山川》下"崆峒山"條無"以似平凉之崆峒，故名"一說，此書亦不可能爲康熙《大清一統志》，蓋陳氏完成本書時《大清一統志》尚未修成也。實則清初顧祖禹《讀史方輿紀要》卷七三《龍安府・山川》下"藥叢山"條注文言及崆峒山，與此正相合，不知是否果陳氏所本也。

存水在敘州府宜賓縣，源出犍爲郁鄢縣，王莽之屠鄢也。夷率雍闓繫馬于柳而柳成林，故曰存馬[一]。《水經注》

　　青衣水在眉州青神縣中巖下，一名平羌水。蘇軾詩"想見青衣江畔路，白魚紫笋不論錢"即此[二]。

　　雞宗山在茂州西[三]，陋羌人出入之路。《輿圖考》

　　宋夏應辰爲潭州書局時，有溫江縣申本處蛇一條，長百餘丈，神光焰三百餘步，口吐香，薰灼二十餘里，殺啖人畜無數。差甲士二千人收捕，爲其掉尾捲去五百人。命天師、法官治之，方戮死，骨如山[四]。

　　花蕊夫人，蜀王建妾也，後號小徐妃者。大徐生王衍，而小徐妃其女弟。在王衍時，二徐坐游燕污亂亡其國。莊宗平蜀後，二徐隨王衍歸中國，半途遭害焉。及孟氏再有蜀，傳至昶，則又有一花蕊夫人，作《宮詞》者是也。國朝降下西蜀，而花蕊夫人又隨昶歸中國。昶至且十日，則召花蕊夫人入宮中，而昶遂死[五]。昌陵後亦惑之，嘗造毒，屢爲患，不能遂。太宗在晉邸時，數諫昌陵，而未克去。一日，從上獵苑中，花蕊夫人在側。晉邸方調弓矢引滿擬走獸，忽回射花蕊夫人，一箭而死。始所傳多僞，不知蜀有兩花蕊夫人，皆亡國且殺其身。

　　漢夜郎縣，屬牂牁郡。《唐書》：珍州牂牁郡，本且蘭國，在今播州界。珍州在今施州謂羅寨。夜郎在桐梓驛西二十里，有夜郎城碑尚在，字已漫滅[六]。

──────────

[一] "馬"，原作"焉"，形近而誤，據《蜀中廣記》及《水經注》改。按，此條云出《水經注》，但文字上與《蜀中廣記》卷一五所載相合，而曹學佺則是據《水經注》卷三六"存水"條改寫也。

[二] 按，此條或本自《明一統志》卷七一《眉州·山川》下"青衣水"條，《廣輿記》卷一七同條所載亦與《明一統志》相合。◎東坡此詩題作《寄蔡子華》。

[三] 按，此處云雞宗山在茂州西，與《蜀中廣記》卷七所載合，然《方輿勝覽》卷五五《茂州·山川》及《明一統志》卷六七《成都府·山川》下"雞宗山"條皆云在州南四十二里，與此不同。◎此條云出《輿圖考》，難考爲何書。

[四] 按，此條見明徐應秋《玉芝堂談薈》卷三五，光緒《湖南通志》末卷之卷一〇所載與之同，但題出處爲《古今集記》，而陳氏此處則在其後注出《益部談資》，據核實，該書實不載此事，顯係誤記，今刪之。《補續全蜀藝文志》卷五三"異蛇"條所載與此相合，但文字差異較大，不提夏應辰，而云在宋度宗時，出處爲《溫江縣志》。

[五] "死"，原闕，今據原始出處《鐵圍山叢談》卷六補。

[六] 按，此條本自《升庵全集》卷七八"夜郎"條，《舊唐書·地理志三》有關於珍州及牂牁郡的記載，但與楊慎所說不符，疑楊氏誤記，故此處不加引號。

夔城無井，居民咸取汲于江。雖治井，亦不能貯水。府治後僅有一泉自山頂流下，四時不竭，因而引入治內，鑿池以貯之，亦不能多分別派。《益部談資》[一]

雪蛆產于雪山深澗中，積雪屢年不消。而成者其形如蝟，肥白，長五六寸，腹中水，身能伸縮，取而食之須在旦夕，否則化矣[二]。

放船亭在蒼溪縣江邊，杜甫詩："送客蒼溪縣，山寒雨不開。直愁騎馬滑，故作放舟回。"[三]後人因以名亭。

嘉定州出黑頭魚，形似鱓，長者及尺，惟郭璞巖前有之。世傳璞著書巖上，魚吞洗硯之墨，故其首黑，一名墨魚[四]。

瞿君字鵲子[五]，後漢犍爲人。入峨眉山四十年得仙，乘白龍還家，于平岡治白日上昇。

唐翟法言[六]，雲陽人。法言詣栖霞宮采藥得道，能召灘神。《仙鑑》[七]

蒙山在名山縣西十五里，山有五峯，前峯最高，曰上清峯。產甘露，常有瑞雲及瑞相影。頂上有茶十株，相傳甘露大師從嶺表携靈茗植之峯上[八]。李德裕入蜀，得蒙餅以沃于湯瓶上[九]，移時盡化，以驗其真者，即此。旁有數十本，則後人繼栽，謂之陪茶。每歲茶始芽時，山僧必報有司，有司隨往驗之。及采時，官亦親往督之，可得一二錢，此即蒙頂茶矣。按，《圖經》云此茶受陽氣全，故香[十]。《茶譜》云以本處水煎服，

[一] 按，此條出《益部談資》卷下。
[二] 按，宋人江休復《嘉祐雜志》首載雪蛆一物，陸游《老學庵筆記》卷六則詳敘之，其後《益部談資》卷上亦載此事，云產岷峨雪山間，陳祥裔即據《益部談資》刪削改寫而成也。
[三] "放舟"，原作"放船"，乃因《明一統志》卷六八"保寧府·宮室"下"放船亭"條而誤，今據杜詩《放船》正文改，別本有作"泛舟"者。
[四] 按，此條出宋祁《益部方物略記》。
[五] "君"，原作"居"，形近而誤，今據《太平寰宇記》卷七五《蜀州·新津縣》下"瞿君祠"條改。瞿君亦非其名，其名爲瞿武也，《歷世真仙體道通鑑》卷七有其小傳。
[六] "唐"，原作"漢"，不知因何而誤，今據《歷世真仙體道通鑑》卷四一"翟法言"條改。
[七] "仙鑑"，即元趙道一所編《歷世真仙體道通鑑》也。
[八] 按，關於甘露大師的記載，目前能見到最早者乃《輿地紀勝》卷一四七，此處關於蒙山的記載即與《景物上》之"蒙山"條相合；甘露大師則隸於《仙釋》下。
[九] "沃"，原作"飫"，形近而誤，今據《輿地紀勝》《方輿勝覽》改。按，此說本自《輿地紀勝》卷一四七《雅州·景物下》"蒙頂茶"條注引白居易《琴茶行》之語，然白居易此文今已不存，除《輿地紀勝》外，《方輿勝覽》卷五五《雅州·土產》下"蒙頂茶"條亦如是記載，再無更早記錄，故其說或在疑之間也。
[十] 按，此說見《方輿勝覽》卷五五，《輿地紀勝》卷一四七則不云出自《圖經》也。

能袪宿病；服三兩換骨，四兩即地仙矣[一]。今以之洗火眼疾立愈。茶園下有石井，云是秦遣使迎取，甘露大師從此井遁去，人不敢汲，汲則雷電交作[二]。辛未歲十月[三]，予兼篆是邑，偕友往游，自山下至山半，其地曰五。頂有寺曰智炬寺，寺左有小庵曰靜居庵，騎馬至此而止。復上山頂，路仄而峻，但可步行。歷而上得二千二百四十七級方至正殿，又從正殿左出有小逕達茶園，有靈茶十株，長不逾尺，細者如箸，與衰艸無別。有井甚淺而小，汲水試茶，味清而冽，亦未見有雷電之異。再上極頂則有小殿僅方丈，地中奉甘露師像，兩旁列文武二神，云皆秦使，一爲張七丞相，一爲秦妃將軍，其說不可考。每年有雷入殿中，掃除穢惡[四]，俗謂雷公掃殿。殿對面大士閣，可眺遠。

青衣江在名山縣城下即爲壕江，廣二丈，源出蘆山，東南流至嘉定州入江。旁岸有青衣井，相傳昔時以布帛投之，能使色青如靛，是以有其名也。今爲邑宰所封蔽矣。

飛越山在黎州安撫司西面，與羌夷接界，乃沈黎西境之要害也[五]。

眉州有蘇長公水坻小像，李龍眠書，子由贊。雖明初鐫，不失古意。又有長公《馬券》刻黃魯直跋及《水調謌頭》諸碑[六]，皆近代效滁、黃鐫者。《益部談資》[七]

諸葛鼓乃銅鑄者，其形圓，上寬而中束，下則敞口，大約若今之楂斗倒置也。面有四水獸，四周有細花紋，其色不甚綠。擊之彭彭有聲如

[一] 按，此處云出《茶譜》，歷代同名著作較多，難知具體所指。從資料來源看，明陳耀文《天中記》卷四四、明高元濬《茶乘》卷二云出《茶譜》，而《蜀中廣記》卷六五則云出舊方志，宛委山堂本《說郛》卷三三之《錦里新聞》亦載。

[二] 按，此處云秦遣使迎取，恐係傳說耳。《輿地紀勝》卷一四七《雅州·仙釋》下稱甘露大師乃西漢時從嶺南至蜀，姑且不云佛教傳入中土之最早時間，單從目前能見之關於甘露大師的最早資料即《輿地紀勝》所載來看，此處稱秦遣使迎取，太難置信。而楊慎撰《雅州志》已疑甘露大師西漢時人一說乃後人欲神其跡而有意古之者，詳參《補續全蜀藝文志》卷四八。

[三] 按，此指康熙三十年即一六九一年也，雍正《四川通志》卷三一稱陳祥裔康熙三十一年任成都督捕通判，不確。

[四] "掃"，原作"殿"，不詞，或承上文而誤也，今據後文改。

[五] 按，此條與《明一統志》卷七三及《廣輿記》卷一七《黎州安撫司·山川》下"飛越山"條相合，嘉靖《四川總志》卷一五同條則完全因襲《明一統志》也。

[六] "黃魯直跋"，按，即黃庭堅《跋東坡所作馬券》一文。

[七] 按，此條出《益部談資》卷上。

鼓云，置于水擊之，其聲更鉅[一]。

劉裕遣朱齡石伐蜀寇譙縱，眾軍悉從外水取成都，臧僖從中水取廣漢，老弱乘高艦從內水向黃虎。史照《通鑑釋文》曰：巴郡正對二水口，左則涪內水，右則蜀外水，自渝上合州至綿州曰內水，自渝上戎、瀘至蜀謂之外水。按，外水即岷江，自重慶上叙州、嘉定達成都是也[二]；內水自涪江上合州、遂寧、潼、綿是也；中水即沱江，自瀘州上富順、資、簡、金堂、漢州是也。

卭徠山在黎州長官司，言卭笮之人入蜀從此山而來也，亦界山矣[三]。徠，《漢書》作郲，《華陽國志》作崍，《水經》作來，《開路記》作萊[四]。山有靈應將軍洞，不知何神，有錦文巨蛇蟄其中，人恒見之[五]。

乞子石在南溪縣馬湖南崖，東石腹中流出小石，西石腹中懷之，僰人乞子于此，有驗，因號乞子石。其石有二，夾青衣江對立如夫娘，古老相傳東石從西乞子將歸。《郡國志》[六]

蜀山中有大牛重數千斤，名為犪牛。晉太興元年，此牛出上庸郡，人弩射殺，得肉三十八擔，即《爾雅》所謂犩也[七]。

寧番衛產獸名雪裏眠，蓋狐貉之類也，其皮可以禦寒[八]。

宋寶祐時，有二仙女游于龍安小溪山，人驟遇之，冉冉升雲而去，異香杳靄，至今名其地為仙女舖[九]。

黎州諸蠻，其俗尚鬼，謂主祭者鬼主，故其酋長號都鬼主。《宋史》[十]

[一] 按，此條亦出《益部談資》卷上，《蜀中廣記》卷七〇、《補續全蜀藝文志》卷四六亦有相同記載，皆本自《益部談資》也。

[二] "達成都"，按，此三字乃陳祥裔所加，原文出《升庵全集》卷七六"外水內水中水"條，並無此三字，從前後句式看，亦應無此三字。唯其說不誤，亦無刪除之必要也。

[三] 按，此句本自嘉靖《四川總志》卷一五《黎州安撫司·山川》下"卭崍山"條。

[四] 按，此句本自《方輿勝覽》卷五六《黎州·山川》下"卭崍山"條注文。

[五] 按，此句本自嘉靖《四川總志》卷一五《黎州安撫司·山川》下"靈應洞"條。實則此處整段皆抄錄自《蜀中廣記》卷二五，而曹氏亦有所本也，故表出之。

[六] 按，此條本自《蜀中廣記》卷一五，前一句據《太平御覽》卷五二所載《郡國志》之語轉引；後一句，曹學佺抄自《太平寰宇記》卷七九《戎州·南溪縣》下"乞子石"條，陳祥裔將其籠統稱出《郡國志》，不妥。

[七] "犩"，原作"夔"，誤，今據《山海經·中山經第五》"岷山"條郭璞注文及《爾雅·釋畜·牛屬》改。◎"太興元年"，即公元三一八年。

[八] 按，此條本自《補續全蜀藝文志》卷五三"寧番異獸"條，原文云出《建昌志》。

[九] 按，此條本自《蜀中廣記》卷一〇，原文云出《龍安志》。

[十] 按，此條載《宋史·蠻夷列傳四·黎州諸蠻》。

永安宮，夔州府學宮地是也，即孔明受遺之處[一]。

射洪治北金華山有陳子昂讀書臺，杜少陵詩"陳公讀書臺，石上生青苔"即此[二]。

瀘州治北二里有撫琴臺。昔尹伯奇爲後母所逐，自投江中。吉甫登山援琴[三]，作《子安操》憶之[四]。臺乃山石生成，周十丈，特立山腰。

彰明縣治南二十里有石，俗謂之石磬，與大匡山接。按，李膺《益州記》云：有石方丈餘，如磬，擊之聲聞數里[五]。

昔有人飲于成都謝家，其女窺而悅之。其人聞子規啼，辭去，女恨甚。後聞子規啼，則怔忡若豹鳴也。使侍女以竹杖驅之曰："謝豹，汝尚敢至此啼乎？"故名子規爲謝豹。《成都舊事》[六]

青城石刻"六時水"三字，旁書"河東邊敏修施、天漢勾千齡書，住庵馮守中立石"，俱八分書，大類岣嶁峯禹碑筆意，不知何代物也[七]。

西川汶川、保縣一帶與峇夷相通之路曰溜索，以篾索一條繫于兩岸樹根[八]，中跨大江，江水激石，吼聲如雷，去江數仞。欲渡者以竹筒一個劈而爲二，合于索上，以繩自縛于筒上，行李亦然，用力趁勢溜而過之。索半歲一換，斷此則來往隔絕矣。其險如此，棧道未足數也。

―――――――――――――――――

[一] 按，《蜀中廣記》卷五三、《廣輿記》卷一七、《讀史方輿紀要》卷六九《夔州府·奉節縣》"永安宮"條所載與此相合。

[二] 按，《明一統志》卷七一《潼川州·宮室》下"讀書臺"條及《廣輿記》卷一七《潼川州·古蹟》下同條所載與此合，然杜詩《冬到金華山觀因得故拾遺陳公學堂遺跡》此二句作"陳公讀書堂，石柱仄青苔"，與此迥異也。

[三] "援"，原作"授"，文義不通，形近而誤，今據嘉靖《四川總志》卷一三《瀘州·宮室》下"撫琴臺"條改。

[四] "子安"，底本作"口子"，大觀本作"思子"，或係妄補，今據嘉靖《四川總志》卷一三《瀘州·宮室》下"撫琴臺"條改。按，尹吉甫所奏曲名，《明一統志》卷七二《瀘州·宮室》下"撫琴臺"條、《廣輿記》卷一七《瀘州·古蹟》下同條皆云乃《履霜操》，嘉靖《四川總志》則云乃《子安之操》，《水經注·江水》"又東過江陽縣南"注文引揚雄《琴清英》亦稱此曲名《子安之操》，則當以《子安之操》爲是，省作《子安操》。又據舊題蔡邕所撰之《琴操》卷上，《履霜操》乃伯奇自作以抒懷之曲，非吉甫所作也。從此條文句來看，基本與嘉靖《四川總志》卷一三所載相合。

[五] 按，此條本自《補續全蜀藝文志》卷五四"石磬"條，但最早出處應爲《太平寰宇記》卷八三《綿州·彰明縣》下"石磬山"條，唯與此處文字差異較大。

[六] 按，此處乃據舊題元人伊世珍《琅嬛記》卷上引《成都舊事》之語，文字略有改易。此書學界多以爲乃明代偽書，而其中所引之舊籍亦極有杜撰不可信者。可參羅寧《明代偽典小說五種初探》（載《明清小說研究》二〇〇九年第一期）。

[七] 按，此條本自《補續全蜀藝文志》卷四六而文字略異。

[八] "繫"，底本原作"擊"，形近而誤，據大觀本改。

《輟耕錄》云：錦城江瀆廟前有樹六株，世傳自漢唐以來即有之。其樹高可五六十丈，圍約三四尋，挺直如矢，無他柯榦。頂上纔生枝葉，若梭櫚狀，皮如龍鱗，葉鳳毛，實如棗而加大。每歲仲冬，有司具牲饌祭畢，然後采摘，金鼓儀衛迎入公廨。差點醫工以刀逐個剝去青皮，石灰湯焯過，入熬熟冷蜜浸五七日，撈起控乾，再換熟蜜，如此三四次，却入瓶缶，封貯進獻。不如此修製，則生澀不可食。謂之金果，番中名爲苦魯麻棗，蓋鳳尾蕉也。今湮沒無聞，不知毀自何代[一]。

　揚子雲撰《法言》，蜀富人齎錢十萬，願載一名，子雲不聽。以富人無義，正如圈中之鹿、欄中之牛，豈可妄載[二]？

　馬湖府出花楠木，有葡萄紋者，有山水人物紋者，天巧奇絶，然亦不易得[三]。

　鍾會克蜀，于成都土中得一刀，文曰太乙[四]。會死，入帳下王伯昇。後渡江，刀遂飛入水。《古今刀劍錄》

　陳子昂初入京，不爲人知。有賣胡琴者，價百萬，豪貴傳視無辨者。子昂突出，謂左右曰："輦千緡市之！"衆驚問，答曰："予善此樂。"皆曰："可得聞乎？"曰："明日可集宣陽里。"如期偕往，酒殽畢具，置胡琴于前。食畢，捧琴，語曰："蜀人陳子昂，有文百軸，馳走京轂，碌碌塵土，不爲人知。此樂賤工之役，豈宜留心？"舉而碎之，以其文軸遍贈會者。一日之內，聲華溢都。《獨異記》[五]

　"漢女輸橦布"[六]，李周翰曰："漢女，蜀美女也。"[七]《漢書》曰："秦置黔中郡，漢興，令大人輸布一疋，小口二丈，是謂賨布。"[八]即今

―――――――――――――――

[一] 按，此條本自明陶宗儀《南村輟耕錄》卷二七"金果"條，文字小異，末句乃陳氏所加也。
[二] 按，此條最早當見於漢王充《論衡》卷二〇《佚文》篇，陳祥裔於其後注出處爲《冷齋夜話》，實屬誤記，今刪之。
[三] 按，明曹昭《格古要論》卷上"骰栢楠"條有相關記載。
[四] "太乙"，《古今刀劍錄》作"太一"。按，南朝陶弘景所著《古今刀劍錄》，今有《漢魏叢書》本等尚存，此條即在其中，《太平御覽》卷三四六等亦引。
[五] 按，唐人李伉撰《獨異志》十卷，今殘存三卷，宋人徵引多稱《獨異記》，其實一也。此條載《唐詩紀事》卷八、《蜀中廣記》卷一〇一等，而《太平廣記》卷一七九"陳子昂"條所載更詳。
[六] 按，此句出王維《送梓州李使君》詩。
[七] 按，此說見《六臣注文選》卷四左思《蜀都賦》"巴姬彈絃，漢女擊節"句注文。
[八] 按，此說見《後漢書·南蠻傳》。

橦花布也[一]。

蜀人雷威作琴，不必皆桐。遇大風雪中，獨往峨眉酣飲，著簑笠入深松中聽其聲，連延悠揚者伐之以爲琴，妙過于桐，世稱雷公琴。有最愛重者，以松雪名之。《採蘭雜志》[二]

巨人山在茂州南，山頭有石如人立，面南。玄宗幸蜀時，以石人背立，勅令鞭之一百[三]。按，明皇安得至茂州？此必傳訛耳。

龍血山在龍安府平武縣，相傳此山有龍鬭死，血變爲石。宋、齊于此置龍血戍[四]。

叙州小深山，四時常雨淋潺，俗呼爲大漏天、小漏天[五]。

漢扶嘉生一女，幽居。一日，游于溪畔，恍惚有孕，年餘産一物，無手足眼目形像。嘉怒，劈爲九斷，投之溪中，化爲九龍。嘉異之，示雲安人不得于溪中取魚。嘉臨終有記云："三牛對馬嶺，不出貴人出鹽井。"沒後，其女示以井脈處所，掘開遂得鹽井。時民共立嘉爲井主，至今爲雲安井神，封爲昭利廣濟王。又封九龍爲龍王，今爲九井之神[六]。

嘉定州烏尤山，山上有烏尤寺。相傳爲觀音大士至此，見兩岸鬼魅啾啾，乃化爲鬼王，名面然云[七]。

諸葛孔明出師，令軍中所至種蔓菁。云有六利：纔出甲可生啖，一也；葉舒可煮，二也；久居則隨以滋長，三也；棄不吝惜，四也；回即易尋而采之，五也；冬有根可斸食，六也。故至今蜀中人猶呼蔓菁爲諸

[一] 按，此段抄錄自《蜀中廣記》卷一〇一，曹學佺引有楊慎《詩林振秀》一書之語，然此書今不傳，不知曹氏所載是否皆本自升庵之說也。

[二] 按，此條見舊題元伊世珍《琅嬛記》卷中，所謂《採蘭雜志》者，亦僞書也。

[三] 按，此說見《太平寰宇記》卷七八《茂州·汶山縣》下"巨人山"條，陳氏所疑甚是。

[四] 按，此說見《太平寰宇記》卷八四《劍州·陰平縣》下"龍穴山"條。

[五] 按，此說本自《太平寰宇記》卷七九《戎州·南溪縣》下"大黎山、小黎山"條，但從文字來看，出自《補續全蜀藝文志》卷五〇。

[六] 按，此條出《蜀中廣記》卷七九，曹氏云出《雲安軍圖經》，不知轉引自何處，《太平寰宇記》《輿地紀勝》《方輿勝覽》《寰宇通志》《明一統志》、嘉靖《四川總志》、萬曆《四川總志》、嘉靖《雲陽縣志》不載所謂扶嘉女之神跡，但均在"人物"門爲扶嘉列小傳，取《雜記》之文，言扶嘉母感龍而孕，乃生扶嘉。故曹氏所載出處亦可疑也。

[七] 按，《方輿勝覽》卷五二《嘉定府·山川》《輿地紀勝》卷一四六《嘉定府·景物下》、萬曆《嘉定州志》卷一《山川》"烏尤山"條皆以爲此山原名烏牛，以形似得名，而黃庭堅易爲烏尤也，然山谷易名說無更有力證據。陳氏此處據《補續全蜀藝文志》卷五二刪節而來，云鬼王名面然，即面燃也，《佛說救拔焰口餓鬼陀羅尼經》載此鬼王之由來，而《瑜伽集要施食儀軌》卷一則云"鐵圍山內，面燃大士統領三十六部無量無邊恒河沙數諸餓鬼眾"，是面燃乃觀音化身之本也。而烏尤乃面燃梵語音譯一說，則存疑俟考。

葛菜[一]。

舞艸，雅州有之。或近之而謳，必動葉如舞。《酉陽雜俎》[二]

大慈寺壁畫《明皇按樂十眉圖》，地有瑞艸，謂之錦地。張乖崖嘗令剗平之，封其門。後五日開，復生如故[三]。今寺猶存，在成都東門内，并無瑞艸之異。

峨眉山中婆羅花苞大如拳[四]，葉似枇杷，凡二十餘葉。《珍珠船》[五]

蜀中名菌曰鬭雞骨[六]。

縉雲山在重慶府城西，高峯茂林，下有碧水，分流左右。《巴蜀志》云黄帝于此合神丹[七]。《宋靈成侯廟碑》云[八]：此山出于禹別九州之前。黄帝有不才子曰混沌，縉雲氏投于巴賨以禦鬼魅，名基于此。

宋天聖中，益州獻異花，似桃而四出，上異之，目爲瑞聖花[九]。

成都國寧觀有古楠四，皆千歲木也。枝擾雲漢，聲挾風雨，根入地不知幾百尺。而陰之所芘車且百兩，正晝日不穿漏，夏五六月暑氣不至，凜如九秋。成都固多壽木，然莫與四楠比者。有石刻立廡下，曰是仙人蘧君手植[十]。今湮没無跡，邈不可考矣。

[一] 按，此條出《劉賓客嘉話錄》，文字略異。
[二] "酉陽"，原無，今據《酉陽雜俎·前集》卷一九所載而補。按，本書前文有出《雜俎》但又絕非《酉陽雜俎》者，爲免致混，故補足之。
[三] 按，此說本自宋人范鎮《東齋記事》卷四，文字略異。
[四] "婆羅花"，即娑羅花，見本書卷一引《益部方物略記》之語，其描述與此正相合。婆、娑二字形近且常聯用，故典籍中互混者習見。
[五] 按，此條出明人陳繼儒《珍珠船》卷一。
[六] 按，此條本自楊慎《藝林伐山》卷六"雞菌"條。
[七] 按，稱黄帝於縉雲山合神丹者，《初學記》卷八"山南道第七""縉雲山"條引《華陽國志》載此說，然今本《華陽國志》無；《錦繡萬花谷後集》卷六引《縉雲山志》載此說；《太平寰宇記》則在卷九九"處州·縉雲縣"與卷一三六"渝州·巴縣"下"縉雲山"條分載此說，自相抵牾；《輿地紀勝》卷一七五"重慶府·景物下""縉雲山"條引《十道志》《蜀中廣記》卷一七引《圖經》之語與此相合，然皆不出《巴蜀志》。據後文引《宋靈成侯廟碑》之語亦見《蜀中廣記》卷一七，則陳氏此段皆本自《蜀中廣記》而來，至於何以題《巴蜀志》，恐難詳考。
[八] 靈成侯：《宋會要輯稿》第二十冊《禮》二〇下《宋會要》羚羊泉神祠"條云："在重慶府江津縣縉雲山崇教寺，神宗熙寧十年封靈成侯。"
[九] 按，此條之後，原文注有《韻府續編》四字，以爲出自明人包瑜所輯《類聚古今韻府續編》也。然檢該書卷一二"麻韻"下"花"字條及卷三一"敬韻"下"聖"字條，皆不載，則出處顯誤，故刪之。關於此花之介紹，本書卷一引《益部方物略記》已有說明，此處重出，編排ం疏也。
[十] 按，此前之語本自陸游《成都犀浦國寧觀古楠記》，個別文字略異。

司馬相如，蜀郡成都人，好鼓琴，有琴臺在浣花溪正路金花寺北。梁蕭藻鎮蜀，增建樓閣以備游觀。元武伐蜀，下營于此，掘得大甕二十餘口，蓋所以響琴也。隋蜀王秀更增五臺，并舊臺六焉[一]。嘉靖中，陳鎏建坊于路旁，題曰琴臺逕，今廢[二]。杜甫詩："茂陵多病後，尚愛卓文君。酒肆人間世，琴臺日暮雲。野花留寶靨，蔓艸見羅裙。歸鳳求凰意，寥寥不復聞。"

支漸，蜀之資陽人。母喪，廬于墓，白蛇、素狸繞其旁，皓烏、曤雀集于體[三]。

熙寧初，吳仲庶知成都。一日，文明廳前大槐枝葉皆出烟，色青白如焚香，至暮方止，木如故。歷訪諸士，莫知其說。惟楊損之云："《陰符經》謂火生于木，禍發必克。疑有將士作亂而不成者。"月餘，果有告成卒謀亂者皆獲。楊彥齡《筆錄》[四]

龍安山在安縣，上有林泉之勝。隋開皇間，蜀王秀建亭避暑于此。《一統志》[五]

麗甘山在仁壽，山下鹽井是十二玉女故迹，以玉女美麗、井水味甘合而爲名也。又云古鹽井號聶甘井，井旁有神祠號曰聶社[六]。

傍便山在灌縣，高下與青城山相接[七]，當吐蕃之界。溪谷深邃，夏積冰雪，所以限夷夏也[八]。

[一] 按，此前之語本自宋郭知達編《九家集注杜詩》卷二二《琴臺》詩題注所引《成都記》之語。
[二] 按，此說見《天啟新修成都府志》卷三《宮室》下"琴臺"條，原文同樣引有杜詩，唯無末四句，而陳氏此處補足之，則其所本應即《天啟新修成都府志》也。
[三] 按，此條當即本自《升庵全集》卷五一"二孝子事相類"條，明人董斯張《廣博物志》卷一八所載文句與《升庵全集》相類，卻題出處爲《華陽國志》，顯誤。按，支漸乃宋人，見《宋史·孝義傳》，嘉靖《四川總志》、雍正《四川通志》等誤以爲乃漢代人。
[四] 按，宋人楊彥齡《楊公筆錄》今存，作者介紹可參《欽定四庫全書總目》。
[五] 按，此條見《明一統志》卷六七《成都府·山川》，而《明一統志》則本自《元和郡縣圖志》卷三三《劍南道下·綿州·龍安縣》之"龍安山"條。
[六] 按，此條之後，陳氏注《方輿勝覽》四字，實係妄題，故刪去。此段本自《蜀中廣記》卷八而來，而曹學佺又是據《太平寰宇記》卷八五《陵州·仁壽縣》下所載相關條目改寫而成，《方輿勝覽》卷五三《隆州》下並無相同記載。
[七] "與"，原作"去"，文義不通，今據《蜀中廣記》卷六等改。
[八] 按，此條之後，陳氏注《蜀本志》三字，實係妄題，故刪去。此段本自《蜀中廣記》卷六，而曹學佺又是據《太平寰宇記》卷七三《永康軍·青城縣》下"傍便山"條改寫而來。至於《蜀本志》爲何書，《駢字類編》卷一五"地市"條引有此書，而與引有相同資料的清人吳兆宜注庾信《哀江南賦》之文相比對，吳氏題出處爲《蜀本紀》，則《蜀本志》可能是《蜀本紀》之異稱也；《全元文》卷一七二錄賈元《塗山碑記》一文，其中將《帝王世紀》《華陽國志》與《蜀本志》並列，亦是《蜀本紀》別稱之證也。然《蜀本紀》有來敏所著者，揚雄之《蜀王本紀》亦多被省爲《蜀本紀》，故實難斷定題作《蜀本志》者究竟爲何書。

晶然山在廣安州，上有龍祠，扁曰勅賜孚惠靈公[一]。

　　鳳谷山在巴州，山頂有要羊觀。熙寧通守楊黄中記云[二]："唐明皇與葉法靜神游于羊蒙山，忽思豢羊，山靈遽以羊進。詔于其地立觀，今名廣福。"

　　臥龍山在劍州東二里，盤圍州市，高百丈。九龍山[三]，高三丈，唐天寶六年勅改龍祠山，山上曾置九龍祠焉。《寰宇記》

　　獨坐山在射洪，山形周一里，高一百丈，卓然孤峻，南枕涪、梓二水[四]。《志》云："此山似人，巍然獨坐，故名。"上有陳子昂墓。

　　中江縣銅官山有銅鑛，相傳卓王孫冶鑄之所[五]。

　　雍州李洞避朱泚之亂入蜀，隱于安岳大雲山中。鑿石爲洞，讀《易》其中，常師事賈島[六]。

　　開禧丁卯，邑人苟沫于梓潼觀後甃一洞穴，刻神之父母像，併鑿石龍蟠其中，請神作記，親書于石，今石龍書院是也[七]。按，石龍書院在名山縣東里許，有洞一，名紫府飛霞洞。有大碑三，並嵌石壁，即神乩筆書記，現存。

　　神君張亞《紫府飛霞洞記》[八]："吾舊生越嶲間。按，越嶲爲郡，居天下之西南角，得坤之用。在漢時户僅四十萬，其俗多營窟版屋而

[一] 按，《蜀中廣記》卷二八有相關記載，龍神之封號則早見於《輿地紀勝》卷一六五《廣安軍·古蹟》"晶然山神"條。

[二] "通"，原作"廸"，形近而誤，今據《輿地紀勝》卷一八七《巴州·景物下》"要羊觀"條改，"通"謂通江也。

[三] "九龍山"前，原有"其上爲"三字，以爲九龍山在臥龍山之上也，顯誤，今據《太平寰宇記》删。按，據《太平寰宇記》卷八四《劍州·普安縣》，臥龍山在州治普安縣之東二里，而龍祠山也就是九龍山，在武連縣東三里，武連縣在州治之西八十三里，可見二山相去甚遠，陳氏誤以爲乃在一處也。

[四] "涪"，原作"津"，誤，今據《蜀中廣記》卷二九改。後文所引之《志》亦本自《蜀中廣記》。

[五] 按，《明一統志》卷七一《潼川州·山川》"銅官山"條云此山在中江縣西南九十八里，乃卓王孫、鄧通冶鐵處；而嘉靖《四川總志》卷一一《潼川州·山川》下同條所載地理位置與《明一統志》合，但云產銅，與陳氏此處所載相合。

[六] 按，此條乃據《蜀中廣記》卷三〇所載删改而來，而曹學佺又是據《方輿勝覽》卷六三《普州·寺院》"樓巖寺"條改寫。◎"李洞"，《唐才子傳》卷七有傳。

[七] 按，此處本自《蜀中廣記》卷一四引《輿地碑記目》之語也，然《輿地紀勝》實無此説，李勇先整理本即據《蜀中廣記》補入。

[八] 按，此文今載於萬曆四年刻本《名山記》卷一四、《蜀中廣記》卷七九、《補續全蜀藝文志》卷三〇及《文昌化書》卷一等，然《美國哈佛大學哈佛燕京圖書館藏中文善本匯刊》第三十四册所收之《文昌化書》卷一有殘缺，不見此文，故今以《名山記》《蜀中廣記》《補續全蜀藝文志》對勘。從文字比對情況來看，陳氏乃據《補續全蜀藝文志》抄錄也。

息，如上古穴居塹處之世。其地則多土壤巖穴[一]，接黎之卭筰都、雅之靈關道，自唐大斥土宇，包蠻荒而郡縣之[二]，民不堪命，越嶲遂與腹裏壤斷土隔[三]。真人幸啟，偃兵息民，執玉斧而劃棄大渡之外[四]，越嶲遂淪。

嗚呼！吾將安歸？當以黎、雅爲鄉也。黎之崍關有靈應洞，乃吾之變化所。惟古蒙舊屬漢嘉之青衣[五]，其俗醇厚簡古，如周民好善，堯民可封[六]。其地襟帶巖巒，如泰、華之磅礴，岷、峨之嶙峋，吾常愛而居焉。近奉帝命，往來全蜀，至則寓之以行化，恨榛莽掩翳，如小有虛靜之所[七]，吾必久留。邑下苟洙父子，念此甚久，吾知而直命之。乃欣然于吾殿後斬荊棘、去茅营，爲一洞天，費僅二十萬錢，屋穴皆備。吾揭爲紫府飛霞，蓋本班固賦西都"據坤靈之正位，放太紫之圓方"與王勃記滕王閣彩徹雲衢、霞鶩齊飛之義。上以示吾不忘故鄉之意，下以期有志于攀鱗者。

休哉！蒙山之下亦有變化之所矣，後之人有能自勵而期爲汗漫游者乎？然東山舊祠，興自紹興丙寅[八]，逮今年丁卯始克有洞穴。而洞穴不成于他人而成于苟洙父子，亦有數也。一日，苟洙父子欲記年月日[九]，此事非神，其誰宜爲？吾亦爲之忻然[十]，親書于石。開禧三年六月十八日記[十一]。"

《蜀志》云：望帝以褒斜爲前門，熊耳爲後户[十二]。熊耳山在青神縣。

[一] "地則多土"，原文及《補續全蜀藝文志》皆無，據《名山記》《蜀中廣記》補。〇"壤"，《名山記》作"廣"，文義皆通。
[二] "蠻"，《名山記》《蜀中廣記》《補續全蜀藝文志》作"夷"。
[三] "腹裏"，《名山記》《蜀中廣記》《補續全蜀藝文志》作"中華"。
[四] "劃棄大渡"，原文及《補續全蜀藝文志》作"大渡劃棄"，文義不通，據《名山記》《蜀中廣記》改。
[五] "惟古蒙舊屬漢嘉之青衣"，原無，據《名山記》《蜀中廣記》《補續全蜀藝文志》補。
[六] "民"，《蜀中廣記》作"屋"，形近而誤。
[七] "虛靜"，《名山記》《蜀中廣記》作"清虛"，文義可通。
[八] "紹興丙寅"，即南宋高宗紹興十六年，一一四六年。
[九] "父子"，《名山記》《蜀中廣記》無。
[十] "之"，原文及《名山記》《補續全蜀藝文志》無，據《蜀中廣記》補，文義更暢。
[十一] "開禧三年"，即前文之開禧丁卯，一二〇七年。
[十二] "後"，原作"右"，不知陳氏因何而誤，今據《華陽國志》卷三《蜀志》"以褒斜爲前門，熊耳、靈關爲後户"改。

重慶下游涪州前江中有二灘，曰群豬[一]，曰陡崖[二]。諺云："群豬陡崖，無事莫來。若要閑來，先設靈牌。"[三]險可知也。

　　張飛灘在長壽縣，一名不語灘[四]。凡舟過此必悄然而下，則安瀾無恙；若一聲張，則水必狂激渦漩矣。

　　祥裔《張飛灘·巫山一段雲》詞："鼎足三分盡，雄灘一個存。空山破廟結靈雲，舟過愈驚黿。雪恨身先死，吞吳志未伸。不教人語問迷津，怒浪接夔門。"

　　青灘之險較諸灘獨甚[五]，水勢三級，每級相去丈餘，陡削如瀑布。凡舟至此，皆必搬空行李，沿江而走。其舡頭以席封之，又必以繩周船紮緊，防顛碎也。舟子亦皆不識水性，必另請本灘之居人，稱之曰灘師，然後可。不然，無不傾覆者。若七八月江水甚漲時，則反平不險矣。故諺云："有青無葉，有葉無青。"

　　祥裔《青灘》詩："爲避青灘險，登崖捨艇行。浪高知觸石，水陡見懸泓。過客愁無極，居民賴此生。蒼茫前路暗，漁舍一燈明。"

　　虎鬚灘在忠州，灘水廣大。當秋夏之際，斷絕行旅。今州之西二里有石梁三十餘丈，橫截江中，俗呼爲倒鬚灘，即其處[六]。

　　七門灘在江津縣，有大石橫江，凡七處，望之如門[七]。水小，石立嶮巇，舟必迂繞而行。而水急如箭，勢不可緩，倘一觸石，則舟虀粉矣。水大，雖無石之患，而漬漩滿江，漩則深如鍋底，漬則浪若山崩，行客至此惟有聽之命耳。

　　自成都東門錦江起至黃牛廟，其灘不下數千。其最險惡亦不下數百，

[一]"豬"，原作"珠"，音同而誤，今據《吳船錄》卷下"壬子，發涪州，過群豬灘。既險且長，水雖大漲，亂石猶森然"及嘉靖《四川總志》卷九《重慶府·山川》"群豬灘"條"涪州東十里，水落見群石如豬"改。

[二]按，清人李元《蜀水經》卷五《江水·涪州》"江水又東北經群豬陡崖二灘"條對此二灘之險有詳細描述。

[三]關於此諺語，清人王培荀《聽雨樓隨筆》卷一云："世傳最險之處，莫過於群豬、陡崖，即吳白華所詠群豬灘也。又有刻石四語云：'群豬陡崖，高掛靈牌。有事速去，無事莫來。'字亦奇偉，行者觀此爲之心悸。"其說與陳祥裔所言有異，且云乃刻石，非俗諺也。

[四]按，《蜀水經》卷五《江水·涪州》"江水又東北經羊角灘"條有詳細介紹，云得名張飛灘之由乃因其旁曾立桓侯廟以鎮水也。

[五]按，此灘不見於《明一統志》、嘉靖《四川總志》、雍正《四川通志》等書，頗爲奇怪，或即《欽定大清會典則例》卷一三五所言之巴縣青岩子灘耶？俟考。

[六]按，此條改寫自《蜀中廣記》卷一九。

[七]按，此說與《明一統志》卷六九《重慶府·山川》"七門灘"條所載相合。

名類甚多，不能遍記。如最險惡之中而尤不可當如啞婆灘、大佛崖、道士冠、叉魚子[一]、石梁灘、九龍灘、納溪三灘、黑石灘等類[二]，皆客航之宜留意者，錄以誌川江之不可行耳。若逆流而上，尤宜慎焉。

祥裔《上灘·浪淘沙》詞："水漲弄狂瀾，石吼江翻。灘聲人語亂爭喧。竹纜繫船船立起，直欲登天。絕岸泣哀猿，腸斷心酸。能教壯士膽俱寒。到晚泊船方可信，今日平安。"

瀘州南十里有飛雲洞，相傳唐子西讀書處[三]。

繫龍潭在彭山縣西，後漢時邑人瞿君武入峨眉山得道，乘龍還家，繫龍于潭，後復乘龍而去。上有橋，亦名繫龍橋。宋龐籍《送石揚休還眉》詩"巢鳳閣邊勞遠夢，繫龍橋上認前題"即此[四]。

彭山縣北二十里有埋輪橋，漢朱遵與公孫述戰于赤水門，先埋輪于橋側，因名[五]。

絳雲弄山在東川軍民府西南，一名烏龍山。高峻百里，有十二峯，下臨金沙江。南詔蒙氏封其山神爲東川大王[六]，建廟祀之。

大渡河避章山側有二洞，一空濶高燥，一有水出。其中有牀坐、竈突之類[七]，皆崖石自生，不假人爲。凡瘴欲動時，飛鳶皆集于洞，瘴已乃出。土人欲知惡瘴，以鳶爲候。然鳶出必在立冬前後，古謂飛鳥得氣之先，于鳶亦可見也。

[一] "叉"，原作"乂"，《欽定大清會典則例》卷一三五則作"义"，皆爲"叉"字之形訛，今據文義改。

[二] 按，《欽定大清會典則例》卷一三五載四川批准設定六十六艘救生船，所設之處即灘險之地也。陳氏此處所載名灘，多數位列其中，且有詳細位置說明，可參看，文繁不錄。

[三] 按，此說見嘉靖《四川總志》卷一三《瀘州·山川》"飛雲洞"條及《蜀中廣記》卷一六等。

[四] 按，關於繫龍潭的記載，見於《方輿勝覽》卷五三《眉州·山川》，《明一統志》卷七一《眉州·山川》"繫龍潭"條，《山堂肆考》卷二七"繫龍"條及《蜀中廣記》卷一二、卷七四等，但所錄龐籍之詩，此處之"繫龍橋上"，有作"繫龍潭下"、"繫龍橋下"者，均與此不合。◎"揚"，原作"楊"，據《宋史》改。龐籍、石揚休二人，《宋史》皆有傳。

[五] 按，此說見《明一統志》卷七一《眉州·關梁》下"埋輪橋"條。《廣輿記》卷一七《眉州·關梁》下同條則云以張綱而得名，其說誤矣。按，《後漢書·張晧傳附張綱》稱張綱不受皇命，埋其車輪於洛陽都亭，關眉山何事？

[六] "東"，原作"泉"，形近而誤，據《明一統志》卷七二、嘉靖《四川總志》卷一四《東川軍民府·山川》下"絳雲弄山"條及《蜀中廣記》卷三六等改。

[七] "牀坐竈突"，原作"跌坐龜蛇"，或涉形近而致誤也，今據《明一統志》卷七三、嘉靖《四川總志》卷一五《黎州安撫司·山川》下"乾濕洞"條及明羅曰褧《咸賓錄》卷七《黎州》下同條等改。

羅羅河在越嶲南二十三里，其源有二，出吐蕃，東流與大渡河合[一]。

江津縣東一百五十里周溪上石磧中有淺水一斷，周囘五六尺，隱見雙金釵影。《本志》[二]

青城山中有孫太古畫壁侍中范長生舉手整貂蟬像，特妙，其詩云："浮世升沉何足計，丹成碧落珥貂蟬。"[三]

成都府舊藩府中有古石刻二十三幅、趙子昂真艸《千字文》并仙筆。

蜀府蘭亭帖，當時稱爲第一。予半刺益州時，遍覓不獲，意必淪亡矣。偶于城西散步，見民家房側砌一橫石爲豕圈墻，隱隱有字跡。披閱之，正趙子昂臨蘭亭帖也。字大于損五字碑[四]，而筆法遒古，過于他帖。因搆得之，移于署中。碑陰即蘭亭圖，惜其久于污穢中，剝落不堪矣。

長壽縣張桓侯廟[五]，宋大觀中邑人于廟前得三印及珮鈎、刁斗，上鐫飛名。

石泉縣石紐山下有大禹廟，土人以禹六月六日生，歲時致祭[六]。

羑山廟後有謌鳳先生祠，祀楚狂接輿，有古碑，磨滅不可讀[七]。

花卿廟在眉州西，祀唐花驚定[八]。本長安人，至德間從崔光遠入蜀

[一] 按，此處抄自《明一統志》卷七三《四川行都指揮使司·山川》下"羅羅河"條，嘉靖《四川總志》卷一五《四川行都司·山川》下同條與《明一統志》吻合。

[二] 按，此處所云《本志》，或係妄題，不知陳氏實際所本也。據查，《明一統志》卷六九、嘉靖《四川總志》卷九《重慶府·古蹟》下"金釵影"條所載皆與此相合，而《蜀中廣記》卷一七引《異物志》之語則更詳、更具傳奇色彩，可參看。

[三] "成"，原作"城"，今據陸游《劍南詩稿》卷七《席上作》詩注而改。按，此條乃陳氏據《全蜀藝文志》卷一九所錄放翁之詩而來，故承襲其誤也。◎又，本書卷四"蜀中雷氏斷琴"一則之下，復錄此條，"成"字則不誤，但卻誤"珥"爲"珂"，頗爲怪異。由於二者文句完全一致，實因疏漏而重出，故卷四此條刪去，後文不再作說明。

[四] "損五字"，彭遵泗《蜀故》卷一〇抄錄時更作"猥五子"，形近而誤。按，所謂"損五字碑"者，乃定武石刻《蘭亭集序》真本也。宋熙寧中，定武官員薛師正之子薛紹彭將真本定武石刻鐫損"湍流帶左右"五字各一二筆以爲標志，而將重刻未損筆劃之本流傳於世，故此定武蘭亭石刻有損五字本與未損五字本之別。詳《式古堂書畫彙考》卷五所錄王佐跋語。

[五] "長壽縣"，《輿地紀勝》卷一七四《涪州·古蹟》下"張翼德"條作"樂溫縣"，此縣明代改爲長壽縣，《蜀中廣記》卷六九引《涪陵志》及《明一統志》卷六九《重慶府·祠廟》下"張飛祠"條亦載此事。

[六] 按，《方輿勝覽》卷五六《石泉軍·祠廟》下"大禹廟"條及《明一統志》卷六七《成都府·祠廟》下同條皆有相關記載。

[七] 按，《明一統志》卷七二《嘉定州·宮室》下"歌鳳堂"條及《蜀中廣記》卷一〇五引《嘉州志》稱三峨館有歌鳳臺，壁上繪有楚狂接輿像，與此處所謂歌鳳先生祠當在同一地也。

[八] "驚"，原作"敬"，據《舊唐書·崔光遠傳》及《高適傳》改。

討段子璋，有功，封嘉祥縣公[一]。後又平寇，單騎鏖戰，已喪其元，猶騎馬荷戈，至東館鎮。下馬沃盥，浣花女曰："無頭何以盥爲？"[二]遂殭仆。居民塋之溪上，歷代廟祀之。謝皋羽《花卿塚行》詩[三]："濕雲糢糊埋秋空[四]，雨青沙白丹稜東[五]。莓苔陰陰艸茸茸，云是花卿古來塚。花卿舊事人所知，花卿古塚知者誰？精靈未歸白日西，廟鴉啄肉枝上啼，緜州柘黃魂正飛。"[六]

南唐李煜善書。元祐二年，太守孝直乃煜之族孫也，家藏得親書李白《古風》，模勒于石[七]。今在閬中之普通院。

安樂山三峯俱秀，溪流邅其下。有石櫃，爲昔人藏經之所。岐而左有爛柯跡，後有仙影，隱隱在石壁中。岐而右歷木楠臺、仙人屋、十二盤至剪刀峽，循山有八洞，通南崖。有石曰許由瓢，又有芙蓉城、滴水崖、白猿洞。此三峯之勝也。《圖經》[八]按，山在合江，群峯峭拔，瀑布千尺。唐天寶六年改爲合江山，黃山谷記爲劉真人善慶飛昇之所[九]。

安樂山有天符葉樹，一夕大風雨拔去，後得于容子山。葉似荔枝而長，上有紋宛如蟲篆，或以爲劉真人仙跡[十]。

朱提山在叙州府西，諸葛亮書"漢嘉金，朱提銀，採之不足以自食"[十一]。

[一] 按，此封號之事，見《天中記》卷二二、《山堂肆考》卷一一七"喪元荷戈"條，《蜀中廣記》卷一二所載與本段基本吻合，但無封嘉祥縣公一說。又，據《舊唐書‧高適傳》："牙將花驚定者恃勇，既誅子璋，大掠東蜀。天子怒光遠不能戢軍，乃罷之，以適代光遠，爲成都尹、劍南西川節度使。"《崔光遠傳》亦云："光遠率將花驚定等討平之，將士肆其剽刼，婦女有金銀臂釧，兵士皆斷其腕以取之，亂殺數千人，光遠不能禁。"則花驚定勇則勇矣，於百姓之酷虐如斯，後人爲其立廟者，或一因平亂之功，一因懼其爲厲耳。

[二] "盥"，底本訛下部之"皿"爲"丌"，據大觀本改。

[三] "行"，原無，據宋人謝翱《晞髮集》卷四補。

[四] "埋"，原作"望"，據《晞髮集》改。

[五] "青"，原作"春"，顯誤，據《晞髮集》改。

[六] "緜州柘黃魂正飛"，原無，據《晞髮集》補。按，此句用杜甫詩《戲作花卿歌》"綿州副使著柘黃，我卿掃除即日平"之語，說詳杜詩注。

[七] "模勒"，原作"摸磨"，不詞，今據《輿地紀勝》卷一八五《閬州‧碑記》下"李後主書"條改。

[八] 按，此處所引之《圖經》，《輿地紀勝》卷一五三、《方輿勝覽》卷六二、《明一統志》卷七二之《瀘州‧山川》下"安樂山"條注文皆載。

[九] 按，此記即《游瀘州合江縣安樂山行記》，據山谷之文，劉真人名珍，字善慶。

[十] 按，此條亦出《方輿勝覽》卷六二《瀘州‧山川》下"安樂山"條注文。

[十一] 按，《後漢書‧郡國志五‧犍爲屬國》下"朱提山出銀銅"注文引《南中志》對朱提銀有相關記載與此處相合。

《輿地紀勝》載摩圍山唐人石刻云[一]："巴黔路途濶遠，亦無舘舍。凡至宿泊，多倚溪岩。就水造飱，鑽木取火，至今猶然。"

古書山在長壽，有大曆初石刻，云昔人砌山路，見石穴中藏科斗書數軸，古書之名因此[二]。

成都會城高三丈，周圍四十里，東、西、南、北四門。又有二水門，女墻共三萬三千三百九十垛。

重慶府城依山勢爲之，兩面大江，一面合江，惟東有路與成都通，計一千二百里。門十七，朝天、翠微、通遠、金湯、定遠、南紀、鳳凰、金字、仁和、太平、出奇、大安、臨江、洪崖、干斯[三]、福興、東水。

鹽亭東一百三十里有孝義臺[四]，宋邑人馮伯瑜剖腹取肝愈父，縣令卞詵爲築臺立石旌表之[五]。

蓬溪西亦有孝義臺，蜀孟昶時，里人程崇事親至孝。方冬，母病，思笋。崇號泣林中，俄生數笋。縣令陳元佐詩："戢戢蒼芽生爲母[六]，泪痕落處兩三莖。"

保寧城內，宋元祐中建會經樓，置經史子集一萬餘卷[七]。蘇軾題額，蒲宗孟記，范百祿輩皆有詩[八]。今其基不可考矣。

羅江西鹿頭關，一名落鳳坡[九]。有龐統墓于衰烟荆棘中，墓前有小

[一]"輿地紀勝"，原作"碑目"，乃因襲《蜀中廣記》卷一九之語而誤也，今改。按，此條見《輿地紀勝》卷一七六《黔州·風俗形勝》，非碑記也。

[二]按，此說見《輿地紀勝》卷一七四《涪州·碑記》下"古書山碑"條。

[三]"干"，原作"一"，誤，據萬曆九年《四川總志》卷九《重慶府·城郭》、雍正《四川通志》卷四及《新元史·不老傳》改。按，此名今仍沿用爲地名。

[四]"三"，原作"五"，據《明一統志》卷七一《潼川州·宮室》下"孝義堂"條及嘉靖《四川總志》卷一一《潼川州·宮室》"孝義臺"條改。

[五]"詵"，原作"洗"，據《明一統志》改。

[六]"陳"，《明一統志》卷七一《潼川州·宮室》下"孝義堂"條同，《輿地紀勝》卷一五五《遂寧府·古蹟》下"孝義臺"條作"程"，從資料沿襲來看，作"程"或是。◎"蒼"，原作"笋"，據《輿地紀勝》《明一統志》改。

[七]按，《輿地紀勝》卷一八五《閬州·景物下》《明一統志》卷六八《保寧府·宮室》下"會經樓"條皆有相關記載，其中，《輿地紀勝》言築樓者乃雍子儀，二書皆言所貯書京本、蜀本、浙本各萬卷，則總三萬卷也。

[八]"輩"，原無，據《明一統志》補，文義更暢。

[九]按，此處言鹿頭關一名落鳳坡，誤，據《蜀中廣記》卷九、《蜀水經》卷一五等，白馬關下爲落鳳坡也。又據《太平寰宇記》卷八三《綿州·羅江縣》下"白馬關"條，白馬關與鹿頭關相對，陳氏失察而誤。然《蜀中廣記》卷九云龐統墓在鹿頭關，則此處又不便改動，故仍之。

碑，傍有廟，今圮。李式璉《落鳳坡》詩[一]："百里何堪辱大材，分符聊且向東來。原期雄劍傾珠斗，遽有妖弧貫上台[二]。昔日土坡悲落鳳，今朝石碣徧生苔。可憐未遂中原志，長使啼鵑向客哀。"祥裔《落鳳坡》詩："落鳳坡前土一丘，白楊合抱暮雲愁。未成漢祚身先死，勛業空教讓武侯。"

重慶西五里巴子墓，有石獸、石龜各二，石鱗、石虎各一，即古巴國君塚也[三]。

蜀孟昶末年，嬪女競爲高髻，號朝天髻。未幾，昶入朝于宋，至今蜀中效之[四]。

[一]"李式璉"，據民國《杭州府志》卷九一，李式璉乃錢塘諸生，字待斯，清初人，著有《過園集》，當即陳祥裔通判仁和時所結識者。

[二]"遽有妖弧貫上台"，《蜀中廣記》卷九云："鳳雛先生龐士元侍昭烈至此，卒於流矢下。其葬在鹿頭關桃花溪東岸。"《三國演義》卷一三詳載龐統中箭之事，可參看。

[三]按，《明一統志》卷六九、嘉靖《四川總志》卷九之《重慶府·陵墓》下"巴子塚"條所載與此合。

[四]按，此處文字與《補續全蜀藝文志》卷四八所載全同，而關於朝天髻之記載，早見於《宋史·五行志三》等。

蜀都碎事卷之三

桀伐岷山，岷山獻其二女，曰琬，曰琰。桀愛之，斵其名于苕華之玉，苕是琬，華是琰。《竹書紀年》[一]

方響洞在嘉定州學前丁東院[二]，洞腹有水聲如環佩。黃魯直詩："古人題作丁東水，自古丁東直至今。我爲更名方響洞，信知山水有清音。"[三]

桓溫入蜀至三峽中，部伍中有得猿子者，其母緣岸哀號，行百餘里不去。遂跳船上，至便即絕。破視其腹中，腸皆寸寸斷。《世說》[四]

眉州青神縣道側有小佛堂，俗謂之豬母佛。蘇東坡問之土人，曰："昔有牝豬化爲二鯉入泉中，蓋豬龍也。"泉出石上，深不及三尺，大旱不竭，而魚莫有見者。一日，東坡以其事告妻兄王愿，愿疑之。乃與愿俱至泉上，禱之曰："予若不妄言，魚當復見。"言已而二魚出，愿大驚，拜謝而去[五]。

渠江在順慶府廣安州，有三十六灘。水之灌輸其間者，渦渟渠別，莫知其幾。中兩渠相距二尺，廣深半之，可以流觴，天巧致然，非人力疏鑿[六]。宋石刻：故事，以三月三日至河曲，過渠江流杯。大觀、乾道、淳熙、紹興、嘉定間，知軍宇文能、承務郎張庭堅及德州參軍李桃、陶

[一] 按，此說見今本《竹書紀年》卷上。
[二] "丁東"，按，此條本自《蜀中廣記》卷一一，范成大《吳船錄》卷上及陸游《劍南詩稿》卷四《同何元立蔡肩吾至東丁院汲泉煮茶》詩題、《老學庵筆記》卷六相關記載則稱此院名"東丁"，但《輿地紀勝》卷一四六《嘉定府·景物下》"方響洞"條及《方輿勝覽》卷五二《嘉定府·山川》下同條皆稱丁東院，則"東丁"訛變爲"丁東"或肇始於《輿地紀勝》也。◎所錄詩句中第一"丁東"，《吳船錄》與《老學庵筆記》亦作"東丁"，第二"丁東"，《老學庵筆記》作"東丁"。
[三] "信知"，《吳船錄》及《老學庵筆記》作"要知"。按，《黃庭堅全集·補遺》卷一即據《老學庵筆記》輯補。
[四] 按，此條出《世說新語·黜免》。
[五] 按，此條末尾注"彝堅志"三字，謂出洪邁《夷堅志》也，然實屬妄題，洪邁書中不載此事，乃本《東坡志林》卷三"豬母佛"條改動而來，故今刪去此三字。
[六] 按，此前之語早見於《方輿勝覽》卷六五《廣安軍·山川》下"篆水"條，但此處整段文字實本自《蜀中廣記》卷二八。

彥遠[一]、何溫叔、游伯畏、何宋卿、楊次皋、安康民,各同時髦游賞其中。有流連二三日者,如崇慶杜鵬舉奉親挈家來游。

至德山在彭縣治之西,上有廣明院[二]。蜀王衍專事游幸,常登是山,患其高險,令于福唐寺東別開一逕。凡數里,廣可二丈,栽松砌石以達于寺,從官悉騎以從。枯松怪石尚有存者。山有三昧泉,自石竇噴冽,方大如斗,不竭不溢,俗傳即知玄國師洗人面瘡處。至今疾者洗之多效[三]。

介湖在長寧,中植芰荷。有西溪,發源越王山,與桃源溪合。相傳耕者得一銅板,鐫曰小桃源。其陰有詩曰:"綽約去朝真,仙源萬木春。要知竊桃客,定是會稽人。"[四]其水發源筆架山,在舊軍城冷水溪上。嘉定己巳,太守張公市民田種植桃柳,建置亭榭,橋曰仙津,洞曰桃源,亭曰蒸霞,堂曰怡然。今俱毀,無存址焉。

聖壽寺在成都城內西南隅,建自漢。在唐爲空慧寺,後改爲龍淵。孟蜀時,宰相王處回捨宅以廣其基。至宋大中祥符間,移聖壽寺額于此。中有秦太守所鑿石犀在殿前,故今俗呼爲石牛寺。殿中有井,相傳與海通,所謂龍淵也[五]。

宋高宗紹興二十六年,成都郫縣地出銅馬,高三尺,工製甚精。中宵風雨,忽聞嘶聲,時以帝忘金人之仇而神怒也。《存心錄》[六]

[一] "李桃、陶彥遠",原作"李陶、姚彥遠",據《蜀中廣記》改。
[二] "有",原無,據《蜀中廣記》卷五及《方輿勝覽》卷五四《彭州·山川》下"至德山"條補。按,此處整段皆本自《蜀中廣記》,而關於至德山之記載,曹學佺則抄錄自《方輿勝覽》。
[三] 按,此條之末,陳氏注《郡國志》三字,顯係妄題,今刪。實則關於三昧泉之事,曹學佺云出《本志》,當即舊《彭縣志》也,宋人李石《方舟集》卷一《題三昧泉》詩注已言及此事。
[四] "竊桃",原作"窈窕",誤,今據《蜀中廣記》卷一五、《錦繡萬花谷續集》卷一三、《全蜀藝文志》卷二四、《方輿勝覽》卷六五《長寧軍·亭榭》之"小桃源"條、《輿地紀勝》卷一六六《長寧軍·詩》《明一統志》卷六九《敘州府·山川》下"小桃源"條等改。○"會稽",原文及《蜀中廣記》卷一五皆作"滑稽",但《蜀中廣記》卷六九仍作"會稽",故據前揭諸書改。按,陳氏此處整段皆抄錄自《蜀中廣記》卷一五,"滑稽"二字是其證也。
[五] 按,此條抄錄自《天啟新修成都府志》卷三《寺觀》之"聖壽寺"條,《蜀中廣記》卷一亦有相關記載。
[六] 按,《佩文韻府》卷五一之一"馬韻"下"銅馬"條及《淵鑑類函》卷四三四《獸部六·馬四》下"銅馬"條、《格致鏡原》卷八五等皆引《存心錄》之語,然《成都文類》卷一一錄王灼《銅馬歌·序》及《文獻通考·物異考六·金異》等已載此事。至於《存心錄》一書,《明史·藝文志二》著錄,乃吳沉等人奉敕纂輯,共十八卷,《四庫全書總目提要》以爲僅十卷,誤矣。《千頃堂書目》卷二則詳載成書經過云:"洪武元年三月己亥,帝以祭祀爲國家大事,念慮或怠,則無以接神明。乃命禮官及諸儒臣編集郊社、宗廟、山川等儀及歷代帝王祭祀、感應、祥異可爲鑒戒者,纂書以進。四年七月辛亥朔,書成。"今《原國立北平圖書館甲庫善本叢書》第四二四冊收錄此書洪武刻本殘卷二卷,爲卷一〇、一一,題作者爲劉三吾等。此條爲卷一〇最末一條,歸入"地生物異"類,文字全同。

蜀後主禪造一大劍，長一丈三尺，以鎮劍口山。人往往見之，後人求之不獲[一]。

杜甫《石笋行》云"雨多往往得瑟瑟"[二]，按《華陽記》[三]，開明氏造七寶樓，以珍珠結成簾。漢武帝時，蜀郡火燒數千家，樓亦燼，居人往往于土上獲珍珠。又趙清獻《蜀都故事》云：石笋在衙西門外[四]，二株雙蹲，云珍珠樓基也。昔胡人于此立寺，爲大秦寺。其門樓十間，皆以珍珠、翠碧貫之爲簾，後摧毀墜地，至今基脚在。每雨後，其前後人多拾得珍珠、瑟瑟、金翠異物。今謂石笋非爲樓設，而樓之建適當石笋附近耳。

蜀尚書侯繼圖，本儒士。一日，秋風四起，偶倚闌于大慈寺樓[五]。有桐葉飄然而墜，上有詩云："拭翠斂雙蛾，爲鬱心中事。搦管下庭除，書作相思字。此字不書石，此字不書紙。書向秋葉上，願逐秋風起。天下有心人，盡解相思死。天下負心人，不識相思意。有心與負心，不知落何地。"侯貯小帖凡五六年，方卜任氏爲婚。嘗諷此詩，任氏曰："此是妾書葉詩也，何得在公處？"曰："向于大慈寺樓上得之，今日聘卿，非偶然也？"以今書較之，與葉上無異。《玉溪編事》[六]

王建據蜀之後，有一僧常持大帚，每過即汛埽，人以埽地和尚目之。埽畢，輒寫云"水行仙，怕秦川"。其後王衍有秦川之禍，人方悟"水行仙"，衍字也[七]。

成都城外西南有青羊宮，老子謂關令尹喜曰："千日之外，求我于蜀中青羊之肆。"即此[八]。

[一] 按，此條本自陶弘景《古今刀劍錄》而略有改動，原文稱乃延熙二年（二三九）所鑄。
[二] "多"，原作"中"，據杜詩改。
[三] "華陽記"，原作"華陽國記"，今據《能改齋漫錄》卷七"杜石筍行"條改，此條即抄錄自吳曾書也。
[四] "衙"，大觀本誤作"行"。
[五] "大"，原作"太"，今據《太平廣記》卷一六〇"侯繼圖"條改。後文"大慈寺"同，不復出校。
[六] "玉溪編事"，原作"五溪論事"，乃承《詩話總龜前集》卷二三之誤，今整理本《詩話總龜》改"五"爲"玉"，但"論"字未改。按，《通志·藝文略第六·小說家》下著錄此書三卷，乃偽蜀時期全利用撰，據其佚文有"前蜀"等字樣，知爲後蜀時人也。《崇文總目》卷五著錄此書已闕，則宋代已散佚。《太平廣記》《孔氏六帖》《類說》等保存有少量佚文，宛委山堂本《說郛》卷一七有輯錄，《龍威秘書》之輯錄本，後收入《叢書集成初編》。
[七] 按，此事見《清異錄》卷一、《蜀中廣記》卷一〇二等。
[八] 按，《蜀中廣記》卷七一引《蜀記》之語與此相合，唐陸懸河《三洞珠囊》卷九等亦有相關記載。

錦樓在龜城外，唐時建。平視衆山，前瞰大江，西眺雪嶺，東望長松。白敏中時與竇介飲酒賦詩其上[一]。今基址都不可考，然亦不知毁自何代。

渝水在重慶府巴縣，夾水皆賨人所居。銳氣善舞，漢高祖詔樂府習之，世稱巴渝舞是也[二]。今人取水爲酒，名曰渝酒。

鸎鵾不善營巢，取鳥巢居之，蜀謂拙鳥。《方言》[三]

僞蜀時，潘在迎以財賄交結權貴[四]，求典樞要。常謂所親曰："權勢之家，非仗其爲援，但不欲其冷語氷人耳。"《蜀檮杌》

成都江橋門外沿城有石一塊，亦不甚巨，方圓丈餘，曰臭石頭。耆老相傳，昔城內妓女每于四月十九浣花遨游，必拜此石，方敢經過。良人子女凡出游，必避此路，耻看此石也。

雅州瓦屋山有娑羅花，五色如爛錦，照映山谷，移之他處則枯[五]。

雅州有鯟魚，狀似鯢[六]，有四足，大首長尾，聲如嬰兒，緣木弗墜。俗謂之娃娃魚，味甚美。鯟或作魶，見卷一之二十六頁[七]。

龜勝山在德陽，乃高崇文破劉闢處。初，闢據鹿頭關，高與之對壘屯營。有神龜由壁門來，蹲于牙旗之下。公命投之遠澗，翌日復至。議謂龜乃介蟲之長，介胄斯服，蜀有龜，城其城，是師果爲受降之兆。乃以龜勝名山，立道塲焉[八]。

岳池縣有羊山，峯巒秀異。山下有洞曰角竹，樵牧每見羊自洞出，

[一] 按，此前之語皆與《天啓新修成都府志》卷三《宫室》下"錦樓"條相合。

[二] 按，此前之語與《廣輿記》卷一六《重慶府‧山川》下"渝水"條相合。

[三] 按，《百川學海》本《禽經》載此說，云："鳩拙而安。鳩，鳲鳩也。《方言》云蜀謂之拙鳥，不善營巢，取鳥巢居之，雖拙而安處也。雄呼晴，鸎鳴陰。"但揚雄之《方言》實無此說，或《禽經》中之"方言"並非揚雄之書也。

[四] "潘在迎"，原作"潘在寧"，當即本《海錄碎事》卷九而來，乃《蜀檮杌》佚文，文字與《類說》卷二七、《古今事文類聚別集》卷一九所引皆小異。然重大差別在人名，《海錄碎事》稱潘在寧，而《類說》稱潘柱迎，《古今事文類聚別集》稱潘在廷，皆誤。今據《蜀檮杌校箋》卷二《前蜀後主》所載改。

[五] 按，此條本自《輿地紀勝》卷一四七《雅州‧景物下》"娑羅花"條，但此花與本書卷二所載生於峨眉山中之同名花實有異也，峨眉山中之娑羅花即無花果，宋祁《益部方物略記》亦載，而此處之雅州娑羅花則不知爲何物，亦不知今日尚存否。

[六] "鯢"，原作"蜺"，形近而誤，據《益部方物略記》及本書卷一所載《魶魚贊》改。

[七] 按，此注文底本原無，乃大觀本所補者，指卷一《魶魚贊》中所言也。稱此魚名鯟者，見嘉靖《四川總志》卷一三《雅州‧土產》下，《益部談資》卷上則以爲鯢、魶、鯟三者異名同物也，而宋祁以爲魶似鯢，則二者不同也。

[八] 按，此條本自《蜀中廣記》卷九，而曹學佺又據《全蜀藝文志》卷三八所錄鄭宗經《德陽龜勝山道塲記》一文而節錄改寫也。

108

叱之復回。天監中，一高士隱此講學，二羊跪聽，因名[一]。

　　宕渠山在渠縣，一名大青山。其巔峻險，東西有二石門。《三國志》云張郃自漢川進軍宕渠，與張飛相拒五十餘日。飛率精兵從間道破郃，巴郡乃得安，即此[二]。

　　會川衛產木，火煅不化，土人取以爲燈心。既燼復故，名不灰木。土人以此織布，曰火浣布[三]。

　　白帝城上僅一碑，亦不甚佳，餘皆今人詩字。工部舊日艸堂在城東十餘里外，尚有遺址可尋。止一碑存數字，題東屯艸堂記，似亦元物[四]。

　　富順縣治後山上文昌宮，有米元章題"第一山"三字，字大如輪，遒媚可愛[五]。

　　大曆中，成都百姓郭遠因樵獲瑞木一莖，理成字曰"天下太平"，詔藏于秘閣[六]。

　　蜀江三峽中水波圓折者名曰盤，盤音漩。工部詩"盤渦鷺浴底心性"，張蠙《黃牛峽》詩"盤渦逆入嵌崆地，斷壁高分繚繞天"[七]。

[一] 按，此條見《明一統志》卷六八《順慶府·山川》下"羊山"條注文，《廣輿記》卷一六同條所載與《明一統志》亦相合，然《蜀中廣記》卷二八則稱高士所講乃《道德經》，或不可據也。

[二] 按，此條抄錄自《廣輿記》卷一六《順慶府·山川》下"宕渠山"條。所謂張飛拒張郃事，見《三國志·蜀志·張飛傳》。

[三] 按，此條改寫自《補續全蜀藝文志》卷五三"不灰木"條，原文云出《建昌志》，且稱"或曰火浣布乃此物織成也"，則並未確定其事之真假，陳氏此處以爲果然，蓋復據《補續全蜀藝文志》卷四六所云"火浣布、不朽木俱出於建昌夷中，其布即取此木之絲而成，焚之燃而無灰，焰過仍還古物"而來也。《爾雅翼·釋獸六·鼠》下云："西域復有火鼠，在烈火中。人取其毛緝之，號火浣布。"《三國志·魏志·齊王傳》"二月，西域重譯獻火浣布，詔大將軍、太尉臨試，以示百寮。"裴松之注文則分別引《異物志》《神異經》等對此物考證甚詳，可參看。

[四] 按，此條所載見《益部談資》卷下及《補續全蜀藝文志》卷四六，從文字上看，出自後者。

[五] 按，此條所言之題字，乃好事者移刻，非米芾親書也。《寶晉英光集》卷四《題泗濱南山石壁曰第一山》詩云："京洛風沙千里還，船頭出汴翠屏間。莫論衡霍衝星斗，且是東南第一山。"《苕溪漁隱叢話後集》卷三五亦云："淮北之地平夷，自京師至汴口並無山，惟隔淮方有南山，米元章名其山爲第一山。"故米元章所題之第一山不在富順明矣。又《明一統志》卷六九、嘉靖《四川總志》卷八、《廣輿記》卷六《敘州府》下"山川""流寓"類皆無相關記載，惟道光七年《富順縣志》卷三六《金石志》云："米芾'第一山'三字碑，在鐘秀山麓，邑人韋蕃立。"則此碑乃韋蕃移刻也。復據《富順縣志》卷一七《科甲》，韋蕃乃萬曆甲辰（一六〇四）楊守勤榜進士，字本培，任兵科給事中，歷大理寺正卿，可知此碑乃萬曆時所立也。清末，樂山人謝文明又將此碑之字移刻到峨眉山萬年寺，可參《峨眉文史》第三輯之《峨眉山萬年寺第一山碑》一文。

[六] 按，此條出自《酉陽雜俎·前集》卷一八。

[七] 按，此條本自《丹鉛總錄》卷二一"盤渦"，《丹鉛續錄》卷九重出，但升庵此說未必可從也。盤、漩皆有繞之義，不煩將盤讀作漩也。○工部此詩題名《愁》，"張蠙"，唐末五代人，《五代詩話》卷四有傳，此詩見《全蜀藝文志》卷一六。

叙州府翠屏山上有五賢祠，祀濂溪、橫渠、明道、伊川、晦庵像。按，即翠屏書院也[一]。

兼山書院在劍州東北，祀宋尚書黃裳，今燬，碑存可考[二]。

王建墓在西門外，有二石幢，旁有太后塚墓，石人馬猶存[三]。

仁壽縣西跨鰲山，上有一石姥，不知何代之物。歲旱，則土人轉徙之輒雨。文同有賦[四]。

青城山上有擲筆槽，相傳天師誓鬼，擲筆于石以成槽。至今艸、木、竹皆有墨點于上[五]。

講道臺在漢州，二程夫子隨父珦守漢州講道處，址今存[六]。

越巂筰夷有鹽池，積薪以池水灌而復焚之成鹽[七]。《華陽國志》

王衍以霞光箋五百幅賜金堂令張蠙。又有百韵箋，幅長可寫百韵。學士箋短于百韵，薛濤箋可書四韵。《蜀志》[八]

《史記·西南夷傳》云蜀出枸醬[九]。枸音矩，一名蒟，緣木而生，其子如桑椹，熟時正青。長二三寸，以蜜藏而食之辛香，溫調五臟[十]，土人以之作醬。

新津縣西山石壁上刻"終古礙新月，半江無夕陽"之句，不識何代所鑿[十一]。今剝落，惟有字痕猶在。

[一] 按，此條本自嘉靖《四川總志》卷八《敘州府·學校》下"翠屏書院"。
[二] 按，據明人康海《對山集》卷五《劍州再建重陽亭記》，此人在正德十四年（一五一九）之前已修建兼山書院，雍正《四川通志》卷五之中云："兼山書院在劍州東北，祀宋尚書黃裳，久廢。雍正五年，知州李梅賓重建。"
[三] 按，嘉靖《四川總志》卷三《成都府·陵墓》下"王建墓"所載與此合，《明一統志》卷六七同條亦有記載，實則文字皆本陸游《劍南詩稿》卷八《後陵永慶院在大西門外不及一里，蓋王建墓也。有二石幢，猶當時物。又有太后墓，琢石為人馬甚偉》詩而來。
[四] 按，此條本自《方輿勝覽》卷五三《隆州·山川》"石姥"，文同之賦題作《石姥賦》，見《文同全集編年校注》卷二一。
[五] 按，此條出《天啟新修成都府志》卷三《古蹟》下。
[六] 按，嘉慶《漢州志》卷一〇《古蹟志·講道臺》條稱其時基址尚存，有張珽所立之碑。
[七] "池水"，《華陽國志》卷三原作"齋水"，文義不詳，不知陳氏據何而改作"池水"。
[八] 按，此條本自明王世貞《弇州四部稿》卷一七〇，唯"薛濤箋"後較此處多一"短"字，然不知王氏所謂《蜀志》為何書也。又，《升庵全集》卷六六"十樣蠻牋"條亦有相關記載，唯不言薛濤箋一事，出處仍為《蜀志》；而《益部談資》卷中所載與《升庵全集》相合，唯出處僅云"史載"，則所謂《蜀志》，或係泛稱，非確指某書也。
[九] "枸"，原作"蒟"，今據《史記》原文及後文注釋之語而改。若作"蒟"，則不合文義矣。
[十] 按，此注解之語，本自《文選·蜀都賦》"其園則有蒟蒻"句注文。
[十一] 按，《類說》卷四七引《遯齋閑覽》之語云此題刻乃唐人所為。

龍洞山在永川，即古之英山也[一]。

揚雄《蜀記》云[二]：雲南越巂氈[三]，罽也。即今之氆氌，土人謂之爲毲。

《華陽國志》云廣漢涪水有金銀之礦[四]。今建昌有之，人多盜開，有司每禁之而終不能禁。如一碗水、獅子塲之類，名亦不一。

峨眉山周匝千里，石龕百一十二，大洞十二，小洞二十八，南北有臺。前代于峨眉山刱寺六，光相居其絶頂，爲游山之底極。華嚴居山之前峯，爲游山嚮道，而白水居其中。自白水至光相，歷八十四盤，山徑如線。如是者六十餘里至峯頂，即普賢示現處，其屋皆以板爲之。《名山記》[五]

峨眉山在嘉定州峨眉縣，出縣之南門即山脚也。由儒林橋、十方院、了寶樓、會宗堂、龍神堂、涼風橋、解脫橋、解脫庵、華嚴寺、大峨石、謁鳳亭、中峯寺、雙飛橋，橋下有洗心石，過橋即接王殿、古德林、禪定庵。由石洞經大峨樓、萬年寺、觀心坡，路至此險仄異常矣。又經木皮殿、雷洞坪、太子坪、天門石，始抵光相殿。其他如金殿、銅殿，各洞各寺，不可殫述，俱另有別逕。光相寺，即銕瓦殿也。寺前爲睹光臺，臺下爲萬仞深谷，臨巖作闌干。放光時每在亭午，五色絢縵，然一歲之中僅一二見耳。聖燈乃現于夜，明熒點點，狀如螢火飛來，近拾之，一

[一] 按，《明一統志》卷六九《重慶府·山川》下有相關記載與此合。

[二] 按，此處所云揚雄《蜀記》載其事之說，本自楊慎《藝林伐山》卷一四，然《太平寰宇記》卷七九《姚州·土產》下云："越氈。《記》云：'雲南越巂氈，罽也。'"則楊慎云《蜀記》乃揚雄書，未必屬實也。

[三] "雲"，原作"重"，據《太平寰宇記》《藝林伐山》改。◎"越"下，原有"之"字，據《藝林伐山》《太平寰宇記》刪。

[四] 按，《華陽國志》卷二原文云："剛氐縣，涪水所出，有金銀礦"。

[五] 按，此條本自《蜀中廣記》卷一一。但曹學佺雖然題出處爲《名山記》，卻是據《方輿勝覽》卷五二《嘉定府·山川》下"大峨山"條及《寺觀》下"光相寺"條綜合改寫而來。實則《方輿勝覽》僅"大峨山"條注文引"其山周匝千里，石龕百一十二，大洞十二，小洞二十八，南北有臺"一句出自《名山記》，其後之文皆不云具體出處。另外需說明者，《方輿勝覽》原文僅稱"山記"，奪一字，似難知爲"峨眉山記"還是"名山記"，今本《方輿勝覽》整理者標點有誤且失察。但《輿地紀勝》卷一四六《嘉定府·景物下》"大峨山"條有相關記載，稱引自"本山記"，似當作"峨眉山記"也。那麼，除開祝穆明確注明出處的那一句，其後之文是否如曹學佺所言也出自《名山記》呢？根據宋人施元之注東坡《法惠寺橫翠閣》詩引"《名山記》：峨嵋山在蜀嘉定州，南北有臺。山有六寺，光相居絶頂，白水寺居其中。自白水至光相，歷八十四盤，山徑如線，如是者六十餘里至山頂，即普賢示現處，其屋皆以板爲之"，可以確定原文實出《名山記》一書，王象之稱"本山記"，蓋指《名山記》中之"峨眉山記"也。◎至於《名山記》一書，《宋史·藝文志二》云："沈立《都水志》二百卷，又《名山記》一百卷。"但沈立尚未出生時就已經問世的《太平寰宇記》引有殷武《名山記》，故不能確定祝穆等人所引之書就是沈立所著者，只能說可能性很大。而明人何鏜所編《名山記》今存，據核檢，該書卷一四雖有相關記載，但文字差異較大，顯非其書也。

木葉耳。山中七八月後則人不能游矣，冷則異常也。九月後，即山僧亦各下山別棲，只光相殿中留一二僧香火[一]。積半年之薪米于殿中，雪厚如砌，殿門擁塞，至隔年三四月中始敢啓殿。今雖蜀地兵燹之後而庵寺淒涼，猶是甲天下之大觀焉。

李白《登峨眉山》詩："蜀國多仙山，峨眉邈難匹。周流試登覽，絕怪安可息？青冥倚天開[二]，彩錯疑畫出。泠然紫霞賞，果得錦囊術。雲間吟瓊簫，石上弄寶瑟。平生有微尚，懽笑自此畢。烟容如在顏，塵累忽相失。倘逢騎羊子，携手凌白日。"

鄭谷《峨眉山》詩[三]："萬仞白雲端，經春雪未殘。夏消江峽滿，晴照蜀樓寒。造境知僧熟，歸林認鶴難。會須朝闕去，祇有畫圖看。"

李白《峨眉山月歌送蜀僧晏入中京》詩[四]："我在巴東三峽時，西看明月憶峨眉。月出峨眉照滄海，與人萬里長相隨。黃鶴樓前月華白，此中忽見峨眉客。峨眉山月還送君，風吹西到長安陌。長安大道橫九天，峨眉山月照秦川。黃金獅子承高座，白玉塵尾談重玄。我似浮雲滯吳越，君逢聖主游丹闕。一振高名滿帝都，歸時還弄峨眉月。"

趙貞吉《峨眉山歌》[五]："白帝昔禀鴻濛匠[六]，鑄錯江山排罔象。赤髓溶成巴字流，青稜幻出峨眉狀[七]。峨眉兩片翠浮空，日月跳轉成雙瞳[八]。

[一] 按，"香火"前疑脫"奉"字，文義不暢。
[二] "開"，原作"闕"，形近而誤，據《李太白全集》卷二一改。
[三] 按，《鄭谷詩集箋注》卷三改詩題爲《峨眉雪》，甚無謂也。
[四] "中京"，原作"京中"，今據《李太白全集》卷八乙正。
[五] 按，趙貞吉，《明史》卷一九三本傳云其字孟靜，內江人，嘉靖十四年進士。此人別集名《趙文肅公文集》，有萬曆十三年（一五八五）刊本，收入《四庫全書存目叢書·集部》第一〇〇册。《補續全蜀藝文志》卷五、蔣超《峨眉山志》卷一四、康熙《四川總志》卷三六皆收此詩，但多有文字錯訛，故今以別集卷二所載參校。〇"峨眉山歌"，別集原作"眉山歌"，實非有誤，乃趙氏對峨眉山之習稱也。別集同卷《送眉山高進士令隴西》亦以眉山稱峨眉山，中有"我踏眉山太古雪"爲證也，故《補續全蜀藝文志》《峨眉山志》皆本舊題作《眉山歌》，此處當係陳氏所補，而本書藝文補遺之詩歌部分，復收此詩，則又題作《眉山歌》矣。〇別集在詩題下注云："予辛丑之春游大峨，到京語諸人其勝，有勸予作歌者，歌作于秋之杪。"此辛丑，指嘉靖二十年（一五四一）。
[六] 按，此句用典頗爲費解，據後文"赤髓溶成巴字流，青稜幻出峨眉狀"及"鴻濛"指天地未開之混沌狀態，似用盤古開天闢地之後血液化爲江河、骨骼變爲山陵之事，然盤古不稱白帝也，疑"白"乃"自"字之誤，姑存疑俟考。
[七] "溶"，原作"鎔"，據別集改。〇"青"，原作"貴"，形近而誤，據別集改。〇"巴字流"，《太平寰宇記》卷一三六《渝州》下引《三巴記》云："閬、白二水東南流，曲折三回如巴字，故謂三巴。"此以巴江代指蜀地江河。
[八] "月"，原作"用"，形近而誤，據別集改。按，此句以相對之山喻峨眉，以日月喻眉下之眼目。

112

美人西倚映碧落，崑崙東向懸青銅[一]。嘉陵黛色何窈窕，暮雨朝雲青未了[二]。力士空埋玉冶魂，王孫暗轉琴心調[三]。可憐烟靄下汀州[四]，望望行人芳意留[五]。香象渡河春泯泯，碧雞啼晚思悠悠[六]。歸來悵悵高唐址[七]，不願封侯願游此[八]。錦繡洪都羨畫圖，神明壯宅嗟疑似[九]。憶昨路遶犍爲中，褰裳遙指白雲峯。蟠霄拓地開南紀，黿吼鯨訇追巨踪[十]。此山疑有真靈住，此地遙疑接懸圃[十一]。天上年年種白榆[十二]，人間歲歲飛紅雨。白榆紅雨異凡仙，放光臺上一茫然[十三]。百年萬劫僅彈指，七十二君皆比肩[十四]。雪嶺星橋殊小小[十五]，銅梁玉壘何渺渺[十六]。西拈優鉢影團團，東釣珊瑚光杲杲[十七]。蒼顏灝氣有誰同，羞落襄王一夢中。塵心祇會題紅

[一] "懸"，原作"縣"，雖二者可通，但據別集改爲本字更佳。此兩句將峨眉山比作美人，而將崑崙山比作手捧青銅鏡之奴，蓋用昆侖奴之事也，借對巧妙。
[二] "青"，原作"情"，據別集改。按，此處當係用杜甫《望嶽》詩"齊魯青未了"之語。
[三] "玉"，原作"艷"，據別集改；"調"，原作"悄"，據別集改，《補續全蜀藝文志》與別集同。按，上句言蜀王派五丁力士迎美女，路過梓潼時遇大蛇，五丁拔蛇而山崩，與美女皆死，詳《華陽國志》卷三；下句言司馬相如琴挑卓文君之事，詳《史記·司馬相如列傳》。
[四] "汀"，原作"燈"，文義不通，據別集改。
[五] 按，此句演王維《山居秋暝》"隨意春芳歇，王孫自可留"之語。
[六] 按，上句謂普賢菩薩乘象而至也，趙貞吉別集卷三《宿大峨峰頂》其二有句云"誰騎六牙象，來坐七天中"，亦是此意。今峨眉山萬年寺有普賢騎象雕塑。◎下句謂漢宣帝時方士言蜀地有金馬碧雞之祠，故遣王褒往祭之，詳《漢書·郊祀志下》及《王褒傳》。
[七] "高唐"，別集誤作"高堂"。按，高唐事見宋玉《高唐賦》。
[八] 按，此句仿東坡《送張嘉州》"少年不願萬户侯，亦不願識韓荆州。頗願身爲漢嘉守，載酒時作凌雲遊"之義。
[九] "錦繡洪都羨畫圖"，按，此處或用李白《上皇西巡南京歌》其二"九天開出一成都，萬户千門入畫圖。草樹雲山如錦繡，秦川得及此間無"，所謂"洪都"者，大都也，非豫章之別稱。◎"壯"，原作"比"，今據別集改。
[十] "地"，原作"落"，據別集改。按，"霄"與"地"相對爲文，作"落"則費解矣。◎"追"，原作"迫"，形近而誤，據別集改。
[十一] "懸圃"，別集作"玄圃"，實同，乃崑崙山神仙居所，語出《楚辭·天問》。
[十二] 按，此句用《玉臺新詠》卷一《隴西行》"天上何所有，歷歷種白榆"之語，白榆，謂群星也。趙貞吉好用此典，其別集卷三《宿大峨峰頂》其一末聯亦云"疑有仙人到，相隨種白榆"。
[十三] "放光臺上一茫然"，按，《蜀中廣記》卷八五云："趙州禮峩眉於放光臺，不登寶塔頂。僧問：'和尚云何不到至極處？'州云：'三界之高，禪定可入；西方之曠，一念而至，惟有普賢，法界無邊。'"惜暫不知曹氏所本。
[十四] 按，七十二君，言古帝王封禪泰山者共七十二人，見《史記·司馬相如列傳》等。
[十五] "殊"，別集作"何"，此處與《補續全蜀藝文志》同。按，下一句復有"何"字，似上句不當重出也。
[十六] "渺渺"，別集作"眇眇"，義同。
[十七] "優鉢"，即優鉢羅花，雪蓮花也。然《五燈會元》卷一《七佛·釋迦牟尼佛》云："世尊在靈山會上拈花示衆，是時衆皆默然，唯迦葉尊者破顏微笑。"并未言所拈爲何花也。◎"東釣珊瑚光杲杲"，曹學佺所編《石倉歷代詩選》卷四二四錄明人呂懌《釣雪圖爲文選喬希大題》有句云"竿本解釣珊瑚，俗情大笑何曾顧"，或即趙貞吉所本。此兩句言心意相通之難也，故下文云"蒼顏灝氣有誰同，羞落襄王一夢中"。

葉[一]，素業先須訪赤松[二]。白龍吐霧成海水，青鳥銜花供寸晷。我來踏遍八十四盤飛雪之奇蹤[三]，一洗靈山少年恥。長卿多病在臨邛，傾心縹緲玉芙蓉[四]。抽毫擬作《大人賦》[五]，折簡應召無是公。"

曹學佺《游峨眉山記》[六]："出嘉州之西門爲峨眉徑，而峨愈用自遠。遇津焉，絕流者二，揭衣者一。既入縣，縣田食堰水，膏液雲油，有沃益之稱。遇嶺焉，閣覆于上，宋時建，魏華父書也。首坡名解脫，以出山者釋危就坦，至此而盡。噫！予惡知乎出解脫入解脫耶？

過此爲華嚴寺，即華嚴埭；爲純陽殿，殿前頻溪，有石如船，水出灌堰。石上'龍門'二字，蘇子瞻書。又過爲中峯寺，即乾明觀，黃魯直居之。爲歌鳳臺，《列仙傳》所稱楚狂接輿隱于峨眉山中，不知所終也[七]。陳希夷'福壽'字殊俗筆，峨石神水亦亡謂。又過爲雙飛橋，山中橋非一，此可稱橋，一橋受一水，一水自一洞來。有黑白之分，若挾而舞，若搏而赴，勢不相下，過橋始狎，久之乃濟。有石狀如牛心，受水所激而成。有前後牛心寺，前者白水而後者黑水也，謂之符文水[八]。孫思邈居于白水[九]，今之萬年寺即白水寺。由山下至寺[十]，一舍而遙，倍之而近，如循牆自牖以達堂奧[十一]，每遇一嶺，輒如止扉。寺前爲四達，

[一] "題紅葉"，《類說》卷四一引唐人范攄《雲溪友議》之"題紅葉"條云："盧渥臨御溝見一紅葉，上有絕句曰：'流水何太急，深宮盡日閒。殷勤謝紅葉，好去到人間。'後宣宗省官人，渥獲一人，乃昔年題紅葉者。"
[二] "赤松"，即神仙赤松子，事蹟載《搜神記》卷一。
[三] "盤"下，原有"旋"字，涉"盤"而誤衍也，今刪。按，八十四盤，乃峨眉山上一地名也。
[四] 按，司馬相如病消渴，詳《史記》本傳。○"玉芙蓉"，謂雪峰也，此處專指峨眉山。
[五] "擬"，原作"爲"，據別集改。按，結合下句，趙貞吉是言長卿若欲作類似《大人賦》者以美峨眉山，當傳信召《子虛賦》中之無是公爲代言人也。《子虛賦》裏，"相如以子虛虛言也，爲楚稱；烏有先生者，烏有此事也，爲齊難；無是公者，無是人也，明天子之義。故空藉此三人爲辭"。
[六] 按，《蜀中廣記》卷一一中，曹學佺自言萬曆辛亥（一六一一）年游峨眉山，此記當即作於是年。而《大明一統名勝志·四川名勝志》卷二四亦收此記，今併用以參校，《蜀中廣記》省稱《廣記》，《四川名勝志》省稱《名勝志》。
[七] 按，此說見《列仙傳》卷上"陸通"條。
[八] "白水"下，原有"寺"字，文義不通，據《廣記》《名勝志》刪。○"謂之符文水"，原無，據《廣記》《名勝志》補。按，《輿地紀勝》卷一四六《嘉定府·景物下》"符文水"條謂黑水、白水總名符文水也。
[九] 按，其說本自《輿地紀勝》卷一四六《嘉定府·景物下》"延福寺"條注文："自中峰至寺五里，孫思邈真人故宅。"
[十] "寺"，原無，據《廣記》《名勝志》補。
[十一] "自牖"，原作"白壁"，顯誤，據《廣記》《名勝志》改。

114

而內則大宮也。其地皆稻田塍埒，俯仰隩隩，氣候和暖，不異于外。有蒲氏村，蒲人居之，云漢蒲公之後，蓋權輿是山爾[一]。

出寺至明月池，俗名初喜亭，其嶺蔓延，行之無盡，石磴難數，始治中亂。騎已絕，輿用二十許人舁，蹲處于內，不能蔽軫[二]，劣似輿形者耳。首十人不任輿，以舟視輿，背如弓，繩如弦，猶不滿輿者意。左右八人翼，伸縮如猿臂，莫知定向。輿首者察路如察脈[三]，常苦眩[四]，次者如眩師，或亟跳出輿外，或佹入輿內[五]，或同前後左右爲一井[六]，計二十人之形，如鴻雁木葉，偶成文字，莫知所以。又或作十數層如懸線，或臃腫一處如木瘦也。輿不可，以足代；足不可，以手代。扶予行者不善地，以善讓于予。善在左則棄右者，善在右則棄左者，亦時而下，下不十上之，一輿相詬厲彌甚。首者拊不任輿者背[七]，如相謍然，留十數人後。後者躡石，石隨足下擊前者足[八]，驚全輿。前者交平地[九]，欲趨[十]；後者未脫險，不能從出。

初喜亭至化成寺，俗名木皮殿，徑一嶺，狹束如溝，水所流注，多磊砢，善脫足[十一]，謂之滑石溝也。由木皮殿至雷洞坪，行者禁聲，有禁聲碑[十二]。輿二十人，他輿者半，共百五十人，俱行筤篠灌莽中，若不相顧，若夢與人語而人不應。其木連囷糾紛[十三]，或寓或族，或相切磨，或自仆死[十四]，或翹繚而句[十五]，或無枝而橚[十六]。每上一嶺，不能半，望若

[一] 按，此事見《蜀中廣記》卷八五，云："漢氏永平中癸亥六月一日，有蒲公者採藥於雲窩，見一鹿而奇異之，追至絕頂，無踪，乃見威光煥赫，紫霧騰涌，聯絡交輝，成光明網。駭然歎曰：'此之祥瑞，世所希有，非天上耶！'"
[二] "不能蔽軫"，原無，據《廣記》《名勝志》補。
[三] 第二"察"字，原作"發"，形近而誤，據《廣記》《名勝志》改。
[四] "苦"，原作"若"，形近而誤，據《廣記》《名勝志》改。
[五] "佹"，原作"詭"，形近而誤，據《廣記》《名勝志》改。按，"佹"音guī，時而也。
[六] "井"，大觀本誤作"并"。
[七] "者拊"，原缺，據《廣記》《名勝志》補。
[八] "躡石，石"，原缺，據《廣記》《名勝志》補。
[九] "平"，原作"乎"，據《廣記》《名勝志》改。
[十] "趨"，原缺，據《廣記》《名勝志》補。
[十一] "脫"，原缺，據《廣記》《名勝志》補。
[十二] "禁"，原作"暴"，據前一"禁"字及《廣記》《名勝志》改。
[十三] "木"，原作"水"，形近而誤，據《廣記》《名勝志》改。
[十四] "仆"，原作"弊"，《名勝志》作"斃"，重出無謂也，此據《廣記》改。
[十五] "翹繚而句"，《爾雅·釋木》云："小枝上繚爲喬。"郭璞注："謂細枝皆翹繚上句者名爲喬木。"
[十六] "無枝而橚"，《爾雅·釋木》云："無枝爲橚。"郭璞注："橚櫂直上。"

青天，則有樹立于旁，爲客頉役而惺盱也。木皮殿以上，磴不能石，疊木如馬齒[一]。雷洞坪以上，樹不能枝，向空如虎爪。由雷洞坪至天門，石路詰曲，爲八十四盤，峭直纔減半。梧丘當途，或出其前，或出其後，又或出其左右而遶之。輿者實則輿向空[二]，久始實；輿者空則輿趾礑地[三]，有聲而過。門以外爲娑羅坪，娑羅，其葉冬青，其花蒼蕚，其色赤白，木皮殿以上皆有之，然有襍樹，故不之稱，稱天門。天門樹，娑羅三之二，松居其一。有一松枯而復榮，定者居之，將合無迹也[四]。門內有橋曰天橋，有井曰井絡，有臺曰光相臺。有銕瓦殿，昔建；有銅殿，今建；有庵，以棲禪者。

予登乎臺焉，其穆穆肅肅者耶[五]？其明明斤斤者耶[六]？其見乎蒼蒼之色不在穹窿者耶[七]？其于世也，悠悠洋洋者耶[八]？前之岷江大出而尾下也，背之瓦屋上正而平章也，遠之雪山瀺浮而汩沒也，予何以知朱明之別于玄英[九]，又何以知皋且之別于辜涂[十]？何以知霾曀、霂霖之相終始？何以知蝃蝀、挈貳之自消息[十一]？又何以知拿日覆雲之不爲暈氣五采耶？又何以知人世之雕繢而繡錯、目眩而心亂者之有異乎此耶？噫！觀止矣。學佺曰：'予游名山多矣。直上百里，無所因緣，則未之聞見也。' '高出五嶽，秀甲九州'[十二]，天竺先生之言也，楚人李維楨述于臺側。李公本寧[十三]，前予守西川也。"

[一] "疊"，原作"曡"，形近而誤，據《廣記》《名勝志》改。
[二] "輿向"，原作"地何"，據《廣記》《名勝志》改。
[三] "趾"，原作"地"，據《廣記》《名勝志》改。
[四] 按，此句因《輿地紀勝》卷一四六《嘉定府·仙釋》"峨眉木中定僧"之傳說而言，原文云於古木中得定僧，乃慧遠法師之弟慧持也。
[五] "穆穆肅肅"，《爾雅·釋訓》云："穆穆肅肅，敬也。"
[六] "明明斤斤"，《爾雅·釋訓》云："明明斤斤，察也。"
[七] 按，此句本《莊子·逍遙遊》"天之蒼蒼，其正色耶？其遠而無所至極耶？其視下也，亦若是則已矣"。
[八] "悠悠洋洋"，《爾雅·釋訓》云："悠悠洋洋，思也。"
[九] "玄"，原作"懸"，據《廣記》《名勝志》改。按，朱明謂夏季，玄英謂冬季。
[十] "皋且""辜涂"，"且"音jū，《爾雅·釋天·月名》云，五月名皋，六月名且，十一月名辜，十二月名涂。
[十一] "蝃蝀、挈貳"，據《爾雅·釋天·風雨》，前者爲虹之別名，後者爲霓之別名也。
[十二] 按，此語見《蜀中廣記》卷八五，原文云："周烈王三十二年，有寶掌和尚名曰千歲，始生時，手掌有印文爲記。來禮普賢，設像供養，人所不識，常歎此山曰'高出五嶽，秀甲九州'。"《釋文紀》卷一"印度千歲和尚"條注文引《釋氏通鑑》亦載其事。
[十三] 按，李維楨，《明史·文苑傳四》有傳，其別集《大泌山房集》今存。據《明神宗實錄》卷三二八，萬曆二十六年（一五九八）十一月壬寅，升李維楨爲四川參政。

蜀風俗，歲晚餽人謂之餽歲。《風土記》[一]

《蜀都賦》云"交讓所植"，注：交讓，木名，兩樹對生，一樹枯則一樹生，如是歲更，終不俱生俱枯也。出岷山，在安都縣[二]。即今之柟樹也。

梁山縣有桃花洞，洞口小溪中出魚曰冰雪魚。每當桃花勝開之時，其魚頭上有紅骨一片，狀類花瓣。桃花落盡，魚之頭骨亦無矣[三]。

蜀中嬪呼夫曰帶帽的，夫呼嬪曰插花的。

杜詩云"共迎中使望鄉臺"，註云：望鄉臺在成都之北，嚴武表甫爲工部員外，中使啣命至，武與公共于望鄉臺迎之[四]。今臺之基址渺不知其所在[五]。

武侯祠在錦官城南門外，前殿祀昭烈，後殿祀武侯，兩廡祀關、張諸將。門側有大碑，裴晉公撰文，柳公綽字，與武侯事業，稱曰三絶碑。與《能改齋漫錄》所云"西挾即武侯祠，東挾即後主祠"其基迥異[六]。今之祠想非古基矣，惠陵即在祠之西。

呂溫《諸葛武侯記》[七]："天厭漢德，俾絶其紐，群生墜塗，四海飛灰[八]。武侯命世，實念皇極[九]。魏姦吳輕，未獲心膂。胥宇南陽，堅臥待主[十]。三顧稍晚，群雄粗定[十一]。必也篲掃[十二]，是資鼎立。變化消息，

[一] 按，晉人周處所作《風土記》，今宛委山堂本《說郛》卷六一有輯本，此條正收錄其中。
[二] 按，此條出《文選六臣注·蜀都賦》注文。
[三] 按，道光《遵義府志》卷一七《土產》下引此處之文，《頤道堂詩選》卷二五亦引此處，但誤題出處爲《海錄碎事》。
[四] 按，此處本杜詩《諸將五首》之五，宋人趙彥材之注而略有改易。
[五] 按，據《杜詩詳注》卷一六此詩注文引《成都記》，隋蜀王楊秀所筑望鄉臺與昇仙橋相隔一里也。
[六] "後主"，原作"先主"，顯誤，今據《能改齋漫錄》卷一二"兩王難當二堂"條改。按，原文云："蜀先主祠在成都錦官門外，西挾即武侯祠，東挾即後主劉禪祠。蔣公堂帥蜀，以禪不能保有土宇，因去之。"
[七] 按，《文獻通考·經籍考五十九》"呂衡州集十卷"簡敘呂溫生平云："唐呂溫，和叔也，一字化光，河中人，貞元十四年進士，以荐羣執誼、工叔文起家。再命左拾遺，同張薦使吐蕃。元和初使還，累遷知御史雜事。再貶道州刺史，徙衡州。"此集今有《粵雅堂叢書》本，本文在卷一〇。但據後文所引裴度《諸葛武侯堂記》在《全蜀藝文志》卷三七中亦位於此記之後，陳氏或據《全蜀藝文志》抄出也。又，《文苑英華》卷八一四、《成都文類》卷三二亦收錄此文，故並以之參校。
[八] "灰"，別集、《文苑英華》作"水"。
[九] "皇"，原作"人"，《文苑英華》作"太"，《成都文類》《全蜀藝文志》作"大"，今據別集改。
[十] 按，此二句，《文苑英華》作"葺宇南陽，堅臥不起"。
[十一] "粗"，《文苑英華》作"初"。
[十二] "篲"，別集作"彗"，義同。

謀成掌中。戰龍玄黃，再得雲雨。于是右揭如天之府，左提用武之國，因山分力，與水合勢，蟠亙萬里，張爲龍形。亦欲首吞咸、鎬[一]，尾束河、洛，翼乎中夏，飛于天衢，然後魚驅勾吳，東入晏海。大勳未集，天奪其魄，至誠無忘，炳在日月；烈氣不散，長爲風雷，英雄痛心六百年矣。

　　於戲！以武侯之才，知己付託[二]，土雖狹，國以勤儉富；民雖寡，兵以節制強。魏武既歿，晉宣非敵，而戎車薦駕，不復中原。或曰奇謀非長[三]，則斬將覆軍無虛舉矣；或曰餽糧不繼[四]，則築室反耕有成算矣。嘗試念之，頗賾其原。夫民視德以爲歸[五]，撫則思，虐則忘。其思也，不可使忘；其忘也，不可使思。當漢道方休，哀、平無罪，王莽乃欲憑戚寵[六]，造符命，脅之以威，動之以神，使人忘漢，終不可得也。及高、光舊德與世衰遠，桓、靈流毒在人骨髓，武侯乃欲開季世，振絕緒[七]，諭之以本，臨之以忠，使人思漢，亦不可得也。向使武侯奉主之命，告天下曰：‘我之舉也，匪私劉宗，唯活元元。曹氏利汝乎？吾事之。曹氏害汝乎？吾除之。’俾虐魏偪從之民瞽誠感動，然後經武觀釁，長驅義聲，咸、洛不足定矣[八]。奈何當至公之運而強人以私？此猶力爭，彼未心服，勤而麼獲，不亦宜哉！乃知務開濟之業者未能審時定勢、大順人心而克觀厥成，吾不信也。惜其才有餘而見未至，述于遺廟，以俟通識。唐貞元十四年七月二十五日東平呂某記[九]。

[一]　"亦欲"，《文苑英華》無。
[二]　"付託"，《文苑英華》作"託國"。
[三]　"奇謀非長"，即《三國志·蜀志·諸葛亮傳》中陳壽所評"然亮才於治戎爲長，奇謀爲短"之語也，此說或未必公允，宋人呂本中《讀史》詩即云："陳壽謂諸葛，將略非所長。私恨寫青史，千古何茫茫。"
[四]　"餽糧不繼"，即《三國志·蜀志·諸葛亮傳》中"亮每患糧不繼，使己志不伸，是以分兵屯田，爲久住之基"也。
[五]　"夫民視德以爲歸"，"以"字，原無，據《成都文類》《全蜀藝文志》補。◎此句，別集作"夫民無歸，德以爲歸"，《文苑英華》作"夫民無恒歸，德以爲歸"。
[六]　"咸"，原作"滅"，形近而誤，據別集、《文苑英華》《全蜀藝文志》改，《成都文類》則誤倒爲"寵咸"。
[七]　"開"下，別集有"張"字；"振"上，別集有"興"字。
[八]　"洛"，底本原作"浴"，形近而誤，據大觀本及《呂衡州文集》改。
[九]　"二"，《文苑英華》無。◎"東平呂某"，原無，據集補。按，唐德宗貞元十四年即七九八年。

裴度《蜀丞相諸葛武侯祠堂碑》[一]："度嘗讀舊史[二]，詳求往哲，或秉事君之節，無開國之才，得立身之道，無治人之術。四者備矣，兼而行之，則蜀丞相諸葛公其人也[三]。公本系在簡策[四]，大名蓋天地，不復以云。當漢祚衰陵，人心競逐，取威定霸者，求賢如不及；藏器在身者，擇主而後動。公是時也，躬耕南陽，自比管、樂。我未從虎，時稱卧龍。《詩》曰："潛雖伏矣，亦孔之昭。"[五]故州平心與，元直神交[六]。洎乎三顧而許以驅馳[七]，一言而定其機勢。于是翼扶劉氏，纘承舊服，結吳抗魏，擁蜀稱漢。政刑達于荒外，道化行乎域中。誰謂阻深，殷爲強國；誰謂遳脆[八]，勵爲勁兵。則知地無常形，人無常性，自我而作，若金在鎔。故九州之地[九]，魏有其七，我無其一。由僻陋而啟雄圖，出封疆以延大敵。財用足而不曰浚我以生，干戈動而不曰殘人以逞。其底定南方也，不以力制而取其心服；震疊諸夏也[十]，不敢角其勝負而止候其存亡。法加于人也，雖死徙而無怨[十一]；德及于人也，雖奕葉而見思。此所謂精義入神、自誠而明者矣。若其人存，其政舉，則四海可平，五服可傾。而陳壽之評未極其能事，崔浩之說又詰其成功[十二]，此皆以變詐之略論節

[一]"蜀丞相諸葛武侯祠堂碑"，原作"諸葛武侯祠堂記"，乃沿襲《成都文類》卷三四、《全蜀藝文志》卷三七之題名也，今據原碑改。按，此碑今存成都武侯祠博物館，但據李兆成《唐〈蜀丞相諸葛武侯祠堂碑〉沿革考（一）》，此碑在成化年間經過了滕嵩的補鎸，民國時期又經過了再次補鎸，故已非原刻，所以文字上多有異同。陳祥裔此處所引之文，與《成都文類》《全蜀藝文志》《金石萃編》卷一〇五所載皆有較大差異，似本《全蜀藝文志》而又有臆改也。今以本碑文字爲準校訂並參考《全蜀藝文志》，但不從本碑之異體字形。
[二]"舊"，原文及《全蜀藝文志》作"漢"，據本碑改。
[三]"公"下，原文及《全蜀藝文志》有"亮"字，據本碑刪。
[四]"策"，原文及《全蜀藝文志》作"冊"，據本碑改。
[五]按，此詩出《詩經·小雅·節南山之什》之《正月》。
[六]此二句，原作"荊州平心與昭烈神交"，《全蜀藝文志》原文"荊州平心與玄德神交"，據本碑改。按，州平乃崔鈞之字，元直乃徐庶之字。
[七]"洎"，原作"泊"，形近而誤，據本碑及《全蜀藝文志》改。
[八]"遳"，原文及《全蜀藝文志》作"輕"，據本碑改。按，"遳"音cuō，遳脆，脆弱貌。
[九]"故"，底本原作"改"，據大觀本、《全蜀藝文志》及本碑改。
[十]"疊"，原文及《全蜀藝文志》作"慴"，據本碑改。按，"震疊"見《詩·周頌·時邁》："薄言震之，莫不震疊。"毛傳："疊，懼。"
[十一]"徙"，原文及《全蜀藝文志》無，據本碑補。
[十二]按，"崔浩"，《魏書》有傳，其評諸葛亮之事，載《魏書·毛脩之傳》，原文云："脩之曰：'昔在蜀中，聞長老言，壽曾爲諸葛亮門下書佐，被撻百下，故其論武侯云"應變將略，非其所長"。'浩乃與論曰：'承祚之評亮，乃有故義過美之譽，案其迹也，不爲負之，非挾恨之矣。何以云然？夫亮之相劉備，當九州鼎沸之會，英雄奮發之時，君臣相得，魚水爲喻，而不能與曹氏爭天下，委棄荊州，退入巴蜀，誘奪劉璋，偽連孫氏，守窮踦 之地，僭號邊夷之間。此策之下者，可與趙他爲偶。而以爲管、蕭之亞匹，不亦過乎？'"

119

制之師，以進取之方語化成之道，不其謬歟？

夫委棄荊州，不能遂有三郡，此乃務增德以吞宇宙，不黷武以爭尋常。及出斜谷，據武功，分兵屯田，爲久駐之計[一]，與敵對壘，待可勝之期，雜乎居人，如適虛邑。彼則喪氣，我方養威，若天假之年，則繼大漢之祀、成先主之志不難矣。且權傾一國，聲震八紘[二]，而上下無異辭[三]，始終無愧色，苟非運膺五百、道冠生知，曷以臻于此乎？故玄德知人之明者[四]，倚仗曰魚之有水[五]；仲達奸人之雄者，嗟稱曰天下奇才。

度每迹其行事，度其遠心，願奮短札以排群議[六]，而文字蛀陋，志願未果。元和二年冬十月，聖上以西南奧區，寇亂餘烈[七]，罷甿未息，汙俗未清，輟我股肱，爲之父母，乃詔相國臨淮公，由秉鈞之重，承推轂之寄[八]。戎軒乃降，藩服乃理，將明帝道，陬落綏懷，溥暢仁風，閭閻滋殖。府中無留事，宇下無棄才，人知嚮方，我有餘地，則諸葛公在昔之治與相國當今之政，異代而同塵矣[九]。度謬以庸薄，獲條管記，隨旌旄而爰止，望祠宇而修謁。有儀可象，以赫厥靈。雖徽烈不忘，而碑表未立。古者或拳拳一善，或師長一城，尚流斯文以示來裔，況如仁之嘆[十]，終古不絶，其可闕乎？乃刻貞石，庶此都之人存必拜之感云爾。

昔在先主[十一]，思啟疆宇。擾攘靡依，英雄無輔。爰得武侯，先定蜀土。道德城池，禮義干櫓。煦物如春，化人如神。勞而不怨，用之有倫。柔服蠻落，舖敦渭濱。攝跡畏威，裒居懷仁。中原旰食，不測不克。以待可勝，允臻其極。天未悔禍，公命不果。漢祚其亡，將星中墮。反旗鳴鼓，猶走司馬。死而可作，當小天下。尚父佐周，阿衡佐商。兼齊管、

[一]"爲"，原文及《全蜀藝文志》作"謀"，據本碑改。
[二]"聲"，原文及《全蜀藝文志》作"威"，據本碑改。
[三]"而"，原文及《全蜀藝文志》無，據本碑補。
[四]"玄德"，原作"昭烈"，據本碑及《全蜀藝文志》改。按，前文亦有改"玄德"爲"昭烈"處，以此處相照，可知乃陳氏臆改也。
[五]"曰"，原作"如"，據本碑及《全蜀藝文志》改。
[六]"札"，原文及《全蜀藝文志》作"袖"，據本碑改。
[七]"烈"，原文及《全蜀藝文志》作"孽"，據本碑改。
[八]按，此處言八〇七年唐憲宗拜武元衡爲門下侍郎平章事，不久即出其爲劍南西川節度使之事，詳《舊唐書·武元衡傳》。
[九]"塵"，原作"法"，《全蜀藝文志》作"澶"，據本碑改。
[十]"如仁"，原文及《全蜀藝文志》作"如在"，據本碑改。按，"如仁"出《論語·憲問》："子曰：'桓公九合諸侯，不以兵車，管仲之力也，如其仁，如其仁！'"
[十一]"昔在"上，原文及《全蜀藝文志》有"銘曰"二字，據本碑刪。

晏，總漢蕭、張。易代而生，易地而理。遭遇豐約，亦皆然矣。嗚虖！奇謀奮發，美志夭遏[一]。吁嗟嚴、立[二]，咸受謫罰。聞之痛之，或泣或絕。甘棠勿翦，駢邑斯奪。繇是而言，殊途共轍。本于忠恕，孰不感悅？苟非誠愨，徒云固結。古柏森森，遺廟沉沉。不殄禋祀，以迄于今。靡不駿奔，若有昭臨[三]。蜀國之風，蜀人之心。錦江清波，玉壘峻岑。入海際天，如公德音[四]。元和四年歲次己丑二月廿九日建[五]。"

任淵《重修先主廟記》[六]："智力之不勝義也久矣。昔自英雄豪傑乘時崛起，有能仗義而行，偉然正大，指麾號令，天下從之。雖其不幸，不克大有所成就于當時，而風烈之餘，猶足以聳動後世。歷千百載，尊仰而懷思之，有不能自已者，非以義勝故歟？

東漢之季，王室陵夷[七]，曹氏怙奸賊之資以擅中原，孫氏席彊大之勢以并江左，皆矜向智力，求所非望，非有志于王室也。海內之士劫于威制，雖俛首聽從，而心不與之。至後世利害不相及，則排貶譏笑，未始少容。惟蜀先主昭烈帝，以宗冑之英[八]，負非常之略，崎嶇奔走，經理四方，最後伐劉璋，遂有蜀漢。蓋將憑藉高祖興王之地建立本基，然後列兵東向，誅有罪而弔遺民，以紹復漢家大業。其理順，其辭直，非若孫、曹氏之自爲謀也。當是時，丞相忠武諸葛侯實左右之。人品意象，高遠英特，駸駸乎伊、呂之間。應變機權，本于道德，內修綜核之政，外舉節制之師，欲以攘除奸凶，混一區宇，不負其君付託之意，可謂社稷臣矣。彼其君臣仗義而行，正大如此，是以海內之士心與而誠服之，舉無異論。雖厄於運數，屈其遠圖，而後世有讀其遺書、過其陵廟者，未嘗不咨嗟流涕，尊仰而懷思之也[九]。夫義之所在，俯仰無愧，天地且

[一] "志"，原文及《全蜀藝文志》作"智"，據本碑改。
[二] "嚴"，原文及《全蜀藝文志》作"平"，據本碑改。按，李嚴，後改名爲平，詳《三國志·蜀志·李嚴傳》；立，指蜀廖立，事詳《三國志·蜀志·廖立傳》。
[三] "昭"，原文及《全蜀藝文志》作"照"，據本碑改。
[四] "如"，原文及《全蜀藝文志》作"知"，據本碑改。
[五] 按，此句，原文及《全蜀藝文志》作"元和四年記"，據本碑改。
[六] "任淵"，字子淵，蜀之新津人。紹興元年乙丑（一一三一），以文藝類試有司第一，仕至潼川憲。其稱天社者，新津山名也。曾注山谷詩，事蹟詳《四庫全書總目提要·山谷內集詩注》。◎按，此記載於《成都文類》卷三三與《全蜀藝文志》卷三七，今皆以之參校。
[七] "夷"，原作"微"，據《成都文類》《全蜀藝文志》改。
[八] "宗"，原作"帝"，據《成都文類》《全蜀藝文志》改。
[九] "尊"，原作"遵"，不詞，據《成都文類》《全蜀藝文志》改。

將直之；見信于人，亦其理之然哉。

　　成都之南三里所，立阜巋然曰惠陵者，實昭烈弓劍所藏之地，有廟在其東，所從來遠矣。大殿南向，昭烈弁冕臨之。東夾室以祔後主，而西偏少南又有別廟，忠武侯在焉。老柏參天，氣象甚古，詩人嘗爲賦之。廟久不治，風雨摧剝，殿廡門墻率皆頹圮破缺，像設僅存，至或露處。紹興二十有八年秋九月，蜀當謀帥，上親擇廷臣文武兼資、可屬方面者，得中書舍人王公，命以龍圖閣待制制置四川[一]，使出鎮成都，臨遣甚寵。

　　粵明年夏四月，公始至，用故事，謁諸祠奠獻。至此，顧瞻太息，曰：'有大功德于蜀人，宜莫若昭烈、忠武。廟貌乃爾，亦獨何心？'亟命有司繕治之，鳩工庀材，咸有程度。以是歲十月己巳經始，落成于明年三月己丑。雖號爲因舊起廢，實再造而一新之。棟宇宏敞，丹艧鮮明，堅壯精密，足以經久。祠與惠陵皆護以垣墉，限禁樵牧。築室忠武祠北，明潔幽邃，有事于神者得以休焉，蓋舊所無也。用工萬一千六百七十有八，爲錢無慮二百萬，木章竹箇取于津步商旅之征，勞與費，民不知焉。

　　既成，命淵記之。淵懼陋不克稱，固辭，公不許，乃冒昧書其事。蓋嘗妄論王霸之說，以謂義近王，智力近霸。竊觀昭烈、忠武之所爲，非深于王道，未易明其心于千載上也。今公之所學宏遠高明，正論凛然，一以宗王爲本。嘗過公孫述廟，笑唾不顧，至劉蜀君臣，嚴事之如此，意固有在，非特以欽崇秩祀爲牧守之所當先也。鎮蜀未幾，威德流聞，民夷寧謐，視忠武不愧。異時志得道行，其助恢漢業，興三代之禮樂，不難矣。公名剛中，鄱陽人，開豁邁往，而克勤庶事，綜練周密。治蜀之政，百廢具舉，不獨新此廟之可書也。紹興三十年記。"

　　張時徹《新建諸葛忠武侯祠碑》[二]："天下莫大于義，而強有力不與

[一] "待"，底本作"侍"，形近而誤，據大觀本及《成都文類》《全蜀藝文志》改。
[二] "張時徹"，字維靜，浙江鄞縣人，嘉靖癸未（一五二三）進士，官至南京兵部尚書，事蹟附見《明史·張邦奇傳》。據《明世宗實錄》卷三〇一，嘉靖二十四年（一五四五）七月庚寅，陞河南左布政使張時徹爲都察院右副都御史，巡撫四川。有《芝園定集》《芝園外集》，此文見《芝園定集》卷三八及《補續全蜀藝文志》卷二九、康熙《四川總志》卷三六，《補續全蜀藝文志》所錄文字錯訛較多，不以參校；康熙《四川總志》則與此文大致相合。一九九二年，《文史雜志·成都武侯祠研究專輯》過錄此碑文，與別集文字差異較大，與陳氏所載基本吻合，則陳氏應係據碑刻原文抄錄也。但今日之武侯祠，已不見此碑蹤跡，故僅以原碑錄文及別集參校。○"新建諸葛忠武侯祠碑"，原作"諸葛武侯祠記"，據別集改，《文史雜志》錄文在"碑"後加"記"字，原碑應無。

焉；莫効于忠[一]，而智計不與焉。昔漢鼎之播也，曹操怙梟雄之資以擅中原，孫權席父兄之業以據江左[二]。矜尚智力，競求非望，天下知有魏與吳耳。而昭烈方以一旅興，間關困躓，非有如林之衆與可憑之土也[三]。當是時，敢有言相輔以圖大事者哉？而侯以草廬寒餓之夫承三顧之勤，乃邃以許馳驅，非徒以堂堂帝室之胄足以聲大義于天下耶？已而雲雨旣得，謀成掌中，光啟雄圖，上延絶緒。發獻帝之喪，討曹瞞之逆，義檄四驅，荆楚響應。蓋欲首吞酆、鎬，尾控伊、洛，然後兼吳會而蕩楚越，侯之言蓋略酬矣。即其所自施設，拳拳以開誠心、布公道、集衆思、廣忠益爲務。故其言曰：'若遠小嫌，難相違覆，曠闕損矣。違覆而得中，猶棄敝蹻而獲珠玉也。然人心苦不能盡'[四]，'苟能慕元直之十一，幼宰之殷勤，有忠于國，則亮可少過矣'[五]。

於乎！三代而下有如侯之心事者乎？故雖中道云亡，漢紐不續，跨有荆益，僅成鼎峙之勢；薦駕戎車，未收混一之功，而仲達生走，平、立死悲，後之君子咸以伊、呂許焉。謂智計彊有力者而有是乎？以今觀之，張弛恊于人情，綜核周于庶政；斬將覆軍，發無虛舉；築室反耕，動有成筭。八陣之圖不刊，流馬之運非古，則侯蓋非無智計者。故道化行于域中，風聲振于徼外，而頌功德、稱神明、巷祭而野祝者，環梁、益皆是也。語所謂'生而正直則死而爲神'[六]，其然乎？其然乎？

[一] "効于忠"，別集作"善于公"。按，忠、義對擧，原碑所載看似有理，但聯繫"天下"二字，則不通矣。故別集定本修改爲"善于公"，《歷代名臣奏議》卷一五〇錄端平中中書舍人袁甫之劄子云"天下萬事莫善於公，莫不善於私"當即其所本。然"公"與"智計"又無關矣，相較之下，"効于忠"略勝，"効"字指功効，此處名詞用作動詞，謂起作用也。作此解，庶幾平順矣。
[二] "席"，別集作"藉"。按，此兩句顯係據任淵《重修先主廟記》之語而來，張時徹或以爲"席"字於義不通而改，但"席"字作"憑藉"講，早見於《漢書·楚元王傳》："呂產、呂祿席太后之寵，據將相之位。"故用"席"字既本任淵之語又於義可通，改作"藉"實無必要。
[三] "土"，原碑錄文作"士"，疑形近而誤。
[四] 按，此句出《三國志·蜀志·董和傳》，"違"通"回"，違覆即反復也。
[五] 按，此句亦出《董和傳》，董和，字幼宰也。〇"十一"，別集作"十反"，蓋因《董和傳》而誤解也。原文云："惟徐元直處茲不惑，又董幼宰參署七年，事有不至，至于十反，來相告告。"故十反者乃董和，非徐庶也，原碑作"十一"不誤。〇"殷勤"，別集作"勤渠"，《資治通鑑·魏文帝黃初四年》所引正作"勤渠"，義同。
[六] 按，《粵西文載》卷三八錄明黃潤玉《潯州思靈山李御史廣祐廟碑》云："人物生而正直，其神必剛，死則神不散不昧，顯其靈以福生民，民從廟而祀之。"

成都故有專祠[一]，既以合祠于昭烈而廢。檗谷王公曰[二]：'侯之功德大矣，不專何崇？不崇何稱？庸已諸？'昔孔發如仁之嘆[三]，《詩》咏勿翦之思[四]，古今人情，要豈相遠哉？今夫釋老之宮，鬼伯之構，環城以內外盡如也。而獨于侯靳之[五]，豈所以彰哲軌而翼休風乎[六]？是寔在予，其何敢後！乃請于蜀王，闢浣溪之隙地而祠焉。而予寔來代公，遂述而碑之。乃其行業之懿，則裴晉公之記詳矣。碑蓋以昭蜀王尚德之美與王公興廢之績云。辭曰：

嗟！忠武侯，曷躬耕南陽乎？曷龍潛于野[七]，弗騰弗驤乎？曷四海鼎沸，如蜩如螗乎[八]？曷不吳不魏，枕高岡乎？曷草廬三顧，魚水洋洋乎[九]？曷舉世皆霸，獨以王乎？曷親吳讎魏，曷短曷長乎[十]？曷戎車薦駕宣助勳乎？曷三分鼎立戰玄黃乎[十一]？曷信義既布，漢炎弗將乎[十二]？曷將星告殞，中道崩徂乎？曷大志弗終，以莫不傷乎？曷廟貌尸祝，墟落相望乎？曷築爾新宮，美棟美梁乎？曷鳴鐘吹竽，鼓堂堂乎？曷踐爾籩豆奠椒漿乎？曷衣裳楚楚，以翱以翔乎？曷降鑒我民，四國于匡乎？"

杜甫《謁先主廟》詩："慘澹風雲會，乘時各有人。力俾分社稷，志屈偃經綸。復漢留長策，中原仗老臣。雜耕心未已，嘔血事酸辛[十三]。霸氣西南歇，雄圖歷數屯。錦江元過楚，劍閣復通秦。舊俗存祠廟，空山

[一]"故"，原作"改"，文義不通，形近而誤，今據別集改。
[二]"檗谷王公"，即王大用，字時行，號檗谷，明焦竑《國朝獻徵錄》卷四九《通議大夫南京刑部右侍郎檗谷王大用行狀》對其生平事實有詳細介紹。復據《明世宗實錄》卷二九〇，嘉靖二十三年（一五四四）九月己亥，起原任整飭薊州邊備兼巡撫順天右副都御史王大用，以原職巡撫四川。
[三]"如仁"，原文及碑刻作"如何"，據別集改。詳本書前文所錄裴度碑"況如仁之嘆"條注文。
[四]按，此句謂《詩·召南·甘棠》之"蔽芾甘棠，勿翦勿伐"也。
[五]"靳之"，別集誤倒。
[六]"哲軌"，"前哲軌躅"之省文，謂前代聖賢之規範也，本自唐獨孤及《吏部郎中廳壁記》"嘗以前哲軌躅我之韋絃"，"以"，以之爲也。
[七]"野"，別集作"淵"，《易·乾卦》"九四，或躍在淵，无咎"，故"初九，潛龍勿用"所潛之處即"淵"也，此乃張時徹所改之由。然諸葛稱臥龍，隱居不顯，謂江湖之遠爲"野"，亦可。
[八]按，此句出《詩·大雅·蕩》："如蜩如螗，如沸如羹。"鄭箋云："飲酒號呼之聲，如蜩螗之鳴；其笑語沓沓，又如湯之沸、羹之方熱。"
[九]"洋洋"，大觀本奪一"洋"字。
[十]第二"曷"字，原碑錄文無，疑脫漏。
[十一]"玄"，原文及原碑作"鉉"，不知因何而誤。今據別集改。按，《易·坤卦》："上六，龍戰於野，其血玄黃。"
[十二]"炎"，別集改爲"祚"，亦不必也。按，漢以火德，故謂漢炎可矣。元王惲《秋澗集》卷九《滹沱流澌行》有云："漢炎中斷天復燼，肘後頑石胡爲光"。
[十三]"嘔"，杜詩原作"歐"，義同。

124

泣鬼神[一]。虛簷交鳥道，枯木半龍鱗。竹送清溪月[二]，苔移玉座春。閭閻兒女換，歌舞歲時新。絕域歸舟遠，荒城繫馬頻。如何對搖落，況乃久風塵。孰與關張並，功臨耿鄧親。應天才不小，得士契無隣。遲暮堪帷幄，飄零且釣緡。向來憂國淚，寂寞洒衣巾。"[三]

又丞相祠詩[四]："丞相祠堂何處尋，錦官城外柏森森。映階碧艸自春色，隔葉黃鸝空好音。三顧頻煩天下計，兩朝開濟老臣心。出師未捷身先死，長使英雄淚滿巾。"

劉禹錫《蜀先主廟》詩[五]："天下英雄氣，千秋尚凜然。勢分三足鼎，業復五銖錢[六]。得相能開國，生兒不象賢。凄涼蜀故妓，來舞魏宮前。"

張儼《謁先主廟》詩[七]："仗順繼王業[八]，并吞勢由己。天命屈雄圖，誰歌大風起？""得股肱賢明，能以奇用兵。何事傷客情？何人居帝京？"[九]"雄名垂竹帛，荒陵壓阡陌。終古更何聞，悲風入松柏。"

張震《武侯祠》詩[十]："勳業場中託汗青，詩書壇上復誰登。顧廬可是依玄德[十一]，持釣何妨屈子陵。力挽狂瀾休轉石[十二]，功虧累土不成層。他年一笑三生夢[十三]，應愧多情碧眼僧。"[十四]

[一] "泣"，杜詩原作"立"，別本有作"泣"者。
[二] "清"，大觀本作"青"，杜詩別本有作"青"者。
[三] "寞"，底本作"寂"，據大觀本及杜詩改。按，《成都文類》卷六、《全蜀藝文志》卷一一錄此詩皆作"寂"。
[四] 按，詩題本作《蜀相》。
[五] "蜀"，原無，此據《劉禹錫集》卷二二補。
[六] 按，劉禹錫詩題下有注云："漢末謠：'黃牛白腹，五銖當復。'"據《後漢書·五行志一》，黃牛謂王莽，白腹謂公孫述也，五銖錢乃漢代貨幣，言當復漢室。
[七] "張儼"，唐人，《唐詩紀事》卷四五稱此人於貞元八年（七九二）十二月謁先祖廟，作詩三首。此處三詩現在可見最早著錄，爲《成都文類》卷六，其次即《唐詩紀事》，故以此二者參校。
[八] "仗"，原作"扶"，據《唐詩紀事》改，《成都文類》原作"扠"，亦已據《唐詩紀事》改。
[九] "居"，《唐詩紀事》作"歸"。
[十] "張震"，按，此詩見於《全蜀藝文志》卷一一，整理者以爲乃宋人，當是據同書卷三七《補夔州大晟樂記》一文也。雍正《四川通志》卷七上列其小傳云："張震，字子發，廣漢人，以敷文閣待制知夔州。爲政以利民澤物爲先，疏言朝綱利害。又修補大成（當作"晟"）樂及忠武侯祠，皆自爲記。"此詩以《全蜀藝文志》參校。
[十一] "玄"，底本作"鉉"，據大觀本及《全蜀藝文志》改。
[十二] "力挽狂瀾休轉石"，按，杜甫《八陣圖》詩云："功蓋三分國，名成八陣圖。江流石不轉，遺恨失吞吳。"
[十三] "他"，底本作"它"，據大觀本及《全蜀藝文志》改。
[十四] 末句下，《全蜀藝文志》有注文云："韋南康始生，有胡僧往視之，謂曰：'別久亡恙乎？'韋氏問故，答曰：'武侯後身也。吾往與之友，故不遠而來。'因字之武侯。見《宣室志》。"按，此說見《宣室志》卷九。

陸游先主廟詩[一]："猾賊挾至尊，天命矜在己。豈知高帝業，煌煌漢中起。"

又："洛陽化爲灰，棘生銅駝陌。討賊志不成，父老泣陵柏。"廟在惠陵側。

祥裔《武侯祠》詩："古廟春城外，荒荒艸木深。可憐三顧意，空負一生心。斯道久淪没，殘碑自古今。宦游來此地，瞻拜泪沾巾。"

又《重過武侯祠》詩："萬里橋南丞相祠，日籠烟樹漢旌旗。幽魂猶自依先主，霸業空憐付小兒。衰艸萋萋迷古壁，秋花淡淡護閑埠。嗟予久宦來游熟，野犬相迎坐片時。"

又《武侯祠·臨江仙》詞："丞相祠堂衰艸裹，野烟四合團愁。小堦瘦柏不禁秋。一生心血盡，三顧主恩酬。門外平原仍陸海，山河無恙悠悠。衣冠漢代哭荒丘。老臣猶有恨，豎子自遺羞。"

赤甲山在瞿塘峽口，其山甚高削，不生草木，土皆赤色，故名[二]。

杜甫赤甲山詩："卜居赤甲遷居新，兩見巫山楚水春。炙背可以獻天子，美芹由來知野人。荆州鄭薛寄書近，蜀客郳岑非我隣。笑接郎中評事飲，病從深酌道吾真。"

《寰宇記》云：巂州越巂郡，本益州西南外夷地。漢武帝以卭都之地爲越巂郡，郡有越水、巂水，皆出生羌界[三]，南歷本郡，故名越巂郡。即今之越巂衛也。

《辟疆園杜詩註解》云[四]："沉黎去蜀城南八百里，即灌縣也。"[五]按，灌縣在城之西，去城僅百里，其説似未深考也。

《儒林公議》云：成都先主廟側有武侯祠，祠前有大柏，係孔明手植，圍數丈，唐相段文昌有詩刻存焉。唐末漸枯，歷王建、孟知祥二僞國，不復生，然亦不敢伐。宋乾德五年丁卯夏五月，枯柯再生。余于皇祐初

[一] 按，此詩載《劍南詩稿》卷三，題作《先主廟次唐貞元中張儼詩韵》，原詩三首，此第一首也。下一首則爲第三首。

[二] 按，《集千家注杜工部詩集》卷一六所録《赤甲》詩題下趙次公注文與此大致相合。

[三] "生"，原作"深"，據《太平寰宇記》卷八〇《巂州》下所載改。按，此處乃陳氏據原文改寫，第一"越巂郡"三字在《太平寰宇記》中爲注文，故今亦作夾注處理。

[四] "解"，原無，今據是書原題名而補。按，此書乃清人顧宸著，今存康熙二年（一六六三）吳門書林十七卷刊本。

[五] 按，此處乃注《新州玉壘奉簡高三十五使君》之題詩也，清人錢謙益《錢注杜詩》卷一一相關注解亦與此同，實則二人皆本自《太平寰宇記》卷七三《永康軍·導江縣》下引李膺《益州記》之語，並非顧宸本人或錢謙益妄作新説也。

守成都[一]，又八十年矣。新枝聳雲，枯榦存者若老龍形[二]。公詩："霜皮溜雨四十圍，黛色參天二千尺。"正謂此柏也。今其柏不知何代伐去，杳不可稽。

段文昌《諸葛武侯廟古柏文》[三]："是艸木有異，于艸木則靈。武侯祠前，柏壽千齡。盤根擁門，勢如龍形。含碧太空，散霧虛庭。合抱在于旁枝，駢梢葉之青青；百尋及于半身，蓄風雷之冥冥。攢柯垂陰，分翠間明。忽如虬螭，向空爭行。上承翔雲，孤鶯時鳴；下蔭芳苔，凡艸不生。古色天風，蒼蒼泠泠。曾到靈山，老柏縱橫，亦有大者，莫之與京。于惟武侯，佐蜀有程。神其不昏，表此爲禎[四]。斯廟斯柏，實播芳馨[五]。"

田況《古柏記》[六]："成都諸葛孔明祠古柏，年祀寖遠，喬柯鉅圍，蟠固凌拔，有足異者。杜甫嘗作歌，段文昌亦作文，摹狀瓌奇，人多諳誦。故老相傳及記事者云，自唐季凋瘁，歷王、孟二僞國，蠹槁尤甚，然以祠中樹，無敢剪伐者。皇朝乾德丁卯歲仲夏[七]，枯柯復生，日益敷茂，觀者嘆聳，以謂榮枯之變應時治亂。武侯光靈如有意于茲者，誠爲異哉！因命工圖寫，備述本末以貽好事者。自三分訖今，八百餘齡矣。"

杜甫《古柏行》："孔明廟前有老柏[八]，柯如青銅根如石[九]。霜皮溜雨四十圍，黛色參天二千尺。君臣已與時際會，樹木猶爲人愛惜。雲來氣接巫峽長，月出寒通雪山白。憶昨路繞錦亭東，先主武侯同閟宮。崔嵬枝幹郊原古，窈窕丹青牖户空。落落盤據雖得地，冥冥孤高多烈風。扶持自是神明力，正直元因造化功。大廈如傾要梁棟，萬牛回首丘山重。

[一] "祐"，原作"祐"，形近而誤，今改。按，《宋史·蠻夷列傳四·西南諸夷》云："皇祐元年（一〇四九）二月，夷衆萬餘人復圍清井監，水陸不通者甚久。……詔知益州田況發旁郡土卒，命梓、夔路兵馬鈐轄宋定往援之。"據《續資治通鑑長編》卷一六四，程戡在慶曆八年（一〇四八）四月由知成都府轉知鳳翔府，故緊隨其後，田況就已知益州矣。
[二] 按，此前之語本自宋人田況《儒林公議》，但係改寫，文字差異較大。而其後之語則顯非田況書所有，乃陳氏按語也。其中所引之詩句，即杜甫《古柏行》之語也。
[三] 按，此文亦載《唐詩紀事》卷五〇、《成都文類》卷四九、《全蜀藝文志》卷四九，今以《唐詩紀事》參校。
[四] "禎"，原作"禎"，於義不通，據《唐詩紀事》改。
[五] 按，此句之下，《唐詩紀事》有"長慶二年六月題"七字，長慶二年，即八二二年。
[六] 按，此文載《成都文類》卷四六、《全蜀藝文志》卷四〇。
[七] 按，即前文所云乾德五年也，公元九六七年。
[八] "老"，原作"古"，據杜詩改。
[九] "銅"，原作"桐"，據杜詩改。

不露文章世已驚,未辭剪伐誰能送?苦心豈免容螻蟻,香葉終經宿鸞鳳。志士幽人莫怨嗟,古來材大難爲用。"

李商隱《武侯廟古柏》詩:"蜀相階前柏,龍蛇捧閟宫。陰成外江畔,老向惠陵東。大樹思馮異,甘棠憶召公。葉彫湘燕雨,枝拆海鵬風[一]。玉壘經綸遠,金刀曆數終[二]。誰將出師表,一爲問昭融。"

李石《古柏》詩[三]:"思人誰復念婆娑,竄室崖陰未易磨[四]。四十圍間看溜雨[五],三千年後數恒河。不堪與世供狙杙[六],尚許遺民占鳥窠。從此便名夫子樹,匡人斤斧奈予何。"[七]

《益部耆舊傳》云:柳宗字伯騫,蜀人,爲治中。其所拔進皆世所稱[八],鄉里爲之語曰:"得黄金一笥,不如爲柳伯騫所識。"

龍床灘在雲陽江中,形似游龍。歲人日,邑人游于其上,以雞子卜歲豐凶,今俗呼爲龍脊灘。古謠云:"龍床如拭,濟舟必吉;龍床彷彿,濟舟必没。"[九]

楊濟《龍脊灘》詩[十]:"洞庭老龍時出没,萬斛舟航俱辟易。此龍脊背已銕石,肯逐時好作人日[十一]?我呼邦人來踏磧,恍然如見河圖出。大

[一] "拆",原作"折",據《李商隱詩歌集解》改。按,"拆"義同"坼",言樹膚裂也,作"折"則非勁柏矣。

[二] "曆",《李商隱詩歌集解》作"歷",通"曆"。

[三] 按,此詩見李石《方舟集》卷四,原詩乃二首組詩,此其二也,今以《方舟集》參校。

[四] "竄室崖陰未易磨",按,原詩序云:"有妄庸人請於府,恐壞屋,欲去之。石曰:'屋壞可修,伐此柏不可復。且祠廟古跡林木條禁甚明。'併舉東坡《柏堂》詩爭之,得全。"

[五] "四十圍間看溜雨",按,此句本自杜甫《古柏行》"霜皮溜雨四十圍"。

[六] "杙",原作"械",據《方舟集》改。按,狙杙,拴猴之木椿,語本《莊子·人間世》:"宋有荊氏者,宜楸柏桑。其拱把而上者,求狙猴之杙者斬之。"

[七] "匡人斤斧奈予何",語本《論語·子罕》:"子畏於匡,曰:'文王既没,文不在兹乎?天之將喪斯文也,後死者不得與於斯文。天之未喪斯文也,匡人其如予何?'"李石在此詩末注云:"監者王朝辯,進士,年八十餘矣。學官憫其老,不忍易之。"此乃末聯所云之因也。

[八] "拔",原作"校",形近而誤,今據《全蜀藝文志》卷三改。《華陽國志》卷一〇載此人小傳,亦作"拔"也。按,此條當是本自《全蜀藝文志》,《太平御覽》卷二六三引《益部耆舊傳》之語則較此處更詳。《益部耆舊傳》,晉人譙周撰,今佚。

[九] 按,此條乃據《蜀中廣記》卷二三改寫,至於古謠,亦見《全蜀藝文志》卷三、《明一統志》卷六九《重慶府·山川》下"龍床灘"條。

[十] 按,此詩見《全蜀藝文志》卷九,題作《雲安龍脊灘》,亦載《宋詩紀事》卷五五等。《宋詩紀事》列楊濟小傳云:"濟,字濟道,淳熙五年進士。歷著作郎,出知果州,有《鈍齋集》。"《南宋館閣錄》卷八所載更詳:"楊濟字濟道,崇慶府晉源人。淳熙五年姚穎榜進士及第,治詩賦。元年十一月除,是月知果州。"《直齋書錄解題》卷一八載云其《鈍齋集》共六十卷。今以《全蜀藝文志》《宋詩紀事》參校。

[十一] "時",原作"詩",形近而誤,據《全蜀藝文志》《宋詩紀事》改。

128

巫雞卜占云吉，小巫《竹枝》歌轉激。飄石揚沙障江色，塵埃何處不相襲？摩挲石刻聊偃息，恐有老人來橫笛。"[一]

龍華山在崇慶州，唐段文昌有讀書臺，今廢礎淒涼矣。郭震《龍華山》詩[二]："昔年曾到此山廻，百鳥聲中酒一杯。最好寺邊開眼處，段文昌有讀書臺。"《古今詩話》[三]

房湖在漢州，唐刺史房琯鑿[四]。洲島凡數百畝，高適、杜甫皆嘗觴咏于此[五]。今湖址渺不可考，惟漢州署中有一小石，上鐫"房公石"三字[六]。蘇轍房公湖詩："酒壓郫筒憶舊酤[七]，花傳丘老出新圖。此行真勝成都尹，直爲房公百頃湖。"

廣明二年，僖宗幸蜀，神有陰兵助順，見形于桔柏津。帝幸其廟，解劍贈神，封濟順王，廟在劍州。王鐸《題濟順王祠》詩[八]："盛唐聖主解青萍[九]，欲振新封濟順名[十]。夜雨龍抛三尺匣，春雲鳳入九重城[十一]。

[一] "恐"，原作"怨"，形近而誤，據《全蜀藝文志》《宋詩紀事》改。
[二] "郭震"，史上同名者甚多，較著名者有《新唐書》卷一二二爲之立傳者，有《明一統志》卷六七"成都府·人物"下爲其立傳之宋人，而著錄此詩之《成都文類》卷三稱其爲唐人，《全蜀藝文志》卷八則稱其爲宋人矣，《唐詩紀事》卷五〇"段文昌"條引此詩，但不稱郭震之時代。據《新唐書·郭震傳》，此人去世時段文昌尚未出生，故此郭震當爲宋人也，《成都文類》誤。《明一統志》所載小傳云："郭震，成都人，博學能詩，才識過人，裕然有物外之志。所著有《漁舟集》，李畋稱其有孟郊之風。"又據《蜀中廣記》卷九，宋英宗治平中（一〇六四—一〇六七），此人曾知綿竹縣。
[三] 《古今詩話》，《宋史·藝文志八》云："李頎《古今詩話錄》，七十卷。"通稱爲《古今詩話》。該書早佚，曾慥《類說》有殘卷。清朝道光年間有盧東園輯錄之抱青閣本，共兩冊。郭紹虞《宋詩話輯佚》本所收者，乃目前比較齊全的輯錄本。
[四] 按，據《舊唐書·房琯傳》，上元元年（七六〇）八月任漢州刺史，此湖當即其任上所開鑿也。
[五] 按，高適之詩待考，杜甫有《陪王漢州留杜綿州泛房公西湖》《得房公池鵝》詩。
[六] 按，此條當係陳祥裔據《明一統志》卷六七"成都府·山川"下"房湖"條删改增補而來，關於房公石，楊慎曾作記，見《補續全蜀藝文志》卷三〇《房公石記》。
[七] "酒壓"，原作"詩酒"，據《樂城集》卷一五《送周思道朝議歸守漢州三絕》其三改。
[八] "王鐸"，唐人，《全唐詩》卷五五七列其小傳云："王鐸，字昭範，宰相播之從子。會昌初擢進士第，咸通時拜相。黃巢之亂，命爲行營都統，封晉公。後落職，節度滄景，爲魏博節度樂從訓所害。"《唐詩紀事》卷六五所列小傳更詳，文繁不錄。◎按，此段文字與《全蜀藝文志》卷一一所錄大致相合，《唐詩紀事》則題詩名爲《謁梓潼張惡子廟》。《太平寰宇記》卷八四《劍州·梓潼縣》下引《唐書》亦有相關記載，然兩《唐書》皆不載此事，樂史之説有誤也。今以《太平寰宇記》《唐詩紀事》及《全蜀藝文志》所載詩參校。
[九] "聖"，《太平寰宇記》作"明"。
[十] "振"，原作"掘"，今據《太平寰宇記》《唐詩紀事》改，《全蜀藝文志》原作"掘"，已據《太平寰宇記》校改。
[十一] "春雲鳳入九重城"，按，《唐詩紀事》在此句下夾注云："時僖宗幸蜀，人情術士皆云春内必還京。"

劍門喜氣隨雷動[一]，玉壘韶光待賊平。爲報山東諸將相[二]，柱天勳業賴陰兵。"[三]

山谷云花卿冢在丹稜縣之東館鎮[四]。今失其所在。

唐明皇幸蜀，過白衛嶺，見玄元皇帝騎白衛而下，示取祿山之兆，遂封神曰白衛公，嶺在昭化縣[五]。

明皇登白衛嶺，眺覽良久，憶李嶠詩"山川滿目淚沾衣，富貴榮華能幾時。不見只今汾水上，惟有年年秋雁飛"，嘆曰："李嶠真才子也！"《唐詩紀事》

巫峽、瞿塘峽、歸峽，世稱三峽[六]，連亘七百里，重崖叠嶂，隱蔽天日。《水經》云杜宇所鑿也[七]。

通江縣東有石竇，可容百人。崖上刻"公孫秀才讀書處"，年代不可考。有山茶高數丈，傳是唐時樹，土人呼其地曰仙人磧[八]。

蜀王宗衍幸鳳州，州將某妻嚴氏有美色[九]，衍愛幸之，賜以妝鏡。作銘曰："煉形神冶，瑩質良工。當眉寫翠，對臉敷紅。如珠出匣，似月停空。綺窗繡幌，俱涵影中。"《麗情集》[十]

宋祁嘗宴于錦江，偶微寒，命索半臂。諸婢各送一枚，祁慮有厚薄

[一] "雷"，原作"鑾"，雖曰於義可通，但不知陳氏所據，故從《太平寰宇記》《唐詩紀事》改作"雷"，《全蜀藝文志》原作"龍"，已據《太平寰宇記》改。

[二] "爲"，《唐詩紀事》作"惟"。

[三] "柱"，原作"革"，義爲改革天命，於詩不合；《太平寰宇記》作"主"，不詞；今從《唐詩紀事》改，義即撑天也。《全蜀藝文志》作"格"，格天，感通上天，亦通。

[四] 此說見《山谷外集》卷二三《書花卿歌後》："杜子美作《花卿歌》，雄壯激昂，讀之想見其人也。楊明叔爲余言，花卿家在丹稜之東館鎮，至今有英氣，血食其鄉云。"按，"家"字當作"冢"，《宋詩鈔》卷九九錄謝翶《花卿冢行·序》可證，今《黃庭堅全集》整理本失校。

[五] 按，此條乃據《蜀中廣記》卷二四所載改寫。下一條亦本自《蜀中廣記》，原文載《唐詩紀事》卷一〇，李嶠詩題作《汾陰行》。

[六] 按，此說與世傳三峽之名有異，詳本書卷一"三峽謂巫峽、巴峽、明月峽也"條注文。然後文"連亘七百里，重崖叠嶂，隱蔽天日"，與《水經注·江水》"自三峽七百里中，兩岸連山，略無闕處，重巖疊嶂，隱天蔽日"大致相合，顯然有承襲關係，不知陳氏又何以不取《水經注》中以"廣溪峽、巫峽、西陵峽"爲三峽之說。

[七] 按，陳氏此處語義含混，《水經注·江水》"江水又東逕巫峽，杜宇所鑿以通江水也"，則杜宇所鑿者乃巫峽也。

[八] 按，此條本自《蜀中廣記》卷二五，曹學佺云出舊《志》，當是舊縣志也。

[九] 按，《新五代史·前蜀世家·王衍》載，衍"以王承休妻嚴氏故，十月幸秦州"，與此處所言不同。

[十] 按，此條轉引自《全蜀藝文志》卷四四。《麗情集》，宋張君房著，《郡齋讀書志》卷一三著錄爲二十卷，已佚。

130

之嫌，訖不服，忍冷以歸[一]。

成都游賞之盛甲于西蜀，今以元日爲始而第其事[二]。

正月元日，郡人曉持小綵幡游安福寺塔，粘之盈柱，若鱗次然，以爲厭禳，懲咸平之亂也。

宋田況《元日登安福寺塔》詩云："歲曆起新元，錦里春意早。詰旦會朋宷，群游儼騶導[三]。像塔倚中霄[四]，礨檐結重橑[五]。隨俗縱危步，超若薄清昊。千里如指掌，萬象可窮討。野澗山勢迥，寒餘林色老。遨賞空閭巷，竭來誼樨耄。人物事都閑，車馬擁行道。顧此懽娛俗，良慰羈遠抱[六]。第憂民政疎，無庸答宸造。"[七]

二日，出東郊，早宴移忠寺，晚宴大慈寺。

田況《二日出城》詩云："初歲二之日，言出東城闉。緹騎隘重郛，游車坌行塵。原野信滋腴，景物爭光新[八]。青疇隱遙壠，弱柳垂芳津。羅卒且威械，祭墦列重茵[九]。俗尚各有時，孝思情則均。歸途喧鼓鐃，聚觀無富貧。坤隅地力狹，百業常苦辛。設微行樂事，何由裕斯民？守侯其勉旃，亦足彰吾仁。"

五日，五門蠶市，蓋蠶叢氏始爲之。

田況五日蠶市詩云[十]："齊民聚百貨，貿鬻貴及時。乘此耕桑前，以助農績資。物品何其夥，碎瑣皆不遺。編繭列箱筥，飾木柄鎡錤[十一]。備用誠爲急，舍器工曷施？名花蘊天艶，靈藥昌壽祺。根萌漸開發，纂載

[一] 按，此條出《歲華紀麗譜》。
[二] 按，此處據《歲華紀麗譜》記述成都一年的民俗節日，亦見於《全蜀藝文志》卷五八；中間則插入田況《成都遨樂詩》，該組詩載《成都文類》卷九及《全蜀藝文志》卷一七，故今以《成都文類》及《全蜀藝文志》參校。
[三] "儼"，原作"候"，據《成都文類》《全蜀藝文志》改。○"導"，原作"道"，雖可通"導"，然有本可據，故依《成都文類》《全蜀藝文志》改。
[四] "霄"，原作"宵"，形近而誤，據《成都文類》《全蜀藝文志》改。
[五] "檐"，原作"檜"，形近而誤，據《成都文類》《全蜀藝文志》改。
[六] "遠"，原作"馬"，據《成都文類》《全蜀藝文志》改。
[七] "答"，原作"各"，據《成都文類》《全蜀藝文志》改。
[八] "爭"，原作"增"，據《成都文類》《全蜀藝文志》改。
[九] "茵"，原作"菌"，形近而誤，據《成都文類》《全蜀藝文志》改。
[十] 按，《成都文類》《全蜀藝文志》此詩題作《五日州南門蠶市》。
[十一] "鎡"，原作"樒"，字書不載，當爲"鎡"字之訛，今據《成都文類》《全蜀藝文志》改。按，鎡錤，鋤頭也。

相參差。游人銜識賞,善價求珍奇。予真狗俗者[一],行觀亦忘疲。日暮宴觴罷,衆皆云適宜。"

上元節放燈,舊《記》稱[二]:"唐明皇上元京師放燈甚盛,葉法善奏曰:'成都燈亦盛。'遂引帝至成都,市酒于富春坊。"宋開寶二年,命明年上元放燈三夜,自是歲以爲常。十四、十五、十六三日,燈火之盛,以昭覺寺爲最。又爲殘燈會,會始于張公詠,以十七日也。

田況《上元燈夕》詩云[三]:"予嘗觀四方,無不樂嬉游。惟茲全蜀區,民物繁他州。春宵寶燈然,錦里烟香浮[四]。連城悉奔鶩[五],千里窮邊陬。袨襡合繡袂[六],輾轆馳香輈。人聲震雷遠,火樹華星稠。鼓吹匝地喧,月光斜漢流。懽多無永漏[七],坐久凭高樓。民心感上恩,釋唄謌神猷。齊音祝東北,帝壽長嵩丘。"

二十三日,聖壽寺前蠶市,自張公詠始。即寺爲會,使民鬻農器。

田況《二十三日聖壽寺前蠶市》詩云[八]:"龍斷爭趨利,仁園敞邃深。經年儲百貨,有意享千金。器用先農事,人聲混樂音。蠶叢故祠在,致祝順民心。"

二十八日,俗傳爲保壽侯誕日,出笮橋門,即侯祠奠拜,次游淨衆寺。

田況《二十八日謁生祿祠游淨衆寺》詩云[九]:"千騎出重闉,嚴祠淨宇隣。映林沽酒斾,迎馬獻花人。艷日披江霧,香飇起路塵。韶華特明媚,不似遠方春。"

二月二日,踏青節。初,郡人游賞,散在四郊。張公詠以爲不若衆

[一] "狗",《成都文類》《全蜀藝文志》作"徇",義同。
[二] 按,此處之《記》,據《全蜀藝文志》引《歲華紀麗譜》,指宋人趙抃《成都古今記》,陳氏指代不明,故表出之。
[三] "夕",原作"市",據《成都文類》《全蜀藝文志》改。
[四] "烟香",原互倒,據《成都文類》《全蜀藝文志》乙正。
[五] "悉",原作"迷",據《成都文類》《全蜀藝文志》改。
[六] "繡",原作"錦",據《成都文類》《全蜀藝文志》改。
[七] "多",原作"娱",據《成都文類》《全蜀藝文志》改。按,"多"與下句"久"相對爲文,作"多"是。
[八] "二十三日",原無,蓋陳祥裔據前文而省,然田況詩題本有此四字,且後文又有不省者,體例殊不統一,故據《成都文類》《全蜀藝文志》補。
[九] "二十八日",原無,據《成都文類》《全蜀藝文志》補。◎"祿",原作"綠",形近而誤,據《成都文類》《全蜀藝文志》改。

之爲樂，乃以是日出萬里橋，爲綵舫數十艘，與賓僚分乘之，歌吹前導，號小游江，蓋指浣花爲大游江也。士女駢集，觀者如堵。晚宴于寶曆寺，公爲詩有"春游千萬家，美人顏如花。三三兩兩映花立，飄飄似欲乘烟霞"之句[一]。後清獻公時，綵舫增至數十倍。

田況《二月二日游江會寶曆寺》詩云："昔日張復之[二]，來乘寇亂餘。三春雖宴賞，四野猶艱虞。遂移踏青會，登舟恣游娛。戎備漸解弛，人情悉安舒。垂兹五十年，材哲不敢踰。愚來再更朔，邅及仲春初。綵斾列城隈，畫船滿江隅。輕橈下奔瀨[三]，縱轡臨精廬。因思賢守事，所作民乃孚。兹惠未爲大[四]，大者其忘諸！"

八日觀街藥市，早宴太慈寺，晚宴金繩院。

三月三日，出北門游學射山。蓋張伯子以是日即此地上昇，巫覡賣符于道，游者佩之以宜蠶辟災。輕裾小蓋，照爛山皋。

田況《三月三日登學射山》詩云："麗日照芳春，良會重元巳。陽濱修被除，華林程射技。所尚或不同，兹俗亦足喜。門外盛車徒，山半列廛市。綵棚飛鏑遠，醉席歌聲起。囘頭望城郭[五]，烟靄相表裏。秀色滿郊原，遙景落川涘。目倦意猶遠[六]，思餘情未已。登高貴能賦，感物暢幽旨。宜哉賢大夫，由斯見材美。"

九日，太慈寺前蠶市。

田況詩云[七]："高閣長廊門四開，新晴市井絶纖埃。老農肯信憂民意，又見笙歌入市來。"

二十一日，出大東門游海雲山鴻慶寺，蓋開元二十三年靈智禪師以是日歸寂，邦人敬之，入山游禮，因而成俗。山有小池[八]，士女探石其中，以占求子之祥焉。

[一] 按，此詩載《乖崖集》卷二，題作《二月二日游寶曆寺馬上作》。◎"飄飄"，與《成都文類》卷九、《全蜀藝文志》同，《乖崖集》作"飃飃"。
[二] "日"，《全蜀藝文志》作"年"。
[三] "瀨"，原作"浪"，據《成都文類》《全蜀藝文志》改。
[四] "兹"，原作"慈"，於文義不合，據《成都文類》《全蜀藝文志》改。
[五] "望"，原作"視"，據《成都文類》《全蜀藝文志》改。
[六] "目"，原作"日"，形近而誤，據《成都文類》《全蜀藝文志》改。
[七] 按，此詩題目即爲《九日大慈寺前蠶市》，陳祥裔因前文而省也。
[八] "有"，原誤作"又"，據《全蜀藝文志》卷五八引《歲華紀麗譜》改。

田況《二十一日游海雲山》詩云："春山縹翠一溪淸[一]，滿路游人語笑聲[二]。自愧匪才無異績，止隨風俗順人情。"

二十七日，大西門睿聖夫人廟前蠶市。

四月十九日，浣花夫人誕日也。太守出笮橋門至梵安寺謁夫人祠，至百花潭觀水嬉競渡，官舫民船乘流上下，或幕帟水濱以事游賞[三]，最爲出郊之勝。

田況《泛浣花溪》詩："浣花溪上春風後，節物正宜行樂時。十里綺羅青蓋密，萬家歌吹綠楊垂。畫船叠鼓臨芳漵，綵閣凌波泛羽卮。霞景漸曛歸棹促，滿城懽醉待旌旗。"

五月五日，宴大慈寺設廳，醫人鬻艾，道人賣符，朱索綵縷，長命辟災之物，筒飯角黍，莫不咸在。

六月初伏日，游江瀆廟池。初，文潞公建設廳，以伏日爲會避暑，自是以爲常。

七月七日，大慈寺前夜市，乞巧之物皆備焉。

田況《七月六日晚登大慈寺閣觀夜市》詩[四]："萬里銀潢貫紫虛，橋邊螮蝀待星姝。年年巧若從人乞，未省靈恩遍得無？"

七月十八日，大慈寺散盂蘭盆。

田況《七月十八日大慈寺觀施盂蘭盆》詩[五]："飛閣穿窿軼翠烟，盂蘭盛會衆喧闐。且欣酷暑從兹減[六]，漸有涼風快夕眠。"[七]

八月十五日，中秋玩月。

九月九日，玉局觀藥市。或云有恍惚遇仙者。

冬至，宴于大慈寺。後一日，早宴金繩寺，晚宴大慈寺。

梓潼山人李堯夫謁蜀相李昊，昊戲曰："何名之背時耶？"堯夫厲色

[一] "春"，原作"青"，據《成都文類》《全蜀藝文志》改。按，後之"縹翠"即指青色，焉用再稱"青山"？蓋形近而誤也。
[二] "路"，原作"中"，據《成都文類》《全蜀藝文志》改。
[三] "帟"，原作"幣"，據《成都文類》《全蜀藝文志》改。按，"幣"泛指衣帶，於文義不合。
[四] "七月六日晚"，原無，據《成都文類》《全蜀藝文志》補。
[五] "七月十八日""施"，原無，據《成都文類》《全蜀藝文志》補。
[六] "欣"，原作"忻"，據《成都文類》《全蜀藝文志》改。按，二者於文義並通，然作"忻"無本可據，故改之。
[七] 按，末句之下原詩有注文云："京洛間俗言過盂蘭盆則暑退。"

曰："甘作堯時夫，不樂蜀中相。"因是，堯夫爲昊所擯[一]。

成都高僧誦《法華經》有功，忽一山僕至寺，言："先生來晨請師誦經，在藥市奉候。"至則烟巒中橫一跨溪山閣，乃其居也。僕曰："先生請師且誦經。"誦至《見寶塔品》[二]，先生野服杖藜，嘿揖爇香，聽罷遂入，不復出。齋以藤盤、竹箸，秫飯一盂，杞菊數甌。食訖，施襯一鐶。僕送出路口，中途問僕曰："先生何姓？"曰："姓孫。"曰："何名？"僕于僧掌中書"思邈"二字，僧大駭，欲再往，僕遽失之。視襯資，乃金錢一百，皆良金也。中五六金一半尚銕。《湘山野錄》

成都乞兒嚴七師，幽陋凡賤，塗垢臭穢不可近，言語無度，往往應于未兆。居西市悲田坊，常有帖衙俳兒干滿川[三]、白迦、葉珪、張美、張翱等五人爲火。七師遇于途，各與十五文，勤勤若相別爲贈之意。後數日，監軍院宴滿川等爲戲以求衣糧。少師李相怒，各杖十五，遞出界。凡四五年間，人爭施與，每得錢帛，悉用修觀。語人曰："寺何足修？"方知折寺之兆也。今失所在。《酉陽雜俎·續集》[四]

歐陽彬爲嘉州刺史，喜曰："青山綠水中爲二千石，作詩飲酒，爲風月主人，豈不佳哉！"《蜀檮杌》[五]

蜀潘炕有婢妾解愁[六]，姓趙氏。其母夢吞海棠花蕊而生[七]，頗國色，善爲文。同上

成都東門外有紅布街，明時爲青樓業也。今往往爭基興訟者咸認爲祖業，特未詳察耳。

慈母池亦云滋茂池[八]，去永康軍入山七八十里。池水澄明，莫測深淺。每至秋風搖落，未嘗有艸木飄泛其上。或墜片葉纖芥，必有飛禽銜去之。每晴明，水面有五色彩，如舒錦焉。或以木石投之，即起黑氣，

[一] 按，此條出自勾台符《岷山異事》，轉引自宋人吳曾《能改齋漫錄》卷五，《蜀中廣記》卷一〇三亦載。
[二] "見"，原無，據《湘山野錄》卷下及《妙法蓮華經》卷四補。
[三] "俳"，原作"排"，形近而誤，據《酉陽雜俎·續集》卷三改。
[四] "酉陽雜俎續集"，原作"續酉陽雜俎"，題名不確，今據原出處改。
[五] "蜀"，原無，據《蜀檮杌》卷下補。
[六] "炕"，原缺，據《蜀檮杌》卷上補。
[七] "吞海棠花"，原無，陳氏刪削過甚以致文義不完，故據《蜀檮杌》卷上補。
[八] "滋"，原作"慈"，承前而誤，據《茅亭客話》卷五"慈母池"條改。按，《成都文類》卷三二有田況所作《益州增修龍祠記》，卷三三有黃夷則所作《郫縣善應廟記》，皆稱此池爲滋茂池，可爲旁證。

雷電雨雹立至。歲旱祭禱，無不應。《茅亭客話》

益州城西北隅有龍女祠，即開元二十八年長史章仇公兼瓊拔平戎城[一]，夢一女子曰："我此城龍也，今棄番陬來歸唐化。"投問諸巫，其言不異。尋表立爲祠，錫號會昌，祠在少城，舊跡近揚雄故宅。每旱潦祈禱，無不尋應。乾符中，燕國公高駢築羅城，收龍祠在城內。工徒設板至此，驟有風雨，朝成夕敗。以聞于高公，公亦夢龍女曰："某是西山龍母池龍，君今築城，請將某祠置于門外，便于往來。"公夢中許之，及覺，遂令隔其祠于外而重葺之，風雨乃止，城不復壞焉。繼之王、孟二主，甚嚴飾之，祈禱感應，封睿聖夫人。天禧己未歲，自九月不雨，至庚申歲二月。寺觀諸廟禱祈，寂無影響。知州諫大夫趙公積躬詣其祠冥禱[二]。未至郡，甘澤大澍達旦。是歲豐登，民無札瘥，遂奏章新其祠焉。《茅亭客話》

僞蜀孟昶以降王入朝，舟過眉州湖瀼渡，一宮嬪有孕。昶出之，祝曰："若生子，孟氏尚存也。"後果生子，今爲孟氏不絕。昶治蜀有恩，國人哭送之。至犍爲別去，因號蜀王灘。《邵氏聞見錄》[三]

文潞公少時從其父赴蜀州幕官[四]，過成都，潞公入江瀆祠觀畫壁。祠官接之甚勤，且言："夜夢神令洒掃祠庭，曰'明日有宰相來'。官豈異日之宰相乎？"公笑曰："宰相非所望。若爲成都，當令廟室一新。"慶曆中，公以樞密直學士知益州。聽事之三日，謁江瀆廟，若有感焉。方經營改造中，忽江漲，大木數千章蔽流而下，盡取爲材。廟成，雄壯甲天下。同上

文潞公知成都府時，年未四十。成都風俗喜行樂，公多宴集，有飛

[一] "兼"，原作"秉"，形近而誤，據《茅亭客話》卷五"龍女堂"條及《舊唐書·玄宗本紀下》改。〇"平戎城"，《舊唐書·玄宗本紀下》作"安戎城"，《舊唐書·吐蕃列傳上》云："（開元）二十八年春，兼瓊密與安戎城中吐蕃翟都局及維州別駕董承宴等通謀，都局等遂翻城歸欵，因引官軍入城，盡殺吐蕃將士……詔改安戎城爲平戎城。"

[二] "趙公積"，即趙積，宋真宗天禧二年至四年（一〇一八—一〇二〇）知益州，事蹟詳宋人尹洙《河南先生文集》卷一三之《故推誠保德功臣金紫光祿大夫守太子少傅致仕上柱國天水郡開國公食邑四千二百户食實封一千户趙公墓誌銘》。

[三] "邵氏聞見錄"，原作"見聞前錄"，誤，今據通行題名改。按，邵伯溫著有《聞見錄》、其子邵博著有《聞見後錄》，故古籍中有稱《聞見前錄》《聞見後錄》者，但不稱《見聞前錄》矣。此條出《邵氏聞見錄》卷一。

[四] "文潞公"，即文彥博，《宋史》卷三一三有傳，慶曆五年至七年（一〇四五—一〇四七）知益州。〇又按，此條出《邵氏聞見錄》卷九。

語至京師。御史何郯聖從[一]，蜀人，因謁告歸，上遣伺察之。聖從將至，公亦爲動。張俞少愚者，謂公曰："聖從之來無足念。"少愚因迎見于漢州，同郡會有營妓善舞，聖從喜之。問其姓，妓曰："楊。"聖從曰："所謂楊臺柳者。"少愚即取妓之項帕羅題詩云："蜀國佳人號細腰，東臺御史惜妖嬈。從今喚作楊臺柳，舞盡春風萬萬條。"命妓作《柳枝詞》歌之，聖從爲之霑醉。後數日，聖從至成都，頗嚴重。一日，潞公大作樂以燕聖從[二]，迎其妓褉府妓中，歌少愚之詩以酌聖從，聖從每爲之醉。聖從還朝，公之謗乃息。同上

綿州羅江縣羅公山，真人羅公遠舊廬。太平興國四年，有人乘車往來山中，石上有新轍跡，深三尺餘，石盡五色。知州仲士衡緣迹至洞口，聞雞犬聲。《湘山野錄》[三]

興國七年，嘉州通判王袞奏：往峨眉山提點白水寺，忽見光相寺西南瓦屋山上皆變金色，有丈六金身。次日有羅漢二尊，空中行坐，入紫色雲中。同上

淳化甲午，李順亂蜀，張乖崖鎮之。僞蜀僭侈，其宮室規模皆王建、孟知祥乘其弊而爲之。公至則盡損之，如列郡之式。郡有西樓，樓前有堂，堂之屏乃黃筌畫雙鶴花竹怪石，衆名曰雙鶴廳。南壁有黃氏畫湖灘山水雙鷺，二畫妙格，冠于兩川。賊鋒既平，公自壞壁盡置其畫爲一堂，因名曰畫廳。同上

蜀人嚴儲者，與蘇易簡之父善。儲之始舉進士，而蘇之子易簡生三日，爲飲局。有日者同席，儲以年月詢之，日者曰："君當俟蘇公之子爲狀元乃成名。"坐客皆笑。後歸朝，累亦不捷。太平興國五年，果于易簡榜下登第。《湘山野錄·續錄》[四]

蜀郡男子路建等，輟訟慚怍而退[五]，以應文王卻虞、芮之訟，以媚

[一] "郯"，原作"剡"，形近而誤，據《宋史·何郯傳》改。
[二] "聖從"，原作"從"，據《邵氏聞見錄》卷一〇及前文改。後之"聖從"原作"從"，徑改，不復出校。
[三] 按，此條出《湘山野錄》卷上，後兩條亦同。
[四] "湘山野錄·續錄"，原作"續湘山錄"，題名不確，今據通行題名改。
[五] "輟"，原作"輒"，形近而誤，據《邵氏聞見後錄》卷八改。按，此典出《漢書·王莽傳上》："太保舜奏言：'天下聞公不受千乘之土，辭萬金之幣，散財施予千萬數，莫不鄉化。蜀郡男子路建等，輟訟慙怍而退，雖文王卻虞、芮何以加？宜報告天下。'"顏師古注曰："卻，退也。虞、芮，二國名也，並在河之東。二國之君相與爭田，久而不平。聞文王之德，乃往斷焉。入周之境，則耕者讓畔，行者讓路，乃相謂曰：'我小人也，不可以履君子之庭。'遂相讓，以其所爭爲閒田而退。"

王莽。蜀之爲佞，又有甚于《劇秦美新》者矣。《邵氏聞見後錄》[一]

宋子京書韋皋事云："蜀人思之，見其遺像必拜。凡刻石著皋名者，皆鑱去其文，尊諱之也。"[二]近日人家廟宇扁對石碑牌坊上有犯張獻忠名字，亦皆鑱去，豈亦尊諱之意耶？

夔州古名朐䏰，朐音蠢，又音劬；䏰如尹反，又音忍，蚯蚓也，至今其地多此物。春秋時，人苦寒熱疾，謂之蚯蚓瘴云。《邵氏聞見後錄》[三]

三峽中石壁千萬，飛鳥懸猿不可及之處，有洞穴累棺槨，或大或小，歷歷可數，峽中謂之仙人棺。按《隋唐嘉話》，將軍王果于峽口崖側見一棺將墜，遷之平處，得銘曰："後三百年水漂我，欲墜不墜逢王果。"亦異矣[四]。

趙清獻爲青城宰，挈散樂妓以歸，爲邑尉追還，大慟且怒。又因與妻忿爭，由此惑志。《孔氏野史》[五]

蜀中立春日，臺閣亦似江南，爲豆腐店，扮杜甫游春，取杜甫與豆腐二字相近，可發一笑。

蜀人未嘗浴，雖盛暑不過以布拭之耳。諺曰：蜀人生時一浴[六]，死時一浴。《癸辛雜識》

《癸辛雜識》云：西域雪山有萬古不消之雪，冬夏皆然。中有蟲如蠶，其味甘如蜜，其冷如冰，名曰冰蛆[七]，能治積熱。予半刺益州，親見冰蛆出保縣及諸羌番部落中雪山上。惟六月雪融處可尋，亦甚難得。惟味微苦，土人謂之雪蛆，豈另一種耶？

糯棗俗作軟棗，一名牛奶柿，一名丁香柿，《蜀都賦》所謂梬也。蜀中製扇，以此果榨油染紙爲之[八]。

王吉夜夢一蠮螉在都亭，作人語曰："我翌日當舍此。"吉覺，異之，

[一]"邵氏聞見後錄"，原作"見聞後錄"，今據通行準確題名改。後文題作"見聞後錄"者，逕改，不復出校。

[二]按，此說見《新唐書·韋皋傳》，文字小異。而《邵氏聞見後錄》卷一〇亦有此句，陳祥裔當是因邵伯溫之書所載而改寫也。

[三]按，此條出《邵氏聞見後錄》卷二六。

[四]按，此條刪節自《邵氏聞見後錄》卷三〇。

[五]按，此條轉引自《容齋隨筆》卷一五"孔氏野史"條，孔氏謂孔平仲，字毅甫，有《野史》一卷，凡四十事，洪邁自言得其書於清江劉靖之。

[六]"曰"，原作"于"，文義不通，據《癸辛雜識·續集》卷上"蜀人不浴"條改。

[七]"冰"，底本原作"水"，形近而誤，據大觀本及《癸辛雜識·續集》卷下"冰蛆飛駝"條改。

[八]按，此處刪節自《升庵全集》卷八〇"糯棗"條。

使人于都亭候之。司馬長卿至，吉曰："此人文章當橫行一世。"天下因呼蟛蜞爲長卿，卓文君一生不食蟛蜞。《成都舊事》[一]

川地卑溼，人家不能多貯米粟，僅蓄兩月之糈。久則糜爛[二]，不堪食矣。

白雲溪在青城山下，張俞隱處其間，詩云："欲作外臣誰是友，白雲孤鶴在岩扉。"[三]

綿竹縣西北十五里有宋張栻讀書臺、洗墨池[四]。

涪州有赤甲戍，漢末赤甲兵所聚之處[五]。

營山縣燈艸池，昔人有"燈艸池邊舊讀書，拂雲蕭寺倚清虛"之句[六]。

劍州西北一百六十里有陰平廢縣[七]。

馬湖府城東有三丰石，在江中。水涸，見張三丰書"山高月小，水落石出"八字于石，無鐫痕，墨跡如新[八]。

蜀孟氏時，苑中忽生百合花一本，數百房皆並蒂。圖其狀于壽聖寺門樓之東頰壁間，謂之瑞花圖。《老學庵筆記》[九]

筇竹杖蜀中無之，乃出徼外蠻洞。蠻人持至瀘、叙間賣之，一枝纔四五錢，以堅潤細瘦、九節而直者爲上品。同上

成都諸名族媳女出入皆乘犢車。惟城北郭氏車最鮮華，爲一城之冠，

[一] 按，此條轉引自舊題元人伊世珍所著《琅嬛記》，然此書係明人所造僞書，當中所引之典籍多不可靠，故所謂《成都舊事》，不可詳考。然《新輯搜神記》卷二八"長卿"條云："蟛蜞，蠏也。嘗通夢於人，自稱長卿，今臨海人多以長卿呼之。"《成都舊事》當即本此說而附會也。

[二] "則"，原作"在"，文義不通，今臆改。

[三] 按，《氏族大全》卷九"白雲孤鶴"條所載較此處更詳，《輿地紀勝》卷一五一《永康軍·人物》下"張俞"條亦有相關記載，皆可參看。

[四] 按，雍正《四川通志》卷二七《古蹟·綿竹縣》下稱洗墨池在綿竹縣南一里，與此處所載不同，道光《綿竹縣志》卷一四《古蹟》下"洗墨池"條稱在縣南半里許，知縣陳鍾祥重浚，則陳祥裔此處所言誤矣。

[五] 按，此說本自《太平寰宇記》卷一二〇《江南西道十八·涪州》。

[六] 按，萬曆《營山縣志》卷六《藝文志》載明時營山人唐臣《重遊燈草池有感》首聯即此二句。全詩爲：燈草池邊舊讀書，拂雲蕭寺倚清虛。鐘聲五夜孤輪月，日色三竿一筯疏。聲應氣求人有數，林深路黑客來疏。十年宦路重回首，誰是燒茶舊逕徒？

[七] 按，嘉靖《四川總志》卷六《保寧府·古蹟》下稱陰平廢縣在劍州南，與此不同；雍正《四川通志》卷二七《古蹟·梓潼縣》下"陰平廢縣"所載與此合且有詳細考辨。據《太平寰宇記》卷八四《劍州·陰平縣》"陰平縣，西一百四十里"之語，則此縣在劍州西北當不誤也。

[八] 按，雍正《四川通志》卷二六《古蹟·屏山縣》下引舊志所載與此相合。

[九] 按，此條與下一條皆出《老學庵筆記》卷三。陸游評此瑞花圖云："乃知草木之妖無世無之"，蓋非以爲眞祥瑞也，陳祥裔刪去其說，有斷章取義之嫌。

謂之郭家車子。江瀆廟西廂壁畫犧車,廟祝指以示予曰:"此郭家車子也。"[一]同上

今蜀中名族嬭女出入皆騎馬,戴圍帽或面衣,鄉中嬭女皆騎牛。步行入城者,皆各持傘,如遇人則以傘遮之。予官蜀,有《竹枝詞》二首,云:"鄰姑昨夜嫁兒家,會宴今朝鬭麗華。呬酒醉歸忘路遠,布裙牛背夕陽斜。""川主祠前賣戲聲,亂敲畫鼓動荒城。村姬不惜蠻鞋遠,涼傘遮人夾道行。"

蜀人㸑薪皆短而粗,束縛齊密,狀如大餅餤,不可邊燒。必以斧破之,至有以斧柴為業者。孟蜀時,周世宗志欲取蜀,蜀卒涅面為斧形,號破柴都。同上[二]

放光石出峨眉放光岩下,透白如水晶,形如馬牙,置之日隙即成五色雲氣[三]。

彭水縣麻油灘上懸崖壁立,人不能到。其岩竇之處嵌空,各有木櫃藏置其中,莫能考其從。今俗名曰萬年倉[四]。

又黔江檟子岩亦有此異,其高數十丈,上有櫃,至今不朽,因以名岩。

建昌、松潘中出香豬、土犬,香豬大而肥,肉頗香美,土人醃以饋人。土犬小而亦肥,群游稻田,一犬登樹而望,如有捕者則先鳴,令眾犬逸去[五]。

萬年松出峨眉山頂,其高僅二三寸。雖乾至數年,一以水浸,青復如故。

銅梁縣巴嶽山有木蓮,樹高五六丈,葉如梗楠,花如菡萏,出山則不植。宋周濂溪詩云:"枝懸縞帶垂金彈,瓣落蒼苔墜玉杯。"[六]

眉州彭山東北二十五里,半山有岩竇如蜂房,相傳竇中嘗有粟,岩

[一] "郭",底本原無,據大觀本及《老學庵筆記》卷二補。
[二] 按,此條出《老學庵筆記》卷一。所謂"同上"者,同上一條引文也,而前一段文字乃陳祥裔之按語,非引文。
[三] 按,此條出《補續全蜀藝文志》卷五四,原文云出《嘉定志》。
[四] 按,此條與下一條皆見《補續全蜀藝文志》卷五四"山巖木櫃"條。
[五] 按,此條出《益部談資》卷上。
[六] 按,《輿地紀勝》卷一五九"合州·景物下""爐崑山"條有相關記載,而從文句來看,與《補續全蜀藝文志》卷五三"木蓮"條所引《銅梁縣志》大致相合。周敦頤詩,《蜀中廣記》卷一八引有全詩,題作《觀巴嶽木蓮》,《周濂溪集》與《全宋詩》皆失收。

上刻石曰"石倉米洞"[一]。

蜀王孟昶納徐匡璋女，拜貴妃，別號花蕊夫人。意花不足擬其色，似花蕊之翾輕也。或以爲姓費氏，則誤矣。《輟耕錄》[二]

成都江瀆廟北壁外畫一美髯丈夫據銀胡床坐[三]，從者甚衆。邦人云蜀賊李順也。《老學庵筆記》

成都藥市以玉局化爲最盛，用九月九日。楊文公《談苑》云七月七日[四]，誤也。同上

團蛇出仁懷縣山谷中，形類牛糞，傷人立死。

蜀人見物之可誇者則曰嗚呼，可鄙者則曰噫嘻。《老學庵筆記》[五]

蜀人謂糊窗曰泥窗，花蕊夫人《宮詞》有"紅錦泥窗繞四廊"之句[六]。同上

大邑鶴鳴山東北絶頂有上清宮，石壁間有文與可詩云："天氣陰陰別作寒[七]，夕陽林下動歸鞍。忽聞人報後山雪[八]，更上上清宮上看。"同上

嘉定州凌雲寺出白蟹，亦出祝融峯泉中[九]。

合江有曲水如之字，因號之溪[十]。

[一]"石"，原無，據《明一統志》卷七一、嘉靖《四川總志》卷一二《眉州·古蹟》下"石倉"條補，二者皆稱"四字今存"。

[二]按，此條出元末明初陶宗儀《南村輟耕錄》卷一七"花蕊夫人"條，然明毛晉編《三家宮詞》，於卷中考證云："按蜀主王建納徐耕二女，姊爲淑妃，妹善爲貴妃，俱善爲詩，有藻思。妹生衍，衍即位，冊貴妃爲順聖太后，淑妃爲翊聖太妃。或即以順聖爲花蕊夫人，如《詩話》所稱小徐妃者是也。及唐莊宗平蜀後，孟知祥再有蜀，傳孟昶。青城女費氏，幼能屬文，尤長於詩，以才貌事昶得幸，賜號花蕊夫人。然則花蕊夫人果有二邪？但徐妃以汙亂失國，孟昶繼之，寵溺後宮，而猶襲亡國夫人之號，豈大惑者固不知其不祥乎？乃陶宗儀以孟昶納徐匡璋女，拜爲貴妃，別號花蕊夫人，而以費氏爲誤，蓋未詳王建之有徐妃、孟昶之有費妃也。意蜀主有前後之異，而世傳夫人爲蜀主妃，不及考其属王爲孟，爲徐爲費，爲順聖爲花蕊邪？今《宮詞》百首實孟昶妃費氏作，不閟小徐妃云。"此說與陶宗儀所言不同，存疑待考。

[三]"畫"，原無，文義不暢，據《老學庵筆記》卷五補。

[四]按，此說見今本《楊文公談苑》據《宋朝事實類苑》卷五九輯補之"百藥枕"條，原文云"益州有藥市，期以七月七日，四遠皆集，其藥物多，品甚備"。

[五]按，此條出《老學庵筆記》卷八。

[六]"窗"，原作"封"，據前文及《老學庵筆記》卷八改。按，此句詩，《全蜀藝文志》卷七及《三家宮詞》卷中皆作"紅紙泥窗遶畫廊"。

[七]"天"，《文同全集編年校注》作"晚"。

[八]"聞"，《文同全集編年校注》作"然"。按，《老學庵筆記》卷六，陸游稱其因親至上清宮而見文同詩，則此處之"天""聞"二字，當即壁上所刻之字；作"晚""然"者，或文同別集編定時所改也。

[九]按，《補續全蜀藝文志》卷五三"白蟹"條引《二山志》云"嘉州凌雲寺，白蟹間出祝融峯泉中"，當即陳氏所本也，然此處與原文文義不同矣。

[十]按，《明一統志》卷七二"瀘州·山川"下"之溪"條所載更詳，可參看。

司馬相如初與文君還成都，居貧，愁懣，以所着鷫鸘裘就市人陽昌貰酒，與文君爲懽。既而文君抱頸而泣，曰："我生平富足，今乃以衣裘貰酒……"遂相與謀於成都賣酒[一]。相如親著犢鼻褌滌器以耻王孫，王孫果以爲病，乃厚給文君，文君遂爲富人。文君姣好，眉色如遠山，臉際常若芙蓉，肌膚柔滑如脂。十七而寡，爲人放誕風流，故悅長卿之才而越禮焉。長卿素有消渴疾，及還成都，悅文君色而遂以發痼疾，乃作《美人賦》以自刺。而終不能改，卒以此疾至死[二]。文君作誄傳于世[三]。《西京雜記》

相如將聘茂陵人女爲妾，文君作《白頭吟》以自絶，相如乃止。同上[四]

簡州刺史安重霸貪賄，州民有姓鄧，能碁，召對敵。每落一子，俾退立廡下，俟籌路乃進之，終日不下十數子，鄧饑倦不堪。次日又召，或曰："何不獻賂？"獻金三錠乃免。《韵府群玉》[五]

太平山谷間有蛇似蟾蜍，以後足挂于樹杪，伺人過其下則躍以害人，被嚙者無不立斃。如人先見蛇，則不可逸，對之肆罵，則蛇即自氣死，故名爲氣包子。又曰三脚蛇，又曰倒挂蛇。

吐蕃自貞元末失維州，常惜其險，百計復之。乃選嬪人有心者，約曰："去爲維州守卒之妻，十年兵至，汝爲内應。"及元和中[六]，嬪人已育數子。蕃寇大至，發火應之，維州復陷。《唐國史補》

[一]"於"，原作"爲"，義遜，據《西京雜記》卷二改。
[二]"卒"，底本作"率"，據大觀本及《西京雜記》改。
[三]按，此處説卓文君撰司馬相如誄詞傳於世，但《西京雜記》并不載其文。《西漢文紀》卷二二載《司馬長卿誄》，然題注云："《雜記》其辭不載，且依託題橋及琴歌爲之，琴歌與此皆傅益也。"則今所謂《司馬長卿誄》果否爲卓文君作，尚難定論也。
[四]按，此條出《西京雜記》卷三，所謂《白頭吟》者，載《樂府詩集》卷四一，但郭茂倩並不將其歸於文君名下；明人馮惟訥編《古詩紀》卷一二，則將《樂府詩集》所載之《白頭吟》隸於文君名下，所據正《西京雜記》之語也，清人馮舒《詩紀刊謬》批駁馮惟訥云："《宋書》大曲有《白頭吟》，作古辭；《樂府詩集》《太平御覽》亦然；《玉臺新詠》題作《皚如山上雪》，非但不作文君，并題亦不作《白頭吟》也。惟《西京雜記》有文君爲《白頭吟》以自絶之説，然亦不著其詞。或文君自有别篇，不得遽以此詩當之也。宋人不明其故，妄以此詩實之，如黃鶴《杜詩注》《合璧事類》引《西京雜記》之類，并入此詩。《詩紀》因之，《詩刪》選之，今人遽云'有此妙口妙筆，真長卿快偶'，可笑可憐！"
[五]"群玉"，原無，爲避免歧義，補充完整出處，此條見《韵府群玉·上平聲·支韵》"綦"字下"貪賭圍綦"條，實則《太平廣記》卷二四三引《北夢瑣言》之"安重霸"條，當爲《韵府群玉》之所本也。
[六]"及"，原作"乃"，形近而誤，據《唐國史補》卷下改。後二條亦皆出《唐國史補》卷下，不再説明。

劍南元無蝎，嘗有人任主簿，將蝎之任而有之，今呼爲主簿蟲也。同上[一]

劍南之人采猏猭者，獲一猏猭則數十猏猭可盡得矣。何哉？其猏猭性仁，不忍傷類，見被獲者，聚族而號，雖殺之終不去也。噫！此乃獸之狀、人之心也。樂羊食其子[二]，史牟殺其甥[三]，則人之狀、獸之心也。同上

成都寶相寺偏院小殿中有菩薩像，其塵不集，如新塑者。相傳此像初造時，匠人依明堂，先具五藏，次四肢百節，百餘年纖塵不凝焉。《酉陽雜俎》[四]

蜀小將韋少卿，韋表微堂兄也。少不喜書，嗜好剳青。其季父嘗令解衣視之，胸上刺一樹，樹杪集鳥數十，其下懸鏡，鏡鼻繫索，有人止側牽之[五]。叔不解，問焉。笑曰："叔不曾讀張燕公詩否[六]？'挽鏡寒鴉集'耳。"[七] 同上

蜀人工于刺，分明如畫。或云以黛則色鮮，成式問奴輩，言但用好墨而已。同上

蜀葵可以緝爲布，枯時燒作灰藏火，火久不滅，花有重臺者。同上

玉輪江，陸善長《水經》云：江水源出玉輪山，在西蜀。《五色線》[八]

―――――――――――――――――――

[一] 按，此條亦出《唐國史補》卷下，但其說與他書所載不合，如《酉陽雜俎·前集》卷一七云："江南舊無蝎，開元初，嘗有一主簿，竹筒盛過江，至今江南往往亦有，俗呼爲主簿蟲。"又如《太平廣記》卷四七四引《異記》云："潤州金壇縣，大曆中有北人爲主簿，以竹筒盛蝎十餘枚置於廳事之樹後，遂孳育至百餘枚。爲土氣所蒸而不能螫人，南民不識，呼爲主簿蟲。"通過對比可見，三者雖異，但有承襲關係，疑《唐國史補》因傳聞而誤也，"劍南"似當爲"江南"。

[二] 按，此事見《戰國策·中山》："樂羊爲魏將，攻中山。其子時在中山，中山君烹之，作羹致於樂羊，樂羊食之。古今稱之：樂羊食子以自信，明害父以求法。"

[三] 按，此事亦載《唐國史補》卷中，云："史牟權鹽于解縣，初變鹽法，以中朝廷。有外甥十餘歲，從牟撿哇，拾鹽一顆以歸，牟知立杖殺之。其姊哭而出救，已不及矣。"《唐語林》卷六所載則與之略異。

[四] 按，此條見《酉陽雜俎·前集》卷六，後三條分別見該書卷八、卷八、卷一九。

[五] "牽"，原作"李"，形近而誤，據《酉陽雜俎》改。

[六] "讀"，原無，文義不通，據《酉陽雜俎》補。

[七] "挽鏡寒鴉集"，按，張說《岳州晚景》詩首聯云："晚景寒鴉集，秋聲海鴈歸。"作"挽鏡"者，諧會也。

[八] 按，此條出《五色線》卷上"玉輪江"條，所謂陸善長者，不知即《藝文類聚》卷九一所言著《鳴雞賦》之晉人否。然注《水經》之酈道元亦字善長，頗疑此陸善長即酈善長之誤也。文淵閣《四庫全書》本《水經注集釋訂訛》卷三四即云江水"又西南經威州西，玉輪江注之"。《太平寰宇記》卷七八《茂州·汶川縣》云："玉壘山在縣北三里。又有玉壘坂，其下汶水所經焉，蜀謂之玉輪江。"◎"五色線"，今存弘治刻本不署撰人，共三卷，卷首большое題"五色線集"，版心則作"五色線"，《宋史·藝文志六》著錄爲一卷，不知撰人；《津逮秘書》本則分作兩卷，題"五色線"。此次以弘治刻本參校，題名以版心"五色線"爲準，不用"五色線集"之名。

《茶譜》：龍安有騎火茶[一]，最上，不在火前、不在火後故也。清明改火，故曰騎火茶[二]。同上

貞元中，蜀郡有僧志功言：住寶相寺持經，夜久，忽有飛蟲五六枚，大如蠅，金色，迭飛起燈焰，或蹲于炷花上，鼓翅與火一色，久乃滅焰中，如此數夕。童子擊墜一枚，乃薰陸香也。亦無形狀，自是不復見。《酉陽雜俎·續集》[三]

峨眉山有壁寶艸，光如螢火，或隱或見，雖赫日不掩。又有松，如杉而葉圓細[四]，偃蹇如浮圖[五]，號塔松。

忠州庠有王右軍半月橘帖，涪翁題跋[六]。

遵義府屬土苗一種，各出資製一土樓，爲公處，名曰耍樓。男女及笄者齊集于其間，互相吹蘆管歌和，隨男女之意爲配合。齊集于是樓，三日而後散去。

峽口鐵柱二，不知是何代物，上鑄"守關大將軍徐宗武"等字[七]。

峽口石上字多磨滅不可讀，惟一詩云："白帝城邊春艸生，黃牛峽裏水波清。追思昭烈千年事，長使英雄氣不平。"大書"大元至元十九年，歲次壬午，鎮國上將軍、四川宣慰使何公同男到此吟"而已[八]。

漢文帝賜鄧通銅山，始鑄銅錢于蜀。公孫述據蜀，廢銅錢，鑄鐵錢，百姓貨幣不行，然後鐵錢二止當銅錢一[九]。

劉備初攻劉璋，與士衆約："若事定，府庫百物，孤無預焉。"及拔

[一] "茶譜"，原作"茶詩"；"騎火茶"，原作"騎火棋"，皆承《五色綫》弘治刻本而誤，今據宋人吳淑《事類賦》卷一七引《茶譜》之語及清人陸廷燦《續茶經》卷下之三引《五色綫》之語改。後之"騎火棋"徑改，不再說明。

[二] 按，此條出《五色綫》卷下"騎火棋茶"條。

[三] 按，出處原作"續雜俎"，今改準確題名，出其書卷一也。

[四] "葉"，原作"形"，據清人蔣超《峨眉山志》卷六"方物·羅漢松"條及《補續全蜀藝文志》卷五三"塔松"條改。

[五] "圖"，原作"圞"，形近而誤，據《補續全蜀藝文志》改。按，此兩條當皆抄錄自《補續全蜀藝文志》卷五三，而關於塔松的記載，實源於《吳船錄》卷上"又有塔松，狀似杉而葉圓細，亦不能高，重重偃蹇如浮圖，至山頂尤多"之語矣。

[六] 按，此說出宋人王象之《輿地碑記目》卷四"忠州碑記"。

[七] 按，此條與下條皆出《益部談資》卷下。何宇度言不知何代物，失考也。《宋史·度宗本紀》云："（咸淳元年七月）戊申，夔路安撫徐宗武城開，達石城，乞推恩，從之。"則此物爲宋代所造也。《蜀中廣記》卷二一引《中興小曆》云："景定五年，守將徐宗武於白帝城下嚴穴設攔江鎖七條，長二百七十七丈五尺，五千一十股。又有二鐵柱，各六尺四寸，刻徐宗武字。"

[八] 按，此何姓鎮國上將軍，《元史》不載，待考。又，此詩《全元詩》失收。

[九] 按，此條之說刪節自《全蜀藝文志》卷五七引元人費著《錢幣譜》之語也。

成都，士衆皆捨干戈，赴諸藏競取寶物。軍需不足，備甚憂之。劉巴曰："易耳。但當鑄值百錢，平諸物價，令吏爲官市。"[一]備從之，數月之間府庫充實。《零陵先賢傳》

崔祖思云：劉備帳鈎銅鑄錢以充國用。鄭暐《南北史雋》[二]

隋文帝詔蜀王秀于益州立五爐鑄錢，錢益濫惡。《隋書》[三]

文帝賜鄧通蜀嚴道銅山，得自鑄錢，鄧氏錢布滿天下。景帝立，人有告通盜出徼外鑄錢。《漢書·鄧通傳》[四]

文帝賜鄧通蜀銅山，聽自鑄錢，文字肉好皆與天子錢同，故富侔人主。《西京雜記》[五]

王建武成三年十二月大赦，改明年元爲永平，鑄錢永平元寶。五年改元通正，通正元年十月大赦，改明年元曰天漢，國號漢。天漢元年十二月大赦，改明年元曰光天[六]。王建卒，子衍立，明年改元乾德，鑄錢曰乾德元寶。乾德七年改元曰咸康，鑄錢曰咸康元寶[七]。《五代史》[八]

蜀主昶明德三年十二月丁亥申嚴錢禁，明年改元廣政，文曰廣政通寶。廣政二十五年，以屯戍既廣、調度不足，始鑄鐵錢。《十國紀年》[九]

孟昶聞世宗下秦、鳳，愈自不安，多積芻粟，以鐵爲錢，禁民私用鐵而自鬻器用以專利，民甚苦之。曾鞏《五朝隆平集》[十]

[一] "市"，原作"布"，形近而誤，據《三國志》改。按，此條轉引自《三國志·蜀志·劉巴傳》"而諸葛孔明數稱薦之，先主辟爲左將軍西曹掾"句注文，文字略異。

[二] "暐"，原作"瑋"，當係沿襲宋人洪遵《泉志》卷二"直百錢"條之誤，今據《新唐書·藝文志二》所著錄"鄭暐《史雋》十卷"條改。按，此人事蹟不詳，《新唐書》同卷還著錄其有《益州理亂記》三卷。○"雋"，原作"雋"，今據宋人洪遵《泉志》卷二"直百錢"條所引《南北史雋》改。按，此事見《南齊書·崔祖思傳》。

[三] "隋書"，原作"隋史"，今據通行題名改。按，此條出《隋書·食貨志》，詔蜀王秀鑄錢在開皇十八年（五九八）也。

[四] "漢書"，原作"前漢"，今據通行題名改。

[五] 按，此條見《西京雜記》卷三。

[六] "天"，原作"元"，承襲《泉志》之誤也，今據《舊五代史·僭僞列傳·王建》《新五代史·前蜀世家》改。

[七] "鑄錢曰咸康元寶"，原無，今臆補。按，此處數條皆言錢，皆轉引自《泉志》，故"改元曰咸康"之下，實當據《泉志》卷五所載補鑄咸康元寶一事。

[八] 按，此處引文云出《五代史》，皆非從《舊五代史》《新五代史》摘錄者，實據宋洪遵《泉志》卷五轉引而來，關於改元的記載，見《舊五代史·僭僞列傳》及《新五代史·前蜀世家》。

[九] 按，此條亦據宋洪遵《泉志》卷五轉引，《十國紀年》者，宋人劉恕撰，《宋史·文苑傳六》有小傳，《宋史·藝文志二》《藝文志三》均著錄此書，前者云四十二卷，後者云四十卷，司馬光《劉道原十國紀年序》一文亦稱此書四十二卷，則當以四十二卷爲確，此書已佚。

[十] 按，此條與《泉志》卷五"鐵錢"條所引《五朝隆平集》之語全同，與《隆平集》卷一二"西蜀孟昶"條略異。

唐乾符中，蜀州刺史李師泰理第于錦浦里北門，西與李冰祠鄰。距宅之北，地形漸高，岡走西南，與祠相接。于其堂北鑿地五六尺得大冢，甎甓甚固，得金錢于甎外數十枚，各重十七八銖，徑一寸七八分，圓而無孔。去緣二分有隱起規，規內面各科斗書二十一字，其緣甚薄，有刃焉。督役者以白師泰，師泰命并金錢復瘞之。《成都古今記》[一]按，蜀中商賈賣買，無論多寡，即一釐二釐，亦必用銀。其銀色之醜、秤等之大，甲于天下。從不行錢，惟成都、重慶間有行之者。然銅山甚多，取銅亦易，惜乎爐鑄不開耳。

　　成都女郎張窈窕上任事者詩云："昨日買衣裳，今朝賣衣裳。衣裳都賣盡，羞見嫁時箱。有賣愁應緩，無時心轉傷。故園胡虜隔[二]，何處是蠶桑？"《詩話總龜》[三]

　　南蠻有兩爨[四]，一曰東爨烏蠻，一曰西爨白蠻。

[一] "古今"，原無，今據《泉志》卷一五"科斗錢"條所引題名爲趙抃之書而補。按，《成都記》者，乃趙抃《成都古今記》之省稱。
[二] "胡虜"，原作"戎馬"，乃陳氏避清廷忌諱而改，今據《詩話總龜》卷二三回改。
[三] "總龜"，原無，而《補續全蜀藝文志》卷四四《志餘·詩話三》亦載此事，題出處爲《鑑戒錄》，根據陳祥裔引《補續全蜀藝文志》或不題出處或題該書轉引之書名的規律，可知此條實出《詩話總龜》，而非《補續全蜀藝文志》之《詩話》，故補充爲完整書名。
[四] "南蠻有兩爨"前，原有"華陽國志曰"五字，今查《華陽國志》無此說，故刪。按，陳祥裔或據《山堂肆考》卷一五"兩爨"條《華陽國志》：爨，昌寧大姓也。南蠻有兩爨：一曰東爨烏蠻，一曰西爨白蠻"一說，誤會其引文起訖而竄改成此條。實則彭大翼言爨乃昌寧大姓，亦非直接引《華陽國志》之語，且所言有誤。據《華陽國志》卷四，"同樂縣，大姓爨氏"，有爨習、爨量等，而同樂縣隸屬建寧郡，非昌寧也。關於東爨烏蠻與西爨白蠻的記載，見唐人樊綽《蠻書》卷四。

蜀都碎事卷之四

　　唐德宗稅天下茶、漆、竹、木[一]，十取一以爲常平本錢[二]，茶之有稅自此始。王播始榷川茶[三]。宋神宗時使李杞、蒲宗閔主其事[四]，爲熙河傳馬之費[五]，歲有常額。李稷倍增，陸師閔又增，民不堪命[六]。至元祐罷成都茶場[七]，蜀稍蘇息，及崇寧仍其舊。迨建炎軍興，改成都茶場爲合同場[八]，買馬收錢，事更煩擾。乾道中王十朋守夔州，言馬綱行茶，利少害多，時論韙之[九]。嘉泰末，馬數漸增，而所市多不及額，徒招民

[一] "木"，原作"本"，形近而誤，今據《新唐書‧食貨志四》及《文獻通考‧征榷考五‧榷茶》改。
[二] "常"，底本原作"當"，形近而誤，據大觀本及《新唐書》《文獻通考》改。
[三] "王播"，唐人，《舊唐書》卷一六四、《新唐書》卷一六七有傳，《舊唐書‧憲宗本紀下》云："十三年（八一八）春正月乙酉朔。……辛亥，以禮部尚書王播爲成都尹、劍南西川節度使。"其榷川茶，當在爲成都尹之時也。《新唐書‧食貨志四》云："穆宗即位，兩鎮用兵，帑藏空虛，禁中起百尺樓，費不可勝計。鹽鐵使王播圖寵以自幸，乃增天下茶稅，率百錢增五十。江淮、浙東西、嶺南、福建、荊襄茶，播自領之，兩川以戶部領之。"
[四] "杞"，原作"祀"，據《文獻通考》改。○"閔"，原作"閑"，據《文獻通考》改。按，關於神宗時榷川茶之事，《文獻通考》云："神宗熙寧七年，始遣三司幹當公事李杞入蜀經畫買茶，於秦鳳、熙河博馬。……以著作佐郎蒲宗閔同領其事。"
[五] "傳"，原無，據康熙《四川總志》卷二九《茶法》補。
[六] 按，李、陸二人所爲，《方輿勝覽》卷五一《成都府‧總論四川茶馬》云："熊克《通略》云：元豐元年初，蜀茶額歲三十萬緡；熙寧中，四十萬；及李稷加爲五十萬，至是陸師閔加至一百六十萬。"宋人呂陶《淨德集》卷三《奏爲繳連先知彭州日三次論奏榷買川茶不便并條述今來利害事狀》、蘇轍《欒城集》卷三六有《論蜀茶五害狀》，皆可概覽蜀茶榷稅情況。
[七] 按，據宋陳均《九朝編年備要》卷二二，此事在哲宗元祐元年（一〇八六）八月，復檢明人馮琦、馮瑗所輯《經濟類編》卷三六，此事乃因"劉摯、蘇轍論陸師閔增場榷茶，害過於市易，乃貶師閔而遣戶部郎中黃廉使蜀按察"，黃廉遂上奏罷成都茶場也。
[八] 按，據宋杜大珪編《名臣碑傳琬琰之集》中卷三二所錄李燾撰文之《趙待制開墓誌銘》，"即擢公都大同，主管川陝茶馬事，使推行之。仍令條具姦蠹以聞，時建炎二年（一一二八）秋也。於是大更茶馬之法，官買官賣茶並罷，參酌政和二年東京都茶務所創條約，即給茶引，使茶商執引與茶戶自相交易。改成都府舊買賣茶場爲合同場、買引所，仍於合同場置茶市。"
[九] 按，王十朋于乾道元年至三年（一一六五——一一六七）守夔州，其奏議即《梅溪集‧奏議》卷三之《夔州論馬綱狀》《再論馬綱狀》。

怨[一]。元至元六年始立四川監榷茶場使司，定長引短引法[二]。明洪武五年，令四川產茶地方每十分官取一分。三十年，令成都、重慶、保寧三府及播州宣慰司各置茶倉，歲徵川中課茶貯倉[三]，召商與西番易馬。差行人一員，于碉門等處諭把隘頭目不許私茶出禁。駙馬都尉歐陽倫以私茶犯事，賜死。永樂六年，禁緞疋、絹帛、私茶、青紙出境，違者凌遲，家遷化外。成化七年，罷差行人并罷播州茶倉，令巡道往來禁約之。嘉靖四年，以水利僉事帶管茶法。每年布政請引五萬道，至是收折銀兩[四]，備買茶賞番及買馬之用。嘉靖二十年[五]，以全黎發買引茶太少，始委官于巫山縣以上夔州府扼吭之處秤盤，至嘉定州黑水尾，委官再秤[六]。雅州又復盤驗，方分撥入天全、黎州。隆慶三年，仍引五萬道，半芽茶半葉，以二萬六千為腹引，二萬四千為邊引，每引芽茶三錢，葉茶二錢。內一萬九千八百引給黎、雅各商，每引芽茶三錢八分，葉茶二錢五分[七]。內分二百道於本地思經、羅純產茶處所，每引倍之。松潘四千道，稅與腹引同[八]。萬曆三年，以驛、鹽、茶、水利合為一道。今總以驛、鹽、茶歸併按察司管矣，法遵舊制云[九]。

[一] 按，《文獻通考·職官考十六·都大提舉茶馬》云："嘉泰末，川司五場又增為五千一百九十六匹，秦司三場增為七千七百九十八匹，合兩司為萬有二千九百九十四匹。然累歲所市，多不及額焉。"

[二] 按，《元史·食貨志二·茶法》云："（至元）六年（一二六九），始立西蜀四川鹽榷茶場使司掌之。……十三年（一二七六），定長引短引之法。"

[三] 按，此八字之下，大觀本復衍此八字。

[四] "折"，原作"拆"，據康熙《四川總志》卷二九《茶法》改。

[五] "二十"，原誤倒，今據康熙《四川總志》卷二九《茶法》乙正，嘉靖《四川總志》卷一六、萬曆九年《四川總志》卷一九之《茶法》亦作"二十"。

[六] "再"，原作"在"，據康熙《四川總志》卷二九《茶法》改。

[七] "茶"，原無，據文義及前後文、康熙《四川總志》卷二九《茶法》補。

[八] "隆慶三年……稅與腹引同"，按，此說與康熙《四川總志》卷二九《茶法》中所引隆慶三年巡撫嚴清奏疏中所論往年常例相同，但嚴清與巡按御史王廷瞻商量之後，就改變了這個常例。然康熙《四川總志》相關數據有誤，故援萬曆九年《四川總志》卷一九《茶法》為證，云："隆慶三年，巡撫都御使嚴清、巡按御史王廷瞻會題，將每年原額茶引五萬道減去一萬二千道，止用三萬八千道。內將三（當作二）萬道作黎、雅邊引；二百道思經、羅純產茶地方報中納稅；每引芽茶七錢六分，葉茶五錢二分。九千八百道給商，每引芽茶四錢八分，葉茶三錢五分。四千道作松潘邊引，四千腹引，每引俱芽茶三錢，葉茶二錢。"

[九] 按，此段文字所論四川茶法，乃摘要自康熙《四川總志》，嘉靖《四川總志》卷一六、萬曆九年《四川總志》卷一九《茶法》下皆有相關記載，但內容較康熙《四川總志》稍簡，均可參看。

蜀州雀舌、鳥觜、麥顆，蓋取其嫩芽所造，以其芽似之也。毛文錫《茶譜》[一]

宋景文公帥蜀，彭州守朱君綽始取楊氏園花十品以獻公。公在蜀四年，每按名往取彭州送花，遂爲故事。此十品花中尤愛錦被堆，嘗以之爲賦。《蜀志》[二]

楊子拒妻，劉懿女也，有四男二女。長子元琮，常出飲，還舍，其母十日不許見。元琮因諸弟謝過，母數責之曰："夫飲酒不至沉湎，禮也。汝乃荒耽于酒，慢而無禮，自倡敗首，何以帥先諸弟也？"《益部耆舊傳》[三]

杜甫寓蜀，每蠶熟時即與妻兒躬行而乞曰："如或相憫，惠我一絲兩絲。"《雲仙散錄》[四]

唐杜鴻漸兼成都尹[五]，及入朝，以羅十五床獻于帝。

先主入益州，賜諸葛亮、關羽、張飛錦各千疋。《三國志》[六]

秦王以金一笥遺蜀王[七]，蜀以禮物答之，盡化爲土。秦王怒，群臣拜賀曰："土者，地也，秦當得蜀矣。"《蜀王本紀》[八]

巴東有真香茗，其花白如薔薇，煎服令人不眠，能誦無忘。《述異記》[九]

[一] "錫"，原作"勝"，據《宋史·藝文志四》及《十國春秋·毛文錫傳》改。按，此條見《太平寰宇記》卷七五《蜀州·土產》下，樂史不題作者，但同書卷八三《綿州·隴安縣》下所引《茶譜》則題作者爲毛文錫，因此，可推測樂史所引之書爲毛文錫所作也。然《古今合璧事類備要》卷四二"瑞草稱魁"條注文所引、《山堂肆考》卷一九三"雀舌"條、清人陳元龍《格致鏡原》卷二一，均作毛文勝《茶譜》，然則果有二書耶？《讀畫齋叢書》本《宣和北苑貢茶錄》"是時，偽蜀詞臣毛文錫作《茶譜》"注文云："《說郛》作王文錫，《文獻通考》作燕文錫，《合璧事類》《山堂肆考》作毛文勝，《天中記》《茶譜》作《茶品》，並誤。"則當以毛文錫《茶譜》爲是也。

[二] "之爲"，原誤倒，今據《全芳備祖集·前集》卷二、《古今合璧事類備要》卷二四"取花以獻"條、《山堂肆考》卷一九七"君綽取獻"條等乙正。此《蜀志》不知爲何書。

[三] 按，此條轉引自《山堂肆考》卷一九二"自倡敗首"條，更早的記載則見於《初學記》卷二六《器物部·酒第十一》"敗首"條，文字更詳。

[四] "雲仙散錄"，又名"雲仙雜記"，此事見卷三所載"惠一絲兩絲"條。《四庫全書總目提要》對此書有詳細介紹，承宋人陳振孫、洪邁等人之說，認爲乃偽書，所載之事與所引之舊籍，多不可信。

[五] "鴻"，原無，誤，據《山堂肆考》卷一八七"入朝獻帝"條補，《冊府元龜》卷一六九所載此事更詳，元其時在大曆二年（七六七）六月也。◎此條之末，原有"蜀志"二字，然前揭二書皆不言出處，陳祥裔云出《蜀志》，不僅不知何據，且《蜀志》爲何書亦不可知也，故刪之。

[六] "三國志"，原作"同上"，然上條之末云出《蜀志》，以陳氏義觀之，似二者出處一致也。然其說顯誤，此事載《三國志·蜀志·張飛傳》，斷不會與所謂記載杜鴻漸獻貢一事之書相同也，故改之。

[七] "笥"，原作"笏"，文義不通，顯誤，今據《太平御覽》卷八一一、八八八所引改。

[八] "王"，原無，據《太平御覽》卷八一一、八八八所引補。按，《蜀王本紀》，古籍中或省作《蜀本紀》，云乃揚雄所著。

[九] "記"，原作"集"，據《述異記》卷上所載此事而改。

川椒味辛溫，逐骨節皮膚死肌，堅齒髮，調關節，耐寒暑。久服頭不白，身輕增年。一名巴椒，一名蓎藙，一名胡辛，一名含丸使者。樹如茱萸，有刺。《本草》[一]

楊由爲成都文學掾[二]，少治《易》，曉占候。忽有風起，太守廉范問之，由曰："南方有薦木實者，色黃赤。"頃之，五官掾獻橘數包。《益部耆舊傳》[三]

張鋌歸蜀，夜次巴西[四]，有人拜曰："巴西侯奉請。"既見，置酒，邀六雄將軍至，皆黑衣，其狀贔然。天將曉，鋌悸寤，見巨熊臥于側，所謂六雄將軍也。張讀《宣室志》[五]

近有盜發先主墓穴，盜數人，齊見兩人張燈對棋，侍衛十餘。盜驚懼拜謝，一人顧曰："爾飲乎？"乃各飲一杯，兼乞與玉腰帶數條，命速出。盜至外，口已漆矣，帶乃巨蛇也。視其穴，已如舊矣。《酉陽雜俎》[六]

韋太尉在西川，凡事設教。軍士將吏婚嫁，則以熟綵衣給其夫氏，以銀泥衣給其女氏，又各給錢一萬[七]。死䘏稱是，訓練稱是，內附者富贍之，遠來者將迎之[八]，極其聚歛，坐有餘力。以故軍府寖盛而畎黎重困，及晚年爲月進，終致劉闢之亂，天下譏之。《唐國史補》

蜀中雷氏斲琴，常自品第，第一者以玉徽[九]，次者以瑟瑟徽，又次者以金徽，又次者螺蚌之徽。同上

五代蜀主孟昶鑄鐵錢征諸路逋稅[十]，龍游令田淳上疏言"擾民犯天意，聚財損君道"，語甚切直，昶不能用焉。

唐時，果、閬、開、通井百二十三，山南西院領之；卭、嘉、眉井

[一] 按，此條云出《本草》，書名中含此二字者甚多，如《證類本草》《湯液本草》《本草綱目》《本草乘雅半偈》等，然諸書所載大致吻合，皆不言名"含丸使者"。《天中記》言此名出《清異錄》。而《格致鏡原》卷六五引《本草》之語與此處基本吻合，或即本自陳氏書也。

[二] "掾"，原無，據《藝文類聚》卷八六所引《益部耆舊傳》及《後漢書·方術列傳·楊由》補。

[三] "掾"，底本誤作"椽"，據大觀本及《藝文類聚》改。〇"益部"，原無，據《藝文類聚》補。

[四] "次"，底本原作"吹"，形近而誤，據大觀本及《山堂肆考》卷二一八"黑衣"條改。

[五] "讀"，原作"續"，形近而誤，《山堂肆考》亦誤作"續"，今據《宋史·藝文志五》及此書作者題名改。

[六] 按，此條出《酉陽雜俎·前集》卷一三。

[七] "一"，原作"十"，據《唐國史補》卷中改。

[八] "來"，原作"求"，形近而誤，據《唐國史補》改。

[九] "以"，原無，據《唐國史補》卷下補。

[十] "錢"，原無，據《補續全蜀藝文志》卷五二及《續資治通鑑綱目》卷一補。

十三，劍南西川院領之；梓、遂、綿、合、昌、渝[一]、瀘、資、榮、陵、簡井四百六十，劍南東川院領之，置雲安等十三鹽監[二]。五代時，孟知祥因董璋誘商賈販取東川鹽入西川，知祥患之，乃于漢州置三場，重征其稅[三]。宋初，夔路納鹽課變價，成都、潼川[四]、利路折納錢絹，後罷課改引[五]，每年納鹽六千四百四萬四千七百一十八斤，甚爲蜀害。孝宗時，歲減四十萬緡，民間競設佛事以報之[六]。元世祖時，四川鹽場凡一十二，井有九十五[七]。至元十九年，立陝西四川轉運司通辦鹽課[八]。二十六年，通辦鹽一萬七千一百五十二引[九]。天曆間增至二萬八千九百一十引[十]，計鈔八萬六千七百三十錠。又添餘鹽一萬引，帶辦浙運五千引，竈丁盡皆逃竄[十一]。明制鹽課提舉司，洪武間鹽井二百七十八，額課一千六百零五萬九千九百三十斤。以後利臣獻媚希陞，漸增前額，名曰新增鹽。吹毛剔骨，名曰埋没鹽，竈民課重難完，別尋小井煎貼，旋即榷出，名曰添辦鹽。宣德間，富義等井户亦尋井開煎，旋即榷出，名曰增羨鹽。景泰間復加增榷，廣貯鹽倉。弘治十七年始罷鹽課本色，改徵銀，罷先

[一]"渝"，原作"渝"，承康熙《四川總志》卷三〇《鹽法》而誤也，今據《新唐書·食貨志四》改。按，本段總論四川鹽法，抄錄改寫自康熙《四川總志》，故以之參校。

[二]"雲安"，原作"縈安"，康熙《四川總志》作"榮安"，皆誤，據《資治通鑑·後唐紀·明宗長興元年》"（五月丙寅）孟知祥累表請割雲安等十三鹽監隸西川"條改。按，榮、雲方言同音，故有此誤也，四川地區無榮安地名也。又，胡三省注文云："雲安縣，漢巴郡朐䏰縣地。周武帝改爲雲安縣，屬巴東郡。唐屬夔州，後改爲雲安監。又夔州大昌縣、萬州南浦縣、漁陽監皆有鹽官，隸寧江軍巡屬。而所謂十三監，未知盡在何所。"

[三]按，此事亦載《資治通鑑·後唐紀·明宗天成三年》下，知漢州三場置於九二八年也。

[四]"川"，原文及康熙《四川總志》皆作"州"，形近而誤，據雍正《四川通志》卷一四改。按，雍正《四川通志》承康熙《四川總志》而來，改正了不少舊誤。

[五]按，康熙《四川總志》言罷課改引在宋高宗建炎時也。

[六]按，宋周必大《文忠集》卷六一《資政殿大學士贈銀青光禄大夫范公成大神道碑》云："初，蜀之財用止以贍蜀。自屯大兵，始竭民力，公私俱困。公略計成都在城，建炎三年酒課歲纔四萬緡有奇，後增十倍，縣鎮酒稅、場店民户買撲課利撘十五萬有奇，後累至四十萬，他郡可知。即具以聞，詔歲減四十八萬緡，公隨輕重躬身裁定。蜀人呼舞，即寺觀爲感恩祝聖道場。"則此次罷減賦稅，在范成大淳熙二年（一一七五）知成都府之俊也。

[七]按，此說見《元史·百官志七》之"四川茶鹽轉運司"條，且詳列十二鹽場之名，可參看。

[八]此句原無，據康熙《四川總志》及《元史·食貨志二》之"四川之鹽"補。

[九]"二十六年"，原文及康熙《四川總志》皆無，讓人誤以爲此處所載之通辦鹽課數量乃至元十九年之統計資料，今據《元史·食貨志二》補。至元十九年乃一二八二年，二十六年乃一二八九年。◎"一百"，原作"九百"，誤，據《元史·食貨志二》及康熙《四川總志》改。

[十]"天"，原文承康熙《四川總志》誤作"大"，今據《元史·食貨志二》"天曆二年（一三二九）辦鹽二萬八千九百一十引，計鈔八萬六千七百三十錠"改。

[十一]按，據《元史·食貨志五》"鹽法·四川之鹽"，此事在元文宗至順三年（一三三二）也。

年召商引目[一]。自此鹽政壞甚，不可問矣。

拳扨井在成都府治西，相傳五丁嘗于此爲角觝戲，渴甚，以拳擊地，泉水涌出，井今猶在[二]。

蜀府西宮內有井甚大，水甘美，名曰菊井。菊井秋香，八景之一也[三]。

巴縣有溫湯峽，水自懸崖涌出，沸騰如湯，浴者療疾[四]。相傳黃帝合神丹于此。

杜詩云[五]："數杯巫峽酒，百丈內江船。"註云：水自渝上合州者[六]，謂之內江；自渝由瀘、戎上蜀者[七]，謂之外江。

渝水，土人取以造酒，名曰渝酒，味甚甘美。

潛水出廣元木寨山，下流五里入神宣驛龍洞，至朝天驛北，有穴出，入嘉陵江。《書》所謂"沱潛既道"者即此[八]。

金魚井在宜賓縣城南[九]，黃庭堅喜茶，令人遍汲水試之，惟此爲第一。

慶符縣南石門山，其林薄中多蘭。有春蘭、秋蘭、夏蘭、雪蘭、鳳尾蘭、素蘭、石蘭、竹蘭，一名蘭山[十]。

蜀中有火燒蘭，以火將葉燒去，然後開花，故名。頗有幽香，而未免禿不文矣。

───────────────

[一] 按，明代四川鹽井情況，乃本自嘉靖《四川總志》卷一六"鹽法"下所載資料。
[二] 按，此條所載與《明一統志》卷六七《成都府·山川》下"拳扨井"相合，但《明一統志》說"今廢"，而陳祥裔說"井今猶在"，或有誤也。康熙十二年所刻之《四川總志》卷三《山川·成都縣》下同條亦言"今廢"也。
[三] 按，此條與康熙《四川總志》卷三《山川·成都縣》下"菊井"條大致相合。
[四] 按，《輿地紀勝》卷一七五《重慶府·景物下》《明一統志》卷六九《重慶府·山川》及康熙《四川總志》卷三《山川·巴縣》之"溫湯峽"條所載皆與此相合，但不言所謂黃帝合神丹事。
[五] 按，杜甫此詩題作《送十五弟侍御使蜀》。
[六] "水自渝上合州者"，原作"自渝水上合合州"，文義不通，據《方輿勝覽》卷六四《合州·山川》下"內江"條所引杜詩注文改。
[七] "蜀"，原無，據《方輿勝覽》補。
[八] 按，此條本自康熙《四川總志》卷三《山川·廣元縣》下"潛水"條。
[九] "宜賓"，原作"南江"，不知因何而誤，今據康熙《四川總志》卷三《山川·宜賓縣》下所載改。按，《輿地紀勝》卷一六三《敘州府·景物下》所載"金魚井"條當是目前所見之最早記錄，原文稱在"城南門外一里許"。
[十] 按，《輿地紀勝》卷一六三《敘州府·景物上》《方輿勝覽》卷六五《敘州·山川》下"蘭山"條，《明一統志》卷六九《敘州府·山川》、康熙《四川總志》卷三《山川·慶符縣》下"石門山"條皆有相關記載。但關於蘭花的品種記載則各異，此四種書皆不言有所謂雪蘭者，而夏蘭亦只見於《輿地紀勝》。

萬縣有蘭曰送春歸，四月始花。葉長如帶，一幹數十花，香少遜焉。

建昌溫泉有二，一在寧番治東，一在越嶲治東，土人浴以療病。

趙公祐[一]，成都人，工畫神鬼佛道。成都大慈寺、聖興寺皆有畫壁。《圖畫見聞志》[二]

僧楚安，蜀人，善畫山水，點綴甚細。每畫一扇，上安姑蘇臺或滕王閣，千山萬水盡在目前。今蜀中扇面印板是其遺範。同上

何尊師，亡其名。閬中人[三]，善畫貓，今爲難得。同上

諸葛亮以南夷之俗難化，乃畫夷圖以賜夷，夷甚重之。《華陽國志》[四]

成都王樨家收藏有黃筌《秋山圖》、勾龍爽《野老移居圖》、文湖州《雜畫鳥獸艸木橫披圖》。《畫繼》[五]

聞之蜀中老叟云：蜀府當日所食之鹽名曰桃花鹽，其色帶紅，鮮妍可愛[六]。

合江縣于壬申歲出一物，黑而有毛，豎立可六七尺，土人逼之，忽長四五丈。有足，逸去，人隨之至九枝山洞中，人不得入，薰以火，不知所往。

仁懷縣是年亦出一鳥，高可丈餘，長六七尺，黑羽朱喙。土人殺之，以其腿骨爲燈架，至今猶存。

己卯正月七日，叙州永寧地震[七]。

蜀本地高山險，烏蒙又高蜀一倍。《元志》[八]

西蜀石門山有樹名曰桄榔，皮裹出屑如麪，用作餅，食之與麪相似，

[一]"祐"，原作"裕"，據《圖畫見聞志》卷二"趙公祐"條改。按，下一條亦出此書卷二，後不再說明。

[二]"圖畫見聞志"，原作"圖化見國志"，無此書，今改。

[三]"人"，原無，據《圖畫見聞志》卷四補。

[四]按，此處云出《華陽國志》，實本自《歷代名畫記》卷四之語，與原書所載迥異也。《華陽國志》卷四原文云："其俗徵巫鬼，好詛盟，投石結草，官常以盟詛要之。諸葛亮乃爲夷作圖譜，先畫天地、日月、君長、城府，次畫神龍，龍生夷及牛馬羊，後畫部主吏乘馬幡蓋巡行安邮，又畫牽牛負酒齎金寶詣之之象以賜夷，夷甚重之。"

[五]按，此條出《畫繼》卷八。

[六]按，唐段公路《北戶錄》卷二"紅鹽"條云："公路記鄭公虔云：琴湖池桃花鹽，色如桃花，隨月盈縮，在張掖西北。隋開皇中常進焉。"

[七]按，以上三條，不知陳祥裔所言本自何處，其紀年亦難確定爲何時。查康熙《四川總志》卷二五《祥異》及卷三六《外紀》，皆不見相關記載。

[八]按，此條見《明一統志》卷七二及嘉靖《四川總志》卷一四《烏蒙軍民府·形勝》下所引《元志》之語，趙萬里輯校《元一統志》從《明一統志》輯錄此句。

因謂之桄榔麵焉。《述異記》[一]

諸葛峽有相思崖，芳泉周灌，俗謂之神窟。《益州記》[二]

望妃樓在子城西北隅，亦名西樓，開明妃之墓在武擔山，爲此樓以望之[三]。今基址毀。

正月燈市，二月花市，三月蠶市，四月錦市，五月扇市，六月香市，七月寶市，八月桂市，九月藥市，十月酒市，十一月梅市，十二月桃符市。《成都古今記》[四]

第五洞青城洞，周廻二千里，名寶仙九室之天，在青城縣。《洞天福地記》[五]

第七洞峨眉山，周廻三百里，名靈陵太妙之天，在嘉州。同上

蜀武陽有聖泉，其水碧色，患瘡疾者洗之多愈。投銀器即成金色，孕媍飲之墮胎，俗以爲聖泉。《寰宇記》[六]

浣花龍興寺，《成都記》云本正覺寺，內有前益州長史臨淮武公元衡并從事五人具朝服，繪于中堂，淳化五年兵火後無畫踪矣。《名畫錄》[七]

夔州黟石硯，色黑理乾，間有墨點如墨玉光，發墨不乏。《硯史》[八]

蜀王薰衣法，用丁香、馝香、沉香、檀香、麝香、甲香爲末，以白沙蜜合勻用之。《香譜》[九]

成都薛氏家，士風甚美。厨司以半瓢爲杓，子孫就食，蝦羹肉臠一取之，飫再取之。《蜀普錄》[十]

閬中糸軍黃涉婢曰笑春紅，死，涉念之，洒泪犀簾，至皆損壞。同上

成都朱善存家，世寶一劍，每生神芝則天下晏清。如安、史、黃巢之亂，劍皆吐黑烟，屬天下，不差毫釐。《玉塵集》[十一]

[一] 按，此條見《述異記》卷下。
[二] "益州記"，原作"同上"，實不見《述異記》，今據《初學記》卷八"江南道第十·神窟"條及宛委山堂本《說郛》卷六一輯錄之任豫《益州記》佚文改。
[三] 按，《蜀中廣記》卷三引宋趙抃《成都古今記》之語與此合。
[四] "成都"，原無，據《升庵全集》卷七〇"成都十二月市"條及宛委山堂本《說郛》卷六二輯錄之《成都古今記》而補。
[五] 按，此書乃唐五代杜光庭所著，全名爲《洞天福地岳瀆名山記》，一卷，載正統《道藏》第十一冊。
[六] 按，此條出《太平寰宇記》卷八五《陵州·仁壽縣》下。
[七] 按，此條出《益州名畫錄》卷下。
[八] 按，此書乃宋米芾撰，現有《百川學海》《學津討源》《四庫全書》等版本。
[九] 按，此書同名之作甚多，但據有"蜀王"字樣，當爲明人徐𦙍胡所著者。
[十] 按，此條轉引自《雲仙雜記》卷三，下一條亦出所謂《蜀普錄》，轉引自《雲仙雜記》卷五。
[十一] 按，此條見《錦繡萬花谷續集》卷三〇、《雲仙雜記》卷七等所引，不知作者，非清人洪亮吉之同名著作也。

孟昶時，每臘日，內官各獻羅體圈金花樹子，梁守珍獻忘憂花，縷金于花上，曰獨立仙。《清異錄》[一]

蜀衍荒于游幸，乃造平底大車，下設四臥軸，每軸安五輪，凡二十輪。牽以駿馬，騎去如飛，謂之流星輦。同上[二]

孟蜀尚食，掌《食典》一百卷。有賜緋羊，其法以紅麴煮肉，緊卷，石鎮，深入酒骨淹透，使如紙薄乃進。注云：酒骨，糟也。同上[三]

四川綿竹縣有吞道觀，每歲一道士修善至期，有白雲載之而去，名曰升天。江西一真人過而見之，曰："此物乃在此爲崇！宜除之。"即彎弓仰射，怪墮落巢穴，人踪跡其處，乃蟒成精也。搜穴中，遺留道冠無數。《宦游紀聞》[四]

夔人重武侯，以歲首人日傾城出游八陣上，謂之踏磧。婦人拾沙中小石之可穿者，貫以繡縷攜歸，以爲一歲之祥[五]。

嘉定州有鳥，一名山和尚，一名雨道士，堪作對偶。陸深《蜀都雜抄》

五丁力士遺劍于梓潼縣之龍潭岩間，時發寶光。《蜀小志》[六]

蜀東西川之人常互相輕薄，西川人言："梓州者，乃我東門之艸市也，豈得與我耦哉？"柳仲郢爲東川節度使，聞之，謂幙賓曰："吾立朝三十年，清華備歷，今日始得爲西川作市令。"聞者皆笑之。故世言東西兩川人多輕薄。《南部新書》[七]

成都不打晚衙鼓，劉仲、張潛夫皆說。云孟蜀多以晚鼓戮人，埋毬場中。故鳴鼓則鬼祟必作，自是承例不成鼓。《暇日記》[八]

康定間，益州書生張俞嘗獻書朝廷[九]，然不喜仕進，隱青城山白雲溪。

[一] 按，此條出《清異錄》卷上"獨立仙"。
[二] 按，此條見《清異錄》卷下"流星輦"。
[三] 按，此條見《清異錄》卷下"酒骨糟"。
[四] 按，此條云出《宦遊紀聞》，雖古籍中有將張世南《游宦紀聞》稱作《宦遊紀聞》者，但此條不載於張世南之書。明人張誼之一卷本《宦遊紀聞》，《粟香室叢書》所收《藏說小萃》輯錄此書十三則，正含此條。
[五] 按，此說本自《方輿勝覽》卷五七《夔州·風俗》下"踏磧而游"條所引《圖經》之語。
[六] "蜀小志"，明孫能傳等所編《內閣藏書目錄》卷六《志乘部·四川》著錄《觀教錄》一冊，云："萬曆間，郭莊按蜀時編，即《蜀小志》也。"此書已佚。
[七] 按，此條見《南部新書》卷八。
[八] "暇日記"，宋人劉跂撰，卷數不詳，已佚，宛委山堂本《說郛》卷二七有輯錄，此條見《蜀中廣記》卷五五及《說郛》輯錄本。
[九] "書"，原作"畫"，據《雲齋廣錄》卷一"張俞"條改。

155

時樞密田況守成都，與詩曰："深慙蜀太守，不及采芝人。"李獻民《雲齋廣錄》

巴東有一折柱，孤直，高三丈，大十餘尋。傳云是公孫述樓柱，破之血出，枯而不朽。《墨娥漫錄》[一]

西蜀聖壽寺僧楚安妙畫山水，須一年已來方就一扇，人得之者秘爲至寶。同上[二]

安帝祐在位十九年，以元初六年鑄一劍，藏峨眉山，疑山王也。《古今刀劍錄》[三]

劍州黯淡溪，水出石，石質深青黑而光潤，扣之有聲。作研發墨宜筆，工人琢治爲香爐諸器，極精緻。東坡所謂鳳咮研是也。《雲林石譜》[四]

蜀先主章武二年于漢川鑄一鼎，名曰克漢鼎，埋之丙穴中。八分書，三足。又鑄一鼎[五]，沉于承安水中，紀行軍奇變。又于成都武擔山埋一鼎，名曰受禪鼎。又埋一鼎於劍口山，名曰劍山鼎。並小篆書，皆武侯迹。虞荔《鼎錄》

蜀青石鎮陳洪裕妻丁氏，因妬忌打殺婢金氙，潛於本家埋瘞，仍榜通衢云金氙逃走。經年，遷居夾江，因夏潦漂壞舊居渠岸，見死婢，容質不變。鎮將報州追勘，擬伏，其婢屍一夕壞爛，遂寘丁氏於法。溫豫《侍兒小名錄》[六]

柳條，女奴也。成都米市橋，僞蜀時有柳條家酒肆，蓋當時皆以當壚者名柳條。偶得患，沉綿經歲，俟死而已。有一道士常來貰酒，柳條每加勤奉，乃留丹數粒。柳條初服一粒，疾起能食；再服，能行；終服，充盛如初。《侍兒小名錄》[七]

[一] 按，此條云出《墨娥漫錄》，不知爲何人書，佚文見宛委山堂本《說郛》卷一八。此條早見於《太平御覽》卷一八七所引盛弘之《荊州記》。

[二] 按，此條亦見宛委山堂本《說郛》卷一八所輯《墨娥漫錄》，而相關內容早見於《太平廣記》卷二一四"楚安"條，原文云出《野人閒話》；《蜀中廣記》卷一〇七載此事則云出《蜀志補》。

[三] "古今"，原無，據陶弘景《古今刀劍錄》補。

[四] "雲林石譜"，原作"同上"，上一條乃陶弘景《古今刀劍錄》，此條言及東坡，顯然有誤。實出宋人杜綰《雲林石譜》卷下"南劍石"條，東坡所謂鳳咮研者，可參蘇軾《鳳咮研銘》。

[五] "鼎"，原無，據南北朝虞荔《鼎錄》補。

[六] 按，《四庫全書總目提要》卷一三七著錄《續補侍兒小名錄》，一卷，簡介云："宋溫豫撰。豫，字彥幾，晉陽人。豫以王銍所補《侍兒小名錄》猶未詳備，乃續補此書，凡二十九事。"宛委山堂本《說郛》卷七七輯錄有十七條，此事亦在其中。然《太平廣記》卷一三〇"金氙"條引《徵誡錄》已載其事，當爲溫豫之所本也。

[七] 書名前，原有"洪遂"二字，係誤題，今刪。按，陳祥裔據宛委山堂本《說郛》卷七七輯錄之所謂"洪遂《侍兒小名錄》"而採摘此條也。《侍兒小名錄》系列有宋人洪炎、王銍、溫豫等人所作者，無洪遂之書，可參羅寧《侍兒小名錄書考》一文，載《第六屆宋代文學國際研討會論文集》。又，此條內容實本自宋人黃休復《茅亭客話》卷四"王太廟"條。

蜀人多鬻女爲人婢，德裕爲著科約：凡年十三而上，執三年勞，下者五歲。及期，則令還其父母[一]。

夔州道士王法玄，舌大而長，呼文字不甚典切，常以爲恨。因發願讀《道德經》，夢老君與剪其舌，覺而言詞輕利，精誦五千言，頗有徵驗。《錄異記》[二]

玉局觀洞，高駢帥蜀，取罪人以繩絆其腰，令探淺深。繩兩日方絕，出青城山洞天觀門。《續博物志》[三]

唐渤海王、太尉高駢鎮蜀日，用巡邊至資中郡，舍于刺史衙。對郡山頂有開元佛寺，是夜黃昏，僧禮贊，螺唄間作。渤海命軍侯悉擒械之，來晨笞背悉逐。召將吏而謂之曰："僧徒禮念亦無罪過，但以此寺十年後當有禿丁數千作亂，我以是厭之。"其後土人皆髡髮執兵，號大髡小髡，據此寺爲寨，凌脅州將，果叶渤海之言。《北夢瑣言》[四]

川峽間有一種惡艸，羅生於野。雖人家庭砌亦有之，如此間之蒿蓬也，土人呼爲蘞麻[五]。其枝葉拂人肌肉，即成瘡疱，浸淫潰爛，久不能愈。杜子美《除艸》詩云："艸有害于人，曾何生阻修。其毒甚蜂蠆，其多彌道周。"蓋謂此也。《墨莊漫錄》

明皇幸蜀過嘉陵，愛其江山，命吳道子圖于大同殿壁。王維復畫小簇，云："江山已暗大同殿，絃管猶喧凝碧池。別寫嘉陵三百里，右丞心事與誰知。"《過庭錄》[六]

瞿塘之下，地名人鮓甕，少游嘗謂未有以對。南遷度鬼門關[七]，乃用爲絕句云："身在鬼門關外天，命輕人鮓甕中船。北人慟哭南人笑[八]，

[一] 按，此事見《新唐書·李德裕傳》。
[二] 按，此條出《錄異記》卷二"王法玄夢老君剪舌"。
[三] 按，此事載宋人李石《續博物志》卷三。"高駢"，《舊唐書》卷一八二有傳。《舊唐書·僖宗本紀》稱乾符元年（八七四）四月，"以天平軍節度使、檢校尚書右僕射兼鄆州刺史高駢檢校司空兼成都尹，充劍南西川節度副大使，知節度事"。
[四] 按，此事出《北夢瑣言》卷三"高太尉決禮佛僧"條。
[五] "蘞"，原爲訛字，左下角寫作"圭"，今據《墨莊漫錄》卷七改。
[六] "過"，原誤作"退"，今據宋人范公偁《過庭錄》改。
[七] "門"，原無，據《侯鯖錄》卷三及後文所引詩句補。
[八] "慟"，原作"痛"，據《侯鯖錄》改。

日落荒村聞杜鵑。"[一]《侯鯖錄》

　　川中一士人作食菜十餘韵，其警句云："溲頻傾綠水，溷急走青蛇。渾家青菜子，一肚晚韲沙。"同上[二]

　　蜀道多山鬼，有小吏遠迓憲車，同徒數人。日將暮，見道傍一媜人攜汲器立溪側。小吏就丐飲，且挑狎之。媜人初無難色，吏引手捫其胸臆間，皆青毛，長數寸，冷如氷。吏驚呼而走，媜人大笑，挈汲器徐步而去。《睽車志》[三]

　　峽江水中有物，頭似猰㺄而無足。自頸以下扁濶如疋練，粘涎如膠，喜食馬，土人謂之馬皮婆。有浴馬于江者，輒伺無人揭舉其尾，覆冒馬背腹間，曳之入水。土人或繋馬于岸，其物擲尾冒之，馬繋不得去，而其物膠不得脫，則捕而殺之。同上

　　寧國論云："蜀中本無獠，犍爲、德陽山谷洞中攘攘而出[四]，轉轉漸大，自爲夫媜而益多。"

　　漢州開元寺有菩薩像，自頂及焰光、坐趺，都是一段青石，潔膩可愛，雕琢極工，高數尺。會昌毀寺時，佛像多遭催折刓缺，惟此不傷絲毫。及再立寺，僧振古寶而置放西廊。先是，匠人得此石，異之，虔心鐫刻，殆忘飡寢。有美女常齎食給之，其人運思在像，都無邪思。久之怠而妄心生，女乃不至。饑渴既逼，兼毒厲匝體，遂悟是天女。因焚香叩首，悔謝切至。女復來，其病立愈，而像即成。亦嘗有記錄，因毀寺失其傳焉。《因話錄》[五]

[一] 按，趙德麟《侯鯖錄》以爲此詩乃秦少遊作，但黃庭堅《夢李白誦竹枝詞三疊》其三云："命輕人鮓甕頭船，日瘦鬼門關外天。北人墮淚南人笑，青壁無梯閣杜鵑。"二詩文字略異，但彼此之關係顯而易見。清人王士禎《居易錄》卷九考證云："《豫章集》詩'命輕人鮓甕頭船，日瘦鬼門關外天。北人墮淚南人笑，青壁無梯閣杜鵑'。或云李白《歌羅驛》詩，夢中爲魯直誦之，蓋寓言也。《侯鯖錄》以爲少游南遷度鬼門關作，首句作'身在鬼門關外天'，'墮淚'作'慟哭'，末句作'日落荒村聞杜鵑'。趙德麟及與黃、秦游，不應有誤。然山谷書歌羅驛尚有二篇，而此詩絕類山谷，與少游不類。且少游謫藤州，人鮓、鬼門亦非所經之路也。《錄》所載改數字，不及黃本遠甚。"以是觀之，此詩爲黃庭堅所作可能性更大。清人吳景旭《歷代詩話》卷五九"人鮓甕"條亦得出結論云："余按趙德麟所載少游之句，與岳珂所載之末章，辭義合符。然覽其全文，應屬山谷。"
[二] 按，此條出《侯鯖錄》卷八。
[三] 按，此條出《睽車志》卷四，下一條亦同。
[四] "德"，原作"從"，文義不通，據《續博物志》卷二改。○"攘攘"，原作"壤壤"，形近而誤，據《續博物志》卷二改。
[五] 按，此事載《因話錄》卷六。

唐大中初，綿州魏城縣人王助舉進士，有奇文。蜀自李白、陳子昂後，繼之者乃此侯也。嘗撰魏城縣道觀碑，詞華典贍。于時，薛逢牧綿州，見而賞之，壯其文類王勃也。《北夢瑣言》[一]

唐乾寧中，劉昌美典夔州。時屬夏潦，峽漲湍險不可下，于是行旅輟棹而候水平去焉。有朝官李蕘學士，挈家自蜀沿流將之江陵。郡牧以水勢正惡，且望少住，以圖利涉。隴西忽若人促召，堅請東下。才鼓行橈，爲盤渦砑裂其船而倒，李一家溺死焉，共一百二十人。惟奶媼一人，隔夜爲駭浪推送江岸而蘇，云：“李學士至一官署，上廳事，朱門白壁，寮吏糸賀。”又聞云[二]：“此行無奶媼名。”遂送出水濱。自後以瞿塘爲水府，春秋祭之。同上

蜀白衛嶺多虎豹噬人，有選人京兆韋，忘其名，唐光化中調授巴南宰。常念《金剛經》，赴任至泥溪，遇一女人着緋衣，挈二子偕行，同登此山。嶺頭行人相駐叫譟，見此女乃赤狸大蟲也，而韋終不覺。同上[三]

桐花鳳，每暮春來集桐上，及花落，不知所往。毛五色而小于燕。《霏雪錄》云即東坡所謂倒挂綠毛么鳳是也[四]。李之儀云：“此鳥以十二月來，一名收香倒挂，又名探花使。性極馴，好集美人釵上。”唐僧可朋《桐花鳳》詩[五]：“五色毛衣比鳳雛，深叢花裏只如無。美人買得偏憐惜，移向金釵重幾銖。”

李德裕《畫桐花鳳扇賦》[六]：“桐始華兮綠江曙，粲鮮葩兮泫朝露[七]。樹曄曄兮霞舒[八]，鳥爛爛兮星布。彼嘉桐兮貞且猗，富春莫兮英葳蕤[九]。

[一] 按，此事見《北夢瑣言》卷五"薛逢賞王助"條。
[二] "聞"，原作"問"，據《北夢瑣言》卷七"李學士賦讖"條改。
[三] 按，此事見《北夢瑣言》卷九"韋宰功德驗"條。
[四] 按，蘇軾有《西江月·梅花》詞云："玉骨那愁瘴霧，冰肌自有仙風。海仙時遣探芳叢，倒掛綠毛么鳳。"
[五] "可朋"，原作"隱巒"，承《升庵全集》卷八一"桐花鳳畫扇"條及《玉芝堂談薈》卷三三"頻迦鳥"條而誤也。今據《唐僧弘秀集》卷九、《古今禪藻集》卷七所收此詩而改。按，此條所載內容，除見前揭二書外，尚載《補續全蜀藝文志》卷四七，不知陳祥裔據何種刪節而成。
[六] 按，此賦載《會昌一品集·別集》卷一，今以《叢書集成初編》本參校。
[七] "泫朝"，原作"泣清"，據別集改。
[八] "曄曄"，別集作"煜煜"，義可通。
[九] "春莫"，別集作"暮春"，義同。◎"英葳蕤"，別集作"發英蕤"。

豈鷞雛兮珍族[一]，久栖托乎瓊枝[二]。被零露兮甘且白[三]，涵曉月兮灑鮮澤。豈青鳥之靈儔[四]，常飲吮乎玉液。有嘉穀而不啄，有喬松而不適。獨美露而愛桐，非人間之羽翮。逮花落而春歸[五]，忽雨散而川寂。悵丹穴之何遠，想瑤池而已隔。爰有妙工，圖其麗容，宛宛兮若湌珠于芳蕰，飄飄兮疑振翠于光風。感班姬之素扇，空皎潔兮如霰。亦有美人，增華點絢。雀伺蟬而輕鷟，女乘鸞而微眄。未若繪兹鳥于珍箋[六]，動涼風于羅薦。非欲發長袂之清香，掩短歌之孤囀[七]。庶玉女之提攜，列崑墟之玄譧[八]。乃爲歌曰：青春晚兮芳節闌，敷紫華兮蔭碧湍。美斯鳥兮類鷞鸞，且體微兮容色丹。彼飛翔于霄漢，此藻繪于冰紈。雖清秋之已至，常愛玩而忘湌。"

三台井在成都府治舊天慶觀内，隋文帝夢三台星隕于西南化爲井，遣人訪之未獲。有道士馮善英者，修池忽得三井，每汲一井，二井皆動[九]。

成都至北三十里名天囬山，因唐明皇幸蜀至此，聞長安平，車駕乃囬，因名[十]。今名天囬鎮。

六對山去成都六十里，相傳蜀後主自新津修覺山囬，至廣都，見十二峯，有山峯相對之語[十一]。

大慈寺南有解玉溪，相傳韋皋所鑿，用其沙以解玉者[十二]。

成都西北隅，其地下窪，水勢易趍。諸葛孔明築堤九重扞之，名九

[一] "兮"，別集作"之"。
[二] "久"，別集作"又"。
[三] "被"，原作"彼"，形近而誤，據別集改。按"被""涵"爲對，作"彼"則不通矣。
[四] "豈"，大觀本誤脱。
[五] "逮"，原作"建"，形近而誤，據別集改。
[六] "兹鳥"，別集作"斯禽"。
[七] "短"，別集作"高"。
[八] "玄"，別集作"瑤"。
[九] 按，此條見《明一統志》卷六七《成都府·山川》之"三台井"條。
[十] 按，此說亦見《明一統志》卷六七《成都府·山川》下"天回山"條。然關於此山之名，有作"天䁥山"者，嘉靖《四川總志》卷三《成都府·山川》下"天回山"條云："府城北三十里，唐玄宗幸蜀至此。及聞長安平，車駕乃回，因名。揚雄《蜀本紀》云：'杜宇自天而降治蜀，號曰天䁥。'"《升庵全集》卷七六"天䁥山"條亦有相關記載。
[十一] "山"，原作"三"，誤，據《明一統志》卷六七及嘉靖《四川總志》卷三《成都府·山川》下"六對山"條改。
[十二] 按，《明一統志》卷六七及嘉靖《四川總志》卷三《成都府·山川》下"解玉溪"條所載與此合。

里堤。宋乾德中壞，劉熙古修築，因更名劉公堤[一]。

沱江在新繁西北，源出岷江。《禹貢》"岷山導江，東別爲沱"即此[二]。

簡州北三十里，桃花最多，因名小桃源。天水相接，放目無際，爲西州絕景[三]。

聖水池[四]，崇德廟內。嘉靖中修廟掘地，出水石蓋，書"聖水池"，識者云是蘇東坡隸書。

綿州學東壁，繪龐統、蔣琬、杜微、尹默、李白、陳該、蘇易簡、王仲華、歐陽修、黃庭堅十人之像以祀之[五]。

成都城北二里許有讀書臺，相傳武侯築此以集諸講、待四方賢士者[六]。

又城北門外里許有雲臺，俗呼爲賽雲臺，即玉局觀也[七]。蘇軾《送戴蒙赴成都玉局觀將老焉》詩[八]："拾遺被酒行歌處，野梅官柳西郊路。聞道華陽版籍中，至今尚有城南杜。我欲歸尋萬里橋，水花風葉暮蕭蕭。芊魁徑尺誰能盡，檀木三年已足燒。百歲風狂定何有[九]，羨君今作峨眉叟。縱未家生執戟郎，也應世出埋輪守。莫欺老病未歸身，玉局他年第幾人？會待子猷清興發，還須雪夜去尋君。"

荔枝樓在忠州西南，白居易所建。白居易《荔枝樓對酒》詩[十]：

[一] 按，嘉靖《四川總志》卷三《成都府·宮室》下"九里堤"條所載與此相合。"劉熙古"，《續資治通鑑長編》卷九云："開寶元年（九六八）春正月乙酉朔。御乾元殿受朝。庚寅，詔呂餘慶歸朝，以兵部侍郎劉熙古爲端明殿學士，權知成都府。"

[二] 按，此條亦見嘉靖《四川總志》卷三《成都府·山川》下"沱江"條，但原文云沱江有二，另一江在灌縣南十五里。《明一統志》卷六七《成都府·山川》下"沱江"條則不言在灌縣者。

[三] 按，此條出《明一統志》卷六七《成都府·山川》下"小桃源"條，實則《方輿勝覽》卷五二《簡州·樓榭》下同條與此文字略異，當即《明一統志》之所本也。

[四] "聖水池"，原無，文義不明，據康熙《四川總志》卷三《山川·灌縣》下"聖水池"條補。按，此條所載與《四川總志》文字全同。至於崇德廟的位置，《蜀中廣記》卷六云："縣西二里崇德廟，李文饒鎮蜀時重建，段全暐爲記。廟內有八分書'聖水池碑'，近年掘地得之，移入成都墨池。"

[五] 按，此條出《明一統志》卷六七《成都府·宮室》下"十賢堂"條，嘉靖《四川總志》卷三同條與《明一統志》相合。

[六] 按，《明一統志》卷六七、嘉靖《四川總志》卷三《成都府·宮室》下"讀書臺"條有相關記載，且言"後爲乘煙觀"。

[七] 按，此說本自康熙《四川總志》卷六《宮室·成都府》下"雲臺"條。

[八] "將老焉"，原作"歸老"，據《蘇軾全集校注》卷二六改。

[九] "狂"，原作"波"，誤，據《蘇軾全集校注》改。

[十] "對酒"，原無，據《白居易集》卷一八補。

161

"荔枝新熟雞冠色，燒酒初開琥珀香。欲摘一枝傾一盞，西樓無客對誰嘗。"

順慶府東仙鶴樓，俯瞰大江，面對層峯。宋邵伯溫詩"春去秋來好風月[一]，鶴樓端勝庾公樓"即此。

金泉山上有步虛臺[二]，宋鄭庭芳詩[三]："平生酷好退之詩，謝女仙踪頗自疑。不到步虛臺下看，瓊臺瑤珮有誰知？"[四]

南充縣五友亭，宋游炳題云[五]："明月清風爲道友，古典今文爲義友，孤雲野鶴爲自在友，怪石流水爲娛樂友[六]，山果橡栗爲相保友。是五友者，無須臾不在此間也。"

鎖江亭在敘州府鎖江側[七]，黃庭堅詩"鎖江亭上一樽酒[八]，山自白雲江自橫"、陸游詩"千尋鐵鎖還堪恨，空鎖長江不鎖愁"，即此[九]。

戎州有蔡次律者，家于近郭，黃庭堅嘗過之筵飲。小軒檻外植餘柑子數株[十]，因乞名，題曰"味諫軒"。後王子予以橄欖遺庭堅，作詩云[十一]："方懷味諫堂中果，忽見金盤橄欖來。想其餘甘有瓜葛，苦中真味晚方回。"《桯史》[十二]

蜀先主征吳，爲陸遜所敗。還至白帝，改魚腹爲永安宮。今夔州府

[一]"溫"，原作"涓"，形近而誤，據《明一統志》卷六八《順慶府·宮室》、康熙《四川總志》卷六《宮室·順慶府》下"仙鶴樓"條改。◎"秋"，原作"春"，承康熙《四川總志》而誤，今據《輿地紀勝》卷一五六《順慶府·果州詩》及《明一統志》所載改。

[二]"臺"，原作"堂"，據《明一統志》卷六八《順慶府·宮室》"步虛臺"條改。

[三]"芳"，原無，據《輿地紀勝》卷一五六《順慶府·果州詩》下引"洗筆池頭煙淡淡，鳴琴臺畔水悠悠"詩所題作者改。按，《輿地紀勝》同卷《謝自然詩》所引則題作者爲鄭芳庭，與《明一統志》卷六八《順慶府·宮室》"步虛臺"條所載相合；康熙《四川總志》卷六《宮室·順慶府》下同條則誤作"鄭方"。實則作"鄭芳庭"誤，當作鄭芳。清陸心源《宋詩紀事補遺》卷三五簡介云："鄭庭芳，庭芬弟，莆田人。政和七年進士。"

[四]"臺瑤"，原作"瑛環"，據《輿地紀勝》《明一統志》改，康熙《四川總志》作"瑛瑤"。

[五]"炳"，原作"丙"，據《輿地紀勝》卷一五六《順慶府·景物下》及《明一統志》卷六八《順慶府·宮室》下"五友亭"條改。

[六]"孤雲野鶴爲自在友，怪石流水爲娛樂友"，原無，據《輿地紀勝》《明一統志》補。

[七]第二"鎖"字，原無，據《明一統志》卷六九《敘州府·宮室》下"鎖江亭"條補。按，《明一統志》同卷《山川》下"鎖江"條云："鎖江在府城北，兩岸大石屹立。昔人因置鐵絙橫截其處，控扼夷羌，故名。"

[八]"樽"，原作"尊"，據《明一統志》及黃庭堅《再次韻兼簡履中南玉三首》其三改。

[九]按，陸游詩題作《敘州》，見《劍南詩稿》卷一〇。

[十]"檻"，原作"櫺"，據《桯史》卷一二"味諫軒"條改。

[十一]按，山谷詩題作《謝王子予送橄欖》。

[十二]"桯"，底本原作"程"，形近而誤，據大觀本及《桯史》改。

學宮即其地也[一]。

鬱姑臺在叙州府北，宋楊仙遇仙人鬱姑于此臺，故名[二]。今其地產仙茅[三]。

夔州府東十五里萬丈樓[四]，即杜工部東屯故居也。後人建樓，取"李杜文章在，光焰萬丈長"之義。

于貟《修夔州東屯少陵故居記》[五]："唐大曆中[六]，少陵先生自成都來夔門。蓋欲下三峽、道荆襄以向洛陽，漸圖北歸。始至，暫寓白帝，既而復遷瀼西，最後徙居東屯。質之于詩，皆可考。峽中多高山峻谷，地少平曠。獨東屯距白帝五里而近，稻田禾畦，延袤百頃。前帶清溪，後枕崇岡，樹林蔥蒨，氣象深秀，稱高人逸士之居，少陵于是卜築焉。厭囂塵而樂幽勝，蓋詩人所以爲吟咏風月之地。夔州之詩多至四百餘篇，計當一艸一木盡入詩句中矣。

少陵既出峽，其地三易主。近世始屬李氏，少陵手書之券猶在。至子襄，頗好事，講求故蹟，復置高齋，用涪翁名少陵詩意創大雅堂[七]；臨溪又建艸堂，繪其遺像。歷歲滋久，屋且頹圮弗治，券亦爲有力者取去。而

[一] "學"，原無，據康熙《四川總志》卷六《宮室·夔州府》下"永安宮"條補。
[二] 按，此說見《明一統志》卷六九《敘州府·宮室》下"鬱姑臺"條。
[三] 按，《明一統志》卷六九《敘州府·山川》下"仙侶山"條云："在府治西北，產仙茅。上有真武宮，竹木森翠。山腰有清泉一，石洞四。其一曰楊仙洞，相傳宋楊道人昇仙之地。"
[四] "十五里"，按，《明一統志》卷七〇、嘉靖《四川總志》卷一〇《夔州府·宮室》及康熙《四川總志》卷六《宮室·夔州府》下"萬丈樓"條皆作"十里"，陳氏或據下文《修夔州東屯少陵故居記》有"東屯距白帝五里"而增也？雍正《四川通志》卷二六《古蹟·奉節縣》下"白帝城"條正云城在縣東十里也。然《明一統志》、嘉靖《四川總志》、康熙《四川總志》皆不言白帝城距縣治之具體里數，唯萬曆九年《四川總志》卷一四《夔州府·祠廟》下稱"在府治東十里舊州城內"，如此言屬實，則陳祥裔所改或不誣也。又，後文言草閣在夔州東十里，乃杜甫瀼西故居，則不應與東屯在同一地也。以是觀之，當作"十五里"。
[五] "于"，大觀本誤作"子"。○"貟"，《康熙字典·火部》引《篇海》，云乃"燹"之異體字，然《全蜀藝文志》作"奧"，《杜甫全集校注》卷一七引《全蜀藝文志》則改作"貟"，似以爲二者相同也。然字書皆不載"奧"字。宋開慶元年刻本《重校鶴山先生大全文集》卷九二所錄挽詩有"于眉州奧"，當係同一人。康熙《四川總志》卷一三《名宦下·眉州》則作"于槀"，清人仇兆鰲《杜詩詳注》卷二〇《自瀼西荆扉且移居東屯茅屋四首》題注所引亦作"于槀《東屯少陵故居記》"。存疑俟考。○又按，此記載《全蜀藝文志》卷三九及康熙《四川總志》卷三六《藝文志》之四，二者文字全同，今以《全蜀藝文志》參校。
[六] 按，宋人黃鶴注杜甫《自瀼西荆扉且移居東屯茅屋四首》詩，稱其移居東屯在大曆二年（七六七）。
[七] 按，黃庭堅《刻杜子美巴蜀詩序》云："自予謫居黔州，欲屬一奇士而有力者，盡刻杜子美東西川及夔州詩，使大雅之音久湮没而復盈三巴之耳。"故丹稜人楊素至敘州，建大雅堂。

前賢舊隱，幾爲荆榛之墟。慶元三年春[一]，連帥閬中毌丘公[二]、漕使蘇臺錢公，暇日聯轡訪古，歎高風之既遠而故居之弗葺[三]，無以致思賢尚德之意。因李氏子欲析居，毌丘公捐金市之而歸諸官[四]。爲田一十一畝有奇，繚以短垣，樹以嘉木。齋與堂之欹腐撓折者從而增葺之，架爲凭軒，闢爲虚牖，開新徑以直溪，而東屯之景物深窈幽窆，與少陵寓居之日無異。錢公又跨艸堂創爲重閣，移置少陵像于其上。凭欄一望[五]，則平川之綺麗，四山之環合，若拱若揖，與賓主相領略。蓋東屯至是遂爲夔州勝處。

嗟夫！少陵始進三賦[六]，明皇奇其才[七]，嘗召而欲用之，故其詩有'主上頃見徵'之句。已而齟齬不偶，流落頓挫，故其詩有'青冥却垂翅'[八]。少陵抱負奇偉，許身稷、卨，蓋欲少出所學以自見于世，而卒不遇，憔悴奔走于羈旅之間，可歎也。雖然，少陵之詩號爲詩史，豈獨取其格律之高、句法之嚴？蓋其忠義根于中而形于吟咏，所謂'一飯未嘗忘君'者[九]。是以其鏗金振玉之所與《騷》《雅》並傳于無窮也。少陵避地入蜀，其寓居之處，同谷有草堂，浣花亦有草堂，皆官自葺之，有以見其勿剪勿伐之意。獨東屯不然，誠夔門之缺典也。夫地固以人重[十]，而物之興廢有時，今帥漕二公獨能興四百年之遺址而更新之，明示好尚，丕變雅俗，實權輿于此。則是役也，豈徒爲游觀設哉！

慶元三年十二月初二日，朝奉郎、權通判夔州軍州兼管内勸農事、借緋于貞記[十一]。"

[一] "慶元"，南宋寧宗年號，慶元三年即一一九七年。
[二] "毌"，原作"母"，據《全蜀藝文志》改，後文之"母"字徑改，不復出校。按，毌丘乃複姓，據雍正《四川通志》卷二八上《祠廟·閬中縣》下"毌丘祠"條，稱"祠在劒州南百里，宋毌丘儼昆弟四人讀書處"，然復據卷三三《選舉》，會、儼、斌、拾四人皆中進士，則此處所云具體爲何人，不可考矣。
[三] "居"，原作"宫"，據《全蜀藝文志》改。
[四] "而"，原作"以"，據《全蜀藝文志》改。
[五] "欄"，原作"闌"，據《全蜀藝文志》改。
[六] 按，杜甫《進三大禮賦表》，稱此三賦爲《朝獻太清宫賦》《朝享太廟賦》《有事於南郊賦》。
[七] "明"，大觀本奪。
[八] 按，此處所引兩句杜詩皆見《奉贈韋左丞丈二十二韻》。
[九] 按，語出蘇軾《王定國詩集敘》："古今詩人衆矣，而杜子美爲首。豈非以其流落饑寒，終身不用，而一飯未嘗忘君也歟？"
[十] "夫"，原作"天"，形近而誤，據《全蜀藝文志》改。
[十一] "于"，大觀本誤作"於"。

杜甫《東屯月夜》詩[一]："抱疾漂萍老，防邊舊穀屯。春農親異俗，歲月在衡門。青女霜楓重，黃牛峽水喧。泥留虎鬥跡，月挂客愁村。喬木澄稀影，輕雲倚細根。數驚聞雀噪[二]，暫睡想猿蹲。日轉東方白，風來北斗昏。天寒不成寐，無夢寄歸鳧。"

又《自瀼西荆扉且移居東屯茅屋四首》詩云："白鹽危嶠北，赤甲古城東。平地一川穩，高山四面同。烟霜淒野日，秔稻熟天風。人事傷蓬轉，吾將守桂叢。""東屯復瀼西，一種住青溪。來往皆一作兼茅屋，淹留爲稻畦。市喧宜近利，自注云："西居近市，"《易·巽》："爲近，利市三倍。"《左氏傳》晏子對景公語[三]。林僻此無蹊。若訪衰翁語[四]，須令贐客迷。""道北馮都使，高齋見一川。子能渠細石，吾亦沼清泉。枕帶還相似，柴荊即有焉。斫畬應費日，解纜不知年。""牢落西山外，參差北户間。久游巴子國，臥病楚人山。幽獨移佳境，清深隔遠關。寒空見鴛鷺，回首憶朝班。"

草閣在夔之東十里，即杜工部瀼西舊址也。萬曆三年，郭棐行、羅繡藻重建，上倚龍山，下瞰瞿塘，頗極形勝[五]。

杜甫《瀼西寒望》詩："水色含群動，朝光切太虛。年侵頻悵望，興遠一蕭疎。猿挂時將學，鷗行炯自如。瞿塘春欲至，定卜瀼西居。"

錦屏山在保寧府南二里許，兩山對峙，萬彙爭妍，一名閬中山，一名寶鞍山。陸游詩有"城中飛閣連危亭，處處軒窗對錦屏"之句[六]。

杜甫《閬山歌》："閬州城東靈山白，閬中一作城北玉臺碧。松浮欲盡不盡雲，江動將崩已一作未崩石。那知根無鬼神會，已覺勢與嵩華敵。中原格鬥且未歸，應結茅齋看青壁。"

嘉陵江在閬中，源出陝西鳳翔縣，經廣元、昭化、劍州，自重慶入大江。閬水、巴水、漢水，皆江之異名[七]。杜甫《閬水歌》："嘉陵江色一

[一] "月夜"，原誤倒，據《杜甫全集校注》卷一七乙正。
[二] "雀"，原作"鵲"，據《杜甫全集校注》改。
[三] 按，《左傳·昭公三年》云："初，景公欲更晏子之宅，曰：'子之宅近市，湫隘囂塵，不可以居，請更諸爽塏者。'辭曰：'君之先臣容焉，臣不足以嗣之，於臣侈矣。且小人近市，朝夕得所求小人之利也，敢煩里旅？'"
[四] "翁"，原作"公"，據《杜甫全集校注》卷一七改。
[五] 按，此說本自康熙《四川總志》卷六《宮室·夔州府》下"草閣"條。
[六] 按，此條本自康熙《四川總志》卷三《山川·閬中縣》下"錦屏山"，陸游詩題作《遊錦屏山謁少陵祠堂》，見《劍南詩稿》卷三。
[七] 按，此條亦本自康熙《四川總志》卷三《山川·閬中縣》下"嘉陵江"。

作山何所似，石黛碧玉相因依。正憐日破浪花出，更復春從沙際歸。巴童蕩槳欹側過，水鳥一作雞銜魚來去飛[一]。閬中勝事可腸斷，閬州城南天下稀。"

憂雲亭在達州南嶺山之西畔，下瞰江流，周覽城邑，元積爲司馬時建[二]。

諸葛孔明八陣圖凡三：在夔州魚腹者六十有四，方陣法也；在新都彌牟鎮者一百一十有八[三]，當頭陣法也；其在其盤市者二百五十有六，下營法也[四]。予見在魚腹者，皆亂石子爲之，水涸始見。好事者移去石子，明日依然如故。在彌牟鎮悉以土壘之者，狀如古塚，歷歷可數。傍有小廟，祀武侯，有臺傍峙，云是觀陣者。碑碣甚多，不可考，惟楊升庵碑記可讀[五]。

宋李昭玘《八陣圖論》[六]："兵陣之事，有不可以言者[七]，有不得不言者。衛靈公在諸侯之任[八]，當以守法爲職，不當問陣[九]；有不仁之資，宜以修德爲務[十]，不宜問陣；然且問之，此孔子所以不對也，所謂不可以言者也。然孔子不對衛靈公之問，將以立教爾。至其自謂，則曰我戰則克；其請伐罪，則曰以魯之衆加齊之半宜可克。是則使孔子中天下而立定四海之民，其行兵用師之際必有道矣；其不肯驅烏合無律之民以用之立死之地決矣。當是時也，兵陣之事，將習之不暇，而況于言乎？此所謂不得不言

[一] 按，"鳥"一作"雞"，《杜甫全集校注》只作"雞"，校勘記無作"鳥"之版本。然《杜詩詳注》卷一三夾注云"雞，海鹽劉氏校本作'鳥'"。
[二] "積"，原作"禎"，今據《方輿勝覽》卷五九《達州·樓亭》下"憂雲亭"條改。按，此處實承康熙《四川總志》卷六《宮室·夔州府》下同條而誤也，嘉靖《四川總志》卷一〇、《明一統志》卷一〇《夔州·宮室》下同條則誤作"禎"。
[三] "彌牟"，原誤倒，今據他書乙正。按，此鎮名典籍中多有誤倒者，實則宋代時諸多文人詩文中就提到此鎮，如陸游《劍南詩稿》卷六有《彌牟鎮驛舍小酌》、《成都文類》卷一一有宋時成都守臣王剛中《彌牟鎮孔明八陣圖詩》《天啟新修成都府志》卷三"古蹟"門、道光《新都縣志》及光緒後所修《新都縣鄉土志》均言爲"彌牟鎮"，此鎮今存，故知作"牟彌"者誤也。後文有誤倒者徑改，不復出校。
[四] 按，此說見宋人王應麟《通鑑地理通釋》卷一一"八陣圖"條，明人何宇度《益部談資》卷三所載亦與之同。
[五] 按，此升庵碑記當即《升庵全集》卷四之《新都縣八陣圖記》也。
[六] "李昭玘"，《宋史》卷三四七有傳，今存《樂靜集》，然此文不載別集，而見《全蜀藝文志》卷四八，康熙《四川總志》卷三六亦載，今并以之參校。
[七] "以"，原無，據《全蜀藝文志》《四川總志》補。
[八] "任"，原作"位"，據《全蜀藝文志》《四川總志》改。
[九] 按，《論語·衛靈公》云："衛靈公問陳於孔子，孔子對曰：'俎豆之事，則嘗聞之矣，軍旅之事，未之學也。'"
[十] "修"，原作"備"，據《全蜀藝文志》《四川總志》改。

者也。世之不善講學者，恥于戎事之不知，則未嘗不以孔子闞衛靈爲藉口[一]。彼不知孔子之闞，其旨有在，而文事必有武備，乃吾儒之所當言。倘曰：'吾知道而已，兵非吾之所知。'其不當問者闞之以此，而當問者亦闞之以此，是無乃拘而害事也哉？儒者之于天下，亦何所用也哉？

今夫古之用仁義之師者，莫如武王；爲王者之佐者[二]，莫如太公。爲武王、太公者，疑若專以曲直老壯爲定計，凡覆殺之機，布設軍勢之事，當絕弗道。而其《六韜》之書，乃有《鳥雲山兵》《鳥雲澤兵》等篇，其所以較勝負利害之際者甚詳。豈武王、太公至是而變仁義爲譎詐耶？直以爲德之不懷則兵之必用，則凡所以御兵制敵之道，不可不講之耳。然此尙有可諉者，曰：《六韜》非太公之書，蓋戰國相傾之士借太公以爲市者。至于《詩》《書》，爲帝王之遺迹，豈復有可議者耶？而有扈之役，則曰：'左不攻于左，汝不恭命；右不攻于右，汝不恭命。御非其馬之正，汝不恭命。'牧野之誓，則曰：'今日之事不愆于六步、七步，乃止，齊焉。不愆于四伐、五伐、六伐、七伐，乃止，齊焉。'宣王征徐方之詩亦曰：'綿綿翼翼，不測不克。'又何敦陣整旅之能廢也！

夫左治其左，右治其右，六步、七步之旅進，不可不同心；四伐、五伐、六伐、七伐之擊刺，不可不併力。與夫綿綿以爲奇，而使敵不測；翼翼以爲正，而使敵不克，自帝王之時已然。而《書》與《詩》載之，未嘗以爲恥，後世之士乃獨恥言之，豈非好名而不適實之弊哉？蓋聞古之制陣，其名不一，有以三才名者，日月、星辰、斗杓，一左一右，一迎一背，謂之天陣。丘陵、水泉亦有左右前後之利，謂之地陣。用車、用馬、用文、用武，謂之人陣，此三才之辨也。有以五時名者，春爲牝陣，弓爲前行；夏爲方陣，戰爲前行；季夏爲圓陣，矛爲前行；秋爲牡陣，劍爲前行；冬爲伏陣，楯爲前行，此五時之辨也。有以四獸名者，使商人爲前兵，象白虎；使羽人爲前兵，象玄武；使徵人爲前兵，象朱雀；使角人爲前兵，象青龍，此四獸之辨也。有以五行名者，木之直，金之方[三]，火之銳，水之曲，土之圓，此五行之辨也。凡若是者，因類制名，固不可殫數。而八陣之名猶爲異同，若所謂一方、二圓、三牝、

[一]"爲"，《全蜀藝文志》無。
[二]第一"者"字，《全蜀藝文志》無。
[三]"方"，原作"四"，據《全蜀藝文志》《四川總志》改。

四牡、五衝方[一]、六車輪、七罘罝、八雁行，是一八陣也；若所謂金、木、水、火、土、天、地、人，又一八陣也；若所謂車箱、洞當金，車工[二]、中黃土，鳥雲、鳥翔火，折衝木，龍騰、却月水，雁行[三]、鵞鸛天，車輪地，虎翼人，又一八陣也，紛紛異口，其無定論如是。至于天、地、風、雲、龍、虎、鳥、蛇，以是八物制爲八名，兵家者流于此多歸焉，則八陣之定論亦有在矣。然是八物者，亦信其所從名之當否耳[四]？

考其根底，陣之所以八者，自有所祖述。蓋其法肇于黃帝，具于成周，而變化于諸葛孔明，非諸葛孔明之獨能爲是也。昔黃帝潛通八卦而建一都之法[五]，默會九天而設三軍之制。是以周公則而象之，以九夫爲井，四井爲邑，四邑爲丘，四丘爲甸，四甸爲縣，四縣爲都，自九夫之井至于四縣之都，而得乎一都之法。又以五人爲伍，五伍爲兩，四兩爲卒，五卒爲旅，五旅爲師，五師爲軍，自五伍至于五師之軍，而合乎三軍之制。至于孔明，則又上探黃帝之微意，下採成周之遺法，因而循之，與道神之；革而化之，與時宜之，而陣法備焉。故其制爲八陣，自九夫爲井而演之，從橫皆八，而有八八六十四陣者，所以通乎八卦也。立爲三軍，自五人爲伍而演之，周旋皆九，而有九九八十一陣者，所以會乎九天也。然則孔明之所祖述者，可謂深且遠矣，非與夫古人之精神、心術流通爲一者，疇能爾哉？李興曰：'推子八陣，不在孫吳木牛之奇，則非般模。'[六]謂木牛非出于般匠之遺，其說誠是。若求八陣于孫吳之書，則孫吳之書固無有也，是不知孔明之祖述在彼而不在此也。愚故曰：肇于黃帝，具于成周，變化于諸葛孔明，非諸葛孔明之獨能爲是也。

嗚呼！八陣之法，黃帝旣以北逐獯鬻，南平蚩尤，裁黎于版泉，省方于崆峒，底定萬國，旁羅七曜；周公旣以此誅紂伐奄，膺戎狄，懲荊舒；而孔明又以此平定南中，響震關輔，斬王雙，走郭淮，殺張郃，以成鼎足

[一] "衝"，《全蜀藝文志》作"衡"，然文淵閣《四庫全書》本《全蜀藝文志》作"衝"，不誤，整理本失校也，當以"衝"爲是，見宋曾公亮《武經總要》卷七"本朝八陣法"。

[二] "工"，原作"上"，《全蜀藝文志》《四川總志》亦作"上"，今據《太白陰經》卷六、《路史》卷四〇、《廣博物志》卷三一改。

[三] "行"下，原衍一"行"字，《四川總志》亦衍，據《太白陰經》卷六、《路史》卷四〇、《廣博物志》卷三一及《全蜀藝文志》刪。

[四] "信"，原作"性"，據《全蜀藝文志》《四川總志》改。

[五] "昔"，原作"而"，據《全蜀藝文志》《四川總志》改。

[六] 按，此說見《三國志·蜀志·諸葛亮傳》注文所引《諸葛亮故宅碣文》。"李興"，李密之子也。

之強，則其明效大驗已可見矣。後世之言兵，孰不欲得其遺法而師承之！然昧其法者，莫如晉之桓溫；明其法者，莫如唐之李靖，此又不可不知也。壘石八行，行去二丈，此其爲武侯之遺迹，真與僞皆未可知。而桓溫幸僚屬之不識，遽欺之曰："此常山蛇勢也。"[一]夫常山蛇者，在兵法謂之率然，擊其首則尾至，擊其尾則首至，擊其中則首尾俱至，考之陣勢，特曲直一陣勢耳，烏在爲八哉？且武侯所祖在黃帝、周公，而溫信于率然之說，比之李興謂不在孫吳者，尚或有愧，故曰昧其法者莫溫若也。唐太宗問李靖曰："卿所製六花陣，出何術乎？"靖曰："臣本諸葛亮八陣法也，大陣包小陣，大營包小營，隅絡鈎連，曲折相對，古制如此。"[二]乃爲圖陳之。夫驅馳于戎馬之間，識兵形陣法者，莫如太宗，而靖有六花之制，乃不知其所出，必待剖喻明白而後悟，則靖之于八陣深矣，又非守其緒餘糟粕者之比也。愚故曰：明其法者，莫靖若也。

雖然，論其深妙，固未易以立談判；考其大綱，則不過奇正二字而已。蓋古之制軍，合萬二千五百人而爲軍，其爲伍者一千一百二十五，其爲兩者二百五十，十取三焉而爲奇，餘七以爲正，四奇四正而八陣生焉，是其分陣之數有奇有正也。回旋九攢以象天[三]，四平正列以象地，散渙邪直以爲風，前大後銳以爲雲，天地風雲四者[四]，四陣之正也。延袤綿直以爲龍蟠，前合後開以爲虎翼，彌蔓散洽以爲鳥翔，回屈包羞以爲蛇蟠，龍鳥虎蛇四者，陣之奇也。是其布陣之形有奇有正也。天子上將居中而不動，疑兵游軍出沒而無常，是其用陣之勢有奇有正也。乃若陣行之疎，陣戰之密，其人之列，面之相向，背之相承，陣間容陣，隊間容隊，曲間容曲，前禦其前，後當其後，左防其左，右防其右，行必魚貫，立必雁行；長以衛短，短以救長，回軍轉陣，以前爲後，以後爲前，進無速奔，退無遽走，雖絕成陣，雖散成行；四頭八尾，觸處爲首，先動爲陽，輕疾猛厲，其勢險，其節短；後動爲陰，持重固密，不動如山，其倏忽幽闇，神出鬼沒，千變萬態而不可致窮，則又所謂奇正之相生，如環之無端者，八陣之制如此。然則爲今日計，將欲誅不庭[五]、戡

[一] 按，此事見《晉書·桓溫傳》。
[二] 按，此事見《李衛公問對》卷中。
[三] "回"，原作"四"，據《全蜀藝文志》《四川總志》改。
[四] "四者"，原文及《四川總志》皆無，據《全蜀藝文志》及後文補。
[五] "誅不庭"，原文及《四川總志》皆無，據《全蜀藝文志》補。

169

亂略，可不務乎？雖王者之兵，鼓之以道德，征之以仁義，有征無戰，善師不陣也，而其不幸有頑然不服者，以是爲權謀之助[一]，非小補也。

嗟乎！物不終靜，故受之以動。當純坤用事，則陰疑于陽而飛龍野戰。當大朴既散，則聖道并起而戎馬生郊，則有力吞八荒、爭截九有，而生民之類騷然不寧，黃帝于此順殺氣以作兵，法文昌以命將[二]，而又制爲陣法，以貽後代，豈得已者哉？蓋所謂生道殺民[三]，威不軌而成文德也。而後世經生儒士爭非之，并與孔明之祖述者黜焉。一旦乘以倉卒之變而有抗衡之事，其將若之何？然非黃帝、孔明者，既以大謬，而法之不守、德之不修，專以嗜殺自封殖爲事者，其爲生民之禍，亦豈細故耶？故鄭之魚麗、鵝鸛，魏之鶴列，晉之三行，楚之二廣、二孟[四]，徒以逞一己之欲而挈赤子于肝腦塗地耳。其得罪于君子，不亦甚乎！孔子所以不對衛靈公，而孟子亦嘗闢善陣善戰爲民賊者[五]，豈非爲此等慮者哉？

夫仁義權謀，後世不可偏廢：一于仁義則拘而不通，專于權謀則浸入于詐，而無以自反于正。區區之慮，每及乎此，故力陳武侯八陣之美以謹後世之武備，而又闢魚麗[六]、鵝鸛之屬以終孔子俎豆之意焉。"

范蓀《八陣圖論》[七]："夔州八陣之磧聞天下，歷千有餘年，至今存于峽口之江浦[八]。往時每過其下，惑于傳聞，眩于目擊，終莫得其說。

[一]"是"，原文及《四川總志》皆無，據《全蜀藝文志》補。
[二]按，"物不終靜"至"法文昌以命將"，皆本自唐獨孤及《風后八陣圖記》，見《文苑英華》卷八三二及《毗陵集》卷一七。
[三]"殺民"，《全蜀藝文志》校者以爲當作"救民"，誤矣。《孟子·盡心上》云："以生道殺民，雖死不怨殺者。"前文言黃帝作兵、命將、傳陣法皆不得已，因而是以生道殺民，文義契合。若作"救民"，則"豈得已哉"無著落矣！
[四]"孟"，原文及《四川總志》皆作"孟"，形近而誤，據《全蜀藝文志》改。按，此句所言皆陣法、軍隊名。"魚麗"，《左傳·桓公五年》云："秋，王以諸侯伐鄭……奉公爲魚麗之陳。""鵝鸛"，《左傳·昭公二十二年》云："丙戌，與華氏戰于赭丘。鄭翩願爲鸛，其御願爲鵝。""鶴列"，《莊子·徐無鬼》云："形固造形，成固有伐，變固外戰，君亦必無盛鶴列於麗譙之間。""三行"，《左傳·僖公二十八年》云："晉侯作三行以禦狄，荀林父將中行，屠擊將右行，先蔑將左行。""二廣"，《左傳·宣公十二年》云："其君之戎，分爲二廣。""二孟"，《左傳·文公十年》云："宋公爲右孟，鄭伯爲左孟。"
[五]按，此說見《孟子·盡心下》："孟子曰：有人曰'我善爲陳，我善爲戰'，大罪也。"
[六]"闢"，原作"關"，形近而誤，據《全蜀藝文志》《四川總志》改。按，此"闢"與前文"闢善陣善戰爲民賊"之"闢"不同，前文義爲駁斥，此處義爲屏除也。
[七]"范蓀"，《宋史·食貨志上之一》云："寧宗開禧元年，夔路轉運判官范蓀言，本路施、黔等州荒遠，綿亘山谷，地曠人稀，其占田多者須人耕墾。"則此人約一二〇五年前後撰成此文也。《宋元學案》卷七二《二江諸儒學案·知州范華陽先生蓀》對其有簡單介紹。◎此文載《全蜀藝文志》卷四八及康熙《四川總志》卷三六，并以之參校。
[八]"今"，原文及《四川總志》無，據《全蜀藝文志》補。

今蒙恩從宦于此，始得以暇日登崇臺而縱觀之。臺高而磧平，累石粲然，一一數之而無差，于是推尋其意而爲之說。曰：陣法之大要，方圓奇正而已爾。武侯之法，前爲八者八，皆東嚮，其勢直而方；後爲十二者二，皆南北嚮，其勢曲而圓。方者所以爲正也，圓者所以爲奇也。夫奇者正之餘，李靖所論握奇文是也。方圓相生，奇正相拯，而陣法無餘事矣。然則前爲八者八，後爲十二者二，何也？曰：此分數之法，皆以八計之，是以爲八陣也。前爲八者八，總而計之爲八八六十四，後爲十二者二，總而計之爲三八二十四，凡爲八者十一。絕長補短而三分之，以其二爲正而以一爲奇，合爲八八矣。

古八陣之法，其別凡八，李筌《陰符經》以爲常山之勢者是也。武侯之法爲陣者一而已，非古八陣也。然而爲常山之勢者固自若，桓溫之言近之矣。若武侯之所以爲八者，未知溫能悉之否也？五人爲伍，五伍爲兩，萬二千五百人，爲隊二百五十，十取三而以爲奇者，古也。武侯之法，八八六十四爲正，三八二十四爲奇，是十一取三焉以爲奇，則精于古矣。夫奇正也，方圓也，陰陽也，一而已矣。方者其陰，圓者其陽也，前爲方者八八六十四，後爲圓者三八二十四，絕長補短，大槩二陰而一陽，其在《易》，二陰而一陽爲《震》，倍之四陰而二陽爲《臨》。嗟乎！武侯之意倘取諸此乎？

古者用奇之法，或取于中，或列于左右，或伏于後。處于中者，李靖之握奇是也；列于左右者，淮陰侯與楚戰垓下之勢也；伏于後則武侯之法。司馬遷書言漢與楚決勝垓下，淮陰侯自以三十萬當之，皇帝在後，孔將軍居左，費將軍居右，絳侯、柴將軍又在皇帝後，淮陰侯先合不利，却；孔將軍、費將軍縱，楚兵不利；淮陰侯復乘之，楚以大敗。史傳之紀軍陣，未有詳于此者。淮陰侯與高帝、絳侯、柴將軍所居之軍，正也；孔、費二將列于左右者，奇也。淮陰侯喜以弱致人，故其爲奇者列于左右，將佯却而後勝。武侯節制之師，使爲奇而將出于左右者常匿于後[一]，以固其軍。正兵既有所恃[二]，而奇兵唯無出，出將不可禦。此司馬仲達之所避而終身不敢與戰也，然武侯之法密矣！"

[一]"爲"，原文及《四川總志》無，據《全蜀藝文志》補。
[二]"恃"，原作"持"，據《全蜀藝文志》《四川總志》改。

楊慎《八陣圖記》[一]：“諸葛武侯八陣圖，在蜀者二，一在夔州之永安宮[二]，一在新都之彌牟鎮。在夔者，蓋侯從先主伐吳[三]，防守江路行營布伍之遺制。新都爲成都近郊，則其恒所講武之場也。武侯之人品事業，前哲論之極詳，不復剿同其說，獨其八陣有重可慨者。史謂侯推演兵法作爲八陣，咸得其要。自令行師，更不復敗，非深識兵機者所不能洞了[四]。蓋勝之于多算而出之于萬全，非借一于背城而徼倖于深入也。惜乎，其方銳意以向中原，而溪蠻洞獠左跳右跋以裂其勢[五]。外寇方殷，內境自憨，使夫八陣之妙不得加于二曹三馬之梟敵，而乃止試于七縱七擒之孟獲[六]；天威神筭不騁于中原王者之區宇，而僅以服南中巴僰之偏方。事機既已遲，精力又已虧，勇賈其餘，師用其分，以爲大舉，譬之逐盜救火之家，挺刃決水，猶恐不及。而內有譬賊[七]，自相乘機胠篋助燎，則雖有倍人之知力者，抑無如之何。侯之不幸，勢正類此[八]，天之所壞，誰能支之？祚去炎漢，不待隕星而後知矣。嗟乎！國之興亡天也，而千載之下君子獨遺恨于蜀漢之事者，非以武侯故耶？至其故壘遺墟，獨爲之愛惜不已，乃其忠義之激人，不獨其法制陣伍之妙也。不然，則竇憲嘗勒八陣以擊匈奴，晉馬隆用八陣以復涼州，是在侯前已有之[九]，而後亦未嘗亡也[十]。功既有成，而後世猶罕所稱述[十一]，況能傳其遺跡至今耶？

慎嘗放舟過夔門[十二]，弔永安之宮，尋陣圖之跡。維時春初，水勢正

[一] 按，此文載《升庵全集》卷四，亦載康熙《四川總志》卷三六，經過比對，當是本自《四川總志》，然與《升庵全集》及今存碑刻差異較大，故二者皆用以參校。◎碑刻前，題名曰“賜進士及第、翰林院國史修撰、承務郎楊慎撰”，後署“正德十一年丙子十一月至日”，知此碑文撰于一五一六年。

[二] “州”，原文及《四川總志》無，據《升庵全集》補。

[三] “侯”，原文及《四川總志》無，據《升庵全集》補。

[四] “了”，原作“子”，據《升庵全集》《四川總志》改。

[五] “溪蠻洞獠”，原文及《四川總志》作“烏蠻黑爨”，據《升庵全集》改。

[六] “七擒”，原作“八擒”，據《升庵全集》《四川總志》改。

[七] “內”，原文及《四川總志》無，據《升庵全集》補。

[八] “正”，原作“有”，據《升庵全集》《四川總志》改。

[九] “則竇憲嘗勒八陣以擊匈奴，晉馬隆用八陣以復涼州，是在侯前已有之”，原文及《四川總志》作“則竇憲、馬隆在侯前已有之”，據《升庵全集》改。按，竇憲用八陣之事，見《後漢書·竇融傳附竇憲》，班固所作銘文中有“勒以八陣，蒞以威神”之語。馬隆用八陣圖之事，見《晉書·馬隆傳》，中有“後隆依八陣圖作偏箱車”之語，其復涼州在晉武帝咸寧五年（二七九），見《晉書·武帝紀》。

[十] “亡”，原文及《四川總志》作“忘”，據《升庵全集》改。

[十一] “罕所”，原文及《四川總志》誤倒，據《升庵全集》乙正。

[十二] “過”，原文及《四川總志》無，據《升庵全集》補。

殺，自山上俯視，下百餘丈皆聚細石爲之[一]，凡八行，六十四蕝。土人言，夏水盛時，沒在深淵，水落依然如故。在吾新都者[二]，其地象城門四起，中列土壘，約高三尺。耕者或剗平之，經旬餘復突出，此乃其精誠之貫、天之所支而不可壞者，蓋非獨人愛惜之而已耳。

慶陽韓君大之，以進士出宰吾邑。始至，拜侯之荒祠，次觀遺壘，重有感焉。間謂愼曰[三]：'之罘篆鍥[四]，燕然銘石，藝焉耳，人不足稱也。愛其藝者不泯其跡，剗侯之地而可忽諸[五]？今陣圖在夔者，有和叔、獨孤之記，少陵、東坡之詩，四方灼知。此顧泯焉無所表識，使往來者不軾，樵牧者不禁，非缺歟？祠宇行當新之，陣圖所在，欲伐石樹道左，大書曰諸葛武侯八陣圖。碑陰之詞，子宜爲之。'夫崇賢存古以示嚮往焉[六]，循良事也。推表山川、考記往昔者，則史氏職也[七]。遂書之使刻焉。"

劉昉《八陣圖記》[八]："魚腹陣磧，刱自武侯，江流莫移，若有神護。雖經毀改，幾失其真，稽之圖經，訪諸故老，而遺迹隱然尚可見也。顧將湮沒，余心是悼，亟令軍士裒石增累，悉還其舊。方圓曲直、縱橫廣狹之不敢少加損焉。尚慮它時復罹前厄，刊圖于石，用示後人。界垣之內，縮而計之，以丈爲分。其外圖山川城郭之勢而不計以度，且命作侯祠于城上以俯臨之。夔人歲以人日傾城徙市縱游八陣之間，謂之踏磧。是役告成，適當是日，寮僚咸集，酹酒陳詞以落之。昔侯嘗擒孟獲，獲觀營陣，心不服，曰：'若祇如是，固易勝耳。'逮至七縱七擒，然後以爲天威。及司馬仲達觀其軍壘，則歎服曰：'天下奇才也！'桓溫過此，雖能知其爲常山之蛇勢，蓋亦未究其妙。然能知與否，在孔明初何損益[九]？余非能知之者，

[一]"聚"，原文及《四川總志》無，據《升庵全集》補。
[二]"吾"，原文及《四川總志》無，據《升庵全集》補。
[三]"間"，原文及《四川總志》無，據《升庵全集》補。
[四]"之"，底本漫漶，大觀本誤作"芝"，據《升庵全集》《四川總志》改。
[五]"而"，原文及《四川總志》作"其"，據《升庵全集》改。
[六]"焉"，原文及《四川總志》作"者"，據《升庵全集》改。
[七]"職"，原作"識"，據《升庵全集》《四川總志》改。
[八]"劉昉"，《南宋館閣錄》卷八云："劉昉，字方明，潮陽人，沈晦榜進士出身。"此人紹興九年（一一三九）十月，以禮部員外郎兼實錄院檢討官。據文末所署日期，此文作於紹興十八年（一一四八），《全蜀藝文志》卷六四有《祥雲寺行記》，稱"紹興戊申正月中澣出郊勤耕至東屯"，紹興年間無戊申，當是戊辰之誤，則與此文所作同時也。此記載《全蜀藝文志》卷四〇，今以之參校。
[九]"在"，原作"有"，據《全蜀藝文志》改。

姑修故壘以俟來哲云。紹興戊辰正月丙寅，潮陽劉昉書。"

杜甫《八陣圖》詩："功蓋三分國，名成八陣圖。江流石不轉，遺恨失吞吳。"

李訦《謁丞相祠俯八陣圖》詩[一]："人言忠孝不磨滅，神物護持存水滸。千年陵谷幾變遷，此石不移自章武。本由黃帝古兵法，六十四以八為伍。犉孫且懼仲達走，賊操游魂何敢拒[二]。刻銘沙伏水底碑[三]，教戰石存山下鼓。一片丹心天地間，萬世聞風猶禦侮。我來起敬凜如生，再拜一言公必取。瀼流東截陣圖前，寢潦城壁頹民宇。能安拳石止波流，願回瀼患思民撫。常使夔人知感公，踏磧年年弔千古。"

蘇軾《八陣磧》詩："卒沙何茫茫，彷彿見石蕝。縱橫滿江上[四]，歲歲沙水齧。孔明死已久，誰復辨行列。神兵非學到[五]，自古不留訣。至人心已悟，後世徒妄說。自從漢道衰，蜂起盡奸傑。英雄不相下，禍難久連結。驅民市無烟，戰野江流血。萬人賭一擲，殺盡如沃雪。不為久遠計，草草常無法。孔明最後起，意欲掃群孽。崎嶇事節制[六]，隱忍久不決。志大遂成迂，歲月去如瞥。六師紛未整[七]，一日英氣折。唯餘八陣圖，千古壯夔峽。"

劉望之《八陣臺賦并序》[八]："余與客登夔子城，望八陣圖，感忠武侯之行事，恨世議者之弗獲于斯也，作賦以悲之。其詞曰：

靄孤臺之巋然，臨千步之沙場。石離離其班班，紛棲雁之未翔。山暝

[一] "李訦"，宋真德秀《西山先生真文忠公文集》卷四二有《通議大夫寶文閣待制李公墓誌銘》，言其曾任夔路提點刑獄，此詩蓋其時所作也。查《全蜀藝文志》卷一三，李訦嘗與何異唱和《控巴臺》詩。何異，《宋史》本傳稱其曾知夔州，於任上見白芒星墜地，以為乃蜀地兵災之兆，遂丐祠提舉太平興國宮，後四年，吳曦叛亂。而據《宋史·寧宗紀二》，吳曦叛亂在開禧二年（一二〇六），前推四年，則在一二〇二年，以三年任期算，其知夔州當在一二〇〇至一二〇二年之間，故李訦本詩約作於此間也。◎此詩題名，與康熙《四川總志》卷三六同，《全蜀藝文志》卷一五則題作《巨楚李訦謁丞相祠，登開濟堂，俯八陣圖，覩新帥張卿與侍郎林公舊題倡和，皆慨想當時英烈，歎誦久之，惟瀼東流，嚙城入江，且為民病，願以不能轉石者一轉茲水，輒借韻賦之》，今以二者參校。
[二] "拒"，原作"扼"，不叶韻，顯誤，據《全蜀藝文志》《四川總志》改。
[三] "伏"，原文及《四川總志》作"佚"，據《全蜀藝文志》改。
[四] "滿"，原作"浦"，據《蘇軾全集校注》卷一所收此詩改。
[五] "兵"，原作"明"，據《蘇軾全集校注》改。
[六] "崎嶇"，原缺，據《蘇軾全集校注》補。
[七] "紛未"，原缺，據《蘇軾全集校注》補。
[八] "劉望之"，雍正《四川通志》卷九上《人物·直隸瀘州》云："宋劉望之，字叔儀，合江人。紹興間進士，宰相沈該薦，授學官，遷祕書省正字。著有《觀堂集》。"此文載《全蜀藝文志》卷二及康熙《四川總志》卷三六，皆以之參校。

黑而更惡，水雖波而不揚。澹徙倚其不去[一]，含鬱紆之內傷。是何以使之然哉？客或告之：在漢之亡，有人超然，臥鄧南陽。甚似阿衡，樂未渠央。感大耳之至意，姑黽俛而徂征。又似子房，初未有意隆準之老也。及其既作，亦不能已。手胼足胝，夙夜赤子。忽一龍與一蛇，蓋亦未可以優劣計。大兵初來，雷電下空，璋屑小兒，孰嬰我鋒！駐師江郊，坐向必東。蒐我卒乘，取彼凶殘。中原有狐，憑陵宮垣[二]。我不往取，高帝在天。衆謂卯金之不可相，而況夫子之賢也？運去道窮，嘔血繼之。非公實愚，愚者不知。自古聖賢，亦行其義，道之不濟，已知之矣。相夫子之所立，固已無窮而不貲。彼丕、操父子，烏雀犬彘之竊食，雖甚罄而不免其驚疑。愍世俗之隘陋，徒顧瞻而涕泣。請舉酒以酌公，混一笑于江麋。"

元楊維禎《八陣圖賦》[三]："迢哉邈乎，蠶叢故墟。劍閣崢嶸兮，石棧縈紆。車不得而運兮，馬不得以馳。非王業之所基兮，徒抗險乎中都。帝中山之苗裔兮，乃獨厄此斗隅。黃星射乎宋野兮[五]，強猘狺乎江之東[六]。偉伏龍之感激兮，起左顧乎隆中。允識時之俊傑兮，吞餘子于一空。圖八陣以用武兮，必先天而獨得。六十四之成美兮，本馬圖之全畫。三十二之岐分兮，妙陰陽之互宅。天地衝軸兮，風雲盤辟；龍飛鳥逝兮[七]，蛇蟠虎翼。撓之無跡兮，運之無方；進退不愆兮，出沒靡常。奇不失于正正兮，怪不越于堂堂。伏至動于至靜兮，寓能柔于能剛。喻以常山之蛇勢兮，曾未測其望洋。

巴之水兮，砯崖折壁；峽之濤兮，風霆礔礰。彼箕張而翼布兮，曾不轉其磈石[八]；非神物之陰衛兮，孰萬夫之捍力？想貔貅之對壘兮，指

[一] "澹"，原作"淡"，據《全蜀藝文志》《四川總志》改。
[二] 此二句，原文及《四川總志》無，據《全蜀藝文志》補。
[三] 按，此賦載《麗則遺音》卷三、《全蜀藝文志》卷二及康熙《四川總志》卷三六，今以前二種參校。
[四] "獨"，原文及《全蜀藝文志》作"猶"，據《麗則遺音》改。
[五] "黃星射乎宋野"，指曹操起於譙沛之間也。《宋書·符瑞志上》云："初，桓帝之世有黃星見於楚宋之分，遼東殷馗曰：'後五十年，當有真人起於譙沛之間，其鋒不可當。'……其後，曹操起於譙，是為魏武帝。建安五年，於黃星見之歲五十年矣。而武帝破袁紹，天下莫敵。"後文之"譙生"，亦指曹操。
[六] "強猘狺乎江之東"，按，上句指曹操，則此句指孫權也。《蕭氏續後漢書·吳載記一》云："猘狺孫曹，負固弗格，或阻江東，或獮河北。"
[七] "鳥"，原作"烏"，據《麗則遺音》及《全蜀藝文志》改。
[八] "磈"，《麗則遺音》誤作"鬼"。

白羽之一麾；運縱擒于掌握兮，筭不出于八奇。賊之望而走兮，甘巾幗之受雌；按渭濱之所屯兮，實鼎國之王師。自風后之有圖兮[一]，肆獯蚩之赫伐；逮尚父之《六韜》兮，佐牧野之黃鉞。孫吳馬之剽標兮，徒生靈之肉血；鄙敗事于腐儒兮，彼譙生其又何法？茲八陣之猶覺兮，軼軒皇與天老[二]。曰流馬與木牛兮，又神機之所造。欷中營之告變兮，哀夫人之奪蚕。訖黃芒以當天兮，掩炎精之皓皞。

嗚呼！西望岷峨兮，南泝錦江；山川相繆兮，地老天荒。歌《梁父》兮醱吾觴，招謫仙兮呼子長。訪魚腹之砂磧兮，弔新都之戰場。雖武無用于今之時兮，亦以發吾文之氣剛。"

祥裔《過彌牟鎮》詩："匹馬經行處，彌牟古戰場。晚風寒白骨，高樹挂殘陽。八陣雄圖在，三分蜀隴荒。道邊餘短碣，讀罷泪沾裳。"

南陽城在什邡縣西二十三里[三]，李膺《記》云[四]：李雄之亂蜀，遣李壽掠漢五千餘家寓于此[五]，晉置爲郡，及後魏廢[六]。

玄宗幸蜀，至利州桔柏渡，有一白魚來御舟而過。《獨異志》[七]

杜甫《桔柏渡》詩："青冥寒江渡，駕竹爲長橋。竿濕烟漠漠，江水風蕭蕭。連笮動嫋娜，征衣颯飄颻。急流鴇鷁散，絕岸鼉黿驕。西轅自茲異[八]，東逝余可要。高通荊門路，闊會滄海潮。孤光隱顧盻，游子悵寂寥。無以洗心胸，前登但山椒。"

廣安州北十里井中有一石龜，相傳冬夏龜能自轉其首，所指之方歲必豊稔[九]。

[一] "風后之有圖"，謂黃帝之臣風后創八陣圖也，唐獨孤及《毗陵集》卷一七《風后八陣圖記》云："其誰佐命？曰元老風后。蓋戎行之不修，則師律用爽，陰謀之不作，則凶器何恃？故天命聖者，以光戰術。俾懸衡於未然，察變於倚數。握機制勝，作爲陣圖。"

[二] "天"，《麗則遺音》誤作"大"。按，"天老"，傳說乃黃帝輔臣。《韓詩外傳》卷八："(黃帝)乃召天老而問之曰：'鳳象何如？'"

[三] "三"，原無，據《明一統志》卷六七《成都府・古蹟》及康熙《四川總志》卷二二《古蹟・什邡縣》下"南陽城"條補。

[四] "李膺《記》"，指李膺《益州記》也，《太平寰宇記》卷七三《漢州・什邡縣》云："南陽郡故城，在縣西二十三里。李膺《記》云：南陽，漢中李雄亂蜀，遣李壽盡掠漢川五千餘家流寓於此。晉太康元年立郡，後魏三年廢。"

[五] "千"，原作"十"，承康熙《四川總志》而誤也，據《明一統志》及《太平寰宇記》改。

[六] "魏"，原作"漢"，據《太平寰宇記》《明一統志》等改。

[七] 按，此事載《獨異志》卷中。此書云一白魚，而《舊唐書・玄宗本紀下》云："(天寶十五載)七月癸丑朔。壬戌，次益昌縣，渡吉柏江。有雙魚夾舟而躍，議者以爲龍。"當係傳聞不同所致也。

[八] "轅"，原作"軒"，據《杜甫全集校注》改。

[九] 按，此事見《明一統志》卷六八《順慶府・古蹟》下"石龜"條。

176

玉鞭池在通江縣西，昔有虎仙李氏代父戍邊，御虎以歸，投鞭于地因成池。邑人祠之，池至今生並蒂蓮[一]。

石牛道在大劍山關口，蜀王使力士曳石牛成道，即此[二]。

屏山縣新鎮北一里武侯祠後[三]，有洞直通河涯，相傳武侯藏甲于此，因名藏甲洞。

燕子坡在巫山縣北，與烏飛巖相對。王十朋詩有"坡名燕子燕思歸，巖號烏飛烏倦飛"之句[四]。

平武縣牛心山上有呂純陽道貌碑，相傳是純陽真筆[五]。

平武玉虛觀內有米芾碑，至今猶存[六]。

劍關兩石壁上鐫唐宋人碑碣無數，悉皆剝落斷缺。惟李商隱、陸放翁、蘇東坡三碑尚可披讀，字跡之精，奪人心目。惜乎懸崖絕壁，不得摹搨耳。

峨眉山之極巔有大銅碑，是集王右軍書。碑陰乃褚河南小楷，誠稀世所寶。惜山太高，經年爲雪所埋，惟五六月方得睹。而又臨于極險之地，不得摹搨爲恨。

嘉定州北十里錦岡山上有太白亭，下即平羌峽，云李白曾游于此。亭今廢，尚有石斗、石鯨在荒址中[七]。

嘉定州對江爲凌雲巖，有寺曰凌雲寺。一逕斜通，治巖僅二三尺許，平視三峨，俯窺二水，爲一郡之勝槩。蘇東坡每載酒游此，有"少年不願萬戶侯[八]，亦不願識韓荊州。但願身爲漢嘉守，載酒時作凌雲游"之句。

龍鵠山房在眉州龍鵠山上，李燾父子讀書處。李燾詩："已作清時鳥亂飛，杜鵑更對阿誰歸？似嫌住處猶城郭，不解移家隱翠微。"李壁詩："蕭

[一] 按，此事本自康熙《四川總志》卷二二《古蹟·通江縣》下"玉鞭池"條，可與《蜀都碎事》卷一同條相參照。

[二] "成道"，原互例，據康熙《四川總志》卷二二《古蹟·劍州》下"石牛道"條乙正。

[三] "侯"，原無，據康熙《四川總志》卷二二《古蹟·屏山縣》下"藏甲洞"條補，此處乃陳氏改寫也。

[四] 按，此條本自《明一統志》卷七〇《夔川府·古蹟》下"燕子坡"條，《王十朋全集》卷二〇，此詩題作《登燕子坡，前有一巖，在江之旁，如天台、赤城，名烏飛巖》，其"烏"字，顯係"鳥"字形近而誤，同書卷二四《燕子坡》詩云："燕子歸期近，吾今亦得歸。鳥栖一枝穩，何必更高飛。"末注云："坡南隔江有烏飛巖。"是爲本證也。

[五] 按，此條本自康熙《四川總志》卷二二《古蹟·平武縣》下"呂純陽道貌碑"條。

[六] 按，此條本自康熙《四川總志》卷二二《古蹟·平武縣》下"米芾碑"條。

[七] 按，此條本自康熙《四川總志》卷二二《古蹟·嘉定州》下"太白亭"條。

[八] "少年不願萬戶侯"，原作"生不願封萬戶侯"，據《蘇軾全集校注》卷三二《送張嘉州》詩改。按，古籍中往往有誤以此句爲"生不願封萬戶侯"者，蓋因李白《與韓荊州書》中有句云"生不用萬戶侯，但願一識韓荊州"而誤記也，如《蜀水經》卷四、《經堂詩話》卷一三等。

條白日閉巖扃，留作游人萬古情。猶有山中舊時鹿[一]，舉頭如聽讀書聲。"

眉州蘇公祠西有瑞蓮池，云是老泉手植。後每開並蒂則是歲科目必盛[二]。

蒲江縣南二十里爲莫公堂，漢文帝時莫將軍征雲南[三]、越巂，旋師至此，見山水幽奇，遂于此修道焉。

黎州白崖山上有巨穴[四]，四圍深潤如汗，間有氣騰如白雲，里人因以占風。穴窒則風少瘴多，開則風多瘴少。

犍爲縣清溪口楊洪山下有孝女碑。東漢永建初，孝女叔先雄以父泥和墜湍水，尸喪不歸，雄于父溺處自投水死。後五日，與父尸相扶浮江上，邑人爲之立碑，宋元祐中重立[五]。

大竹縣北一里許有雙石闕，一鐫云"漢謁者北屯司馬左都侯沈府君"，一鐫云"漢新豐令交趾都尉府君"，其闕上各鐫殿宇禽獸飛走之狀[六]。

巫山縣堂下有大錪鹽盆，有欸識曰"永平二年"，蓋漢時物也[七]。

杜少陵游蜀凡八稔，而在夔獨三年。平生所賦詩凡千四百六篇可考，而在夔者乃三百六十有一。治平中，知州賈昌言刻十二石于北園，歲久字漫。建中靖國元年，運判王薲新爲十碑，今碑在漕司[八]。

梓潼縣西五里有李業石闕，乃漢侍御史李業塋此，遭赤眉毀破，碑碣倒壞，惟冢石闕猶在[九]。

[一]"時"，原作"麋"，據《明一統志》卷七一《眉州·古蹟》下"龍鵠山房"條注文及元人陳世隆《宋詩拾遺》卷二〇改。按，陸心源《宋詩紀事補遺》卷六六據《眉州屬志》輯錄此詩亦作"麋"，陳祥裔所據可能也是《眉州屬志》。

[二]按，此條刪節自康熙《四川總志》卷二二《古蹟·眉州》下"瑞蓮池"條，原文於此句之後尚云："歲久荒穢，本朝州守趙蕙芽復種之，作亭池上，知府冀應熊書額。"

[三]"文帝"，原作"武帝"，據《蜀中廣記》卷一三及康熙《四川總志》卷二〇改。按，此條本自康熙《四川總志》卷二二《古蹟·蒲江縣》下"莫公堂"條，《蜀中廣記》卷一三引《輿地紀勝》云："(蒲江縣)南十五里莫佛鎮，相傳漢文帝時有莫將軍征西南夷，歸而學佛于此。其佛臺前石羊虎尚在，居民往往于其處得金銀。"但關於此人事蹟，史籍罕載，唯康熙《四川總志》卷二〇《仙釋·邛州》下有"漢莫將軍"，記載略詳："遺其名字，河南人，文帝時征雲南、越魯(應作巂)、僰，駐節莫佛鎮山下，見石山狀如蒼龍出洞，遂鑿斷之，流血。夜聞空中人語云：'將軍既認破此地，能捨官出家，後必成佛。'莫果如其言，於此修行。"

[四]"黎州"，原作"酉陽司"，不知因何而誤，今據康熙《四川總志》卷二二《古蹟·大渡河土千戶所》下"風穴"條改，《方輿勝覽》卷五六《黎州·山川》下"風穴"條所載則更詳。

[五]按，此條改寫自《輿地紀勝》卷一四六《嘉定府·碑記》下"孝女碑"條。

[六]按，此條轉引自《輿地紀勝》卷一六二《渠州·碑記》下"雙石闕"條。

[七]按，此條刪節自《輿地碑記目》卷四《夔州碑記》之"漢鹽鐵盆記"條。

[八]按，此條出《輿地碑記目》卷四《夔州碑記》之"杜少陵詩石刻"條。

[九]按，相關記載見《輿地紀勝》卷一八六《隆慶府·碑記》下"李業闕"條。此闕今存，相關研究可參《秦漢闕論》。

華陽縣東十五里有靜居寺，寺後爲宋濂墓。濂沒，瘞于夔，永樂間蜀獻王命遷于此[一]。

保寧府閬中城內有張飛墓[二]，墓頂即壓以廟，土人祀之甚虔。

安剛中《張飛廟記》[三]："漢自建安以來，皇綱廢弛，神鼎震覆。奸雄觀釁，實生豕心。本初、孟德之徒，磨牙厲吻，血視生靈，期於吞噬[四]，不留遺種[五]。

先主忼慷爲國[六]，志在援拯。一時豪英，徇義蜂起[七]，相與提挈，共成大事。諸葛、關、張實爲之最，凜冽威風，萬夫之雄。荊州之役，群盜鼎來，公爲後拒，畢力盡死以抗群醜，奮然張目，橫戈一叱，蛇豕異類，褫魄逃遯。虞淵之日覆耀西南，繄公之功！迄今千歲，英靈之氣森聳如在，廟食百世，在禮固宜。樂溫之山，下瞰大江，公之神爽，實是寓焉。自古迄今，長載祀典，舟行上下與茲士民奔走奉祀，敢不虔至？九穀嘉生，連被原隰，舸檝往返，安流無恙。陰相之功，在國與民，天朝累封，進爵爲王。

惟是廟宇興建歲久，行廊爛頹，往來咨嗟，力莫能振。郡守李公，向者趨朝，祇謁祠下，再拜祈禱，厥應如響。至郡未幾，首議修繕，自捐金帛，衆趨成之，功費雖多，了不病民。撤去卑陋，增飾輪奐，開展地基，比舊加倍。

是役也，議典于庚午之冬，落成于辛未之春。惟公既有以利其民矣，又有以奉其神，民和神安，福祿來宜，行將以是賀公。剛中忝吏是役[八]，知之爲詳[九]，敢具以記。"

[一] 按，此條與《明一統志》卷六七《成都府‧陵墓》下"宋濂墓"條所載相合。明人彭華有《遷葬宋濂墓記》，載雍正《四川通志》卷四四，可參看。

[二] 按，關於張飛墓的記載，《太平寰宇記》卷八六《閬州‧閬中縣》下云："張飛塚，在刺史大廳東二十步，高一丈九尺。"而《明一統志》卷六七《成都府‧陵墓》下"張飛墓"條則云："在萬里橋南，飛爲帳下張達所殺，持其首奔吳，此特葬其軀耳。"兩種記載各異，但今日皆認爲張飛墓在閬中。

[三] "安剛中"，《全宋文》據嘉慶《四川通志》卷一二二及康熙《長壽縣志》卷七考證此人乃合州人，紹興年間進士，曾任長壽令。據正文所言，此文作於紹興二十一年（一一五一）。此文載於《全蜀藝文志》卷三七、《蜀中廣記》卷一八等，今以《全蜀藝文志》參校。

[四] "於"，原作"秡"，文義不通，形近而誤，今據《全蜀藝文志》改。

[五] "種"，《全蜀藝文志》底本作"臭"，此與抄本同，義勝。

[六] "先主"，《全蜀藝文志》作"玄德"，疑陳氏避康熙之"玄"字諱而改。

[七] "徇"，《全蜀藝文志》作"狥"，義可通。

[八] "忝"，原作"忝"，形近而誤，據《全蜀藝文志》改。

[九] "之"，原無，文義不暢，據《全蜀藝文志》補。

夔州府治內鎮峽堂後有一冢[一]。按，即蜀先主夫人甘皇后墓也。

高梁大山有漢武帝廟，至今有祭者[二]。往往有一二百蝴蜨降祠所享其食，近之不驚，徹饌方去。時謂漢武帝侍從，捉之者必致病。《夷堅雜錄》

都梁山在梁山縣[三]，又名高都[四]，舊有高都驛[五]，乃天寶進荔枝之路。山壤腴而黃，土人多業種薑[六]。

岳池縣西有東觀，相傳呂洞賓過此，夜多蚊，畫一蝙蝠于楹，至今此地無蚊蚋[七]。

威州玉壘山巔有飛翠亭[八]，正德時建，今其基尚存。

溫江縣東郭外有翡竹亭[九]，亭亦倒壞無在，惟基礎歷歷可考。相傳爲炳靈三太子讀書于此，豈不誕哉？

順慶府北五里有北津樓，道人張三丰詩[十]："誰喚吾來蜀內游，北津樓勝岳陽樓。烟迷沙岸漁歌起，水照江城歲月收。萬里清波朝夕涌，千層白塔古今浮[十一]。壯懷無限登臨處，始識南邊第一州。"[十二]

保寧府東樓枕嘉陵江，上可高三層，杜甫詩"層城有高樓，制古丹臒存。迢迢百餘尺[十三]，豁達開四門。"即此[十四]。

[一] "後"，原無，據《明一統志》卷七〇《夔州府·陵墓》下"甘夫人墓"條補，明王在晉《歷代山陵考》卷上亦有相關記載。

[二] "有"，原無，據《類說》卷六〇"蝶降武帝祠"條補，文義更暢。按，《類說》不題出處，而《蜀中廣記》卷二三則題出《夷堅雜錄》，明人陳繼儒《珍珠船》卷一載此事亦不題出處。據題名來看，當是本自《蜀中廣記》，然文字略異。此《夷堅雜錄》不知爲何書，待考。

[三] "山縣"，原無，據《蜀中廣記》卷二三改寫《輿地紀勝》之語而補。

[四] "又"，原作"有"，據《蜀中廣記》改。

[五] "有"，原作"又"，據《蜀中廣記》改。

[六] 此條之末，原有"九域志"三字，當謂出處爲《元豐九域志》也，然該書并不載此說。實則此條當是本自《蜀中廣記》卷二三而來，而曹學佺又是據《輿地紀勝》卷一七九《梁山軍·景物下》"高都山"條改寫。故今刪此誤題出處。

[七] 按，《明一統志》卷六八《順慶府·寺觀》下"東觀"條及《蜀中廣記》卷一〇七引《岳池志》之語皆與此處所載相合。

[八] "威"，原作"咸"，形近而誤，據康熙《四川總志》卷六《宮室·成都府》下"飛翠亭"條改。

[九] "竹"，原作"翠"，據康熙《四川總志》卷六《宮室·成都府》下"翡竹亭"條改，乃炳靈三太子讀書處的傳說，亦見此條。

[十] 按，此條本自康熙《四川總志》卷六《宮室·順慶府》下"北津樓"條，《張三丰全書》卷五收錄此詩，題作《北津樓》，題注云："在順慶府北五里，今詩碑猶存。"與此處所載文字略異，故以之參校。

[十一] "塔"，《張三丰全書》作"浪"。

[十二] "南邊第一州"，《張三丰全書》作"關南第一洲"。

[十三] "餘尺"，原互倒，據杜甫《閬州東樓筵奉送十一舅往青城得昏字》詩改。《明一統志》卷六八《保寧府·宮室》下"東樓"條及康熙《四川總志》卷六《宮室·保寧府》下同條皆作"尺餘"，或即陳祥裔所本耶？《蜀故》卷七引此詩則作"百丈餘"，妄改甚矣！

[十四] "開"，原作"通"，據杜詩改。

香雲山在仁壽縣，上有碑載唐伏虎禪師事[一]。

葛仙山在彭縣，上有崇真觀，在濛陽鎮北，二十四化之第五化也。葛仙翁璝[二]、楊仙翁昇賢俱得道于此[三]。

按《成都記》，韋臯夢神人謂曰："異日富貴，無忘葛璝。"後尹成都再夢，乃復新觀宇[四]，臯爲記。

南岷山在西充，山有九井十三峯。漢何岷隱此，隋程太虛修煉于此。太虛絕粒[五]，有二虎侍左右，九井十三峯皆其修煉之所。一夕大風雨，砌下得碧玉印，居人每乞符祈年，印以授之，輒獲豐稔。唐元和解體，遷神玄宮，容貌不變。

姜山在廣安州，以姜伯約屯兵而名[六]。

牛頭山半有洞，人傳八百里，與眉州通。曾有避罪者匿於其中，後於青神中岩見之[七]。按，牛頭山在潼川州之西南，高一里，形似牛頭，四面孤絕，上有長樂寺[八]。

唐時，梓潼官吏于公成山掘土，得一石龕，龕中有尊像一、真人六，獅子、崑崙各二。于時王維爲留司，表賀[九]，略云：是聖祖見於萬春鄉，語絳都人而指其處也。"周流六虛，言于晉而驗于蜀；混成一氣，出于有

[一] "事"下，原有"括地志"三字，謂出自唐初李泰所編《括地志》也，然顯係妄題，今刪。從此條文字來看，當本自《明一統志》卷六七《成都府·山川》下"香雲山"條。而關於伏虎禪師的記載，《輿地紀勝》卷一五〇《隆州·景物下》"香雲山"條稱"唐末有異僧"，故顯非《括地志》所載之文也。

[二] "翁"，原無，據《方輿勝覽》卷五四《彭州·山川》下"葛仙山"條補。

[三] "此"下，底本原有夾注"一統志"三字，今據大觀本刪。按，康熙《清一統志》成書晚於此書，而《明一統志》卷六七《成都府·山川》下"葛璝山"條與此迥異。據後文引《成都記》之語亦見《方輿勝覽》卷五四《彭州·山川》下"葛仙山"條，可知此段準確出處應爲《方輿勝覽》，大觀本已刪此三字，甚是。

[四] "乃"，大觀本誤作"仍"。

[五] "虛"，原作"隱"，據前文及《蜀中廣記》卷二七改。按，此條乃據《蜀中廣記》卷二七所載改寫，而《蜀中廣記》之語又本自嘉靖《四川總志》卷七《順慶府·山川》下"南岷山"條及《仙釋》下"程太虛"條。

[六] "名"下，原有注文"方輿勝覽"四字，今刪。按，《方輿勝覽》卷六五《廣安軍·山川》下無此條，實出《明一統志》卷六八《順慶府·山川》下"姜山"條，文字略異。

[七] 按，此說本自《蜀中廣記》卷二九，曹學佺云出《神僧傳》，然亦係誤記，今本《神僧傳》無相關記載。

[八] 此按語亦本自《蜀中廣記》卷二九，曹學佺引自《太平寰宇記》。

[九] "表賀"，即王維《賀神兵助取石堡城表》，見《王維集校注》卷一〇。按，此段文字本自《蜀中廣記》卷二九，後之引文乃曹氏刪要改寫而成者，今以二書參校。

而入于無。未達齋心，初迷三里之霧；旣符真氣[一]，俄成五色之雲。山腹洞開，仙容儼若；萬物今睹，千劫未逢。"

董叔山在鹽亭[二]，高一里，隔瀰江水，孤峯絶島，舊名潺亭山。隋開皇四年縣令董叔封嘗游宴于此，後人思其德政，號曰董叔山。

大飛烏山在中江[三]，高二里，周二里。又有小飛烏山，高一里，周亦二里。峯巒峻峭，兩山相向如飛烏之狀。隋、唐飛烏縣、鎮，皆以此得名。

中江覆船山，堯時洪水，州民維舟泊此，覆于樹下，因名，亦名泊山。《十道錄》[四]

覆船山中十五里有七星坂，一名羊腸坂，屈曲難昇之路。《益州記》[五]

安岳縣銕山，一名鳳凰山。按，山神姓姚，諱萇，字景徹。隋文帝時，普[六]、昌、瀘三州夷作亂，帝命爲都統，將兵討平之。後人立廟于此。嘉定乙卯，紅巾賊亂益、昌，遂入普，屯于廟山。是夕[七]，暴風雷雨掀揭寨舍，渠魁莫簡見空中神異，謁廟謝罪。探籤得"擒賊先擒王"之句，已而果就擒焉。有司每以十月十七致祭，其誕也。

赤城山在蓬溪，中峯蔚然，左右環拱。上有七曲老人祠[八]，高臺五，山皆赤土。《離堆志》[九]

白鹽山在奉節，高可千餘丈，俯臨神淵，土人因其高白，故名。天旱，然火崖上，推其灰燼下穢淵中則降雨[十]。

杜甫《白鹽山》詩："卓立群峯外，蟠根積水邊。他皆任厚地，爾獨近高天。白榜千家邑，清秋萬舸船。詞人取佳句，刻畫竟誰傳？"

宋紹熙間，樵夫得一券于高梁大山之崖側，非銅非銕，其聲鏗然。

[一]"符"，原作"行"，據《蜀中廣記》及《王維集校注》改。
[二]"亭"，原作"寧"，形近而誤，據《太平寰宇記》卷八二《梓州·鹽亭縣》下"董叔山"條改。
[三]"烏"，原作"鳥"，形近而誤，據《蜀中廣記》卷三〇改，後文之"鳥"字徑改，不再出校。
[四]按，此條所引《十道錄》之語，見《蜀中廣記》卷三〇及《太平寰宇記》卷八二。
[五]按，此條引《益州記》之語，見《蜀中廣記》卷三〇及《太平寰宇記》卷八二，文字略異。
[六]"普"，原作"晉"，形近而誤，據《蜀中廣記》卷三〇改，而《蜀中廣記》又本自《方輿勝覽》卷六三《普州·祠廟》下"鐵山神祠"條。
[七]"夕"，原誤作"名"，據《蜀中廣記》及《方輿勝覽》改。
[八]"祠"，原作"詞"，形近而誤，據《明一統志》卷七一《潼川州·山川》、康熙《蓬溪縣志》卷上《山川》、康熙《四川總志》卷三《山川·蓬溪縣》下"赤城山"條改。
[九]《離堆志》，《宋史·藝文志三》著錄此書，共十卷，不知作者。陳祥裔言此條出《離堆志》，或係妄題。
[十]按，此條本自《水經注·江水》。

上有古篆，云："西漢之末，赤眉邂逅。黄金千兩，坑埋而走。羔豚十祭，其財自阜。"今藏所猶存[一]。按，高梁大山在梁山，東尾跨江，西首連劍閣，凡數千里。山嶺長峻，若長雲垂天，一日行之乃極其頂[二]。

富順神龜山下有湖，常見大龜出，小龜從之，不可勝數。山背有讀易洞，里人李見讀易于其中[三]。

梨花山在嘉定州之西，山有梨百餘樹。人遇寒疾，取此山花食之即愈[四]。

沉犀洞在沉犀山下，上有赤壁數丈，下有玄水千尺。土人云昔有犀牛渡江，到此而沉。一名沉犀灘[五]。

眉州有叟，嘗携子入息臺山，遇一道人，指其子曰："夭。"叟飲道人已，長跪求壽。道人取簿檢視之，曰："壽止十八。"叟與其子懇求不已，乃舉筆改爲八十。後子壽果如數焉。《太平廣記》[六]

新津平葢治[七]，有玉人長一丈三尺，昔吳郡崔孝通于此學道得仙[八]。《雲笈七籤》

漢陽山在慶符縣，諸葛武侯平西南夷[九]，駐軍于此。山腰有洞[十]，神龍居焉，旱禱立應。

興戍山在新都，高百四十丈，周三十餘里。山赭色[十一]，岸邊若有火

[一] 按，此條出《輿地碑記目》卷四《梁山軍碑記》之"梁山吕保藏漢篆"條。
[二] "一日行之"，原作"窮日"，費解，據《太平御覽》卷四四"高梁山"條引《江源記》之語而改，此按語文字與《江源記》所言基本吻合。
[三] "見"，原作"睍"，據《蜀中廣記》卷四六所載李見小傳及《輿地紀勝》卷一六七《富順監·景物下》之"讀易洞""神龜山"條改。◎此條之末，原有"輿地記"三字，陳祥裔本意當是提示出處爲《輿地紀勝》，不知因何誤作"輿地記"。而據李見之名誤作"李睍"，正與《蜀中廣記》卷一五所載相同，則此條抄錄自《蜀中廣記》明矣，故今刪誤題之"輿地記"三字。
[四] 按，此條所載與康熙《四川總志》卷三《山川·嘉定府》下"梨花山"條相符，而《明一統志》卷七二《嘉定州·山川》下同條則稱食此山之梨而疾愈。
[五] 按，此條乃據《蜀中廣記》卷一一所引舊方志之語而改寫。
[六] 按，此條本自《明一統志》卷七一《眉州·山川》下"息臺山"條，原文亦言出《太平廣記》，但果否爲《太平廣記》佚文，則難詳考。
[七] "治"下，原有"平"字，文義不通，據《雲笈七籤》卷一二二《蜀州新津縣平葢化被盜毁伐驗》刪。
[八] "通"，原作"遇"，形近而誤，據《雲笈七籤》改。
[九] "南"，原無，據《明一統志》卷六九《敍州府·山川》、康熙《四川總志》卷三《山川·慶符縣》下"漢陽山"條補。
[十] "有"，原無，據《明一統志》及康熙《四川總志》補。
[十一] "色"，原作"包"，文義不通，形近而誤，據《蜀中廣記》卷五引《古今集記》之語"新都南十七里有宋興戍山，高百四十丈，週三十餘里，山色赤，岸邊若有火光，又名赤岸"而改。

183

光，又名赤岸。《古今集記》

《甲記》曰[一]：壬子七月十三日[二]，鬼城山崩，瀑水大至，高百餘丈。丈人觀居其下，將憂摧壞。俄有大石墜下，壓水向東，竟免漂陷。初，觀中資溪水日用，負汲爲勞。自瀑水之後，流泉直注厨下，甘美不竭。

五龍山在彭縣，有神溪水，仙人李伯陽登山漱之，今爲溪源。山高數百丈，延袤二十餘里[三]。山麓有洞，旱時禱雨，巫者初入[四]，握火燭之。行少頃，跂足而望，懸崖中有斧鑿痕如井，深數十百丈。牖一絲之明，而烟焰曩然上衝，謂之天生眼。至此少偃息，復入第三四五六洞，洞下重淵，深不可測，盛夏水冷如冰。以竹編筏寢其上，逡巡蟻附而入。抵第七洞，龍所穴也。始用符呪取水，盛竹筒而出，離洞口即有風雷，隨之而雨作焉。間值洞中水壅，巫者多不得出。《輿地記》[五]

三國時，有霈雲子入綿竹山洞中，見樓臺金碧，門者呵曰："子凡骨，可亟去。不然及禍！"霈雲子乃出，後再至，路遂迷焉[六]。

[一] "甲記"，指杜光庭所作《青城山記》，此條轉引自《蜀中廣記》卷六，故因襲其誤也。實則杜光庭之《青城山記》並無此文，而見於《錄異記》卷六"青城鬼城山"條。

[二] "壬子"，當即唐昭宗景福元年（八九二）。

[三] "里"，原無，據《蜀中廣記》卷五補。

[四] "巫"下，原有"山"字，文義不通，今據《蜀中廣記》卷五及後文"巫者多不得出"刪。

[五] 按，此條云出《輿地記》，或係妄題。《蜀中廣記》卷五所載文字與此基本吻合，但不言出處。而所謂《輿地記》者，史上有梁顧野王所著之書，早佚；宋人歐陽忞《輿地廣記》亦常被稱爲《輿地記》，但書中無此條，姑存疑於此。

[六] 按，此條本自《方輿勝覽》卷五四《漢州·山川》下"庚除山"條。值得注意者乃發生此事之時間，《方輿勝覽》原文云"山有石室三國初有霈雲子者入洞中"，《蜀中廣記》卷九及卷七二皆在"室"字下斷開，故"三國"連讀；而《明一統志》卷六七《成都府·山川》、康熙《四川總志》卷三《山川·綿竹縣》下同條則在"三"字下斷開，故將"國初"連讀并改爲"宋初"，然均本自《方輿勝覽》無疑。兩種理解皆可，但我們認爲，此事暫未見宋代以前之文獻有載，故發生在三國時的可能性較小，作"宋初"似乎更合理。

蜀都碎事藝文補遺卷上[一]

蠶叢國詩四章

漢古辭[二]

川崖惟平，其稼多黍。旨酒嘉穀，可以養父。野維阜丘，彼稷多有。嘉穀旨酒，可以養母。

其二

惟月孟春，獺祭彼涯。永言孝思，享祀孔嘉。彼黍既潔，彼犧惟澤[三]。蒸命良辰，祖考來格。

其三

日月明明，亦惟其夕[四]。誰能長生，不朽難獲。

其四

惟德實寶，富貴何常。我思古人，令聞令望。

[一] 按，底本之《藝文補遺》將詩列爲上卷，而大觀本則將文列爲上卷。
[二] 按，此古詩四章，載《華陽國志》卷一，爾後《古詩紀》卷八、《全蜀藝文志》卷三、《蜀中廣記》卷五七皆轉引，今以《華陽國志》《全蜀藝文志》《蜀中廣記》參校。
[三] "犧"，原作"儀"，據《華陽國志》改。按，犧，謂犧牲也，若作"儀"，則與形容詞"澤"不搭配。
[四] "其夕"，原作"其名"，《全蜀藝文志》校改作"其夕"，《蜀中廣記》作"朝夕"，今從《全蜀藝文志》校改本。任乃強注《華陽國志》對此句不曾措意，劉琳則引晉人李興《諸葛亮故宅銘》"日居月諸，時殞其夕。誰能不歿，貴有遺格"爲旁證。

成都詩[一]

蕭遘

月曉已聞花市合，江平偏見竹簰多。好教載取芳菲樹，剩照岷天瑟瑟波。

賦得蜀都詩

褚亮[二]

列宿光輿井[三]，分土跨梁岷[四]。沉犀對江浦，駟馬入城闉。英圖多霸跡，歷選有名臣。連騎簪纓滿，含章詞賦新。得上仙槎路，無待訪嚴遵[五]。

成都府詩

杜甫

翳翳桑榆日，照我征衣裳。我行山川異，忽在天一方。但逢新人民，

[一] 按，此詩轉引自《全蜀藝文志》卷五，原無"詩"字。作者蕭遘，唐人，《舊唐書》卷一七九有傳，稱"中和元年三月，自襃中幸成都，次綿州，以本官同平章事加中書侍郎，累兼吏部尚書，監修國史"，則此詩當作於公元八八一年隨僖宗至成都時也。

[二] "褚亮"，《唐詩紀事》卷四列小傳云："字希明，錢塘人。警敏，工爲詩。貞觀中，爲散騎常侍。"此詩收入《唐詩紀事》《成都文類》卷二、《全蜀藝文志》卷五、《全唐詩》卷三二、《武林往哲遺著》之《褚亮集》亦收此詩，前三者文字相同，後二者文字相同，故分取《唐詩紀事》《褚亮集》參校。

[三] "輿"，《褚亮集》作"參"，或誤。《舊唐書·天文志下》云："東井、輿鬼，鶉首之次也。……其分野：自漢之三輔及北地、上郡、安定，西自隴坻至河西，西南盡巴、蜀、漢中之地，及西南夷犍爲、越巂、益州郡，極南河之表，東至牂柯，皆鶉首分也。"◎"井"，原作"井"，顯誤，據《唐詩紀事》《褚亮集》改。

[四] "土"，《褚亮集》作"芒"。

[五] "得上仙槎路，無待訪嚴遵"，《博物志》卷一〇云："舊説云天河與海通。近世有人居海濱者，年年八月有浮槎去來，不失期，人有奇志，立飛閣于查上，多齎糧，乘槎而去。十餘日中猶觀星月日辰，自後芒芒忽忽，亦不覺晝夜。去十餘日，奄至一處，有城郭狀，屋舍甚嚴。遙望宮中多織婦，見一丈夫牽牛渚次飲之。牽牛人乃驚問曰：'何由至此？'此人具説來意，并問此是何處。答曰：'君還至蜀郡，訪嚴君平，則知之。'竟不上岸，因還如期。後至蜀，問君平，曰：'某年月日，有客星犯牽牛宿。'計年月，正是此人到天河時也。"

未卜見故鄉。大江東流去，游子去日長。曾城填華屋，季冬樹木蒼。喧然名都會，吹簫間笙簧。信美無與適，側身望川梁。鳥雀夜各歸，中原杳茫茫。初月出不高，衆星尚爭光。自古有羈旅，我何苦哀傷。

錦城曲[一]
温庭筠

蜀山攢黛留晴雪，篆笋蕨芽縈九折。江風吹巧剪霞綃，花上千枝杜鵑血[二]。杜鵑飛入巖下叢，夜叫思歸山月中。巴水漾情情不盡，文君織得春機紅。怨魂未歸芳草死[三]，江頭學種相思子。樹成寄與望鄉人，白帝荒城五千里。

成都曲
張籍

錦江近西煙水綠[四]，新雨山頭荔枝熟[五]。萬里橋邊多酒家，游人愛向誰家宿？

竹枝歌
白居易

瞿塘峽口水煙低，白帝城頭月向西。唱到竹枝聲咽處，寒猿晴鳥一

[一] 按，此詩載《温庭筠全集校注》卷一，然據文字比對看，陳祥裔乃據《全蜀藝文志》卷五轉引，故以二者參校。
[二] "枝"，原作"秋"，與《全蜀藝文志》同，今據別集改。按，《才調集》卷二、《成都文類》卷二、《唐音》卷一三、《石倉歷代詩選》卷七七引此詩皆作"枝"。
[三] "魂"，原作"魄"，與《全蜀藝文志》同，今據別集改。
[四] "江"，原作"水"，與《全蜀藝文志》卷五所載同，今據《張籍集繫年校注》卷六改。
[五] "新雨山頭荔枝熟"，陸游《老學庵筆記》卷五云："張文昌《成都曲》云'錦江近西煙水綠，新雨山頭荔枝熟。萬里橋邊多酒家，遊人愛向誰家宿。'此未嘗至成都者也。成都無山，亦無荔枝。蘇黄門詩云：'蜀中荔枝出嘉州，其餘及眉半不有。'蓋眉之彭山縣已無荔枝矣，況成都乎？"

時啼[一]。

成都書事百韻詩[二] 并序

薛田[三]

金鑴奧壤，玉壘名區。風物尚饒，曠古稱最。僕守茲職任，五年載至。初則木牛流馬，馳八使以均財[四]；次則皁蓋朱轓[五]，奉一麾而作鎮。歷覽勝異，慷慨興懷。古人曰："非感發不可以言詩，非聲詩不可以導志。"故言成志激，流爲美談。偶因公退，輒作《成都書事》七言一百韻，止陳乎益都事蹟，罔暇以外景加諸。庶幾謬發于斐然，詎敢芳揚于作者[六]？其詩曰：

混茫丕變造西阡，物像熙熙被一川。易覺錦城銷白日，難歌蜀道上青天。雲敷牧野耕桑雨，柳拂旗亭市井煙。院鎖玉溪留好景[七]，坊題金馬促繁絃。風流鋪席堆紅豆，瀟灑門庭映碧鮮。表狀屢言同穎穗[八]，敕

[一] "晴"，《白居易集箋校》卷一八作"闇"，此處作"晴"，與《樂府詩集》卷八一、《唐詩品彙》卷五二所載同。

[二] 按，此詩見《成都文類》卷二及《全蜀藝文志》卷五，均用以參校。

[三] "薛田"，《宋史》卷三〇一有傳。《續資治通鑑長編》卷一〇一《仁宗·天聖元年》云："大中祥符末，薛田爲轉運使，請官置交子務以榷其出入，久不報。寇瑊守蜀，遂乞廢交子，不復用。會瑊去而田代之，詔田與轉運使張若谷度其利害。"故薛田知益州在一〇二三年，至天聖四年（一〇二六）年薛奎替任，薛田知益州共四年。然本詩序云"五年載至"，當是在大中祥符末爲轉運使時曾至成都也。據此可知，此詩當作於一〇二六年。

[四] "八"，原作"入"，形近而誤，據《成都文類》《全蜀藝文志》改。按，八使，謂分巡天下之使者，《後漢書·周舉傳》："時詔遣八使巡行風俗，皆選素有威名者，乃拜舉爲侍中，與侍中杜喬、守光祿大夫周栩、前青州刺史馮羨、尚書欒巴、侍御史張綱、兗州刺史郭遵、太尉長史劉班並守光祿大夫，分行天下。"

[五] "轓"，原作"幡"，與《全蜀藝文志》同，今據《成都文類》改。按，朱轓，車乘兩旁之紅色障泥。《漢書·景帝紀》："令長吏二千石車朱兩轓，千石至六百石朱左轓。"顏師古注引應劭曰："所以爲之藩屏，翳塵泥也。"此用作達官顯貴所乘專車之代稱。薛田前爲轉運使而至成都，後則知益州，坐鎮一方，故有此二句。

[六] "揚"，底本作"楊"，形近而誤，據大觀本及《成都文類》《全蜀藝文志》改。

[七] "院鎖玉溪"，《蜀檮杌》卷下云："廣政元年上巳，游大慈寺。宴從官於玉溪院。"此玉溪者，指解玉溪也。

[八] "穗"，原作"德"，據《成都文類》《全蜀藝文志》改。按，此句言成都地方官屢次以同穎嘉禾之祥瑞上報朝廷，如《宋史·五行志二下》云大中祥符四年八月，蜀州禾一莖九穗；長壽縣民常自天田禾合穗者二；五年七月，益州嘉禾九穗至十穗。

书频奨并生蓮。旋科杞樹炊香稻[一]，剩種豌巢沃晚田[二]。仁宅不隳由政立，義圍無取任情遷[三]。民知禮遜蠶叢後，俗尚奢華邍古先。遶郭波濤來浩浩，歸朝岐路去綿綿。乍𨵿黑水將成道[四]，潛到青羊恐遇仙。靚女各攻翻樣繡，袨商兼制䂫綾牋[五]。壚邊泛蟻張裙幄[六]，江上鳴鼉簇綵舡[七]。百筍嶒嶒衙對峙，琴臺恢闊寺相連。群葩艷裏珍禽語，百草香中瑞獸眠。喜趣必臻尤佇望，勝游爭倦更遷延。早荷葉底蹲鸥伏[八]，楔樹梢頭亂蝶穿。醝發牢盆渾棄鹵，鐵資圜法免鈘鉛[九]。豐饒物態寧殊越？美麗姝姬酷類燕。西海號雄彰傳紀[十]，南康辭健積銘鑴[十一]。良工手技高容學，妙

[一] "杞樹"，據《漢語大詞典》"杞"字條，有三種樹皆可稱杞樹，分別爲枸杞、杞柳、狗骨，似皆與此處所言者不合。按，香稻，用杜甫"香稻啄餘鸚鵡粒"句。而成都民眾所種速成柴薪木，乃楷木，杜甫亦有《憑何十一少府邕覓榿木栽》一詩，宋祁《益部方物略記》云：民家蒔之，不三年，材可倍常，人多薪之。疾種亟取，里人以爲利。此正與"旋科"二字相合，故疑"杞樹"當是"榿樹"之誤。
[二] "巢"，原作"窠"，據《成都文類》《全蜀藝文志》改。按，陸游《巢菜》詩序云："蜀蔬有兩巢，大巢，豌豆之不實者；小巢，生稻畦中，東坡所賦元修菜是也。吳中絕多，名漂摇草，一名野蠶豆。"所謂豌巢者，即取豌豆尖之嫩苗爲菜，而不以收豌豆子爲食者。豌豆掐去其嫩尖則難以長大并開花結實，故老去之後只能肥田，遂有此句。
[三] "義圍"，《成都文類》《全蜀藝文志》作"議閫"，或誤。按，"仁"、"義"爲對，作"議"則費解。義圍，或用《孟子·梁惠王》之語："齊宣王問曰：'文王之囿方七十里，有諸？'孟子對曰：'於傳有之。'曰：'若是，其大乎？'曰：'民猶以爲小也。'曰：'寡人之囿方四十里，民猶以爲大，何也？'曰：'文王之囿方七十里，芻蕘者往焉，雉兔者往焉，與民同之。民以爲小，不亦宜乎？臣始至於境，問國之大禁，然後敢入。臣聞郊關之内有囿方四十里，殺其麋鹿者如殺人之罪。則是方四十里爲阱於國中，民以爲大，不亦宜乎？'"
[四] "黑水"，《明一統志》卷六七《成都府·山川》下"黑水"條云："黑水在安縣南七十里，南入於羅江。"按，羅江乃道教真人羅公遠修道之所，故有此句。
[五] "䂫"，原作"砑"，不詞，據《成都文類》《全蜀藝文志》改。按，䂫綾，指一種碾光的有花紋的絲織品，可供書寫，故稱䂫綾牋。○"綾"，《成都文類》作"紋"，義遜。
[六] "蟻"，即浮蛆，醪糟酒中漂浮的米粒。此句用文君當壚賣酒之典故。
[七] "鳴鼉"，敲擊鼉鼓游江。《歲華紀麗譜》云："二月二日踏青節。初，郡人遊賞，散在四郊。張公詠以爲不若聚之爲樂，乃以是日出萬里橋，爲綵舫數十艘，與賓僚分乘之，歌吹前導，號小游江。蓋指浣花爲大游江也。"
[八] "早傳葉"，此將芋頭之葉比作尚未完全舒展之荷葉，非真言荷葉也。蹲鸥即芋頭。
[九] "鈘"，原作"鈒"，形近而誤，據《成都文類》《全蜀藝文志》改。按，鈘，銷熔也。
[十] "西海"，《史記·張儀列傳》云："(司馬錯曰)夫蜀，西僻之國也，而戎翟之長也。有桀、紂之亂，以秦攻之譬，如使豺狼逐群羊。得其地足以廣國，取其財足以富民，繕兵不傷衆而彼已服焉。拔一國而天下不以爲暴，利盡西海而天下不以爲貪，是我一舉而名實附也。"司馬貞《索隱》云："西海，爲蜀川也。海者，珍藏所聚生，猶謂秦中爲陸海然也。其實西亦有海，所以云西海。"此句言張儀與司馬錯取蜀歸秦，因開闢西蜀而史傳增輝。○"紀"，《全蜀藝文志》誤作"記"，實則嘉靖《四川總志》不誤。
[十一] "南康"，指韋臯，曾鎮蜀，多政績，善屬文，蜀地有《大像閣記》及多處紀功碑，可參《輿地碑記目》卷四。○"辭"，《全蜀藝文志》作"詞"，實則底本作"辭"，整理者誤。

隱丹方秘不傳。倚劍靈關凌絕頂，夢刀孤壘削危巔[一]。金華巷陌遺三品，石鏡伽藍露一拳。信落荊州隨鼓柎，檢頒芝闕聽搖鞭。若量內地寒暄異，且在遐陬水陸全。渝舞舊云傳樂府，巴談誰曰繫言詮。九苞縮就佳人髻，三闈裝成子弟韉[二]。欲辨坤維尋地理，纔臨益部認郊廛。文翁室暗封苔蘚，葛亮祠荒享豆籩。貨出軍儲推賑濟，轉行交子頌輕便。氣蒸蒟蒻根鬚潤，日罩梗柟樹影圓。藥市風光蟲蟄外，花潭邀樂鵙鳴前[三]。聚源待擬求鳧氏，貯怨那能雪杜鵑？蓁植森榮邊蒿蔚，夾流湍迅迴潺湲。鮮明機杼知無算，細碎錐刀不啻千。合伴鴉鬟齊窈窕，對陪霓袖競翩翾。五門冷映岷峨雪[四]，千里爰疏灌塯泉。茂盛八紘宜得最[五]，膏腴十道北俱偏。袁滋不到生無分[六]，段相重來宿有緣[七]。欵召相如登兔苑，驟遷太白步花甎。葳蕤草木時爲瑞，奇秀江山代産賢。曉後細風紅灼灼，夜中微雨碧芊芊。錦亭焰燭明欹障，繡閣香毬煖熨氈。寶塔徘徊停隼旗，觀街雜沓擁輜軿。酴醾引架家家郁，躑躅攀條處處妍。重愛魯儒提德柄，威降曹將董戎旃。懽謠少負賓人勇，長講多經楚客襢。似簇綺羅偏煥耀，如流車馬倍喧闐[八]。楷機顯綽名堪錄，題柱芬芳事莫捐[九]。李特鋒鋩徒恃險，張儀規畫自持顛。鷹揚器業成悠久，烏合奸雄敗轉旋。漫向鼎分

[一] "夢刀"，《晉書·王濬傳》："濬夜夢懸三刀於卧屋梁上，須臾又益一刀，濬驚覺，意甚惡之。主簿李毅再拜賀曰：'三刀爲州字，又益一者，明府其臨益州乎？'及賊張弘殺益州刺史皇甫晏，果遷濬爲益州刺史。"◎"孤壘"，前"靈關"指劍門關，此孤壘或指玉壘山也。

[二] "苞"，《成都文類》《全蜀藝文志》作"包"，或誤。按，九苞，謂鳳的九種特徵，此處意爲華貴也。兹二句，《藝林匯考·服飾篇》卷六云本自白居易《渭村退居寄禮部崔侍郎翰林錢舍人詩一百韻》之"貴主冠浮動，親王轡鬧裝"，且引胡應麟之語注云："按鬧裝帶，余遊燕日嘗見於東市中，合衆寶雜綴而成，故曰鬧裝。白詩之轡，薛詩之韉，蓋皆此類。"

[三] "花潭"，指百花潭，此二句言成都之節日習俗，四月十九日乃浣花夫人誕辰，故至百花潭觀水嬉競渡，詳本書卷三引《歲華紀麗譜》之語。

[四] "冷"，原作"泠"，據《成都文類》《全蜀藝文志》改。

[五] "紘"，原作"絃"，形近而誤，據《成都文類》《全蜀藝文志》改。按，八紘，泛指天下，與後之"十道"相對，唐時分天下爲十道。

[六] "袁滋不到生無分"，按，《新唐書·袁滋傳》云："劉闢反，詔滋爲劍南兩川、山南西道安撫大使。半道，以檢校吏部尚書平章事爲劍南東西川節度使。是時賊方熾，又滋兄峯在蜀爲闢所劫，滋畏不得全，久不進，貶吉州刺史。"

[七] "段相"，謂段文昌，長慶六年詔授西川節度使、同中書門下平章事，太和六年復爲劍南西川節度使，詳《舊唐書》本傳。

[八] "倍"，原作"培"，形近而誤，據《成都文類》《全蜀藝文志》改。

[九] "題柱"，指司馬相如過昇仙橋題"不乘赤車駟馬不過汝下"之事，見《華陽國志》卷三、《太平寰宇記》卷七二等。

澄霸道，却當甌化驗都酁[一]。強貪楚滅悲傾轍，廣洽堯詢喜慕羶。側弁猖狂抛玉斝，歸鞍酩酊墜金鈿。氛埃屏息雲常覆，稼穡繁滋澤靡愆。睿聖宵衣垂乃瞭，貴臣馳馹每傳宣[二]。石牛邁路加歆饗，江瀆隆區助潔蠲。避暑亭臺珍簟設，縱開池沼釣絲牽。遮蠻帶礪長能固，捍蜀金湯遠益堅。何武甲科曾繼踵，嚴遵卜兆罕差肩[三]。儲書競印諸家集[四]，博識咸修百氏箋。紙碓暮春臨岸滸，瓜樽春注截河壖。華嚴像閣涼堪愛，淨衆松溪僻可憐。學射崔嵬橫羃䍥，放生寬廣媚漪漣。蘇庭嫩筍青篸篸，風檻新荷綠扇扇。守成貔貅千萬騎，采蒴簪笏兩三員[五]。清江瀉埶方流巽[六]，大面盤形正壓乾。電掃谷風藏虎嘯，雷瞋官樹灑龍涎[七]。郈占遜應星舒彩[八]，欒噀端聆火撲燃[九]。令範式驅民孰孰，咨謀疇倚道平平。性寒甘蔗猱偸蓺，體膩芭蕉蠹莫沿。誌讀備興重掩卷，史看唐幸懶終篇。雕盤姹女呈酥作，水巷癡童颭紙鳶。初下鹿頭迷鄠杜，暫來犀浦誤伊瀍。變秦言語生皆會，戀土情懷死不悛。結廈斧斤宗簡易，入神丹臒厲精專。柳隄夜月朱簾捲，花市春風繡幕搴。十縣版圖分戶籍，一城牌肆係民編。受辛滋味饒薑蒜，劇饌盤飱足鮪鱣。月季冒霜秋肯挫？荔枝衝瘴夏宜然。

[一]"酁"，原作"廬"，據《成都文類》《全蜀藝文志》改。按，二者義近。
[二]"馹"，原作"日"，據《全蜀藝文志》改，《成都文類》校勘記引《宋詩紀事》云厲鶚改"日"作"驛"。
[三]"遵"，原作"真"，與《全蜀藝文志》底本同，整理者據《成都文類》改作"遵"，今從《成都文類》改。
[四]"儲"，此處與《全蜀藝文志》同，《成都文類》作"雛"，二者於文義皆可通。◎"印"，原作"甲"，據《成都文類》《全蜀藝文志》改。
[五]"笏"，原作"筍"，誤，文義不通，據《成都文類》《全蜀藝文志》改。
[六]"埶"，原作"執"，形近而誤，據《成都文類》《全蜀藝文志》改。按，"埶"即"勢"之古字。
[七]"瞋"，原作"瞑"，據《成都文類》《全蜀藝文志》改。
[八]"郈占"，後漢時李郈善天象星占之術，《後漢書·方術列傳上·李郈》載："李郈，字孟節，漢中南鄭人也。父頡，以儒學稱，官至博士。郈襲父業，遊太學，通《五經》，善《河洛》風星，外質朴，人莫之識。縣召署幕門候吏。和帝即位，分遣使者，皆微服單行，各至州縣，觀採風謠。使者二人當到益部，投郈候舍。時篁夕露坐，郈因仰觀，問曰：'二君發京師時，寧知朝廷遣二使邪？'二人默然，驚相視曰：'不聞也。'問何以知之。郈指星示云：'有二使星向益州分野，故知之耳。'"
[九]"欒噀"，欒巴，成都人，有神術。《太平廣記》卷一一引《神仙傳》載："正旦大會，巴後到，有酒容。賜百官酒，又不飲，而西南向噀之。有司奏巴不敬，詔問巴，巴曰：'臣鄉里以臣能治鬼護病，生為臣立廟。今旦，有耆老皆來臣廟中享臣，不能早；飲之，是以有酒容。臣適見成都市上火，臣故激酒為雨救之，非敢不敬。當請詔問，虛詔抵罪。'乃發驛書問成都已，奏言：正旦食後失火，須臾有大雨三陣從東北來，火乃止。雨著人，皆作酒氣。"◎"撲"，原作"樸"，形近而誤，據《成都文類》《全蜀藝文志》改。

幾番薐箸鳴虛籟，是箇園林噪懶蟬。蠢動乘時先養育，菁英屆候別陶甄。地丁葉嫩和嵐採，天蓼芽新入粉煎。平代啓闉聞繼岌[一]，監軍憑軾見劉焉[二]。蕙蘭馥裏幽蹊畔，菱茨交鋪曲島邊。繒網晚晴誇蹴踘[三]，畫䋲寒食戲鞦韆。氤氲紫霧濛都邑，縹渺彤霞聚倨佺。螭伏自然銷劍戟，螻翻幾度起戈鋋[四]。宦游止歎音塵闊，鄉飲何驚歲月遄。靈壽桃枝奇共結，金砂銀鑠貴相聯。埋輪昔按均輪命[五]，叱馭今分太守權[六]。徒爲行春飛皁蓋，詎能許國報青錢。政經旋考尤多僻，民瘼深求尚未痊。雖愧袴襦非叔度[七]，且期毫墨有馮涓[八]。俚遵廉察思從訓[九]，克謹操修敢好畋。南市醉過攢幟隊，西樓歡坐列瓊筵。煩囂謹畏傷淳厚，慧黠周防近巧譾。重祿省心宜致寇，薄材莊貌若臨淵。扶危頗異巢居幕[十]，勸善還同矢在弦。叨蒞一麾康遠俗，等閒光景又三年。

[一] "岌"，原作"笈"，與《成都文類》同，《全蜀藝文志》底本亦作"笈"，整理者據《舊五代史》卷五一改，是，今從之。按，此句所言，《蜀鑑》卷七云：通正元年，蜀攻岐，圍鳳翔。王宗綰舉軍出大散關，大破岐兵，俘斬萬計，遂取寶雞。王宗播等出故關至隴州，李繼岌棄隴州奔於蜀軍。蜀軍進攻隴州，會大雪，蜀主召軍還。

[二] "劉焉"，《後漢書》本傳云："焉乃陰求爲交阯，以避時難。議未即行，會益州刺史郤儉在政煩擾，謠言遠聞，而并州刺史張懿、涼州刺史耿鄙並爲寇賊所害，故焉議得用，出焉爲監軍使者，領益州牧。"

[三] "繒"，原作"繪"，形近而誤，據《成都文類》《全蜀藝文志》改。

[四] "螻翻幾度起戈鋋"，按，《唐開元占經》卷一二〇引《抱朴子》曰："螻蛄見，軍尤生，多有軍罷，又宜備叛。"故螻蛄出現乃兵象之兆。

[五] "埋輪"，本書卷二云："彭山縣北二十里有埋輪橋，漢朱遵與公孫述戰于赤水門，先埋輪于橋側，因名。"

[六] "叱馭"，見本書卷一"九折坂"條"王尊叱馭處"注文。

[七] "叔度"，《後漢書·廉范傳》云："建初中，遷蜀郡太守。其俗尚文辯，好相持短長。范每厲以淳厚，不受偷薄之說。成都民物豐盛，邑宇逼側。舊制，禁民夜作以防火災，而更相隱蔽燒者日屬。范乃毀削先令，但嚴使儲水而已。百姓爲便，乃歌之曰：'廉叔度，來何暮？不禁火，民安作。平生無襦今五絝。'"

[八] "且"，原作"日"，據《成都文類》《全蜀藝文志》改。〇"涓"，原作"沾"，據《成都文類》《全蜀藝文志》改。按，若作"沾"，則"馮"字當作"憑"之古字講，意爲百姓之幸福有毫末之處乃因自己之施政得當，看似可通，但頗爲牽強。作"涓"，則指馮涓，五代時人也。《資治通鑑·唐紀·昭宗下》云："（天祐元年秋七月丙子）王建賦斂重，人莫敢言。馮涓因建生日獻頌，先美功德，後言生民之苦。建愧謝，曰：'如君忠諫，功業何憂？'賜之金帛，自是賦斂稍損。"由上句言廉叔度之事來看，此句言馮涓之事，正相對應，故當以版本、史實依據改。

[九] "俚"，原作"俛"，據《成都文類》《全蜀藝文志》改。按，二者常聯用，均有勤勉之義。

[十] "巢居幕"，《左傳·襄公二十九年》："（季札曰）夫子獲罪於君以在此，以戒叛，懼猶不足，而又何樂？夫子之在此也，猶燕之巢于幕上。"注："言至危。"

二月八日大慈寺前蠶市

宋田況[一]

蜀雖云樂土，民勤過四方。寸壤不容隙[二]，僅能充歲糧。間或容惰嬾，曷能備凶疢[三]？所以農桑具，市易時相望。野氓集廣廊，衆賈趨寶坊。惇本誠急務，戒其靡愆常。茲會良足喜，後賢無忽忘。

寒食出城

前人

郊外融和景，濃于城市中。謌聲留客醉，花意盡春紅。游人一何樂，歸馭莫忽忽。

三月十四日大慈寺建乾元節道場[四]

前人

赤精流景鑠，朱夏向清和。紺宇修祠盛，華封祝慶多。簪裳千載遇，鐘梵五天謌。遠俗尤熙泰，皇猷信不頗。

成都爲客作[五]

田澄

蜀郡將知遠，城南萬里橋。衣緣鄉淚濕，貌以客愁銷。地富魚爲米，

[一] 按，此處所選田況詩三首，皆見於《成都文類》卷九、《全蜀藝文志》卷一七，均用以參校。
[二] "壤"，原作"壞"，形近而誤，據《成都文類》《全蜀藝文志》改。
[三] "疢"，原作"瘮"，與《成都文類》同，誤，今據《全蜀藝文志》改。按，作"損害"義講，只能用"疢"。
[四] "三"，疑當作"四"。按，《宋史·禮志十五》云："仁宗以四月十四日爲乾元節。"田況守成都時在一〇四八年（宋仁宗慶曆八年），故此乾元節只能是仁宗所規定者；另，從田況之《成都遨樂》組詩按時間順序編排來看，此詩前三首分別爲《三月三日登學射山》《九日大慈寺前蠶市》《二十一日游海雲山》，如此詩所敘乾元節在三月十四日，則不當排在《二十一日游海雲山》之後也。而從首聯看，乃入夏之時，非三月之景，提前一月建道場之說不通。
[五] "爲客作"，原無，據《唐詩紀事》卷二九、《成都文類》卷一四等補。按，田澄乃唐人，《唐詩紀事》云："澄，大曆、天寶間人。杜子美《贈獻納使起居田舍人》詩即澄也。末句云'揚雄更有《河東賦》，惟待吹噓送上天'，蓋澄以舍人奉使入蜀，肅宗時人也。"

山芳桂是樵。旅游惟得酒，今日過明朝。

竹枝歌

楊慎

其一

夔州府城白帝西，家家樓閣層層梯。冬雪下來不到地，春水生時與樹齊。

其二

日照峯頭紫霧開，雪消江面綠波來。魚復浦邊晒網去[一]，麝香山上打柴囘。

其三

江頭秋色換春風，江上楓林青又紅。下水上風來往慣，一年長在馬船中。

其四

最高峯頂有人家，冬種蔓菁春采茶。長笑江頭來往客，冷風寒雨宿天涯。

其五

清江白石女郎神，門外往來祈賽頻。風颭青旗香雨歇，山薑花開瑶

[一]"復"，《升庵文集》卷三四誤作"腹"，《方輿勝覽》卷五七《夔州·山川》下有"魚復浦"，《明一統志》卷七〇《夔州府·山川》下"魚復浦"條云："魚復浦在府治東南，漢魚復縣以此得名。"杜甫《入宅三首》之二有"水生魚復浦，雲暖麝香山"句，魚復浦與麝香山相對，楊慎亦仿杜詩而來也。

草春。

其六

紅妝女伴碧江潰,蒛草花簪茜草裙。西舍東隣同夜燭,吹笙打鼓賽朝雲。

其七

神女峯前江水深,襄王此地幾沉吟。晬花温玉朝朝態,翠壁丹楓夜夜心。

其八

上峽舟航風浪多,送郎行去爲郎歌。白鹽紅錦多多載,危石高灘穩穩過。

其九

無義灘頭風浪收,黄雲開處見黄牛[一]。白波一道青峯裹,聽盡猿聲是峽州。

其十缺[二]

竹枝詞

陳祥裔

峨眉山上月如環,誰信峨眉翠黛慳。小娟年年二三月,求郎拜上大

[一]"無義灘""黄牛",皆地名,陸游《入蜀記》卷四"十月九日"下云:"晚次黄牛廟,山復高峻……其下即無義灘,亂石塞中流,望之可畏。然舟過乃不甚覺,蓋操舟之妙也。"
[二]按,此處陳祥裔認爲楊慎所作《竹枝詞》當有十首,然《升庵文集》《補續全蜀藝文志》卷一四等所收皆九首,不知陳氏何以斷定有十首,其說或妄。

峨山。

其二

竹架低檐艸半堆，竹柴燒飯響如雷。竈邊揖罷隨人坐，笑道貧家只舊醅。

其三

熟梅天氣雨初過，小娘纏腰脫短蓑。撲面山嵐泥沒膝，呼姑齊唱插秧歌。

其四

萬里橋頭楊柳枝，拂波不耐小風吹。靈和殿裏思張緒[一]，都是依依一樣絲。

其五

巴西艇子下巴東，無數灘聲曉夢中。猿叫一江雲起處，瀟瀟細雨打船篷。

其六

楊柳衖前楊柳稠，衖前舊是十三樓。烟花三月爭春市，紅粉齊來拜石頭。

其七

芳樹烟籠謝豹啼，漢家陵寢艸萋萋。永安遺恨憑誰說，贏得春耕雨一犁。

[一] "靈和殿裏思張緒"，《南史·張裕傳附張緒》云："劉悛之爲益州，獻蜀柳數株，枝條甚長，狀若絲縷。時舊宮芳林苑始成，武帝以植於太昌靈和殿前，常賞玩咨嗟，曰：'此楊柳風流可愛，似張緒當年時。'其見賞愛如此。"

其八

沙觜人家住翠微，浣花溪漲水成圍。沿溪無數村居娘，日日溪邊坐浣衣。

其九

細雨斜風春滿林，萬山啼作杜鵑音。可憐口口聲聲血，都是思歸一片心。

其十

溪聲不斷隔林聞，水碓無人舂白雲。破屋半間修竹裏，爨烟籠樹隱朝曛。

禮殿詩[一]

李石

蜀侯作頖錦水湄，先聖先師同此室。巍然夫子據此座，殿以周公名自昔。聖人兩兩如一家，均是周人先後出。東家想見中夜夢[二]，猶與公孫同袞冕。斯文授受乃關天，不爲漢唐加損益。我時來視俎豆事，重是漢人斤斧迹。漢宮制度九天上，散落人間此其一[三]。多因豐屋起戎心[四]，獨此數椽綿歲曆。規摹嶪嶪東魯似，氣象縹緲西岷敵。竹松猶是《斯干》詩，風雨方知隆棟吉。雖然漢獻來至今，閱時已多駒過隙。中間豈無鳥鼠慮，妙斲不知難輒易。工師不揆亂如麻，敢向殿門言匠石[五]。詩書譬

[一] "禮殿詩"，宋人李石《方舟集》卷二題作《周公禮殿》，《成都文類》卷四中此詩乃《府學十詠》組詩之一，題作《禮殿》，《兩宋名賢小集》卷一五三、《全蜀藝文志》卷一〇亦收此詩，今以《方舟集》《成都文類》參校。

[二] "東家想見"，與《成都文類》同，《方舟集》作"想見東家"。

[三] "散落人間此其一"，按，《方舟集》《成都文類》此詩序云："漢人祀周公爲先師，故鍾會記云：'周公禮殿'。范蜀公鎮云：'屋制甚古，非近世所爲，秦漢以來有也。'內翰王素云：'其屋制絶異今制，後之葺者惜其古，不敢改作。'"

[四] "戎"，原作"戍"，形近而誤，今據《方舟集》《成都文類》改。

[五] "殿"，與《成都文類》同，《方舟集》作"般"。按，作"般"則謂公輸般，即魯班也。〇"匠石"，《莊子》中的巧匠人物，《人間世》《徐無鬼》諸篇皆載其事蹟，後者云："郢人堊慢其鼻端若蠅翼，使匠石斲之。匠石運斤成風，聽而斲之，盡堊而鼻不傷，郢人立不失容。"

彼尚闕文，後學如何補遺逸？祖龍非意竊登床[一]，蝌蚪有心來壞壁[二]。舊章僅在命如絲，誰勒吾詩勝丹漆[三]。

成都揚子雲洗墨池詩[四]

趙貞吉

黑鱗拔浪游奇門[五]，靈烏下掃腸沺痕[六]。幽蚪吐水沈古影[七]，武擔山風珮珊冷。魂迷瘴雨芙蓉濕[八]，侯芭噴腔三斗汁[九]。黃金蹴地吹作灰，商鬼蒿成淚花澀[十]。

武侯廟

杜甫

遺廟丹青落一作古，空山草木長。猶聞辭後主，不復卧南陽。

[一] "祖龍非意竊登床"，疑指唐太宗時劉洎登御床爭搶太宗手書飛白也。《舊唐書·劉洎傳》云："太宗工王羲之書，尤善飛白。嘗宴三品已上於玄武門，帝操筆作飛白字，賜羣臣。或乘酒爭取於帝手，洎登御座，引手得之。皆奏曰：'洎登御牀，罪當死，請付法！'帝笑而言曰：'昔聞婕妤辭輦，今見常侍登牀。'"此喻時文受追捧，正與下句古文深藏壞壁相對。

[二] "蝌蚪有心來壞壁"，《漢書·劉歆傳》載，魯恭王壞孔子宅，於壁中得《尚書》等古書，皆蝌蚪文。《晉書·衛瓘傳附衛恒》云："漢武時，魯恭王壞孔子宅，得《尚書》《春秋》《論語》《孝經》，時人以不復知有古文，謂之科斗書。"

[三] 按，此詩之後，復錄李石《古柏》詩，但誤題作者為"左右生"，然李石有《左右生題名》詩，頗疑此處陳氏本意乃抄錄《左右生題名》詩而誤錄《古柏》詩也。因本書卷三已收錄《古柏》詩，故此處刪去。

[四] "揚"，大觀本無，底本原作"楊"，今改。此詩收入趙貞吉《趙文肅公文集》卷二及《補續全蜀藝文志》卷一八，別集亦作"楊"，題中無"詩"字。《補續全蜀藝文志》則將此詩題爲《成都洗墨池》。今以別集及《補續全蜀藝文志》參校。

[五] "黑"，原作"墨"，據別集與《補續全蜀藝文志》改。

[六] "靈烏"，當指揚雄早夭之子。《揚子法言》卷四云："育而不苗者，吾家之童烏乎？九齡而與我玄文。"

[七] "吐"，大觀本誤作"叶"。

[八] "雨"，原作"再"，形近而誤，據別集與《補續全蜀藝文志》改。

[九] "芭"，原作"巴"，據別集與《補續全蜀藝文志》改。按，侯芭嘗師事揚雄，見《漢書·揚雄傳下》。

[十] 按，此詩之後，復錄張儼《謁先主廟》詩三首，本書卷三已收錄，故此處刪去。

奉陪安撫大卿登八陣臺覽觀忠武侯諸葛公遺像偶成長句[一]
張縯[二]

白帝城西魚復浦，十月江平見津漵。當年累石紛成行[三]，此地卧龍經講武。轅門外建嚴中權，列陣相承存後伍。何人蛇勢識常山，未數魚麗矜鄭拒[四]。懸知精神貫金石，尚想號令嚴鉦鼓。老兵料敵應疑生，川后澄波其敢侮[五]。向令赤伏有餘符[六]，下睨皇州真指取。云何遺跡司神明，獨靳豐功被寰宇[七]。高城置酒共臨眺，往事興懷增嘆撫。巍然王佐三代前，信矣名言照千古。

同群公秋登琴臺[八]
高適

古跡使人感，琴臺空寂寥。靜然顧遺塵，千載如昨朝。臨眺自兹始，群賢久相邀。德與形神高，孰知天地遙？四時何倏忽，六月鳴秋蜩。萬象歸白帝，平川橫赤霄。猶是對夏伏，幾時有凉飇？燕雀滿簷楹，鴻鵠摶扶搖。物性各自得，我心在漁樵。兀然還復醉，尚握尊中瓢[九]。

[一]"偶成長句"，原作"詩"，據《全蜀藝文志》及《蜀中廣記》卷二一改。
[二]"張縯"，《宋詩紀事》卷五三列其小傳云："縯，字季長，蜀之唐安人。隆興元年進士，官大理少卿。"
[三]"紛"，大觀本誤作"粉"。
[四]按，此二句所涉之典故可參本書卷四李昭玘《八陣圖論》及注釋。
[五]"川后"，河神。《文選·洛神賦》："於是屏翳收風，川后靜波。"呂向注："川后，河伯也。"
[六]"符"，原作"臂"，費解，據《全蜀藝文志》《蜀中廣記》改，按，赤伏符乃新莽末年讖緯家所造符籙，謂劉秀上應天命，當繼漢統爲帝。《後漢書·光武帝紀上》："光武先在長安時，同舍生彊華自關中奉赤伏符，曰'劉秀發兵捕不道，四夷雲集龍鬬野，四七之際火爲主'。群臣因復奏曰：'受命之符，人應爲大，萬里合信，不議同情，周之白魚，曷足比焉？今上無天子，海內淆亂，符瑞之應，昭然著聞，宜答天神，以塞群望。'"
[七]"被"，原缺，據《全蜀藝文志》《蜀中廣記》補。
[八]"臺"後，原有"詩"字，據《高適詩集編年箋注》刪。按，劉開揚先生以爲此詩乃登單父縣琴臺所作，非成都琴臺也。其說是，成都之琴臺無需登覽也。
[九]按，此詩之後，復錄杜甫《琴臺》詩，因本書卷二已收錄，故此處刪之；而杜詩之後，復錄陳祥裔所作《臨江仙·琴臺》詞，因本書卷一已收錄，故此處刪之。

199

草堂

杜甫

　　昔我去草堂，蠻夷塞成都。今我歸草堂，成都適無虞。請陳初亂時，反覆乃須臾。大將赴朝廷，群小起異圖。中宵斬白馬，盟歃氣已麤。西取邛南兵，北斷劍閣隅。布衣數十人，亦擁專城居。其勢不兩大，始聞蕃漢殊。西卒却倒戈，賊臣互相誅。焉知肘腋禍，自及梟獍_{世本作獍}徒。義士皆痛憤，紀綱亂相踰。一國實三公，萬人欲爲魚。唱和作威福，孰肯_{一作能}辨無辜？眼前列桎械，背後吹笙竽。談笑行殺戮，濺血滿長衢。到今用鉞地，風雨聞號呼。鬼妾與鬼馬，色悲充爾娛。國家法令在，此又足驚吁。賤子且奔走，三年望東吳。弧矢暗江海[一]，難爲游五湖。不忍竟舍此，復來薙榛蕪。入門四松在，步屧萬竹疎[二]。舊犬喜我歸，低徊入衣裾。隣里_{一作舍}喜我歸，沽酒攜胡蘆。大官喜我來，遣騎問所須。城郭喜我來，賓客隘村墟。天下尚未寧，健兒勝腐儒。飄飄_{一作飃}風塵際，何地置老夫？於時見疣贅，骨髓幸未枯。飲啄愧殘生，食薇不敢餘。

除草_{自注云：去蘸也。按：蘸音潛，又除炎切，山韭也}

前人

　　草有害于人，曾何生阻修？其毒甚蜂蠆，其多彌道周。清晨步前林，江色未散憂。芒刺在我眼，焉能待高秋？霜雪一霑凝，蕙葉亦難留。荷鋤先童稚，日入仍討求。轉致水中央，豈無雙釣舟？頑根易滋蔓，敢使依舊丘[三]？自兹藩籬曠，更覺松竹幽。芟夷不可闕，疾惡信如讎。

草堂即事

前人

　　荒村建子月，獨樹老夫家。雪裏江船渡，風前徑竹斜。寒魚依密藻，

[一]"弧"，原誤作"孤"，據《杜甫全集校注》卷一一改。
[二]"屧"，原作"堞"，據《杜甫全集校注》改。
[三]"敢"，原作"致"，據《杜甫全集校注》卷一二改。

宿鷺起圓沙。蜀酒禁愁得[一]，無錢何處賒？

題艸堂寺
黃君瑞[二]

艸堂禪寺北山陲，想見鳴騶入谷時。猿鶴如懷海鹽令，魚龍猶護紹興碑。排岩樹老秋來早，上殿僧稀曉散遲。我亦于今抗塵土，臨風憗讀孔璋移。

游艸堂
陳南賓[三]

西出秦關道路長，岷峨東望鬱蒼蒼。蓬萊三賦舊無敵[四]，同谷七歌今可傷[五]。茅屋秋高風瑟瑟，布衾鋩冷雨床床。浣花溪上應回首，千載令人憶艸堂。

艸堂 內有杜工部石像
陳祥裔

萬里橋西舊艸堂，愀然石像帶愁長。可憐憂國經綸意，都作驚人翰墨香。落拓襟期餘傲骨，飄零天地剩空囊。秋風壞壁夕陽裏，疏竹荒烟斷客腸。

草堂寺·臨江仙詞 在浣花溪側，有杜工部石像
陳祥裔

一曲浣花溪水碧，竹籬搖落晴曛。鐘聲敲斷遠山雲。西風吹落客泪，

[一]"蜀"，原作"濁"，據《杜甫全集校注》改。
[二]"黃君瑞"，清顧嗣立《元詩選·二集·庚集》列其小傳云："復圭，字君瑞，安仁人。與張仲舉、危太樸以詩鳴於江右。至正兵起，被陷賊庭，作詩大罵。賊怒，以刀剖其腹。復罵曰：'腹可剖，赤心不可剖也。'遂死之。"《全蜀藝文志》卷一四、《宋詩紀事》卷七四則將其視爲宋人。
[三]"陳南賓"，《南廱志》卷二三列其小傳云："陳南賓，名光裕，以字行。長沙茶陵人。少讀書，負俊名，而持行憨雅……（洪武）二十二年擢蜀府長史，時蜀獻王好學禮士，於玉牒中最號賢王。然南賓猶事規諫，王甚敬之，造安車以賜，復爲構第，名安老堂。……南賓作詩清勁有法，在蜀題詠最多，蜀人傳誦之。"此詩即附載於傳後，亦收入《全蜀藝文志》卷一三。
[四]"三賦"，指杜甫《朝獻太清宮賦》《朝享太廟賦》《有事於南郊賦》。杜甫《莫相疑行》有句云："憶獻三賦蓬萊宮，自怪一日聲烜赫。"
[五]"同谷七歌"，指杜甫《乾元中寓居同谷縣作歌七首》。

201

哀雁弔詩魂。贏得傷心一片石,依然憂國憂民。野花衰艸鎖柴門。無家離別語,似爲宦游人。

正初承陳玉泉代巡邀飲青羊宮,柬此奉謝[一]
雷賀[二]

丹室崔嵬傍郭幽,塵襟喜向上清游。青羊自古逢玄肆[三],白鶴何年下寶丘。鐘鼓頻開千堞曉,松筠長鎖四時秋。仗君繡斧霜威霽,萬象春寒錦水流。

宣華苑宮詞
蜀王衍

輝輝赫赫浮玉雲,宣華池上月華春[四]。月華如水浸宮殿,有酒不醉真癡人。

宮詞[五]
花蕊夫人

五雲樓閣鳳城間,花艸長新日月閑[六]。三十六宮連內苑,太平天子

[一] 詩題,原作"初同陳玉泉代巡飲青羊宮詩",今據《全蜀藝文志》卷二一改。
[二] "雷賀",原作"雷賀正";當是因康熙《四川總志》卷三六《藝文志》所收此詩而誤,原文先言作者,再題詩名,中間不分開,故陳祥裔誤以爲作者乃"雷賀正"也,今改。按,雷賀,《全蜀藝文志》注文云乃巡撫都御使,據《明世宗實錄》卷五〇一,嘉靖四十年九月(一五六一),"陞南京操江右僉都御史萬虞愷爲右副都御史,廵撫應天、河南;左布政使雷賀爲都察院右副都御史,廵撫四川"。《國朝列卿記》卷一一三《巡撫四川侍郎都御使年表》云:"雷賀,江西豐城人,嘉靖辛丑進士。四十年,以都察院右副都御史任。四十一年聽勘。"故知雷賀此詩作於嘉靖四十一年正月初也。
[三] "玄",原作"玹",與康熙《四川總志》同,或係避諱而改,今據《全蜀藝文志》改。
[四] 按,此詩載《成都文類》卷二、《全蜀藝文志》卷七、《全唐詩》卷八等,文字全同;然《蜀中廣記》卷四、《全唐詩》卷九所錄,"春"作"新"。
[五] 此花蕊夫人《宮詞》一百首,《全蜀藝文志》卷七、《蜀中廣記》卷四收錄,今人徐式文有《花蕊宮詞箋注》(簡稱"箋注本"),該本已參考《全蜀藝文志》《蜀中廣記》及《蜀都碎事》(特別說明:箋注本所參考之《蜀都碎事》乃廣陵古籍刻印社版《筆記小說大觀》第十七冊,從文字對比來看,箋注本校記中所提及之多處異文與《蜀都碎事》原文並不相合,不知其因何而誤。故我們對箋注本之訛誤一般不作評論。),故此次校注多以徐氏箋注本爲參考,同時覆覈《全蜀藝文志》;又《成都文類》卷一五、《續湘山野錄》《賓退錄》卷一〇亦收錄部分作品,乃傳本較早者,亦用以參校。詩作編排順序不同者,不作說明。
[六] "艸",箋注本作"木",《全蜀藝文志》作"木",但於"花"字下注云"一作草"。

住崑山[一]。

其二

會真廣殿約宮牆，樓閣相扶倚太陽。淨甃玉堦橫水岸，御爐香氣撲龍床。

其三

龍池九曲遠相通，楊柳牽絲兩岸風[二]。長似江南好風景[三]，畫船來往碧波中[四]。

其四

東內斜將紫氣通[五]，龍池鳳苑夾城中。曉鐘聲斷嚴妝罷，院院紗窗海日紅。

其五

殿庭新立號重光[六]，島上亭臺盡改張。但是一人行從處[七]，黃金閣子鎖牙床。

其六

安排諸院接行廊，水檻周囬十里強[八]。青錦地衣紅線毯[九]，盡鋪蘭

[一]"住"，《成都文類》作"坐"。
[二]"牽絲"，箋注本互倒。
[三]"風"，《成都文類》作"春"。
[四]"往"，《成都文類》作"去"。
[五]"將"，《成都文類》作"陽"。◎"氣"，《成都文類》作"禁"。
[六]"庭"，《成都文類》《續湘山野錄》《賓退錄》作"名"。
[七]"從"，《成都文類》《續湘山野錄》《賓退錄》《全蜀藝文志》及箋注本皆作"幸"，唯《全蜀藝文志》夾注云"一作從"。
[八]"囬"，箋注本作"圍"。◎"強"，箋注本作"長"。
[九]"線"，《成都文類》作"錦"，《續湘山野錄》《賓退錄》及箋注本作"繡"。

麝鬱金香[一]。

其七

夾城門與內門通[二]，朝罷巡游到苑中。每日日高祗候處，滿堤紅艷立春風。

其八

厨船進食簇時新，侍宴無非列近臣[三]。日午殿頭宣索鱠，隔花催喚打魚人[四]。

其九

立春日進內園花，紅蕤輕輕嫩淺霞[五]。跪到玉堦猶帶露，一時分賜與宮娃[六]。

其十

三面宮城盡夾牆，苑中池水白茫茫[七]。亦從獅子門前入[八]，旋見亭臺繞岸傍。

其十一

離宮別院繞宮城[九]，金板輕敲合鳳笙。夜夜月明花樹底[十]，傍池長

[一] "蘭麝"，《成都文類》《續湘山野錄》《賓退錄》及箋注本作"龍腦"。
[二] "內門"，原作"內城"，據《成都文類》《續湘山野錄》《賓退錄》《全蜀藝文志》及箋注本改。
[三] "宴"，《全蜀藝文志》作"坐"，夾注云"一作宴"。
[四] "花"，《全蜀藝文志》作"簾"，夾注云"一作花"。
[五] "紅"，箋注本誤作"花"。
[六] "分"，《成都文類》《續湘山野錄》《賓退錄》及箋注本作"宣"。
[七] "白"，原作"自"，與《全蜀藝文志》底本同，據《成都文類》《續湘山野錄》《賓退錄》及箋注本改。
[八] "亦"，《全蜀藝文志》作"只"，且夾注云"一作直"。
[九] "繞"，原作"達"，與《全蜀藝文志》底本同，據《成都文類》《續湘山野錄》《賓退錄》及箋注本改。
[十] "樹"，《成都文類》作"榭"。

有按調聲。

其十二

御製新翻曲子成，六宮纔唱未知名。盡將觱篥來抄譜，先按君王玉笛聲。

其十三

旋移紅樹斲青苔[一]，宣使龍池更鑿開[二]。展得綠波寬似海[三]，水心樓殿勝蓬萊。

其十四

修儀承寵住龍池，掃地焚香日午時。等候大家來院裏，看教鸚鵡念新詩[四]。

其十五

六宮官職總新除，宮女安排入畫圖。二十四司分六局，御前相見錯相呼[五]。

其十六

才人出入每相隨[六]，筆硯將行繞曲池[七]。能向綵牋書大字，忽防御製寫新詩。

[一] "斲"，《續湘山野錄》《賓退錄》及箋注本作"斷"。
[二] "使"，《續湘山野錄》作"賜"。◎"更"，《成都文類》《續湘山野錄》《賓退錄》及箋注本作"再"。
[三] "綵"，原作"綠"，與《全蜀藝文志》底本、《成都文類》及《賓退錄》同，今據《續湘山野錄》及箋注本改。
[四] "新詩"，《續湘山野錄》及箋注本作"宮詞"，《全蜀藝文志》於"新"字下夾注云"一作宮"。
[五] "相"，《續湘山野錄》《賓退錄》及箋注本作"頻"。按，作"頻"字佳。
[六] "相"，《續湘山野錄》作"參"。
[七] "行"，箋注本作"來"。

其十七

春風一面曉妝成[一]，偷折花枝傍水行。却被內監遙覷見，故將紅豆打黃鶯[二]。

其十八

小毬場近曲池頭，宣喚勳臣試打毬。先向畫廊排御幄[三]，管弦聲動立浮油。

其十九

黎園弟子簇池頭[四]，小樂携來候燕游[五]。試炙紅笙先按拍[六]，海棠花下合《梁州》。

其二十

殿前排宴賞花開，宮女侵晨探幾回。斜望苑門遥舉袂[七]，傳聲先喚近臣來[八]。

其二十一

供奉頭籌不敢爭，上棚專喚近臣名[九]。內人酌酒纔宣賜，馬上齊呼

[一] "曉"，《成都文類》作"晚"。
[二] "黃"，原作"流"，據《成都文類》《續湘山野錄》《賓退錄》及箋注本改。○"鶯"，《成都文類》作"鸎"。
[三] "廊"，《續湘山野錄》作"樓"。
[四] "弟子"，箋注本互倒。
[五] "候"，《續湘山野錄》作"俟"。
[六] "試"，《成都文類》《續湘山野錄》《賓退錄》及箋注本作"旋"，《全蜀藝文志》夾注云"一作旋"。○"炙"，原作"弄"，據《成都文類》《續湘山野錄》《賓退錄》《全蜀藝文志》及箋注本改。按，"炙"，管弦樂器因濕氣重會導致音色不佳，故需炙烤，唐人李約《觀祈雨》詩云："桑條無葉土生烟，簫管迎龍水廟前。朱門幾處看歌舞，猶恐春陰咽管絃。"朱門富戶不願管弦音色受損，故恐百姓求雨成功也。箋注本釋爲"協奏"，謬矣。○"紅"，《成都文類》《續湘山野錄》《賓退錄》《全蜀藝文志》及箋注本作"銀"，《全蜀藝文志》夾注云"一作紅"。
[七] "苑門"，《成都文類》《賓退錄》作"花開"。○"袂"，《成都文類》《續湘山野錄》《賓退錄》《全蜀藝文志》及箋注本作"袖"。
[八] "先"，《續湘山野錄》及箋注本作"宣"，《全蜀藝文志》夾注云"一作宣"。
[九] "棚"，《全蜀藝文志》作"名"，夾注云"一作棚"。○"專"，箋注本作"傳"。

萬歲聲。

其二十二

殿前宮女總纖腰，初學乘騎怯又嬌。上得馬來纔似走[一]，幾回拋鞚抱鞍橋[二]。

其二十三

自教宮娥學打毬，玉鞍初跨柳腰柔。上棚知是官家認，遍遍長贏第一籌。

其二十四

翔鸞閣外夕陽天，樹影花光遠接連[三]。望見內家來往處，水門斜過罨樓船[四]。

其二十五

內人追逐採蓮時，驚起鳧鷗兩岸飛[五]。蘭棹把來齊拍水[六]，並船相鬥濕羅衣。

其二十六

新秋女伴各相逢，罨畫船飛別浦中[七]。旋折荷花伴歌舞[八]，夕陽斜照滿衣紅。

[一] "似"，《續湘山野錄》及箋注本作"欲"。
[二] "抱"，《成都文類》《賓退錄》《續湘山野錄》作"把"，《全蜀藝文志》夾注云"一作把"。
[三] "樹影花光遠接連"，《成都文類》《賓退錄》作"木影花光水接連"，《續湘山野錄》作"樹影花香杳接連"。
[四] "水"，原作"小"，據《成都文類》《賓退錄》《續湘山野錄》《全蜀藝文志》及箋注本改。◎"罨"，箋注本作"畫"，《全蜀藝文志》夾注云"一作畫"。
[五] "鳧"，《成都文類》《賓退錄》《續湘山野錄》及箋注本作"沙"。
[六] "蘭棹把來"，《續湘山野錄》作"蘭槳棹來"。
[七] "別"，《續湘山野錄》作"到"。
[八] "伴"，《成都文類》作"半"。

其二十七

少年相逐采蓮回，羅帽羅衣巧製裁[一]。每到岸頭相拍水[二]，競提纖手出船來。

其二十八

早春楊柳引長條，倚岸緣墻一面高[三]。稱與畫船牽錦纜，暖風搓出綠絲條[四]。

其二十九

婕妤生長帝王家，常近龍顏逐翠華。楊柳岸長春日暮，傍池行困倚桃花。

其三十

月頭支給買花錢[五]，滿殿宮人近數千。遇著唱名多不語[六]，含羞走過御床前[七]。

其三十一

太虛高閣凌波殿，背倚宮墻面枕池[八]。諸院各分娘子位，羊車到處不教知。

[一] "羅衣"，《續湘山野錄》及箋注本作"羅衫"。
[二] "相"，《全蜀藝文志》作"長"。
[三] "墻"，《續湘山野錄》作"堤"，《全蜀藝文志》夾注云"墻一作堤"。
[四] "綠"，《續湘山野錄》《全蜀藝文志》作"緑"。
[五] "支"，《成都文類》作"交"，然文淵閣《四庫全書》本《成都文類》作"支"，疑原文不誤而整理者新添錯謬。
[六] "語"，《成都文類》作"應"。
[七] "走"，《成都文類》作"急"，《全蜀藝文志》夾注云"一作急"。
[八] "倚"，《全蜀藝文志》作"傍"，夾注云"一作倚"。◎"宮"，《成都文類》《續湘山野錄》《賓退錄》作"城"。

其三十二

寒食清明小殿旁，綵樓雙夾鬥雞場。內人對御分明看，先賭紅羅被十床[一]。

其三十三

水車踏水上宮城，寢殿簷頭滴滴鳴。助得聖人高枕興，夜深長作遠灘聲[二]。

其三十四

平頭船子小龍床，多少神仙立御旁。旋刺篙竿令過岸，滿池春水蘸紅妝[三]。

其三十五

苑東天子愛巡游，御岸花堤枕碧流[四]。新教內人工射鴨[五]，長將弓箭遶池頭。

其三十六

羅衫玉帶最風流，斜插銀篦幔裏頭。閑向殿前騎御馬[六]，掉鞭橫過小紅樓[七]。

其三十七

沉香亭子傍池斜，夏日巡游歇翠華。簾畔越盆盛淨水，內人手裏割

[一] "被十"，《續湘山野錄》《全蜀藝文志》作"十擔"。
[二] "深"，箋注本作"涼"。
[三] "池"，《全蜀藝文志》作"江"，誤，實則底本嘉靖《四川總志》作"池"，不誤；箋注本誤作"地"，實則《三家宮詞》底本作"池"，不誤。
[四] "御"，《全蜀藝文志》作"柳"。
[五] "工"，箋注本作"供"。
[六] "騎"，箋注本作"調"。
[七] "掉"，箋注本作"揮"。

銀瓜[一]。

其三十八

薄羅衫子透肌膚，夏日初長板閣虛。獨自凭闌無一事[二]，水風涼處讀文書。

其三十九

金畫香臺出露盤，黃龍雕刻遶朱闌。焚修每遇三元日[三]，天子親簪白玉冠。

其四十

六宮一列羅冠子[四]，新樣交鐫白玉花。欲試道妝兼道服[五]，面前宣與唾盂家[六]。

其四十一

三月櫻桃乍熟時[七]，內人相引看紅枝。回頭索取黃金彈，遶樹藏身打雀兒。

其四十二

小小宮娥到內園，未梳雲髻臉如蓮[八]。自從配與夫人後，不使尋花亂入船。

[一] "割"，箋注本作"剖"。
[二] "闌"，《全蜀藝文志》、箋注本作"欄"，義同，後文二者互歧處不再出校。
[三] "三元日"，箋注本作"中元節"。
[四] "列"，《全蜀藝文志》作"例"。按，二者同。
[五] "道妝"，《全蜀藝文志》作"淡妝"。
[六] "盂"，箋注本作"壺"。
[七] "三"，原作"二"，據《全蜀藝文志》及箋注本改。
[八] "髻"，《全蜀藝文志》作"鬢"。

其四十三

錦城上起凝烟閣[一]，擁殿遮樓一向高[二]。認得聖人遥望見[三]，碧闌干映赭黄袍。

其四十四

大臣承寵賜新莊[四]，梔子園東柳岸旁[五]。每日聖恩親幸到[六]，板橋頭是讀書堂。

其四十五

舞頭皆著畫羅衣，唱得新翻御製詞。每日内庭聞教隊[七]，樂聲飛出到龍池。

其四十六

春早尋花入内園，競傳宣旨欲黄昏。明朝隨駕游蠶市，暗使氈車就苑門。

其四十七

半夜船摇載内家[八]，水門紅蠟一行斜。聖人正在宮中飲[九]，宣使池頭旋折花。

[一]"凝"，箋注本改作"凌"，未必可從。
[二]"向"，箋注本作"樣"。
[三]"人"，箋注本作"顔"，《全蜀藝文志》夾注云"一作顔"。
[四]"莊"，原作"散"，據《全蜀藝文志》及箋注本改。
[五]"梔"，箋注本誤作"枝"，實則《三家宫詞》不誤。
[六]"親"，原作"新"，據《全蜀藝文志》及箋注本改。
[七]"教"，原作"演"，據《全蜀藝文志》及箋注本改。
[八]"船摇"，箋注本互倒。
[九]"正"，原作"止"，據《全蜀藝文志》及箋注本改。

其四十八

春日龍池小宴開，岸邊亭子號流杯。沉檀刻作神仙女，對捧金樽水上來。

其四十九

慢梳鬟髻着輕紅，春早爭來芍藥叢[一]。近日承恩移住處，夾城裏面占新宮。

其五十

別色官司御輦家，黃衫束帶臉如花。深宮內苑參承慣[二]，常從金輿到日斜。

其五十一

日高房裏學圍碁，等候官家未出時。爲賭金錢爭路數[三]，專憂女伴怪來遲[四]。

其五十二

樗蒲冷淡學投壺，箭倚腰身約畫圖。盡對君王稱妙手，一人來謝一人輸。

其五十三

慢揎羅袖指纖纖，學釣池魚傍水簾。忍冷不禁還自去，釣竿常被別人拈[五]。

[一]"來"，《全蜀藝文志》作"求"。
[二]"承"，箋注本作"乘"，文義皆可通。
[三]"爲賭"，《全蜀藝文志》作"常爲"，夾注云"一作爲賭"。
[四]"怪"，原作"慣"，據《全蜀藝文志》及箋注本改。
[五]"常"，《全蜀藝文志》作"長"，夾注云"一作常"。

其五十四

宣徽院約池南岸[一]，粉壁紅窗畫不成。總是一人行幸處，徹宵聞奏管絃聲[二]。

其五十五

丹霞亭浸池心冷，曲沼門含水腳清。傍岸鴛鴦皆有對，時時出向淺沙行。

其五十六

楊柳陰中引御溝，碧梧桐對擁朱樓。金陵城共滕王閣，畫向丹青也合羞。

其五十七

晚來隨駕上城游[三]，行到東西百尺樓。囘望苑中花柳色，綠陰紅艷滿池頭。

其五十八

牡丹移向苑中栽，盡是藩方進入來。未到末春緣地煖，數般顏色一時開。

其五十九

明朝臘日官家出，隨駕先須點內人。囘鶻衣裝回鶻馬，就中偏稱小腰身。

[一]"岸"，《全蜀藝文志》作"畔"，夾注云"一作岸"。
[二]"宵"，底本原作"長"，文義不通，據大觀本、《全蜀藝文志》及箋注本改。
[三]"晚"，箋注本作"曉"。

其六十

鞍韉盤龍鬧色裝[一]，黃金腰胯紫游韁。自從揀得真龍種，別置東頭小馬坊。

其六十一

翠輦每隨城畔出，內人相次簇池邊。嫩荷花裏搖船去，一陣香風送水仙。

其六十二

高燒紅蠟點銀燈，秋晚花池景色澄。今夜聖人新殿宿，後宮相競覓祗承[二]。

其六十三

苑中排比宴秋宵，絃管挣摐各自調[三]。日晚閤門傳聖旨，明朝盡放紫宸朝。

其六十四

夜深飲散月初斜[四]，無限宮嬪亂插花[五]。近侍媫妤先過水，遙聞隔岸喚船家。

其六十五

宮娥小小艷紅妝，唱得歌聲遶畫梁。緣是太妃新進入，座前頻賜小羅箱[六]。

[一] "鞍韉盤龍"，《全蜀藝文志》作"盤鳳鞍韉"，夾注云"一作鞍韉盤龍"。
[二] "競"，原作"近"，據《全蜀藝文志》及箋注本改。
[三] "挣摐"，當即"鉦縱"之記音字，箋注本正文誤作"鉦縱"。
[四] "飲"，箋注本正文誤作"影"。
[五] "限"，大觀本誤作"恨"。
[六] "頻"，《全蜀藝文志》及箋注本作"頒"。

其六十六

池心小樣釣魚船，入玩偏宜向晚天。掛得綵帆教便放，急風吹過水門邊。

其六十七

傍池居住有漁家，收網搖船到淺沙。預進活魚供日料，滿筐跳躍白銀花。

其六十八

秋曉紅妝傍水行[一]，競將衣袖撲蜻蜓。回頭瞥見宮中喚，幾度藏身入畫屏。

其六十九

御溝春水碧于天，宮女尋花入內園。汗濕紅妝行漸困，岸頭相喚洗花鈿。

其七十

昭儀侍宴足精神，玉燭抽看記飲巡。倚賴識書爲錄事，燈前時復錯瞞人。

其七十一

後宮阿監裹羅巾，出入經過苑囿頻[二]。承奉聖顏憂誤失，就中長怕內夫人。

[一] "曉"，《全蜀藝文志》作"晚"，夾注云"一作曉"。
[二] "苑囿"，箋注本作"御院"。

其七十二

管絃聲急滿龍池[一]，宮女藏鈎夜宴時[二]。好是聖人親捉得，便將濃墨掃雙眉。

其七十三

密室紅泥地火爐，內人冬日晚相呼。今宵駕幸池頭宿，排比椒房得煖無？

其七十四

三清臺近苑牆東，樓檻層層映水紅。盡日綺羅人度曲，管絃聲在半天中。

其七十五

高亭百尺立春風，引得君王到此中。床上翠屏開六扇，折花枝綻牡丹紅[三]。

其七十六

內人新寵賜新房[四]，紅紙泥窗邊畫廊[五]。種得海柑才結子[六]，乞求自進與君王。

其七十七

翡翠簾前日影斜，御溝春水浸成霞。侍臣向晚隨天步，共看池頭滿樹花。

[一] "聲"，大觀本誤作"深"。
[二] "藏鈎"，箋注本作"藏闉"，義同。
[三] "折花枝"，箋注本作"檻花初"。
[四] 第一"新"字，箋注本作"承"，《全蜀藝文志》夾注云"一作承"。
[五] "紙"，箋注本作"錦"。○"窗"，原作"窺"，誤，據《全蜀藝文志》及箋注本改。○"廊"，原作"梁"，據《全蜀藝文志》及箋注本改。
[六] "柑"，箋注本作"榴"。

其七十八

金碧闌干倚岸邊，捲簾初聽一聲蟬。殿頭日午搖紈扇，宮女爭來玉座前。

其七十九

嫩荷香撲釣魚亭，水面文魚作隊行[一]。宮女競來池畔看[二]，倚簾呼喚莫高聲[三]。

其八十

新翻酒令著詞章，倚宴初聞意却忙。宣使近臣傳賜本，總教諸院遍抄將[四]。

其八十一

畫船花舫總新妝，進入池心近島傍[五]。松柏鏤窗楠木版[六]，暖風吹過四圍香。

其八十二

西毬場裏打毬回，御宴先從苑內開[七]。宣索教坊諸伎樂[八]，傍池催喚入船來。

其八十三

年初十五最風流，新賜雲鬟使上頭。按罷《霓裳》歸院裏，畫樓朱

[一]"文"，箋注本作"紅"。
[二]"看"，《全蜀藝文志》作"立"，夾注云"一作看"。
[三]"莫"，《全蜀藝文志》作"勿"。
[四]"總教"，箋注本作"書家"。
[五]"傍"，箋注本作"房"，疑誤，《詩詞雜俎》本《三家宮詞》正作"旁"。
[六]"鏤"，箋注本作"樓"。〇"版"，箋注本作"板"，義可通。
[七]"先"，箋注本作"新"。
[八]"宣"，原作"官"，誤，據《全蜀藝文志》及箋注本改。

217

閣總重修[一]。

其八十四

春天睡起曉妝成，隨侍君王觸處行[二]。畫得自家梳洗樣，相澄女伴把來呈。

其八十五

寢殿門前曉色開，紅泥藥樹間花栽。君王未進翠簾捲[三]，宮女更番上直來。

其八十六

海棠花發盛春天，游賞無時列御筵。遶岸結成紅錦帳，暖枝低拂畫樓船。

其八十七

晚日宮人外按问[四]，自牽驄馬出城隈。御前接得高叉手[五]，射得山雞喜進來。

其八十八

朱雀門高苑外開，毬場空濶淨塵埃[六]。預排白兔兼蒼狗[七]，等候君王按鵲來。

[一] "朱"，《全蜀藝文志》作"雲"。◎"重"，箋注本作"新"。
[二] "觸"，箋注本作"逐"。
[三] "進"，《全蜀藝文志》及箋注本作"起"。◎"翠"，箋注本作"珠"，疑誤，《詩詞雜俎》本《三家宮詞》正作"翠"。
[四] "晚"，原作"曉"，據《全蜀藝文志》及箋注本改，又，箋注本"晚日"互倒。
[五] "得高叉"，底本原作"接見高"，據大觀本及《全蜀藝文志》改。◎"得"，箋注本作"見"。
[六] "淨"，箋注本作"漫"。
[七] "排"，原作"藏"，據《全蜀藝文志》及箋注本改。

其八十九

會仙觀裏玉清壇，新點宮人作女冠。每度駕來羞不出，羽衣初着怕人看。

其九十

老大初教作道人[一]，鹿皮冠子淡黃裙。後宮歌舞全拋擲[二]，每日焚香事老君[三]。

其九十一

法雲寺裏中元節，又是官家降誕辰。滿殿香花爭供養，內園先占得鋪陳。

其九十二

酒庫新修近水旁，撥醅初熟五雲漿[四]。殿前供御頻宣索，進入花間一陣香。

其九十三

白藤籠掐白銀花，閣子門前寢殿斜。近被宮中知了事，每來隨駕使煎茶[五]。

其九十四

金章紫綬選高班，每每東頭近聖顏。材藝足當恩寵別[六]，只堪供奉一場間[七]。

[一]"作"，箋注本作"學"。
[二]"歌舞"，原作"執事"，據《全蜀藝文志》及箋注本改。
[三]"日"，箋注本作"夕"。
[四]"熟"，原作"熱"，乃"熟"之異體字，見《夷門廣牘》版《干祿字書·入聲》，今據《全蜀藝文志》及箋注本改。
[五]"使"，原作"便"，疑形近而誤，據《全蜀藝文志》及箋注本改。
[六]"足"，原作"自"，據《全蜀藝文志》及箋注本改。
[七]"堪"，箋注本作"看"。

其九十五

安排竹栅與巴籬[一]，養得新生鵓鴿兒[二]。宣受内家教餵飼[三]，花毛間看總皆知[四]。

其九十六

内人深夜學迷藏[五]，遍遶花叢水岸旁。乘興忽來山洞裏[六]，大家尋覓一時忙。

其九十七

小院珠簾着地垂，院中排比不能知[七]。羨他鸚鵡能言語，窓裏偷教鶻鴿兒。

其九十八

島樹高低約浪痕，島中斜日已黃昏。樹頭木刻雙飛鶴[八]，颺起晴空映水門。

其九十九[九]

小雨霏霏潤緑苔，石闌紅杏傍池開。一枝插向金瓶裏，捧進君王玉殿來。

[一]"巴"，箋注本作"芭"。按，芭籬亦寫作巴籬。
[二]"鵓"，箋注本作"鶉"。
[三]"教"，箋注本作"專"。
[四]"間看"，《全蜀藝文志》作"問著"，文義當可通，箋注本作"閑著"，則難曉其義也。〇"總"，箋注本作"怎"。
[五]"學"，箋注本作"捉"，或誤，《詩詞雜俎》本《三家宮詞》正作"學"。
[六]"山"，箋注本作"仙"。
[七]"能"，箋注本作"相"，《全蜀藝文志》夾注云"一作相"。
[八]"木"，原作"未"，據《全蜀藝文志》及箋注本改。
[九]按，《全蜀藝文志》校勘記云此詩乃宋人王珪之宮詞，非花蕊夫人之作，見《華陽集》卷五。實則此詩還見《兩宋名賢小集》卷四〇、《石倉歷代詩選》卷一四五，皆題王珪作，而《詩詞雜俎》本《三家宮詞》、文淵閣《四庫全書》本《三家宮詞》皆將此詩收入王珪名下，箋注本失察。今據《詩詞雜俎》本《三家宮詞》錄入花蕊夫人原詩（此詩亦在箋注本中，位列第一百首，文字有錯訛）：雨灑瑤階花盡開，君王應是看花來。靜凭雕檻渾忘倦，忽聽笙簧殿外回。

其一百

錦鱗躍水出浮萍，荇艸牽風翠帶橫[一]。恰似金梭擐碧沼[二]，好題幽恨寫閨情。

錦[三]

鄭谷

布素豪家定不看，若無文彩入時難。紅迷天子帆邊日，紫奪星郎帳外蘭。春水濯來雲雁活[四]，夜機挑處雨燈寒[五]。舞衣轉轉求新樣，不問亂離桑柘殘[六]。

蜀牋[七]

文彥博

素牋明潤如溫玉，新樣翻傳號冷金。遠寄南都豈無意？緣公揮翰似山陰。

薛濤井‧臨江仙詞

陳祥裔

十色花牋千種意，芳心知爲誰留？只今風雨弔青樓。試看新漲水，

[一]"艸"，箋注本作"藻"。
[二]"似"，箋注本作"比"。按，箋注本云從《蜀都碎事》錄入此詩，不知因何而誤。◎"擐"，箋注本誤作"穿"。
[三]"錦"，大觀本誤作"錦布"。
[四]"活"，《鄭谷詩集箋注》卷二《錦二首》之一作"治"，據覆查，實則乃整理者新增之誤，鄭谷詩別集諸多版本如《四部叢刊續編》影宋本、《全唐詩》卷六七五以及此詩諸多選本如《成都文類》卷一〇、《全蜀藝文志》卷一八等，此字皆作"活"。
[五]"燈"，原作"蟬"，據別集、《成都文類》等改。
[六]"亂"，《鄭谷詩集箋注》作"流"，校勘記云別本作"亂"。◎"殘"，原作"錢"，據別集、《成都文類》等改。
[七]按，此詩載《文潞公文集》卷四，乃組詩《寄致政太師相公杜四首》之二，杜者，謂杜衍也，《宋史》卷三一〇有傳。此詩序文云："向作是詩，且欲因物將意，竟以詞語鄙拙，不敢寄呈。使人之還，承賜手教，副以佳章，稱是四物，加有獎飾，故追錄四詩以獻，聊備一噱云爾。"

不盡舊時愁。日暮轆轤聲轉急，可憐惟溉田丘。輸他老圃說風流。銀床寒蘚綠，金鈿野花秋。

昇仙橋[一]

岑參

長橋題柱去，猶是未達時。及乘駟馬車，却從橋上歸。名共東流水，滔滔無盡期。

昇仙橋

羅隱

危梁枕路岐，駐馬問前時。價自友朋得，名因媒女知。直須論運命，不得逞文詞。執戟居鄉里，榮華竟若爲？

萬里橋

岑參

成都與維揚[二]，相去萬里地。滄江東流疾，帆去如鳥翅。楚客過此橋，東看盡垂泪。

臨別成都帳飲萬里橋贈譚德稱詩[三]

陸游

成都城南萬里橋，蘆根蘋末風蕭蕭。映花碾艸紅車小[四]，駐坡驀澗青驄驕[五]。入門翠徑絕窈窕，臨水飛觀何岧嶤。判無功名著不朽，惟仗

[一] "仙"，《岑嘉州詩箋注》卷一作"遷"，校勘記云別本作"仙"。
[二] "維揚"，原作"維陽"，誤，據別集改。
[三] "帳"，原作"悵"，據《劍南詩稿校注》卷六改。
[四] "紅"，別集作"鈿"，無校勘記。按，文淵閣《四庫全書》本《放翁詩選·前集》卷二、《全蜀藝文志》卷二一正作"紅"。
[五] "駐坡"，錢仲聯先生謂當作"注坡"，是，《漢語大詞典》解釋爲"從斜坡上疾馳而下"。

詩酒寬無聊。清霜早已足雉兔，微冷便欲思狐貂。喜看纓鱠映盤箸，恨欠斫蟹加橙椒[一]。坐中譚侯天下士，龍馬毛骨矜超遙。烏犀白紵謫仙樣，但可邂逅不可招。今年一戰鹹餘子，風送六翮凌青霄。美人再拜乞利市，醉墨飛落生鮫綃[二]。我衰于世百無用，十年不趁含元朝。華纓肯傍蕭颯鬢，寶帶那束龍鍾腰？祝君好去事明主[三]，日望分喜來漁樵。游談引類亦細事，寄酒且解相如消。

萬里橋西有僧居曰"聖果"，後瀕錦江，有脩竹數千竿，僧辯作亭於竹中。予與諸公自橋乘舟，泝流過之，因名亭曰"萬里"，蓋取其發源注海，與橋名同而實異。因作小詩識之[四]

呂大防

萬里橋西萬里亭，錦江春漲與堤平。拏舟直入脩篁裏，坐聽風湍徹骨清。

萬里橋·臨江仙詞

陳祥裔

一縷玉虹斜跨水，依然分手河橋。傷心萬里自茲遙。眼前衰柳路，黯黯尚魂消。橋下錦江流不盡，古今別淚滔滔。宦游獨我恨篷飄。莫教懷國恨，添作大江潮。

題武擔寺西臺詩[五]

段文昌

秋天如鏡空，樓閣盡玲瓏。水暗餘霞外，山明落照中。鳥行看漸遠，松韻聽難窮。今日登臨意，多慚語笑同。

[一]"加"，大觀本誤作"如"。
[二]"鮫"，別集作"蛟"。按，"蛟"通"鮫"。
[三]"明"，原作"賢"，據別集改。
[四]詩題，原作"萬里橋詩"，誤，據《成都文類》卷七、《全蜀藝文志》卷一二改。按，陳祥裔當是因為詩題太長而改寫，殊不知呂大防所詠乃萬里亭，非萬里橋也。
[五]按，此詩載《唐詩紀事》卷五〇、《成都文類》卷五、《全蜀藝文志》卷一四等，文字皆同。後五首同題和詩亦載於此三種著作，但從文字訛誤情況來看，與《成都文類》《全蜀藝文志》同。

題武擔寺西臺詩

姚向

開閣錦城中,餘閒訪梵宮。九層連畫景,萬象寫秋空。天半將身到,江長與海通。提攜出塵土,曾是穆清風。

題武擔寺西臺詩

溫會[一]

桑門煙樹中[二],臺榭造雲空。眺聽逢秋興,篇辭變國風。坐愁高鳥起,笑指遠人同。始愧才情薄,躋攀繼韻窮。

題武擔寺西臺詩

楊汝士

清淨此道宮,層臺復倚空。偶時三伏外,列席九霄中。平視雲端路,高臨樹杪風。自憐忝末座,前日別池籠。

題武擔寺西臺詩

李敬伯

臺上起涼風,乘閒覽歲功。自隨台席貴,盡許羽觴同。樓殿斜暉照,江山極望通。賦詩思共樂,俱得詠時豐。

題武擔寺西臺詩

姚康

松逕引清風,登臺古寺中。江平沙岸白,日下錦川紅。疎樹山根淨,

[一] "會",原作"和",與《成都文類》《全蜀藝文志》二書底本同,皆誤,今據《唐詩紀事》改。
[二] "門",《唐詩紀事》作"臺"。

深雲鳥跡窮。自慚陪末席，便與九霄通[一]。

離堆行[二]
范成大

殘山狠石雙虎臥，斧跡鱗皴中鑿破。潭淵油油無敢唾，下有猛龍跧銕鎖。自從分流注石門，西州秔稻如黃雲。刲羊五萬大作社，春秋伐鼓蒼烟根。我昔官稱勸農使，年年來激西江水。成都火米不論錢，絲管相隨看竈市。欵門得得酹清尊[三]，椒漿桂酒删壇葷。妄欲一語神豈聞？更願愛羊如愛人。

淩雲寺詩二首
薛濤

聞說淩雲寺裏苔，風高日近絕纖埃[四]。橫雲點染芙蓉壁[五]，似待詩人寶月來[六]。

其二

聞說淩雲寺裏花，飛空繞磴逐江斜。有時鎖得嫦娥鏡，鏤出瑤臺五色霞。

[一] 按，此詩之後，原有《武擔山寺詩》，乃唐人蘇頲作，本書卷一已收此詩，故此處刪去。◎又，《武擔山寺詩》後，原有《題龍華山》詩，云作者乃"王衍宮人李玉簫"，實屬妄題，不知因何而誤。按，此詩乃宋人郭震所作，載《成都文類》卷三、《唐詩紀事》卷五〇、《海錄碎事》卷四之下、《全蜀藝文志》卷八等，本書卷三已收此詩，正云作者乃郭震，故此處刪去。
[二] 按，此詩載《范石湖集》卷一八，原詩有題注云："沿江有兩崖中斷，相傳秦李太守鑿此以分江水，又傳李鎖孽龍於潭中，今有伏龍觀在潭上。蜀旱，支江水涸，即道官致祭，壅都江水以自足，謂之攝水，無不應。民祭賽者率以羊，歲殺四五萬計。"
[三] "欵"，原作"疑"，殆因"欵"別作"欸"而形近致誤，今據別集改。
[四] "纖"，原作"塵"，與《蜀中廣記》卷一一所錄同，今據《薛濤詩箋》改。
[五] "壁"，原作"璧"，形近而誤，今據《薛濤詩箋》改。
[六] "寶"，原作"賞"，與康熙《四川總志》卷三六《藝文志》所錄同，今據《薛濤詩箋》改。按，從文義來看，似乎"賞月"更曉暢。

嘉定舟中望淩雲山

鄭日奎[一]

東坡載酒時游處，鄭子維舟靳一登。山帶兩江仍浩渺，雲藏古刹自崚嶒。遠家有夢牽孤客[二]，訪古無心愧老僧。惆悵芳踪迷咫尺，疾風吹雨下巴陵。

和浣花亭詩[三]

葛琳

井絡西南區，成都號佳麗。錦城十里外，物景居然異。傍縈浣花溪，中開布金地。杜宅歸遺址，任祠載經祀[四]。自昔歲一游，有亭久摧廢。將期汎舟會，先此留旌騎。弗基矧肯構，後人莫予嗣。冠蓋或戾止，風雨亡所庇。我公至之初，行樂徇人意。梍車集賓組[五]，幕天陳燕器。苟弗謀高明，何爲革媮敝？鳩工度材用，奢儉求中制。舉從縣官給，下靡秋毫費。巍然大廈成，甚於折枝易。藩條息偃暇，時律清和際。落成及休辰，鳳駕忻重詣。群嬉逐使轂，雜處同闤市。棟宇美可觀，席筵陳有次。芳尊既罷撤，綵舲爰登憩[六]。夾岸布緹帟，中流喧鼓吹。泝沿煙靄間，禽魚共翔戲。都人與士女，疊足連帷被。弄珠疑漢曲，浮觴均洛禊。晻晻日將暮，熙熙衆皆醉。怳入武陵源，却返塵寰世。自是畢邀賞，始復專民事。農耕士就學，商販工居肆。蜀邦生齒繁，衣食良薿薿。三時急耕播，寸壤無遺棄。茲焉俾暇逸，所以慰勤瘁。上賴天子心，慎重坤維寄。既擇邇臣德[七]，來秉諸侯瑞。且命太史賢，出攬澄清轡。第務廣

[一] "鄭日奎"，康熙《四川總志》卷三六《藝文志》錄其小傳云："江右人，字次公，官翰林，改水部郎。康熙壬子歲典試蜀中。"按，康熙壬子，即一六七二年。

[二] "有"，原作"自"，誤，據康熙《四川總志》改。按，"有無"爲對，作"自"或承上句而誤也。

[三] 按，此詩載《成都文類》卷七、《全蜀藝文志》卷一二等，前者有題注云："琳啟：伏覩運使學士留紀浣花亭詩，謹齋沐繼和，拜呈。俯揆蕪淺卑衷，無任震惕之至。"此運使學士及葛琳，皆難詳考。

[四] 按，《成都文類》《全蜀藝文志》在此句之下注云："按《蜀記》，梵安寺乃杜甫舊宅，在浣花，去城十里。大曆中，節度使崔寧妻任氏亦居之，舍爲寺，人爲立廟於其中。每歲四月十九，凡三日，衆遨樂於此。"

[五] "梍"，原作"扼"，據《成都文類》《全蜀藝文志》改。按，二者義同。

[六] "舲爰"，原作"船妥"，據《成都文類》《全蜀藝文志》改。

[七] "擇"，原作"懌"，據《成都文類》《全蜀藝文志》改。

教育，孜孜布仁惠。匪圖亟聚斂，規規奉邦計。和氣斯涵濡，群生皆茂遂。乃躋富壽域，共樂昇平治。不才備屬僚，罔補公家利。廡宇幸焉依，雅聲慙善繼。願比《召南》篇，永歌棠蔽芾[一]。

浣溪女[二]

陸游

江頭女兒雙髻丫，常隨阿母供桑麻。當户夜織聲咿啞，地爐豆萁煎土茶。長成嫁與東西家，柴門相對不上車。青裙竹笴何所差，插髻爆爆牽牛花[三]。城中妖姝臉如霞，争嫁官中慕豪華[四]。青驪一出天之涯，年年傷春抱琵琶。

觀古魚鳧城[五]在溫江縣北十五里

孫松壽[六]

野寺依修竹，魚鳧跡半存。高城歸野壠[七]，故國靄荒村。古意憑誰問，行人謾苦論。眼前興廢事，烟水又黃昏。

謁江瀆廟[八]

喻汝礪

坤軸東南傾，大江日夜注。前驅下荊巫[九]，餘濤略吳楚。任勢不期

[一]"永"，原作"未"，形近而誤，據《成都文類》《全蜀藝文志》改。
[二]詩題原有"詩"字，今據《劍南詩稿校注》卷八刪。
[三]"爆爆"，原作"奕奕"，疑陳氏避康熙名諱而改，今據別集改回。
[四]"中"，別集作"人"，校勘記云明刊本作"中"。
[五]"觀古"，原無，據《成都文類》卷二、《全蜀藝文志》卷六、《宋詩紀事》卷四四等補。
[六]"孫松壽"，《宋詩紀事》列其小傳云："松壽，字崑老，郫縣人。紹興五年，類試進士。嘗爲漢嘉守。除直祕閣。"
[七]"野"，原作"壞"，據《成都文類》《全蜀藝文志》《宋詩紀事》改。
[八]詩題原有"詩"字，據《兩宋名賢小集》卷一八八、《成都文類》卷六、《全蜀藝文志》卷一一刪。
[九]"荊巫"，原作"洺洙"，與《成都文類》及《全蜀藝文志》之底本同，今據《兩宋名賢小集》改。

勞，得意緣所遇。水也初無營，神哉亮誰主？芳蘭沉清華，碧藻舒翠縷。晨鵠戲野岸，春鳧集深渚。均是得所安，而神豈私汝？古來幾精魄，捨此迷所處。淫游不知還，沙村失烟樹。而我後千載，悠然在江潽。抱嗇貴無競，矜名忌多取。冥冥罨岸風，淫淫打船雨。舞雪窺洪濤，開蘋渡前浦。再拜謝神貺[一]，聊復隨所住。

江瀆亭[二]

宋祁

一鼙掀翅壓溪隅，吏事初閒此晏居。斷岸有時通略彴，輕風盡日戰枅櫚[三]。雲鴻送目揮絃後[四]，客板看山拄頰餘[五]。芰碧蒲青來更數，江人多識使君旟。

夏日江瀆亭小飲[六]

前人

飛檻枕溪光[七]，懽言客徧觴。暫雲消樹影，驟雨發荷香。辛白橙齏熟[八]，庖刀膾縷長。蘋風如有意，盈衽借浮涼。

灩豫歌[九]

古辭

李膺《益州記》云：「灩澦堆，夏水漲，沒數十丈，其狀如馬，舟人

[一]"貺"，《成都文類》誤作"况"。
[二]詩題原有"詩"字，今據《成都文類》卷七、《全蜀藝文志》卷一二刪。《景文集》卷一四則題作《江瀆池亭》。
[三]"盡日"，原誤倒，據《成都文類》《景文集》《全蜀藝文志》乙正。
[四]"目"，原作"日"，據《成都文類》《景文集》《全蜀藝文志》改。
[五]"板"，原作"杖"，據《成都文類》《景文集》《全蜀藝文志》改。按，板謂手板，典出《世說新語·簡傲》："王子猷作桓車騎參軍。桓謂王曰：'卿在府久，比當相料理。'初不答，直高視，以手版拄頰云：'西山朝來，致有爽氣。'"
[六]詩題原有"詩"字，據《成都文類》卷七、《景文集》卷一〇、《全蜀藝文志》卷一二刪。
[七]"溪"，原作"流"，據《成都文類》《景文集》《全蜀藝文志》改。
[八]"臼"，原作"白"，形近而誤，據《成都文類》《景文集》《全蜀藝文志》改。
[九]按，此條抄錄自《全蜀藝文志》卷三，多有沿襲舊誤之處。

不敢進,故曰灩澦。又曰猶豫,言舟子取途不決水脈[一],故猶豫也。"《樂府》作"淫豫",《坤元錄》作"尤豫"。

淫豫大如襆,瞿塘不可觸。《南史》[二]。淫豫大如馬,瞿塘不可下。《樂府》。淫豫大如鼊,瞿塘行舟絕。淫豫大如龜,瞿塘不可窺。《類要》[三]。

灩澦歌

前人

《孝子傳》:庾子輿扶父柩過瞿塘,六月水泛,子輿禱而遂平。既過,泛濫如故。人歌之曰:"灩澦如牛本不通,瞿塘水退爲庾公。"[四]

灩澦堆

杜甫

巨石水中央,江寒出水長。沉牛答雲雨,如馬戒舟航。天意存傾覆,神功接混茫。干戈連解纜,行止憶垂堂。

灩澦[五]

前人

灩澦既沒孤根深,西來水多愁太陰。江天漠漠鳥雙去,風雨時時龍

[一] "水",原作"脈",據《全蜀藝文志》改。按,《太平寰宇記》卷一四八《夔州·奉節縣》下相關記載與此亦合,但不言出處。
[二] 按,此處乃承襲《全蜀藝文志》之說,以爲前兩句出自《南史》,實則今本《南史》不載。據宋朱勝非《紺珠集》卷八、宋曾慥《類說》卷五一、《樂府詩集》卷八六等,此乃梁簡文帝《淫豫歌》。○"南史",原爲正文,而此條末尾之"類要"則爲夾注,今統一爲小字注文,其後"樂府"亦改爲注文。
[三] 按,此四句見殘本《類要》卷八"夔州路"下"灩澦"條,文字略異。
[四] 按,此條亦出《全蜀藝文志》卷三,《南史·庾域傳附子輿傳》所記與此異:"奉喪還鄉,秋水猶壯。巴東有淫預石,高出二十許丈,及秋至,則纔如見焉。次有瞿塘大灘,行侶忌之。部伍至此,石猶不見。子輿撫心長叫,其夜五更,水忽退減,安流南下。及度,水復舊。行人爲之語曰:'淫預如襆本不通,瞿塘水退爲庾公。'"
[五] 詩題原有"堆"字,據《杜甫全集校注》卷一六刪。

一吟。舟人漁子歌回首[一]，估客胡商泪滿襟。寄語舟航惡年少，休飜鹽井横黄金。

灔澦堆
陳祥裔

蜀道而今分外難，江寒灔澦吼狂瀾。怪他獨立中流裏，砥柱翻教不奠安。

巫山懷古[二]
劉希夷

巫山幽陰地，神女艷陽年。襄王伺容色，落日望悠然。歸來高堂夜，金釭焰青烟[三]。穨想卧瑶席，夢魂何翩翩。摇落殊未已，榮華倏徂遷。愁思瀟湘浦，悲涼雲夢田。猿啼秋風夜，雁飛明月天。巴歌不可聽，聽此益潺湲。

十三四時常從巫峽過他日偶然有思
沈佺期

小度巫山峽，荆南春欲分。使君灘上草，神女館前雲。樹悉江中見，猿多天外聞。別來如夢裏，一想一氤氳[四]。

上三峽[五]
李白

巫山夾青天，巴水流若兹。巴水忽可盡，青天無到時。三朝上黄牛，

[一]"回"，原作"爲"，據別集改。

[二]"懷古"，原作"詩"，據《文苑英華》卷三〇八、《唐詩紀事》卷一三、《全蜀藝文志》卷一五等改。

[三]"釭"，原作"缸"，據《文苑英華》《唐詩紀事》《全蜀藝文志》等改。

[四]"氛"，原作"氳"，據《沈佺期宋之問集校注‧沈佺期集校注》卷四改。

[五]"上三峽"，原作"巫山峽"，據《李太白全集》卷二二改。

三暮行太遲。三朝又三暮[一]，不覺鬢成絲。

宿巫山下[二]

前人

昨夜巫山下，猿聲夢裏長。桃花飛淥水[三]，三月下瞿塘。雨色風吹去，南行拂楚王。高丘懷宋玉，訪古一霑裳。

道峽似巫山[四]

朱使欣

江如曉天靜，石似暮雲張。征帆一流覽，宛若巫山陽。楚客思歸路，秦人謫異鄉。猿鳴孤月夜，再使淚霑裳。

和朱使欣道峽似巫山二首

張說

南土多爲寇[五]，西江盡畏途[六]。山行阻篁竹，水宿礙萑蒲。使越才應有，征蠻力豈無。空傳人贈劍，不見虎銜珠。

其二

前人

江勢連山遠，天涯此夜愁。霜空極天静，寒月帶江流。思起南征棹，

[一]"又"，原作"忽"，據別集改。
[二]"下"，原無，據《李太白全集》卷二二補。
[三]"淥"，原作"綠"，據別集改。
[四]此詩，《張說集校注》卷七以爲乃張說所作，題名《和朱使欣道峽似巫山之作》。但此處以爲乃朱氏作，亦有所本，詳《張說集校注》之校勘記。
[五]"寇"，大觀本誤作"冠"。
[六]"江"，原作"方"，據《張說集校注》卷七改。

文高北望樓。自憐如墜葉，汎汎侶仙舟[一]。

巫峽

楊炯

三峽七百里，唯言巫峽長。重巖窅不極，疊嶂凌蒼蒼。絶壁橫天險，莓苔爛錦章。入夜分明見[二]，無風波浪狂。忠信吾所蹈，泛舟亦何傷。可以涉砥柱，可以浮吕梁。美人今何在？靈芝徒自芳。山空夜猿嘯，征客淚沾裳[三]。

巫峽[四]

曹松[五]

巫山蒼翠峽通津[六]，下有仙宮楚女真[七]。不逐綵雲歸碧落，却爲暮雨撲行人[八]。年年舊事音容在，日日誰家夢想頻。應是荆山留不住，至今猶得覿芳塵。

巫山高

張九齡

巫山與天近，烟景常青熒[九]。此中楚王夢，夢得神女靈。神女去已久，雲雨空冥冥。唯有巴猿嘯，哀音不可聽。

[一] "侶"，原作"逐"，據《張説集校注》卷七改。
[二] "入"，底本空缺。〇此句後數聯，底本原缺，據大觀本及《楊炯集》卷二補。
[三] "沾"，大觀本原作"霑"，據別集改。按，二者文義皆可通。
[四] 按，此詩載《文苑英華》卷一六一、《全蜀藝文志》卷九、《全唐詩》卷七一七等，今以此三者參校。
[五] "曹松"，《郡齋讀書志校證》卷一八"曹松詩一卷"條介紹其人云："右唐曹松夢徵也，舒州人。學賈島爲詩。天復元年，與王希羽、劉象、柯崇、鄭希顔同登第，年皆七十餘，號'五老榜'。時以新平内難，閲放進士，喜，特勑授校書郎而卒。"
[六] "峽"，《全唐詩》夾注云"一作夾"，按，作"夾"字義勝。
[七] "真"，《文苑英華》作"貞"。
[八] "撲"，原作"打"，據《文苑英華》《全蜀藝文志》《全唐詩》改。
[九] "常"，原作"嘗"，據《張九齡集校注》卷四改。

巫山高[一]

凌敬[二]

巫岫欝岧嶤,高高入紫霄。白雲間危石[三],玄猿挂迥條[四]。懸崖激巨浪,脆葉殞驚飇。別有陽臺處,風雨共飄飄[五]。

巫山高

李元操[六]

荊門對巫峽,雲夢邇陽臺。燎火如奔電,墜石似驚雷。天寒秋水急,風靜夜猿哀。枕席無由薦,朝雲徒去來。

巫山高

于濆[七]

何山無朝雲,彼雲亦悠揚。何山無暮雨,彼雨亦蒼茫。宋玉恃才者[八],

[一] 按,此詩載《文苑英華》卷二〇一、《全蜀藝文志》卷九、《全唐詩》卷三三等,今以此三者參校。
[二] "凌敬",一說作"陸敬",見《全唐詩》及《唐詩紀事》卷三,《文苑英華》作"陵敬",皆誤。按,《舊唐書·竇建德傳》載有此人相關事蹟,《唐詩紀事》卷三列其小傳云:"敬有集十四卷,高祖時人也。初爲竇建德國子祭酒。秦王軍武牢,建德軍廹於武牢,不得進,敬説令取懷州,踰太行,入上黨,趨壺口,駭蒲津,乘唐國之虛以取山北。建德不從,以及於敗。其僞官屬皆降唐。"
[三] "間",《全唐詩》作"抱",夾注云"一作間"。〇"危",《文苑英華》《全蜀藝文志》作"包",《全唐詩》夾注云"一作抱"。
[四] "挂迥",原作"掛逈",據《文苑英華》《全蜀藝文志》《全唐詩》三者夾注"一作掛迥"改,而正文二字互倒。
[五] "飄飄",與《全唐詩》同;《文苑英華》《全蜀藝文志》正文作"飄飆",夾注云"一作飄飄"。
[六] "李元操",明馮惟訥《古詩紀》卷一三二列其小傳云:"李孝貞,字元操。入隋,爲犯廟諱,遂以字稱。趙郡栢鄉人,少好學,能屬文。在齊,歷官黃門侍郎;周武帝平齊,轉吏部下大夫;開皇初,歷蒙州刺史,徵拜内史,叅典文翰,出爲金州刺史。"又,《隋書》卷五七有傳。按,此詩收入《文苑英華》卷二〇一、《全蜀藝文志》卷九及《古詩紀》,文字皆同。
[七] "于濆",《全唐詩》卷五九九列其小傳云:"于濆,字子漪。咸通進士,終泗州判官。詩一卷。"此詩載《樂府詩集》卷一七、《全唐詩》卷一七及卷五九九等,皆用以參校。
[八] "恃",原作"持",形近而誤,據《樂府詩集》《全唐詩》改。

233

憑虛構高唐[一]。自垂文賦名[二]，荒淫歸楚襄。峩峩十二峰，永作妖鬼鄉。

巫山
蘇拯[三]

昔時亦雲雨，今時亦雲雨。自是荒淫多，夢得巫山女。從來聖明君，可聽妖魅語？只今峯上雲，徒自生容與。

題巫山神女祠[四]
繁知一

白居易除蘇州刺史，自峽沿流赴郡。時秭歸縣繁知一聞居易將過巫山，先于神女祠粉壁大書此詩。居易覩處暢然，邀知一至，曰："歷陽劉郎中禹錫三年理白帝，欲作一詩而不能。罷郡經過，悉去千餘詩，但留沈佺期、王無競、皇甫冉、李端四章而已。"居易與繁生同濟，卒不賦詩。

忠州刺史今才子，行到巫山必有詩。爲報高堂神女道，速排雲雨候清詞。

巫山曲
孟郊

巴江上峽重復重，陽臺碧峭十二峯。荊王獵時逢暮雨，夜卧高丘夢神女。輕紅流烟濕艷姿，行雲飛去明星稀。目極魂斷望不見，猿啼三聲泪滴衣。

[一]"唐"，原作"堂"，與《樂府詩集》底本同，今據《全唐詩》改。

[二]"垂"，《全唐詩》卷一七作"重"，夾注云"集作垂"，卷五九九則作"垂"，無夾注。

[三]"蘇拯"，《全唐詩》卷七一八僅云其乃唐光化中人。此詩與《全唐詩》所載文字全同。

[四]按，此條所載見《太平廣記》卷一九八"白居易"條引《雲溪友議》之語，亦見《唐詩紀事》卷五一，文字略異，無傷大雅，不煩出校。其詩句則文字全同。

巫山高

前人

見盡數萬里，不聞三聲猿。但飛蕭蕭雨，中有亭亭魂[一]。千載楚襄恨，遺文宋玉言。至今晴明天，雲結深閨門。

巫山高[二]

李咸用

通蜀連秦山十二，中有妖靈會人意。鬭艷傳情世不知，楚王魂夢春風裹。雨態雲容多似是，色荒見物皆成媚。露泫烟愁巖上花，至今猶滴相思淚。西眉南臉人中美，或者皆聞無所利。忍聽憑虛巧佞言，不求萬壽翻求死。

巫山高

劉方平[三]

楚國巫山秀，清猿日夜啼。萬重春樹合，十二碧峯齊。峽出朝雲下，江來暮雨西[四]。陽臺歸路直，不畏向家迷。

巫山高

戴叔倫[五]

巫山莪莪高插天，危峯十二凌紫烟。瞿塘嘈嘈急如絃，洄流遡逆將覆船[六]。雲梯豈可進，百丈那能牽？陸行巇巖水不前，灑淚向流水，淚歸東

[一] "有"，宋刻本《孟東野詩集》卷一作"欝"，今本《孟郊集校注》作"有"。
[二] 按，此詩載唐李咸用《唐李推官披沙集》卷一及《全唐詩》卷六四四，文字全同。
[三] "劉方平"，《全唐詩》卷二五一列其小傳云："劉方平，河南人。邢襄公政會之後，與元德秀善，不仕。"
[四] "來"，原作"東"，形近而誤，據《樂府詩集》卷一七、《全唐詩》卷一七、卷二五一改。
[五] "戴叔倫"，《新唐書》卷一四三有傳，此詩載《全唐詩》卷二七三，用以參校。
[六] "遡"，《全唐詩》作"勢"，義遜。

海邊。含愁對明月，明月空自圓。故鄉回首思綿綿，側身天地心茫然。

巫山高

張子容[一]

巫嶺岩嶢天際重，佳期宿昔願相從。朝雲暮雨連天暗，神女知來第幾峯？

夜過巫山

崔仲方[二]

荊門秋水急，巫峽斷雲輕。若爲教月夜，長短聽猿聲。

題巫山廟

劉滄[三]

十二嵐峯掛夕暉，廟門深閉霧烟微。天高木落楚人思，山迥月殘神女歸。觸石晴雲凝翠髩，度江寒雨濕羅衣。嬋娟似恨襄王夢，猿叫斷巖秋蘚稀。

巫山高

郭莊[四]

巫峽之山崔嵬兮，千雲並吐芙蓉巔。十二峯巒竦秀兮，瑰如鳴環簪

[一]"張子容"，《唐詩紀事》卷二三云："子容，乃先天二年進士第，曾爲樂城尉，與孟浩然友善。"此詩亦載《全唐詩》卷一一六。

[二]"崔仲方"，《隋書》卷六〇有傳，此詩載《文苑英華》卷一六〇及《古詩紀》卷一三四。

[三]"劉滄"，《全唐詩》卷五八六列其小傳云："劉滄，字蘊靈，魯人。大中八年進士第，調華原尉，遷龍門令。"

[四]"郭莊"，《明詩綜》卷五〇列其小傳云："莊，字子苾，鞏昌徽州人。隆慶戊辰進士，改庶吉士，授山東道御史，督學南畿。"雍正《四川通志》卷一八《邊防·建昌》下云："萬曆三年，廵撫都御史曾省吾、廵按御史郭莊，題將建昌前衛併入建昌一衛。"又，此詩載康熙《四川總志》卷三六，用以參校。

236

玉鬭嬋娟。當時章華臺上兮，細腰落雪曳翩躚。吁嗟哉，襄王何事神游華胥天？自從高唐精靈感夢憐，山中芳樹琪花兮，笑日披霞弄粉鉛。十二峯巒低昂異態兮，纍纍猶作望夫篇，又若亭亭艷影照寒泉[一]。巫峽之山崔嵬兮，只今人去千年陵谷遷，巴流東逝恨綿綿。但見千巖萬壑蒼蒼兮，朝夕雲霧濛濛連。苦竹叢中飛杜鵑，年年春風叫破桃花烟。崔嵬兮巫峽之山巔，高唐貴跡何年？惟有古今騷客兮寫江山，文藻流傳琅琅兮巫山篇。吁嗟哉，千載王孫作鬼仙。

巫山高[二]

魏裳[三]

巫山倚天外，地險控荊門。鳥道青蘿暗，猿聲落日繁。陰晴千壑變，雲雨二儀昏。寂寞高唐夢，空傳宋玉言。

巫山高

黃佐[四]

巫山高，高若何？淮水遠之不可以過。驪驄文馬錦障泥[五]，我欲渡之，徘徊而驕嘶[六]。陽臺有女居迷樓，愛而不見烟雲愁。冑有蠛蠓，戶有蚍蜉，嗟我行役今還歸。

[一] "若"，原作"苦"，文義不通，形近而誤，今據《四川總志》改。◎"艷"，原作"龍"，雍正《四川通志》卷三九所錄亦作"龍"，然康熙《四川總志》原刻作"艷"，絕非"龍"字，乃"艷"字也，同"靚"，義裝飾艷麗也，今據《四川總志》改。
[二] 詩題原作"巫山詩"，與康熙《四川總志》卷三六同，誤，今據《雲山堂集》卷三改。
[三] "魏裳"，《明詩綜》卷五二列其小傳云："裳字順甫，蒲圻人。嘉靖庚戌進士，除刑部主事，歷員外郎中，出知濟南府，遷山西按察副使。有《雲山堂集》。"按，魏裳之《雲山堂集》六卷，今存，卷首有《魏順甫傳》，可參看。
[四] "黃佐"，《明史·文苑傳三》有傳。其別集《泰泉集》今存，此詩收入卷二，又見康熙《四川總志》卷三六，從文字來看，乃本自《四川總志》，今以別集參校。
[五] "文"，原誤作"驄"，據別集改。按，驪驄文馬，見《晉書·劉曜載紀》所錄之《隴上歌》："驪驄父馬鐵瑕鞍。"此句，文淵閣《四庫全書》本《冊府元龜》卷八四五作"驪驄文馬鐵鍛鞍"。
[六] 按，此句用李白《紫騮馬》詩"臨流不肯渡，似惜錦障泥"。

巫山天下奇

周洪謨[一]

　　靈鰲一動海水翻，三山飄流無定根。岱輿忽失十二峯[二]，萬流飛墮夔之門。仰挹銀漢洗青翠[三]，俯瞰長江似衣帶。地森玉笋青雲端，天開罨畫彩虹外[四]。山間神女棲陽臺，芙蓉爲貌玉爲腮。如何朝暮弄雲雨，却使懷、襄相繼來？無乃宋玉善蠱惑，託爲怪誕荒淫説？只今高崖紫蔓間，惟有猿哀聲不絶。

雪山天下高

前人

　　巨靈擘斷崑崙山，移來坤維參井間。内作金城障三蜀，外列碉磧居百蠻[五]。自昔蠶叢始開國，千巖萬谷積寒雪。疑有五城十二樓，玉色玲瓏界天白。光連銀漢霏素虹，六月大暑飄寒風。俯見五嶽在平地，遥窺三島皆冥濛。此去石紐無幾許，昔鍾靈秀生大禹[六]。當時自此導江流，至今名垂千萬古。

眉山天下秀

前人

　　大峨兩山相對開，小峨迤邐中峨來[七]。三峨之秀甲天下，何須涉海

[一] "周洪謨"，《明史》卷一八四有傳。此處所錄四詩皆見《全蜀藝文志》卷八及康熙《四川總志》卷三六，從文字來看，本自後者，今皆用以參校。

[二] "岱"，原作"黛"，誤，今據《全蜀藝文志》《四川總志》改。按，"岱輿"，傳說中海上仙山，《列子·湯問》："渤海之東不知幾億萬里，有大壑焉……其中有五山焉：一曰岱輿，二曰員嶠，三曰方壺，四曰瀛洲，五曰蓬萊。"

[三] "翠"，原作"黛"，與《四川總志》同，今據《全蜀藝文志》改。按，"黛"與下句韻脚"帶"同音，不佳。

[四] "天"，原作"大"，形近而誤，據《全蜀藝文志》《四川總志》改。

[五] "磧"，原作"陳"，字書不載，目前僅見此用例，當是"磧"字形近而誤。今據《全蜀藝文志》卷四〇所錄周洪謨《西岷保障圖記》之"群夷據巖嶂以爲卭籠、碉磧，善製堅甲勁弩"句改。按，《集韻·文韻》："磧，附國之民，壘石爲巢而居曰磧。"

[六] "禹"，大觀本誤作"雨"。

[七] "邐"，底本原作"麗"，與《四川總志》同，大觀本作"迊"，今據《全蜀藝文志》改爲通行寫法。

尋蓬萊。昔我登臨彩雲表，獨騎白鶴招青鳥。石龕石洞何參差，時遇仙人拾瑶草。丹崖瀑布連天河，大鵬圖南不可過。晝昏雷雨起林麓，夜深星斗栖巖阿。四時青黛如綉繪，岷嶓蔡蒙實相對。昔生三蘇草木枯[一]，但願再出三蘇輩[二]。

瞿唐天下險
前人

兩崖壁立何險巇，巴東大江如一絲。杜宇神功渺何許？堯時餘燼誰復知？中流灩澦實挺特，如牛如馬夏秋月。怒濤掀天萬壑雷，巨旋觸石千層雪[三]。湯湯東去幾洄灣，虎頭狼尾如連環。赤甲下映人鮓甕，黄牛高抗鬼門關。憶昔英雄割據日，插木爲梯上絕壁。只今四海盡爲家，鎖江鐵柱存何益[四]？

瞿塘兩崖
杜甫

三峽傳何處，雙崖壯此門[五]。入天猶石色，穿水忽雲根。猱玃鬚髯古，蛟龍窟宅尊。羲和冬馭近，愁畏日車翻[六]。

瞿塘懷古
前人

西南萬壑注，勍敵兩崖開。地與山根裂，江從月窟來。削成當白帝，

[一] "草木枯"，《古今合璧事類備要·後集》卷一〇"眉山生三蘇"條云："蘇洵生蘇軾、轍，以文章名。其後二子繼之，故時人謠曰'眉山生三蘇，草木盡皆枯。'"
[二] "再"，《全蜀藝文志》誤作"常"，實則嘉靖《四川總志》正作"再"，不誤也。
[三] "旋"，原作"旅"，與《四川總志》同，今據《全蜀藝文志》改。按，"旋"，即漩渦也。漩渦，古籍中多有作旋渦者，如《法苑珠林》卷九六"唐終南山豹林谷沙門釋會通"條"又即入水，合掌稱佛，廣發願已，便投旋渦"，《朱子語類》卷二"蓋是乾了。有人見海邊遇作旋渦吸水下去者"。
[四] "益"，原作"既"，《四川總志》作"盡"，據《全蜀藝文志》改。按，"鎖江鐵柱"，《十國春秋·前蜀九·張武傳》云："武作鐵絚斷江，中流立柵於兩端，謂之鎖峽，不可上。"◎又，此詩之後，原有趙貞吉《眉山歌》，本書卷三已錄，故此處刪去。
[五] "此"，原作"北"，形近而誤，據《杜甫全集校注》卷一五改。
[六] "翻"，原作"昏"，據別集改。

空曲隱陽臺。疏鑿功雖美，陶鈞力大哉。

初入瞿塘
白居易

瞿塘天下險，夜上信難哉。岸似雙屏合，天如匹帛開。逆風驚浪起，拔篊闇船來。欲識愁多少，高於灩澦堆。

暮上瞿塘峽
項斯[一]

自古艱難地，孤舟旦暮程。獨愁空託命，省己是輕生[二]。有樹皆相倚，無巖不倒傾。蛟螭波數怒，鬼怪火潛明。履道知無負，離心自要驚[三]。何年面骨肉，細話苦辛行。

瞿塘
陳祥裔

瞿塘峽口泛歸舟，九載郎官萬里游。夙孽未完詩畫債，供人好景入愁眸。

石犀行[四]
杜甫[五]

君不見秦時蜀太守，刻石立作三犀牛。自古雖有厭勝法，天生江水

[一] "項斯"，《全唐詩》卷五五四列其小傳云："項斯，字子遷，江東人。會昌四年擢第，終丹徒尉。"《唐才子傳校箋》卷七對其生平有詳細考證，可參看。
[二] "是"，大觀本誤作"自"。
[三] "自"，原缺，據《全唐詩》補。
[四] "行"，原無，陳祥裔誤以爲乃岑參之《石犀》詩也，今據《杜甫全集校注》卷七補。
[五] "杜甫"，原誤作"岑參"，今據《杜甫全集校注》改。按，岑參之《石犀》詩乃五言古詩，陳祥裔誤題此詩爲岑參作，或沿襲明張之象《唐詩類苑》卷二六之誤也，詳《岑嘉州詩箋注·附錄二》。

向東流。蜀人矜誇一千載，泛溢不近張儀樓。今年灌口損戶口，此事或恐爲神羞。終藉隄防出衆力，高擁木石當清秋。先王作法皆正道，詭怪何得參人謀。嗟爾三犀不經濟，缺訛只與長川逝。但見元氣常調和[一]，自免洪濤恣彫瘵。安得壯士提天綱，再平水土犀奔茫。

曉行巴峽

王維

際曉投巴峽，餘春憶帝京。晴江一女浣，朝日衆雞鳴。水國舟中市，山橋樹杪行。登高萬井出，眺迥二流明。人作殊方語，鶯爲舊國聲。賴多山水趣，稍解別離情。

巴江_{時僖宗省方南梁}[二]

鄭谷

亂來奔走巴江濱，愁客多於江徼人。朝醉暮醉雪開霽，一枝兩枝梅探春。詔書罪己方哀痛，鄉縣徵兵尚苦辛。鬢禿又驚逢獻歲，眼前渾不見交親。

巴山

杜甫

巴山遇中使，云自陝城來。盜賊還奔突，乘輿恐未回。天寒召伯樹，地闊望仙臺。狼狽風塵裏，群臣安在哉？

巴女謠

于鵠[三]

巴女騎牛唱《竹枝》，藕絲菱葉傍江時。不愁日暮還家錯，記得芭蕉

[一]"見"，原作"願"，據別集改。
[二]"梁"，原作"來"，據《鄭谷詩集箋注》卷三改。
[三]"于鵠"，《全唐詩》卷三四〇列其小傳云："于鵠，大曆、貞元間詩人也。隐居漢陽，嘗爲諸府從事。"《唐才子傳校箋》卷四有詳細介紹，可參看。

出槿籬。

巴渝竹枝詞

陳祥裔

水繞孤城城繞山，平田一掌苦天慳。層層樓屋依山勢，個個秋船宿水彎。

其二
東風二月遍江干，玄武山頭建醮壇。媥女如雲無近遠，齊來爭看銕圍杆。

其三

梅子初黃落雨天，插秧媥女滿山田。山歌唱出巴渝曲，交易工夫不用錢。

其四

花布春衫白布裙，斜陽牛背醉醺醺。渝江下與湘江接，恠道巫雲盡楚雲。

初入峽有感

白居易

上有萬仞山，下有千丈水。蒼蒼兩崖間，闊狹容一葦。瞿塘呀直瀉，灩澦屹中峙。未夜黑巖昏，無風白浪起。大石如刀劍，小石如牙齒。一步不可行，況千三百里。莘蒻竹篾蒬[一]，敧危機師趾。一跌無完舟，吾生繫于此。常聞仗忠信，蠻貊可行矣。自古漂沉人，豈盡非君子？況吾時與命，塞舛不足恃。常恐不才身，復作無名死。

[一]"篾"，原作"筏"，據《白居易集》卷一一改。

出峽

胡皓[一]

巴東三峽盡，曠望九江開。楚塞雲中出，荊門水上來。魚龍潛嘯雨，鳧雁動成雷。南國秋風晚，客思幾悠哉。

下峽

鄭谷

憶子啼猿繞樹哀，雨隨孤棹過陽臺。波頭未白人頭白，瞥見春風灔澦堆。

峽中作[二]

盧象[三]

高唐幾百里，樹色接陽臺。晚見江山霽，宵聞風雨來。雲從三峽起，天向數峯開。靈境信難見，輕舟那可回。

峽中即事[四]

女郎廉氏

清秋三峽此中去，鳴鳥孤猿不可聞。一道水聲多亂石，四時天色少

[一] "胡皓"，原誤作"胡浩"，今據《全唐詩》及《元和姓纂》等改。按，《全唐詩》卷一〇八列其小傳云："胡皓，開元中人。張孝嵩出塞，皓與張九齡、韓休、崔沔、王翰、賀知章撰送行詩，號《朝英集》。"《元和姓纂》卷三言其曾官秘書少監。◎又，此詩載《文苑英華》卷二九三、《全唐詩》卷一〇八、《唐詩品彙》卷五九等，文字全同。
[二] "作"，原無，據《唐詩品彙》卷六三、《全唐詩》卷一二二補，《文苑英華》卷一六一題作《峽山中》，《全蜀藝文志》卷九則作《峽中山》。
[三] "盧象"，《全唐詩》卷一二二列其小傳云："盧象，字緯卿，汶水人。開元中，由前進士補秘書郎，轉右衛倉曹掾。丞相張九齡深之，擢左補闕、河南府司錄、司勳員外郎。名盛氣高，少所卑下，爲飛語所中，左遷齊、邠、鄭三郡司馬，入爲膳部員外郎。祿山之亂，象受僞署，貶永州司戶，起爲主客員外郎，道病卒。"《唐才子傳校箋》卷二有更詳細介紹，可參看。
[四] 按，此詩載《唐詩紀事》卷七九，作者無考。

晴雲。日暮泛舟溪溆口，那堪夜永思氛氳[一]。

題峽中石上

白居易

巫女廟花紅似粉，昭君村柳翠于眉。誠知老去風情少，見此爭無一句詩[二]？

峽口二首

杜甫

峽口大江間，西南控百蠻。城欹連粉堞，岸斷更青山。開闢當天險[三]，防隅一水關。亂離聞鼓角，秋氣動衰顏[四]。

其二

時清關失險，世亂戟如林。去矣英雄事，荒哉割據心。蘆花留客晚，楓樹坐猿深。疲苶煩親故[五]，諸侯數賜金。

峽哀十首

孟郊

昔多相與笑，今誰相與哀。峽哀哭幽魂，噭噭風吹來。墮魄抱空月，出沒難自裁。霾粉一閃間，春濤百丈雷。峽水聲不平，碧洇牽清洄。沙稜箭箭急，波齒齗齗開。呀彼無底吮，待此不測災。谷號相噴激，石怒爭旋廻。古醉有復鄉，今纆多爲能。字孤徒彷彿，銜雪猶驚猜。薄俗少直腸，交結須橫財[六]。黃金買相弔，幽泣無餘漼。我有古心意，爲君空摧頹。

[一]"氛"，原作"氤"，據《唐詩紀事》改。
[二]"見此"，原作"相見"，據《白居易集》卷一七改。
[三]"開"，原作"門"，據《杜甫全集校注》卷一五改。◎"當"，別集作"多"，別本有作"當"者，故不改。
[四]"氣"，原作"色"，據別集改。
[五]"苶"，原作"繭"，殆因"苶"可寫作"薾"而形近致誤，今據別集改。
[六]"交結"，原互倒，據宋本《孟東野詩集》（後稱爲"別集"）卷一〇乙正。

244

其二

上天下天水，出地入地舟。石劍相劈斫，石波怒蛟虬。花木叠宿春，風飈凝古秋。幽怪窟穴語，飛聞肸蠁流[一]。沉哀日已深，銜訴將何求。

其三

三峽一線天，三峽萬繩泉。上仄碎日月，下掣狂漪漣[二]。破魄一兩點，凝幽數百年。峽暉不停午，峽險多饑涎。樹根鎖枯棺，孤骨裹裹懸[三]。樹枝哭霜栖，哀韻杳杳鮮。逐客零落腸，到此湯火煎。性命如紡績，道路隨索緣。奠泪弔波靈，波靈將閃然。

其四

峽亂鳴清磬，産石爲鮮鱗。噴爲腥雨涎，吹作黑井身。怪光閃衆異，餓劍唯待人。老腸未曾飽，古齒嶄嵓嗔。嚼齒三峽泉[四]，三峽聲齗齗。

其五

峽螭老解語，百丈潭底聞。毒波爲計校，飲血養子孫。旣非皐陶吏，空食沈獄魂。潛怪何幽幽，魄說徒云云。峽聽哀哭泉，峽弔鰥寡猿。峽聲非人聲，劍水相劈翻。斯誰士諸謝，奏此沈苦言。

其六

讒人峽虺心[五]，渴罪呀然濤。所食無直腸，所語饒臭音[六]。石齒嚼百泉，石風號千琴。幽哀莫能遠，分雪何由尋。月魄高卓卓，峽窟清沉沉。銜訴何時明，抱痛已不禁。犀飛空波濤，裂石千嶔岑。

[一]"蠁"，原作"響"，與別集同，誤，今據《孟郊集校注》卷一〇改。
[二]"下"，原作"一"，據別集改。
[三]"孤"，別集作"直"，《孟郊集校注》作"孤"。
[四]"嚼齒"，原作"嚙嚼"，據別集改。
[五]"虺"，原作"乳"，不可解，據別集改。
[六]"臭"，別集作"髐"，即"魄"字，《孟郊集校注》作"皫"，乃"臭"之俗字，故此處作"臭"有本可據。

其七

峽稜剸日月，日月多摧輝。物皆斜仄生，鳥亦斜仄飛[一]。潛石齒相鎖，沉魂招莫歸。恍惚清泉甲，斑斕碧石衣。餓咽潺湲號，涎似泓泫肥[二]。峽春不可游，腥草生微微。

其八

峽景滑易墮，峽花怪非春。紅光根潛涎，碧雨飛沃津。巴谷蛟螭心，巴鄉魍魎親。噉生不問賢[三]，至死獨養身。腥語信者誰，拗歌懂非真。仄田無異稼，毒水多獰鱗。異類不可友，峽哀哀難伸。

其九

峽水劍戟獰，峽舟霹靂翔。因依尫蝎手，起坐風雨忙。峽旅多竄官[四]，峽氓多非良。滑心不可求，滑習積已長。漠漠涎霧起，斷斷涎水光。渴賢如之何，忽在水中央。

其十

梟鴟作人語，蛟虬吸山波。能于白日間，諂欲晴風和[五]。駭智躐衆命，蘊腥布深蘿。齒泉無底貧，鋸涎在處多。仄樹鳥不巢，踔踏猿相過[六]。峽哀不可聽，峽怨其奈何[七]！

瀼西寒望

杜甫

水色含群動，朝光切太虛。年侵頻悵望，興遠一蕭疎。猿挂時相學，

[一]"亦"，與《孟郊集校注》同，別集作"翼"。
[二]"泓泫"，與《孟郊集校注》同，別集作"泓泓"。
[三]"噉"，與《孟郊集校注》同，別集作"飲"。◎"問"，原作"敢"，據別集、《孟郊集校注》改。
[四]"旅"，原作"旋"，形近而誤，據別集、《孟郊集校注》改。◎"官"，原作"宦"，據別集、《孟郊集校注》改。
[五]"晴"，原作"暗"，據別集、《孟郊集校注》改。
[六]"踏"，原作"狢"，與別集同，誤，今據《孟郊集校注》改。踔踏，跳躍也。
[七]"其"，原作"無"，據別集、《孟郊集校注》改。

鷗行烱自如。瞿塘春欲至，定卜瀼西居[一]。

游三學山

隋僧智鉉[二]

秀嶺接重烟，嶔岑上半天。絕巖低更舉，危峯斷復連。側石傾斜澗，廻流瀉曲泉。野紅知草凍，春來鳥自傳。樹錦無機織，猿鳴詎假絃。葉密風難度，枝疎影易穿。抱裒依閒沼[三]，策杖戲荒田。游心清漢表，置想白雲邊。榮名非我顧[四]，息意且蕭然。

游梵宇三學寺[五]

王勃

香閣披青磴，琱臺控紫岑。葉齊山路狹，花積野壇深。蘿幌棲禪影，松門聽梵音。遽欣陪妙躅[六]，延賞滌煩襟[七]。

峩眉山[八]

鄭日奎

巴蜀多名山，自昔首峩眉[九]。背岷面錦江，橫絕西南陲。萬仞裂

[一] 按，此詩之後，復錄杜甫《自瀼西荊扉且移居東屯茅屋四首》，本書卷四已收錄，故此處刪去。
[二] "智炫"，《續高僧傳》卷二三有傳，此詩亦載於傳中。又，此詩見《古詩紀》卷一三八、《古今禪藻集》卷一、《全蜀藝文志》卷一四等，皆用以參校。
[三] "裒"，原作"裵"，與《全蜀藝文志》底本同，今據《續高僧傳》《古詩紀》《古今禪藻集》改。
[四] "顧"，原作"願"，與《古詩紀》《古今禪藻集》同，今據《續高僧傳》《全蜀藝文志》改。
[五] "寺"，大觀本誤作"士"。◎"學"，《王子安集》卷三作"覺"，然《王子安集注》卷三作"學"。
[六] "欣"，與《王子安集》同，《王子安集注》則作"忻"。
[七] 按，此詩之後原錄前蜀太后徐妃《三學山》詩，因本書卷二已載，故此處刪去。◎又，大觀本在徐妃《三學山》詩之後標"終"字，無以後之四十七首詩作。
[八] "峩眉山"，《峨眉山志》卷一六題作"別峩眉"。此詩陳祥裔抄錄自康熙《四川總志》卷三六，與《峨眉山志》所載文字差異頗大，今皆用以參校。
[九] 此二句，《峨眉山志》作"昔聞蜀中山，奇勝首峨眉"。

冰雪，摩空拂雲霓[一]。迢迢八十盤[二]，紅泉繞丹崖[三]。仰捫井參近，俯視嵩華低[四]。峯崿鬱岧嶤[五]，洞壑何逶迤[六]。其陰蓄雷雨，其陽靄烟霏。晶英產靈異[七]，光怪時陸離[八]。群態窈冥中，鬼神孰端倪[九]。頗疑大澤枯，蛟龍互夔跂[十]。蒼然秀天末，不受風塵淄[十一]。允宜仙與隱[十二]，滅景成遐棲。竭來事行役，訪舊偶此窺。光響亂眺聽，雲氣沾裳衣。入山甫十里，已覺心神怡[十三]。何況陟其巔[十四]，八表供支頤[十五]。簡書既苦迫，領略遂多遺。艸艸來與去，永爲山靈嗤。自不早投簪，幽賞願孰違[十六]？

賦得青城山歌送楊杜二郎中赴蜀軍[十七]

錢起

蜀山西南千萬重，仙經最説青城峯。青城嶔岑倚空碧，遠壓峨眉吞劍壁。錦屏雲起易成霞，玉洞花明不知夕。星臺二妙逐王師，阮瑀軍書王粲詩。日落猨聲連玉笛，晴来山翠傍旌旗。綠蘿春月營門近，知君對酒遙相思。

[一] "摩"，《峨眉山志》作"排"。

[二] "八十"，《峨眉山志》作"十八"。按，若此八十盤即峨眉山杪椤坪上八十四盤山路之省稱，則作"十八"顯誤；若僅言泉水盤繞而下，則二者皆虛指，無所謂對錯矣。

[三] "崖"，《峨眉山志》作"梯"。

[四] "視"，《峨眉山志》作"瞰"。

[五] "崿"，《峨眉山志》作"藥"，文義不通。

[六] "何"，《峨眉山志》作"仍"，義遜。

[七] "晶"，《峨眉山志》作"精"，文義不通。

[八] "時"，《峨眉山志》作"何"。

[九] "鬼神孰"，《峨眉山志》作"明滅誰"。

[十] "夔"，《峨眉山志》作"蹻"，義同。

[十一] "淄"，《峨眉山志》作"緇"，二者皆有染黑之義。

[十二] "隱"，《峨眉山志》作"佛"。

[十三] 此二句，《峨眉山志》作"到來甫十里，幽情漲襟期"，佳。

[十四] "陟"，原作"涉"，據《四川總志》及《峨眉山志》改。

[十五] "八"，原作"入"，不詞，形近而誤，據《四川總志》及《峨眉山志》改。◎"頤"，《四川總志》作"顧"，《峨眉山志》作"頤"，并誤。

[十六] "幽賞"，《峨眉山志》作"名山"。

[十七] 按，此詩載《錢考功集》卷三，文字全同，《御選唐詩》卷九亦收錄此詩，有詳注，可參看。

游青城山

<small>唐末仙人</small>李真[一]

春凍曉轆露重，夜寒幽枕雲生。豈是與山無素，丈人着帽相迎。

鹿頭山

<small>杜甫</small>

鹿頭何亭亭，是日慰飢渴。連山西南斷，俯見千里豁。游子出京華，劍門不可越。及茲險阻盡，始喜原野濶。殊方昔三分，霸氣曾間發。天下今一家，雲端失雙闕。悠然想揚馬，繼起名碑兀。有文令人傷，何處埋爾骨。紆餘脂膏地，慘澹豪俠窟。杖鉞非老臣，宣風豈專達。冀公柱石姿，論道邦國活。斯人亦何幸，公鎮踰歲月。

丈人山 <small>《青城山記》云此山爲五嶽之長，故名丈人山、丈人觀[二]。</small>

<small>前人</small>

自爲青城客，不唾青城地。爲愛丈人山，丹梯近幽意[三]。丈人祠西佳氣濃，緣雲擬住最高峯[四]。掃除白髮黃精在，君看他時冰雪容。

鹽井

<small>前人</small>

鹵中艸木白，青者官鹽烟。官作既有程，煮鹽烟在川。汲井歲搰搰，出車日連連。自公斗三百，轉致斛六千。君子慎止足，小人苦喧闐。我何良歎嗟，物理固自然。

[一] 按，此人事蹟不詳，《全唐詩》卷八六一只言乃唐末五代仙人。詩載《輿地紀勝》卷一五一及《全蜀藝文志》卷八等，文句皆同。
[二] 按，此題注乃陳祥裔所加。
[三] "幽"，原作"山"，據《杜甫全集校注》卷八改。
[四] "緣"，原作"綠"，據別集改。

滕王亭子 亭在玉臺觀內，王曾典此州。
前人

寂寞春山路，君王不復行。古牆猶竹色，虛閣自松聲。鳥雀荒村暮，雲霞過客情。尚思歌吹入，千騎把霓旌。

禹廟
前人

禹廟空山裏，秋風落日斜。荒庭垂橘柚，古屋畫龍蛇。雲氣生虛壁，江聲走白沙。早知乘四載，疏鑿控三巴。

晚秋陪嚴鄭公摩訶池汎舟[一]
前人

湍駛風醒酒，船行霧起隄[二]。高城秋自落，雜樹晚相迷。坐觸鴛鴦起，巢傾翡翠低。莫須驚白鷺，為伴宿青溪。

偶宴西蜀摩訶池
暢當[三]

珍木鬱清池[四]，風荷左右披。淺觴寧及醉，慢舸不知移。蔭林簟光冷[五]，照流簪影攲[六]。胡為獨羈者，雪涕向漣漪[七]。

[一] 按，《杜甫全集校注》卷一一此詩有題注"得溪字"。

[二] "行"，別集正文作"迴"，校記云別本作"行"。

[三] "暢當"，《新唐書》卷二〇〇有傳，《唐才子傳校箋》卷四亦有相關記載。此詩載《文苑英華》卷二一五、《成都文類》卷三、《唐詩紀事》卷二七、《全蜀藝文志》卷八等，今以此四者參校。

[四] "清"，《文苑英華》作"波"。

[五] "林"，《唐詩紀事》《全蜀藝文志》作"竹"。◎《文苑英華》此句則作"蔭簟流光冷"。

[六] 此句，《文苑英華》作"凝簪照影攲"。

[七] "漣"，原作"流"，據《文苑英華》《唐詩紀事》《全蜀藝文志》改，《成都文類》作"漣"。

嘉陵江

羅鄴[一]

嘉陵南岸雨初收，江似秋嵐不煞流。此地終朝有行客，無人一爲棹扁舟。

過武連重游宋元豐覺苑寺和陸放翁碑上韻

陳祥裔

石逕重游似有期，禪扉未叩犬先知。雲屯野店迷青旆，霜壓疏楊掛短絲。壞壁塵封看欲古，殘碑苔護讀偏遲。山僧不解行人懶，猶說元豐賜額時。

登平都山

陳祥裔

誰道酆都游不得？我今載酒獨徘徊。一溪水冷心無競，半嶺雲閒興未灰。來去分明盡周道，古今何處見輪廻？闌珊歸帶松梢月，虎嘯禪關夜不開。

弔陸宣公墓[二]

陳祥裔

不惜封章苦，余生愧後時。當年鋑作骨，今日土包尸。國事一朝壞，臣心萬里悲。忙忙江上客，奔走欲安爲？

[一] "羅鄴"，《全唐詩》卷六五四列其小傳云："羅鄴，餘杭人。累舉進士不第。光化中，以韋莊奏，追賜進士及第，贈官補闕。"《唐才子傳校箋》卷八有更詳細介紹。此詩載《萬首唐人絕句》卷五一及《全唐詩》等，文字全同。

[二] "陸宣公墓"，唐朝陸贄之墓，《明一統志》卷六九《重慶府·陵墓》下云："陸贄墓，在忠州屏風山玉虛觀南。"即今重慶忠縣東溪鎮翠屏山上。

251

白帝城懷古[一]

陳子昂

日落滄江晚，停橈問土風。城臨巴子國，臺沒漢王宮。荒服仍周甸[二]，深山尚禹功。巖懸青壁斷，地險碧流通。古木生雲際，歸虵出霧中。川途去無限，客思坐何窮。

曉望白帝城鹽山

杜甫

徐步移斑杖，看山仰白頭。翠深開斷壁，紅遠結飛樓。日出清江望，暄和散旅愁。春城見松雪，始擬進歸舟。

上白帝城

前人

城峻隨天壁，樓高更〈一作望〉女墻。江流思夏后，風至憶襄王。老去聞悲角，人扶報夕陽。公孫初恃險，躍馬意何長！

白帝城樓

前人

江度寒山閣，城高絕塞樓。翠屏宜晚對，白谷會深游。急急能鳴雁，輕輕不下鷗。夷陵春色起，漸擬放扁舟。

白帝樓

前人

漠漠虛無裏，連連睥睨侵。樓光去日遠，峽影入江深。臘破思端綺，春歸待一金。去年梅柳意，還欲攪邊心。

[一] "城"，原無，與《全蜀藝文志》卷一五同，今據《陳子昂集》卷一補。
[二] "仍"，原作"猶"，與《全蜀藝文志》卷一五同，今據別集改。

白帝

前人

白帝城中一作頭雲出門一作若，白帝城下雨翻盆。高江急峽雷霆鬬，古一作翠木長一作著藤日月昏。戎一作去馬不如歸馬逸，千家今有百一作十家存。哀哀寡婦誅求盡，慟哭秋原何處村。

白帝城最高樓

前人

城尖徑仄旌斾愁，獨立縹緲之飛樓。峽坼雲霾龍虎睡，江清日抱黿鼉游。扶桑西枝封斷石，弱水東影隨長流。杖藜嘆世者誰子？泣血迸空回白頭。

上白帝城二首

前人

江城含變態，一上一廻新。天欲今朝雨，山歸萬里一作古春。英雄餘事業，衰邁久風塵。取醉他鄉客，相逢故國人。兵戈猶擁蜀，賦斂尚一作強輸秦。不是煩形勝，深慙畏損神。

其二

前人

白帝空祠廟，孤雲自往來。江山城宛轉，棟宇客徘徊。勇略今何在？當年亦壯哉！後人將酒肉，虛殿日塵埃。谷鳥鳴邊過，林花落又開。多慚病無力，騎馬入青苔。

卜居 按，鮑文壹云：公至成都，節度裴冕爲公卜成都西郭浣花溪作艸堂[一]。

前人

浣花流水一作之水西頭[二]，主人爲卜林塘幽。已知出郭少塵事，更有澄

[一]"冕"，原作"晃"，形近而誤，據《杜甫全集校注》卷七注釋改。
[二]"流"，原作"溪"，據別集改。

江銷客愁。無數蜻蜓齊上下，一雙鸂鶒對沉浮。東行萬里堪乘興，須向山陰上小舟。

堂成
前人

背郭堂成蔭白茅，緣江路熟俯青郊。榿林礙日吟風葉，自注云：榿木名不材，可充薪而已，惟蜀地最宜種。籠竹和烟滴露梢。暫止飛鳥將數子[一]，頻來語燕定新巢。旁人錯比揚雄宅，懶惰無心作解嘲。

白帝城詩
宋肇[二]

江雨霏霏白帝城，秋艸未枯春艸生。古來戰壘如雲橫，萬里瞿塘斷人行[三]。至今三峽路崢嶸，時清不見更屯兵。荒凉廢堞沒春耕，但見牛羊日西平。

白帝廟[四]
楊安誠

蜀江萬壑俱東奔，瞿塘喧豗爭一門。驚濤駭浪建瓴下，巔崖仆谷相吐吞。朋妖窟宅恃幽阻，正晝噴薄陰霾昏。靈宮奕奕鎮地險，衆瀆稟令

[一]"止"，原作"上"，據《杜甫全集校注》卷七改。
[二]"宋肇"，《蘇軾全集校注》卷二九《次韻宋肇惠澄心紙二首》注云："宋肇，字懋宗，歷官巫山令。元祐八年以朝奉郎充夔州路轉運判官。"◎此詩載《全蜀藝文志》卷六及康熙《四川總志》卷三六，皆用以參校。
[三]"塘"，《全蜀藝文志》作"唐"，亦可。
[四]按，此詩載《全蜀藝文志》卷一一及康熙《四川總志》卷三六，前者有題注云："白帝廟神，舊傳以爲公孫氏。以余考之，非也。公孫氏享國日淺，轍迹未嘗至夔。獨遣田戎、任滿戍江關。岑彭入江關，不復爲戍守，公孫氏無從廟食。按酈道元注《水經》，瞿塘灘上有神廟甚靈，刺史、二千石過其下，不敢伐鼓鳴角，恐致風雨。舟人上水，以布裹篙足，不令觸石有聲。蓋不謂其神爲公孫氏。瞿塘天下至險，必有神物司之。但有廟偶連白帝城，俗遂從而訛爾。余往來三峽，皆托神之庇，輒爲賦此，庶來者有所考云。淳熙十一年正月晦日，西蜀楊安誠道父書。"

川祇尊[一]。赤甲後簪黃熊躍，灔澦前峙青猿蹲。舳艫銜尾下吳楚，約束蛟鱷如雞豚。舊傳鼓角致雨雹，裹篙不觸撐舟痕。綜理脉絡盡西徼，帝假之柄攸司存。子陽祚國十年近[二]，此地未省東其轅。連江列炬銕鎖斷，戎、滿奔北無留屯[三]。江關回首盡漢幟，遺黎何自知公孫？血食漢代定不爾，但有故壘山之樊。子美誤信齊東語[四]，感慨勇略招英魂。山川之靈載望秩，僭偽詎可同時論？向來名實久淆溷，薦祼無乃瀆俎膰[五]。請從酈元爲考証[六]，神理昭昭斯可原[七]。

白帝城

陳祥裔

白帝城空艸木深，君臣血泪裹楓林。永安宮殿何堪說，昭烈丘陵不可尋。江上怒濤亡國恨，山間明月托孤心。一聲牧笛樵歌歇，無數哀猿腸斷音。

題漢州西湖[八]

房琯

高流纏峻隅，城下緬丘墟。決渠信浩蕩，潭島成江湖。結宇依廻渚，水中信可居[九]。三伏氣不蒸，四達暑自袪。同人千里駕，鄰國五馬車。月出共登舟，風生隨所如。舉麾指極浦，欲極更盤紆。繚繞各殊致，夜盡情有餘。遭亂意不開，即理還暫袪。安得長晤語，使吾憂更除。

[一] "棟"，原作"凜"，據《全蜀藝文志》《四川總志》改。
[二] "子陽"，公孫述之字。
[三] "滿"，原作"偶"，據《全蜀藝文志》改，《四川總志》作"備"，亦誤。
[四] "子美誤信齊東語"，即前文所錄杜甫《上白帝城》詩末句所云"公孫初恃險，躍馬意何長"也。
[五] "祼"，原作"祿"，形近而誤，據《全蜀藝文志》《四川總志》改。按，"薦祼"義同祼薦，祭禮之一種也。
[六] "元"，原作"沅"，誤，據《全蜀藝文志》《四川總志》改。按，酈元乃酈道元之省。
[七] "理"，原作"埋"，形近而誤，據《全蜀藝文志》《四川總志》改。
[八] 按，此詩載《唐詩紀事》卷一九、《全蜀藝文志》卷八、《全唐詩》卷一〇九等，皆用以參校。◎詩題，《全蜀藝文志》作《遊西湖》。
[九] "信"，《全蜀藝文志》作"還"。

題房琯漢州西湖

嚴公貺[一]

鳳池才未盡[二]，餘思鑿西湖。珍木羅修岸，冰光映坐隅。琴臺今寂寞，竹島尚縈紆。猶蘊濟川志，芳名終不渝。

和李德裕游漢州房公湖二首

鄭澣[三]

太尉留琴地[四]，時移重可尋。徽絃一掩抑，風月助登臨。榮駐青油騎，高張白雪音。祇言酬唱美，良史記王箴。

其二

靜對烟波夕，猶思棟宇精。卧龍空有處，馴鳥獨忘情。顧步襟期遠，參差物象橫。自宜雕樂石，爽氣際青城。

陪王漢州留杜綿州泛房公西湖

杜甫

舊相恩追後，春池賞不稀。閑庭分未到，舟楫有光輝[五]。豉化蓴絲熟，刀鳴鱠縷飛。使君雙皂蓋，灘淺正相依。

[一] "嚴公貺"，唐嚴震之子，柳宗元有《送嚴公貺下第歸興元觀省詩序》，可參看。按，此詩載《唐詩紀事》卷三二、《唐詩品彙》卷五、《全唐詩》卷四七〇等，皆用以參校。

[二] "池"，與《唐詩品彙》同，《唐詩紀事》《全唐詩》作"沼"。

[三] "鄭澣"，《全唐詩》卷三六八列其小傳云："鄭澣，餘慶之子，貞元十年舉進士第。爲右補闕，敢言無所諱。文宗時，入翰林，爲侍講學士。累進尚書左丞，出爲山南西道節度使。俄以戶部尚書召，未拜，卒，諡曰宣。"按，此二首載《會昌一品集‧別集》卷四、《唐詩紀事》卷四九、《全蜀藝文志》卷一五及《全唐詩》卷三六八，皆用以參校。

[四] "地"，原作"聽"，與《唐詩紀事》同，今據《會昌一品集》等改。

[五] "楫"，原作"檝"，據《杜甫全集校注》卷一〇改。按，"檝"作拘執義講，見《漢書‧五行志中》"檝高后脇"句之顏師古注。

題漢州西湖

嚴公弼[一]

西湖創置自房公，心匠縱橫造化同。見說鳳池推獨步，高名何事滯川中。

夔州歌十絶句

杜甫

中巴之東巴東山，江水開闢流其間。白帝高爲三峽鎮，夔州險過百牢關。

其二

白帝夔州各異城，蜀江楚峽混殊名。英雄割據非天意，霸主_{今本作王，音去聲}并吞在物情。

其三

群雄競起問_{一作向}前朝，王者無外見今朝。比訝漁陽結怨恨，元聽舜日舊簫韶。

其四

赤甲白鹽俱刺天，閬閣_{舊作閬閣}繚繞接山巔。楓林橘樹丹青合，複道重樓錦繡懸。

[一]"弼"，原作"覘"，誤，據《萬首唐人絶句》卷六四、《唐詩紀事》卷三二、《全唐詩》卷四七〇改。按，"嚴公弼"乃嚴公覘之兄，《全唐詩》列其小傳云："嚴公弼，梓州人。擢進士第，襲父震爵，封鄭國公。"

其五

瀼東瀼西一萬家，江北江南春冬花。背飛鶴子遺瓊蕊，相趁鳧鶵入蔣_{一作樂}牙。

其六

東屯稻畦一百頃，北有澗水通青苗。晴浴狎鷗分處處，雨隨神女下朝朝。

其七

蜀麻吳鹽自古通，萬斛之舟行若風。長年三老長歌裏，白晝攤錢高浪中。

其八

憶昔咸陽都市合，山水之圖張賣時。巫峽曾經寶屏見，楚宮猶對碧峯疑。

其九

閬風玄圃與蓬壺，中有高唐天下無[一]。借問夔州壓何處，峽門江腹擁城隅。

其十

武侯祠堂不可忘，中有松柏參天長。干戈滿地客愁破，雲日如火炎天涼。

[一]"唐"，原作"堂"，據《杜甫全集校注》卷一三改。

過夔州

陳祥裔

雨過寒江水不枯，夔門波浪接東吳。千年八陣屯魚復[一]，萬里孤舟下虎鬚。後主未能勤帝業，老臣空自費雄圖。興亡滿眼生榛莽，聽罷哀猿落淚珠。

劍門

杜甫

惟天有設險，劍門天下壯。連山抱西南，石角皆北向。兩崖崇墉倚，刻畫城郭狀[二]。一夫怒臨關，百萬未可傍。珠玉走中原[三]，岷峨氣悽愴。三皇五帝前，雞犬莫相放[四]。後王尚柔遠，職貢道已喪。至今英雄人，高視見霸王。并吞與割據，極力不相讓。吾將罪真宰，意欲鏟疊嶂。恐此復偶然，臨風默惆悵。

入劍門

戎昱[五]

劍門兵革後，萬事盡堪悲。鳥鼠無巢穴，兒童話別離。山川同昔日，荊棘是今時。征戰何年定？家家有畫旗。

[一] "復"，原作"腹"，誤，今改。說詳本書卷一首條之注文。
[二] "畫"，原誤作"盡"，據《杜甫全集校注》卷七改。
[三] "原"，原作"源"，據別集改。
[四] "莫"，別集正文作"各"，校記云別本有作"莫"者。
[五] "戎昱"，《全唐詩》卷二七〇列其小傳云："戎昱，荊南人，登進士第。衛伯玉鎮荊南，辟為從事。建中中為辰、虔二州刺史。"《唐才子傳校箋》卷三有詳細介紹。

蜀都碎事藝文補遺卷下

萬里橋賦

陸肱[一]

萬里兮蜀郡隋都，二橋兮地角天隅。相去而如乖夷貊，曾游而只在寰區。倚檻多懷，結長悲而莫極；凭川試望，思遠道以何殊。昔者滄海朝宗，岷山發跡。斯觀理水之要，若啟鑿穴之役。逮夫東土爲揚[二]，西邦曰益。架長虹于兩地，客思迢迢；浩積水于千秋，江流朒朒。宇宙綿綿，今來邈然。結構應似[三]，途程甚偏。將暫游于楚岸，欲徑度于巴川。目斷波中，過巫峰之十二；心馳路半，到荆門而五千。徒觀夫偃蹇東流，崢嶸二邑。揭華表以相勍，刻仙禽而對立。俄鶩迴復，潮生而夕月初明；孰敢争先，帆去而秋灘正急。眇天末之殊方，有人間兮異鄉。顧眄而層陰動色，徘徊而浮柱生光。飾丹艫以雖同，彼臨淮海；度軒車而既異，此對銅梁。古來幾許行人，曾游此路？跨綠岸以長存，俯清流而下注。寧爲駐足之所，莫問傷心之故。復有逆旅傷情，臨邛遠行。壯鬼製以靈矗，壓江流而砥平。家本江都，羨波濤而自返；身留蜀地，偶萍梗以堪驚。沴迤歸遙[四]，飄流恨結。之子去兮揚桂棹，長卿還兮建龍節。既風月以相間，固音塵之兩絕。斯橋也，可以濟巨用之往來，不可以攜手而相別。

[一] "陸肱"，《唐詩紀事》卷五三列其小傳云："肱，大中九年登進士第，咸通六年，自前振武從事試平判入等，後牧南康郡，辟許棠爲郡從事。"《全唐文》卷六二二則僅言其爲長城人，官湖州刺史。此賦載《文苑英華》卷四六、《全蜀藝文志》卷一及《全唐文》，《全蜀藝文志》已參考《文苑英華》，故僅以《全蜀藝文志》及《全唐文》參校。

[二] "揚"，原作"陽"，誤，據《全蜀藝文志》《全唐文》改。按，揚，指揚州。

[三] "構"，原作"搆"，據《全蜀藝文志》《全唐文》改。

[四] "沴"，原作"逶"，據《全蜀藝文志》改，《全唐文》作"衍"。

鑿二江賦[一]

狄遵度[二]

　　嗚呼！吾聞魚鳧氏以降，秦太守之前，蜀之爲國，不知幾千萬年[三]。方二江之害被茲土[四]，以禹之功不是施兮，嗟後來亦奚言？彼民之昏溺兮，無乃得之於天？不能遷土而改宅兮，其流漂亦誰冤[五]？勁崖挺以中亞兮，激狂瀾而右旋。橫騖折走，莫知其所之兮，吼穿谷而下穿。蛟鼉鼈蟹呀以相濡兮[六]，何允蠢而緣延？嘬膚吮血沸以咀嚼兮，咸飫腐而飽膻[七]。萑蒲菱茨紛以相被兮，汙百頃之良田。土不藝而民無所食兮，孰與奏其艱鮮？民之害固不可終極兮，歷百千萬世，天乃授之以賢。

　　曰："噫！中國之無人，遂使民至于此焉？天之生斯民兮，故使之食飽而居安。降巨菑以漂之兮，天之意不然。水性固就下善利兮，決之則宜，潛九川而距四海亦奚艱？且九載之孜孜，民不憚苦而訴煩。蓋因利而爲利兮，勞之在先。不忍一勤其力兮，乃至鷙萬世而害弗捐。胡不浚發其利源，剗削其害根？"巨崖剖以罅裂兮[八]，耆，頰乾而陷坤；怒石奮以交墜兮，呀，電走而雷奔。蕩重淵以傾覆兮，喪百怪之精魂。雲轉霧溢盤薄蹙踏兮，注壑于其間。寂寥散漫肆以長往兮[九]，若氣散于坏渾。決其餘以旁溉兮，居其側數百頃皆膏腴之上珍。民降丘而下宅兮，若蟻聚而蜂屯。則幾年幾世之積害一日刷去兮，不啻捐芥而蕩塵。

　　嗚呼，蜀之爲國，非地之中。宜乎夷貊之雜處，魚鼈之與同。有李

[一] "二"，原作"三"，誤，據宋呂祖謙所編《宋文鑑》卷三及《全蜀藝文志》卷二改。◎此題之下，《宋文鑑》有序文云："予始至蜀，詢諸古之賢於蜀有功者，以爲無出文翁上者，於是作《石室賦》。已而復聞有李侯者，於蜀有大功焉。二人者用力於民，雖有勞逸，然參其功，亦其等耳。於是又爲之賦鑿二江，使蜀之民知蜀之所以爲蜀，皆二公之力乎！"

[二] "狄遵度"，《侯鯖錄》卷二云："狄遵度，字元規，樞密直學士棐之子，敏慧夙成。當楊文公崑體盛行，乃獨爲古文章，慕朴子業、韓退之之句法……不幸年二十，爲襄城簿而卒。"

[三] "知"，原無，與《宋文鑑》同，今據《全蜀藝文志》補。

[四] "二"，原作"三"，據《宋文鑑》《全蜀藝文志》改。

[五] "誰"，大觀本作"何"。按，此處之"冤"當"怨恨"講，故作"誰"也通，不煩改作"何"也。

[六] "呀"，原作"訝"，據《宋文鑑》《全蜀藝文志》改。按，呀，張口也。

[七] "飫"，原作"飲"，與《全蜀藝文志》底本同，據《宋文鑑》改。

[八] "罅"，原作"鍔"，《漢語大字典》云同"鍔"，於義不合，據《宋文鑑》《全蜀藝文志》改。

[九] "散"，《宋文鑑》作"歲"，誤。

261

俟者至，然後別類于水物；有仲翁者至，然後同俗于華風。然則今所棟宇而處、衣冠而嬉，皆二公之所醫。若李俟之事，固所莫得而繼；彼仲翁之教，亦何憚而弗爲？嗚呼！以禹之功至大至神，括六合以橫被，疇有存而勿論？胡茲爲害，獨不得聞？無乃力所不泊兮[一]？抑亦遺其功于後人？而今而後，乃知民未得所欲。事或有不利，先世所未暇除去，聖人所未及裁制。苟有志於生民，皆吾人之所事。必聖人而後爲，則小子也不敢與知[二]。

神女廟賦[三]

晁公遡

漢武帝旣封泰山之五年[四]，臨朝而嘆曰："朕念元元之民未蒙休德，周覽中土以施惠澤。而南方以遠故，獨弗及也。朕甚憫焉！"是冬，詔發欻飛、羽林之士，簡車騎之衆，盛清道之儀。天子御雕玉之輿，服龍文而駕魚目[五]，擊蒲梢而驂蹋雲[六]。至于盛唐，望九疑，登天柱，薄樅陽而出休于琅琊。天子大悅，作《盛唐樅陽》之詩，命協律都尉延年歌之，以觸群臣。酒未半，天子戚然不懌。時東方朔、枚皋侍，因進曰："陛下不懌，臣敢請罪。"帝曰："朕適望琅琊之上，忽然雲興，其氣甚異，因感高唐之事。聞楚陽臺之山，下有神女，旦爲朝雲，暮爲行雨，朕心慕之。異時，諸方士嘗言，仙者非求人主，人主求之乃可致。今往游天下，冀一覿列仙之屬而莫獲焉！殆朕之德不如楚王能有所遇也，是以不懌。"朔跪曰："楚王，諸侯耳。有臣宋玉，善爲微詞，感動神女見夢于王。臣嘗笑之，玉安知神女？若臣者乃知之！"上意乃解，命謁者給朔札，使爲之賦。朔即獻辭曰：

[一] "泊"，原作"涓"，據《宋文鑑》《全蜀藝文志》改。
[二] "子"，原作"人"，據《宋文鑑》《全蜀藝文志》改。
[三] 按，此賦載《嵩山集》卷一、《全蜀藝文志》卷二，皆用以參校。
[四] "封泰山之五年"，指元封五年（公元前一〇五年），事載《史記·封禪書》及《漢書·武帝紀》。後文云作《盛唐樅陽》之歌等，亦見《漢書》。
[五] "龍文""魚目"，皆駿馬名。《漢書·西域傳贊》："蒲梢、龍文、魚目、汗血之馬充於黃門。"
[六] "擊"，別集作"繫"，文義可通。

徑西那之綿邈兮[一]，積閶風之崇基。繚玉墉以千里兮，右翠水而左瑤池。崑崙層峙以崟峩兮，弱淵周流而逶迤。中龜臺之清都兮，塏洪敞而甚治[二]。粲丹房與石室兮，罨浮雲而上齊。諒豐隆列缺之矜工兮[三]，斧雷霆而斲之。疏懸黎以代礎兮，瑩結綠而飾墀[四]。虞淵倒景而下射兮，光反激以交馳。萃飛仙之游遨兮，餌若英而咀瓊枝。戛叢霄之靈璈兮[五]，歌白雲而忘歸。狀愉樂而不可殫兮[六]，非羽輪其莫窺。

帝九靈之少女兮，其名曰瑤姬。受素書于紫清兮，含洞陰之華滋。習玉瑛而厭處兮，乘回飈以長辭。狂章、大翳為之奉轡兮[七]，策蒼虬而駕白蜺。馭八景之玉輶兮，曳紛綸之雲旗。載靈氣而輕舉兮，揭鷖戾而鴻飛。涉巨溟之層波兮，將攝乎南箕。聆夢澤之雄爽兮，㳽天水之相圍。介青丘而澶漫兮，奄高唐以冥迷。忽意樂而延佇兮，彌絳節以徘徊[八]。胠丹笈授夫神禹兮[九]，靖九土而安柔祇。下民懷斯遺烈兮，即石化而為祠。象瓊光之華闕兮，搴辛夷以為楣。矯藻棟以乘虯兮[十]，列葯房而張薜帷[十一]。群峯連卷而十二兮，爛雲屏而揚輝。儼玉立而正中兮，貌渥飾而具宜。沐蘭澤而含若芳兮，被桂裳而繡衣。炯繡妝之豐麗兮，淡聯娟之修眉[十二]。肅容華之拱侍兮，紛環珮之陸離。神武蹲而抱闕兮，夕夾陛

[一] "那"，原作"方"，據別集改，《全蜀藝文志》作"邦"，形近而誤。按，《太平廣記》卷五六"西王母"條云："西王母者，九靈太妙龜山金母也，一號太虛九光龜臺金母元君。乃西華之至妙，洞陰之極尊……所居宮闕在龜山、春山、西那之都、崑崙之圃、閶風之苑，金城千重，玉樓十二，瓊華之闕，光碧之堂，九層龜臺，紫翠丹房。左帶瑤池，右環翠水。其山之下，弱水九重，洪濤萬丈，非飈車羽輪不可到也。"
[二] "塏"，原作"嵦"，據別集改。按，"塏"，乾燥也，"嵦"則指山貌，於義不合。
[三] "列"，大觀本誤作"月"。
[四] "懸黎""結綠"，皆美玉名。《戰國策·秦策三》："臣聞周有砥厄，宋有結綠，梁有懸黎，楚有和璞。"
[五] "璈"，大觀本誤作"遨"。按，璈乃古樂器名，《太平廣記》卷六五"謝自然"條云："步虛訖，即奏樂。先撫雲璈，雲璈，形圓似鏡，有絃。"
[六] "殫"，大觀本誤作"憚"。
[七] "狂章·大翳"，瑤姬之侍從神名。《太平廣記》卷五六"雲華夫人"條云："時大禹理水駐山下，大風卒至，崖振谷隕，不可制。因與夫人相值，拜而求助。即敕侍女授禹策召鬼神之書，因命其神狂章、虞余、黃魔、大翳、庚辰、童律等助禹也。"
[八] "彌絳節"，指收其儀仗而暫住。"彌"此處通"弭"，止息也。"絳節"，《老學庵筆記》卷九："天下神霄，皆賜威儀，設於殿帳座外。面南，東壁，從東第一架六物：曰錦繖、曰絳節、曰寶蓋、曰珠幢、曰五明扇、曰旌。"
[九] "胠"，原作"出"，據別集改，《全蜀藝文志》作"去"。
[十] "乘虯"，與《全蜀藝文志》同，別集作"垂虹"。
[十一] "列"，原作"烈"，據別集、《全蜀藝文志》改。
[十二] "淡"，別集、《全蜀藝文志》作"澹"，義同。

263

以文貍。猿猱悲吟以度曲兮,女媧倚歌而舞馮夷。三足烏往來爲之使兮,訊東華之靈妃[一]。迹逍遙乎中區兮,亮素節之靡移。

鼻祖祝融之裔子兮,竊息嬀以荆尸[二]。蠱文夫人于前兮[三],後又奪鄀陽子之妻[四]。豹舄斃掩而攘内兮[五],蠆目暴卒而蒙眥[六]。黑要挾夏而與居兮[七],於菟盗邧而遂孽[八]。世非淫而上蒸兮,嘗見刺于湘纍。橫下臣繁宋玉兮,按暴厲之不可規。稱先生常與靈游兮,薦枕席而嬖私。今胡爲而復遇兮,意託諷于微詞。啟後世之瞽惑兮,詎魄化而爲芝。曰媚而服焉兮,則與夢期。宜聖覽之孔昭兮,獨超悟于昨非。厲皇荒德而慢神兮,禍源起乎龍漦[九]。悼衛蒯之失國兮,艾豭實發其亂機[十]。屏宓妃而却玉女兮,幸後王之三思。

[一] "東華之靈妃",即東華上房靈妃,傳見《墉城集仙錄》卷三。
[二] 按,此句指《左傳·莊公十四年》所載楚文王滅息而取息嬀之事也:"蔡哀侯爲莘故,繩息嬀以語楚子。楚子如息,以食入享,遂滅息。以息嬀歸,生堵敖及成王焉。未言,楚子問之。對曰:'吾一婦人而事二夫,縱弗能死,其又奚言?'楚子以蔡侯滅息,遂伐蔡。"
[三] "文夫人",即息嬀。《左傳·莊公二十八年》云:"楚令尹子元欲蠱文夫人,爲館於其宫側而振萬焉。"注云:"文王夫人息嬀也。子元,文王弟,蠱惑以淫事。"
[四] "鄀",原作"鄘",與別集及《全蜀藝文志》底本同,今據《左傳·昭公十九年》所載改:"楚子之在蔡也,鄀陽封人之女奔之,生太子建。"此楚子指楚平王。
[五] 按,此句所載見《左傳·昭公十三年》:"楚子之爲令尹也,殺大司馬蒍掩而取其室。"此楚子指楚靈王。
[六] "目",原作"月",據別集及《全蜀藝文志》改。按,"蠆目",《左傳·文公元年》云:"初,楚子將以商臣爲大子,訪諸令尹子上。子上曰:'君之齒未也,而又多愛黜,乃亂也。楚國之舉恒在少者,且是人也,蠆目而豺聲,忍人也。不可立也!'弗聽。既又欲立王子職而黜大子商臣。商臣聞之而未察,告其師潘崇曰:'若之何而察之?'潘崇曰:'享江芈而勿敬也。'從之。江芈怒曰:'呼!役夫!宜君王之欲殺女而立職也!'告潘崇曰:'信矣!'潘崇曰:'能事諸乎?'曰:'不能。''能行乎?'曰:'不能。''能行大事乎?'曰:'能。'冬十月,以宫甲圍成王。僖二十八年,王以東宫卒,從子玉蓋取此宫甲。王請食熊蹯而死,弗聽。丁未,王縊。諡之曰靈,不瞑;曰成乃瞑。"
[七] 按,此句指連尹襄老之子黑要與夏姬亂倫之事。《左傳·成公二年》云:"楚之討陳夏氏也,莊王欲納夏姬……王以予連尹襄老,襄老死於邲,不獲其尸。其子黑要烝焉。"
[八] "於",原作"于",據别集、《全蜀藝文志》及《左傳》改。按,此句所言見《左傳·宣公四年》:"初,若敖娶於䢵,生鬭伯。比若敖卒,從其母畜於䢵。淫於䢵子之女,生子文焉。䢵夫人使棄諸夢中,虎乳之。䢵子田,見之懼而歸。夫人以告,遂使收之。楚人爲乳穀,謂虎於菟,故命之曰鬭穀於菟。"
[九] 按,此二句言厲王無德,而童妾感龍漦而孕,生褒姒,遂有其後周幽王烽火戲諸侯之事。詳《史記·周本紀》。
[十] 按,此二句言衛世子蒯聵出奔宋,實因野人所作之歌也。《左傳·定公十四年》云:"衛侯爲夫人南子召宋朝,在宋呼之,會于洮。大子蒯聵獻盂于齊,過宋野,野人歌之曰:'既定爾婁豬,盍歸吾艾豭。'大子羞之,謂戲陽速曰:'從我而朝少君,少君見我,我顧,乃殺之。'速曰:'諾。'乃朝夫人。夫人見大子,大子三顧,速不進。夫人見其色,啼而走,曰:'蒯聵將殺余!'公執其手以登臺,大子奔宋。"

灧澦堆賦[一]

薛紱

蜀江匯而赴峽，勢廹抑而騰掀。當江之衝[二]，有堆屹然。爰停我橈，徘徊覽觀，有會余心。乃知大禹所以浚川而不去此者，匪特以殺水之怒。而四瀆之長，江存灧澦，河存砥柱，則聖人之意亦將有所寓焉！

夫形而上者謂之道，形而下者謂之器。器者物之物，道者物之先。先乎物者，在人則存乎心者也，所以宰制乎萬物，豈一物所得而肩？彼堆斯江，彼柱斯河，在物之石，而器之下也。然洪水滔天不爲之移，狂濤卷空不爲之動。潦盡漲涸，岌乎峭堅。亘宇宙而長存，閱陵谷之變遷。而人之所以先乎物者，乃誘于知，乃逐于物。利之趨[三]，如水斯下；欲之熾，如火斯然。曾莫得以止遏者，反茲石之不若，又安可不推其原[四]？縱而忘反，茲固弗道；制之無方，愈蕩而偏。禁而絕之者，昧乎倫類；空而妙之者，荒無逕躔。

嗚呼！無廬而居，無畔而田，卒窮露而奚歸，寧耕穫而有年？曷不觀于茲堆乎！彼惟居其所者，屹而固也，然後可以障狂隤之流川。苟失其所而昧其居，吾知此心之不傳。其居伊何？曰：“則自天[五]，理雖微而難明，實天命之固然。”自視聽言動之間以及于君臣父子之懿，物必有則，理不可遷。切而思之，講而明之，習而察之，謝無根之潢潦，挹有本之源泉。眇乎其微，深乎其困。物有萬變，事有萬理，察乎其微者，卓然而不可易，然後可以蔽乎天地而關乎聖賢。

必真知也，而後其行也果；必力行也，而後其知也全。敬恭朝夕[六]，奉而折旋[七]，茲孔、孟之所以不倦、不慍、不怍者，豈蹈白刃之勇者所

[一] 按，此賦載《全蜀藝文志》卷二，作者乃宋時嘉定府龍遊縣人，萬曆三十九年《嘉定州志》卷四"名賢"下有其小傳。
[二] "當"，原作"掌"，據《全蜀藝文志》改。
[三] "利"，大觀本誤作"理"。
[四] "不"，原作"以"，據《全蜀藝文志》改。
[五] "曰則"，《全蜀藝文志》底本與此同，而點校者據《歷代賦彙》乙，誤也。按，此文雖爲賦灧澦堆，實則乃闡述薛紱自身所持之哲學思想也。薛紱之書齋號"則堂"，所著有《則書》十卷，所論皆效法天道之理，即後文之"物必有則""天則之嚴"也。
[六] "敬恭"，原互倒，據《全蜀藝文志》乙正。按，"敬恭朝夕"乃熟語，《左傳·襄公二十三年》云："公徂然之，敬共朝夕，恪居官次。""共"通"恭"。
[七] "而"，原作"以"，據《全蜀藝文志》改。

可得而言？嗚呼！人心之危匪石，而人欲之勝甚于水。吾觀茲堆而有感于天則之嚴，是以憂講學之怠而述之于篇。

巴國考[一]

王象之

《山海經》云："西南有巴國。"又云："昔太皞生咸鳥，咸鳥生乘釐，乘釐生後昭，是爲巴人。"[二]郭璞注云："巴之始祖。"[三]《寰宇記》：周武王伐紂，巴蜀之蜀[四]、髳、微預焉。《尚書·牧誓》云："及庸、蜀、羌、髳、微、盧、彭、濮人。"注云：髳、微在巴蜀[五]。巴之名已見於此。《巴志》云："武王克殷，封其宗姬於巴，爵之以子。"《春秋》魯桓公九年，巴子請與鄧爲好。莊公十八年伐楚，文公十六年巴與秦、楚共滅庸，哀公十八年巴人伐楚，敗于鄾。又曰：庸蠻叛楚，楚莊王伐之，"七遇皆北，唯裨、鯈、魚人實逐之。"[六]杜曰：裨、鯈、魚，庸三邑；魚[七]，今魚復縣也[八]。《巴志》云：戰國時，蜀旣稱王，巴亦稱王[九]。《巴志》亦云：周慎靚王五年，蜀王伐苴，苴侯奔巴[十]，巴爲求救于秦。秦惠王遣張儀、司馬錯救苴、巴，遂伐蜀，滅之。儀貪巴、苴之富[十一]，因取巴，執巴王以歸，置巴、蜀及漢中郡。

蜀國考

前人

按，《世本》《山海經》、揚雄《蜀王本紀》《華陽國志》諸書皆言蜀

[一] 按，以下四篇論考之文，皆載《全蜀藝文志》卷四八，故用以參校。
[二] "是"下，《山海經·海內經》有"始"字。此處無，與《太平寰宇記》卷一三六"渝州"下所引同。
[三] "祖"下，原有"事"字，乃衍文，今刪去。
[四] 第二"蜀"字，《全蜀藝文志》改作"屬"，據下文，實有蜀人，故不煩改也。
[五] 按，此處所引《太平寰宇記》之文見該書卷七二，文字略異。
[六] "裨"，原無，據《全蜀藝文志》、後文"裨"字及《左傳·文公十六年》所載補。
[七] "庸三邑魚"，原作"三巴"，據《左傳·文公十六年》注文改。
[八] "今魚復縣也"，《左傳》注文作"魚復縣，今巴東永安縣"。
[九] 按，此句，《華陽國志》卷一《巴志》原文作"戰國時，嘗與楚婚。及七國稱王，巴亦稱王"。
[十] "苴"，原無，據《華陽國志》補。
[十一] "苴"，原作"道"，據《華陽國志》改。按，此處所引《華陽國志》，與今本文字略有出入。

之先肇于人皇之際。至黄帝子昌意娶蜀山氏女[一]，生帝嚳，後封其支庶于蜀，歷夏、商、周。始稱王者縱目[二]，名蠶叢；次曰柏灌，次曰魚鳧。其後有王曰杜宇，杜宇稱帝，號望帝。時有荆人鼈令死，其屍隨水上，荆人求之不得。鼈令至汶山下忽復生，見望帝，帝立以爲相。時巫山壅江，蜀地洪水。望帝使鼈令鑿山，蜀得陸處。望帝因禪位于鼈令，號開明，遂自亡去，化爲鵑鳥，故蜀人謂子鵑爲望帝。自開明而上至蠶叢，凡四千歲；自開明而下，五葉有開明尚，治立宗廟。《尚書・牧誓》所謂"庸蜀"者，即此也。《通鑑》慎靚王五年，巴蜀相攻擊，俱告急于秦。秦使張儀、司馬錯伐蜀，滅之，貶蜀王，更號爲侯，後以其地爲蜀郡。《華陽國志》云："開明氏凡王蜀十二世。"

蜀山考

前人

《金陵隨筆》云：蜀人繪蜀山，作六圖。一曰峨眉，去嘉州百里[三]，爲六山之最。自白水寺登山，初二十里，有石磴可登。又二十里，多無路，以木爲梯，行三二里方著實地。又二十里有雷洞，始到光相寺，則峨眉絕頂。其上樹木禽鳥多與平地異，天氣尤不同。九月初已下雪，應綿衣絮衾用盡而終夜燃火。山上水煮飯不熟，飯食皆從白水寺造上。所謂"光相錦雲天，燈陰雪不見"。一曰青城山，中有六道宮，丈人觀、上清宮爲最。五宮觀皆在山之麓，五里至上清。又至成都山則爲半山，至大面山則爲山之巔。大面山後即老人村，不可通矣。一曰錦屏，今閬州城南，五山峙立江南如屏，有浙間山之狀[四]。有讀書巖，乃陳堯叟兄弟讀書之地。一曰赤甲、白鹽，在今夔門灩澦之兩岸[五]，水流其中而兩山束之，大率如蜀之門户。一曰劍門關，古所謂劍關之險，有大劍、小劍之號。往往山皆北向，有劍鋒之狀而道出兩山之間，有關使以司之。一

[一]"昌"，原無，據《全蜀藝文志》卷四八補。
[二]"縱"，原作"總"，誤，據《全蜀藝文志》改。
[三]"州"下，原有"峨眉縣"三字，誤衍，據《全蜀藝文志》校勘記刪。
[四]"之"，原無，據《全蜀藝文志》補。
[五]"今"，原無，據《全蜀藝文志》補。

曰巫山，今夔州巫山縣之東，十二峰不是一面生，江遶此山，周遭十二峯，故人繪爲一圖爾。

蜀水考

前人

四瀆惟江最大，發于岷，逕夔、荆達揚而入于海，此江之原也。外自蜀而言，江之外，其水有七。出于綿之神泉曰綿水，出于什邡之章洛山曰洛水，分流于永康之湔堰曰湔水[一]。綿水自綿竹紫巖山逕德陽；雒水自什邡入雒，湔水逕導江、崇寧、九隴、濛陽亦入雒，三水皆合於雒。自雒逕懷安、簡、資、富順至瀘，與江水會，總曰內水。發源于江油之清川，逕綿、潼、遂，東至于合，曰涪水。發源于沔之青泥嶺，逕大安、利、閬、果，至合與涪水會曰嘉陵水[二]。發源于小巴嶺，逕巴、蓬之伏虞，西南以至于渠，曰巴水[三]。出萬頃池，逕明通，又至渠與巴水合曰渠水。巴、渠二水既合，逕廣安、新明，至合與嘉陵[四]、涪水會以達于渝而江始大，此七水與江別合之大略也。若分流出夷中、入中國以附于江者有三：曰青衣，曰羊山，曰馬湖。青衣出峽山[五]，逕嚴道、洪雅、夾江而下。羊山出鐵豹嶺，逕漢源至嘉定之南，與青衣水合，入于江[六]。馬湖自夷都流至叙，亦入于江。又有出于郡邑之山澤者，則自岷峨而下，沿流以至于夔，不勝其衆。其大者如盛山之萬頃池，則釃流有四：一入于渠，三入于夔。惟漢水出嶓冢，與江分流，由漢、金趨襄，至江夏大別山始與江合。此蜀衆水接連荆、楚源流之大略也。

[一] "堰"，原作"壃"，乃一形訛誤字，字書不載，今據《全蜀藝文志》改。
[二] "與"，原作"于"，據《全蜀藝文志》改。
[三] "曰"，原作"口"，據《全蜀藝文志》改。
[四] "與"，原作"于"，據《全蜀藝文志》改。
[五] "峽"，原作"來"，據《全蜀藝文志》改。按，峽山，即邛崍山。
[六] "江"，原無，據《全蜀藝文志》補。

劍閣銘

晉 張載[一]

巖巖梁山，積石峩峩。遠屬荊衡[二]，近綴岷嶓。南通邛僰，北達褒斜。狹過彭碣，高踰嵩華。惟蜀之門，作固作鎮。是曰劍閣，壁立千仞。窮地之險，極路之峻。世濁則逆，道清斯順。閉由往漢，開自有晉。秦得百二，并吞諸侯。齊得十二，田生獻籌[三]。矧茲狹隘，土之外區，一人荷戟，萬夫趑趄。形勝之地，非親勿居。昔在武侯，中流而喜。山河之固，見屈吳起。興實在德，險亦難恃。洞庭孟門，二國不祀[四]。自古迄今，天命不易。憑阻作昏，鮮不敗績。公孫述既沒[五]，劉氏銜璧[六]。覆車之軌，無或重跡。勒銘山阿，敢告梁益。

月巖銘

冉木[七]

黔號古郡，地居極邊。倅治倚山，其山刺天。曰有月巖，古老相傳。視事累月，徧求茫然。偶濬溝渠，巨石中填。深掘視之，厥狀巉岏。中

[一] "張載"，《晉書》卷五五有傳，稱"張載，字孟陽，安平人也。父收，蜀郡太守。載性閑雅，博學有文章。太康初至蜀省父，道經劍閣，載以蜀人恃險好亂，因著銘以作誡"。此文亦載於傳中，又見《文選》卷五六及《全蜀藝文志》卷四四等。今以《全蜀藝文志》參校。

[二] "衡"，大觀本誤作"山"。

[三] "田生獻籌"，《文選》李善注云："《漢書》田肯賀上曰：'陛下得韓信，又治秦中，持戟百萬，齊得十二，此所謂東西秦也。'"

[四] "昔在武侯……二國不祀"，《文選》李善注引《史記》曰："魏武侯浮西河而下，中流顧謂吳起笑曰：'美哉乎河山！此魏國之寶也！'吳起對曰：'在德不在險。昔三苗氏，左洞庭而右彭蠡，恃此險也，德義不修，禹滅之。夏桀之居，左河、濟，右太、華，伊闕在其南，羊腸在其北，修政不仁，湯放之。殷紂之國，左孟門，右太行，常山在其北，大河經其南，修政不德，武王殺之。由此觀之，在德不在險。若君不修德，舟中之人盡為敵國。'武侯曰：'善！'"

[五] "述"，原為正文，此銘文皆四字為句，《文選》亦無"述"字，故今從《全蜀藝文志》作夾注處理。

[六] "劉氏"，原作"李氏勢"，據《全蜀藝文志》改。

[七] "冉木"，原作"冉木震"，誤，今據宋本《元公周先生濂溪集》卷七度正題名"嘉泰二年三月二十有四日，正與趙琥伯玉、冉木震甫來謁先生之祠"刪。按，冉木，字震甫，別作"震父"，《全宋文》卷七三〇九列其小傳云："冉木，字震父，合州人。嘉定十五年為承議郎、通判黔州。紹定年間，通判綿州。"◎此銘文，載《全蜀藝文志》卷四四、《蜀中廣記》卷一九、萬曆《重慶府志》卷七〇等，此文與《全蜀藝文志》所錄全同。

269

寶一穴，透明而圓。皎如秋月，翳絶浮烟。旁輔三隙，如星之聯。扠拭細觀，古識存焉。爰命僕夫，舁置座前。負以層石，映以灣泉。日對其側，卷舒簡編。凡物遭遇，皆有夤緣。高岸深谷，知幾變遷？惟我月巖，存千萬年！

卜肆銘[一]

陸龜蒙

蜀莊之託蓍龜也[二]，以忠孝仁義；後來之託蓍龜也，以媮佞險詖。美之使怡愉，怛之使駭畏。小人惟惡是嗜<small>松江本作視</small>，惟禍是避，惟福是覬，惟瞽言<small>二字集作瞽</small>是媚[三]，曾不究得失之所自。故幽贊之蓍、前列之龜，乃化爲庸妄之器[四]。嗚呼成都，吾不知古爲市之地，況君平之卜肆耶？強爲之銘，以刻其意[五]。

移建離堆山伏龍觀銘[六] 并序

馮伉[七]

《夏書·禹貢》導江濬以出岷山，秦史《河渠》鑿離堆以洩沫水。懷

[一] 按，此文見《甫里先生文集》卷一八、《文苑英華》卷七九〇、《全蜀藝文志》卷四四及《全唐文》卷八〇一等，今以《甫里先生文集》與《全蜀藝文志》參校。
[二] "莊"，與《全蜀藝文志》同，別集作"嚴"。按，此人本姓莊，後因避漢明帝劉莊之諱而改爲嚴。
[三] "瞽言"，與《全蜀藝文志》同，別集作"蠱"。◎"二"，底本原作"一"，大觀本漫漶，據《全蜀藝文志》改。
[四] "化"，原作"此"，據別集、《全蜀藝文志》改。
[五] "以"，原作"具"，據別集、《全蜀藝文志》改。◎又，此文之後，原有宋右仁《石室銘》，因本書卷一已收，故此處刪去。
[六] "銘"，原無，據《全宋文》卷三〇三九及《全蜀藝文志》卷四四補。
[七] "馮伉"，《全蜀藝文志》誤以爲乃明人。《全宋文》僅云此人乃安岳人，元符三年進士。所據乃嘉慶《四川通志》卷二二〇。按，此卷數乃誤題，實則爲卷一二二。但據此即以爲該銘文乃元符三年中進士之馮伉所作，恐證據不足。雍正《四川通志》卷六載："馮伉，景德中知永康軍。學行兼優，爲政得蠻夷心，璽書旌表。"嘉慶《四川通志》卷一〇一亦云："馮伉，景德中知永康軍。"景德，一〇〇四至一〇〇七年，元符三年乃一一〇〇年，故此馮伉絶非一人。復據此銘文之序所載，乃歌頌李冰之功者，此觀在永康軍，與"馮伉，景德中知永康軍"相合。故而應將此文歸景德中知永康軍之馮伉，此文亦作於景德中也。

襄昏墊之瀾平之于前，以陂九澤，以通百貢，于是乎錫圭鑄鼎，夏后以膺圖立極；潏汭頒洞之患濬之于後，以疏二江，以灌萬井，于是乎鬭牛沉犀，李公以興利除害。大惠浹于黎獻，豐功遺于億萬，其極一也。與夫鄭國分渠于渭上，西門引漳于河朔，恩較其博[一]，倍將萬矣。左思曰"指渠口以爲雲門[二]，灑滮池而爲陸澤"[三]，不其然乎？非夫有道之士，其孰能勇斯身、仁斯民，輝照竹帛，豐潔祠享，如此其光也？詳夫驅風雲，運神化，剪妖厲，謀疏鑿，功麼萬世，壽踰百歲，其在神仙之品，得非漢天師、許旌陽之徒歟？

離堆山伏龍觀者，《風俗傳》云誅邪厭怪之所、腴田沃野之會。驚湍湧雷，漱瀨飛雪，洪流涀其淡澹，迴波渳乎溶瀜。爾其雲壁高坼[四]，霜濤中注，靈阜嶙岣以磅礴，沖淵澎湃而瀺灂。硍硍灘漘，清振林谷[五]。有若長蛟斷于陽羨[六]，支祁鏁于淮泗[七]，勿復害矣。每歲孟春，役徒萬億計[八]，太倉爲之給粟，長吏爲之督工。築之繩之，決之防之，乘時以興，比月而息。枝分脈散，環縈糺錯[九]，連州越郡，膏沐千里。雖密雲霢霂，愆陽蘊隆，而田原是濡，倉箱是粒。《書》不云乎："岷嶓既藝，沱潛既導。"蓋坤維之上游[十]，天府之陸海也。爰建福地，聿崇仙觀，旌哲人之餘烈，慰生民之報德，固其宜矣。

伉常覽舊史，燦然神迹，式將王命，躬率僝功，歷載惟三。周視其

[一] "恩較"，《全宋文》作"思效"，其採入此文所據乃《全蜀藝文志》，然又與《全蜀藝文志》不合，失校歟？按，此處乃言李冰鑿離堆，比鄭國開鄭國渠、西門豹引漳河水恩德更重，作"恩較"是。

[二] "思"，原作"史"，誤，據《全蜀藝文志》《全宋文》改。按，此二句見左思《蜀都賦》。

[三] 此句之下，《全宋文》據《宋代蜀文輯存》補"如李公者"四字，實不必也。按，《文選》卷四所收《蜀都賦》，李善注此二句即言李冰於湔山下造大堋以壅江水，分散其流，溉灌平地，故曰"指渠口以爲雲門"。則此二句本爲歌頌李冰者，若補"如李公者"，反以爲所言非李冰也。

[四] "坼"，原作"圻"，據《全蜀藝文志》改，《全宋文》作"折"。

[五] "清"，原作"靖"，據《全蜀藝文志》《全宋文》改。

[六] "長蛟斷于陽羨"，指晉人周處斬蛟之事，《晉書》本傳云："周處，字子隱，義興陽羨人也……因投水搏蛟，蛟或沉或浮，行數十里，而處與之俱。經三日三夜，人謂死，曾相慶賀，處果殺蛟而反。"

[七] "支祁鏁于淮泗"，指大禹鎖淮、渦水神之事，唐李公佐《古岳瀆經》："乃獲淮、渦水神，名無支祁，善應對言語，辨江、淮之淺深，原隰之遠近。形若猿猴，縮鼻高額，青軀白首，金目雪牙。頸伸百尺，力踰九象，搏擊騰踔疾奔，輕利倏忽，聞視不可久……頸鏁大索，鼻穿金鈴，徙淮陰之龜山之足下，俾淮水永安流注海也。"

[八] "計"，大觀本誤作"記"。

[九] "糺"，原作"紆"，據《全蜀藝文志》《全宋文》改。

[十] "維"，原作"離"，據《全蜀藝文志》《全宋文》改。

間，堂廡湫隘，命芟草以廣其趾[一]，積石以增其洼[二]。遷舊宇之翳薈，即孤山之顯敞。洪流璧轉，列峯屏合。東臨江口之關，故靈基立其左，崇功之義也；西瞻寶室之穴，故仙亭峙其右，思玄之旨也[三]。正居太上之殿，中築朝真之壇，喬木蔽乎陽岑，奔流激乎陰壑[四]。石頭虎踞之狀，蓬丘鰲冠之奇，呂梁縣仞之險，吳濤逆奔之勢，羅列在目，殆非人世之景象與！且猛虎嘯于谷風[五]，玄鶴鳴于浦月[六]。白雲生座，上拂仙香；彩霧依巖，下傳天樂，氣象萬千，更僕難盡焉。

方今聖上凝命穹昊[七]，躋人福壽。訪道以清中夏，軒轅氏之理也；望秩以徧群神，有虞氏之勤也。茲地也，名山周映，靈跡孤標，僉移集道之宮，尊爲逆鼇之府。事非改作，功無用勞；不革舊名，惟崇新宇。經構輪奐之狀，助揚穆清之化[八]。真風奇蹟，等天地久。不亦盛乎！不亦永乎！拂石刻銘，于彼山趾。其詞曰：

李公英英，日貫其誠。奇功美利，于今有靈。仙嵬屹峙，玄都景明[九]。壇殿新製，門闥舊名。江沱泚泚，揚漣玉清[十]。岷山峩峩，回風雪零。桂菌朝蔚，漪瀾夜淳。乘雲嘯歌，浮丘赤城。

禹廟記[十一]

王廷瞻[十二]

《帝王世紀》及《路史》《華陽》[十三]《元和志》、揚子雲《蜀記》並

[一] "周視其間，堂屋湫隘，命"，原注"缺九字"，今據《全宋文》補。
[二] "洼"，原作"注"，據《全蜀藝文志》《全宋文》改。
[三] "玄"，原作"道"，據《全蜀藝文志》《全宋文》改。按，此字疑陳祥裔避玄燁諱而改也。
[四] "奔流"，原注"缺二字"，據《全宋文》補。
[五] "象與且猛虎"，原注"缺五字"，據《全宋文》補。
[六] "玄"，原作"鉉"，據《全蜀藝文志》《全宋文》改。◎"鶴"下，《全蜀藝文志》有一無法識別之生造字，《全宋文》此字則作"幽"，實乃衍文，碑刻剜削之也。
[七] "氣象萬千，更僕難盡焉。方今"，原注"缺二字"，據《全宋文》補。
[八] "揚"，原作"楊"，據《全蜀藝文志》《全宋文》改。
[九] "玄"，原作"元"，據《全蜀藝文志》《全宋文》改。
[十] "揚"，原作"楊"，據《全蜀藝文志》《全宋文》改。
[十一] 按，此文載康熙《四川總志》卷三六，今用以參校。
[十二] "王廷瞻"，《明史》卷二二一有傳，嘉靖三十八年進士，萬曆五年以右僉都御史巡撫四川，此文殆作於任上也。
[十三] "華陽"，乃"華陽國志"之省稱。

載：帝禹，汶山廣柔人也。生于石紐，蓋今之石泉縣云。然則蜀于禹爲發祥，《詩》姜嫄所當生民之初，若後世號稱湯沐邑者，宜有祀。考之宋，嘗祀禹于石泉，又嘗祀于夔門。計有功、張玠爲記其事[一]，而今皆堙沒矣。嘻，何其闕也？

今上踐祚，修舉廢闕，興于禮樂，靡德不報，百物咸周。于是中丞巴陵羅公、直指隴西郭公，咨覽禹跡，慨然返思，言于朝，請爲禹廟成都，如秦州祠太昊之義，以颺禹績、稱皇上卷卷平成之意。制曰可。廼治祠城中[二]，越三載而告成。殿廡奕奕，門屏翼翼，丹雘有渠，肅肅藹藹，歆若降陟[三]。嗚呼盛哉！夏后明德之遠，而聖主之事報斤斤休邕矣！

余讀《書》至禹乘四載，同九州作貢，十有三載過門不入，蓋喟然嘆息于禹烈焉！然其辭雅馴，略言之。及讀他傳記所載，禹治水躬操畚耜，燒不及擩[四]，濡不給扢[五]，冠罣履脫而弗顧[六]。所乂名川三百，支流三千，至于腓亡，胝支不遂，竅息不屬，以奠民于安土。所謂臣役之勞不勩于此者也。至他稱述，戴鈴履已，受笈河精，如乘龍、宛委、童律、成光、無支祈之類[七]，則又詭幻非常聞[八]，余甚異焉。然《書》亦稱洛出書，錫禹九疇，此與所稱探符授簡者異乎哉？今越之會稽山，其上蓋有禹穴焉。意者天授神聖以拯九州之溺而貽萬世之安，事宜有之。如圯橋素書[九]，穀城黃石[十]，不必盡誣也。世稱神禹，有以也夫！不然，何其獨擅神明之號也？夫以禹之勞如彼，其功若此，宜祀一。尊邁迹則廣柔爲降神之鄉，宜祀二。泝峻業則岷嶓爲滌源之首[十一]，宜祀三。今河、

[一]"玠"，原作"价"，與《四川總志》同誤，今據《全蜀藝文志》卷三七改。按，計有功所作記文爲《大禹廟記》，張玠所作爲《剏建有夏皇祖廟記》。
[二]"廼"，原作"建"，形近而誤，據《四川總志》改。
[三]"陟"，原作"涉"，據《四川總志》改。
[四]"擩"，原作"擩"，與《四川總志》同，形近而誤，據《路史》卷二二及《淮南鴻烈集解·要略》改。按，擩，音guì，排去也。
[五]"扢"，原作"拾"，與《四川總志》同，形近而誤，據《路史》卷二二及《淮南鴻烈集解·要略》改。
[六]"罣"，大觀本作"挂"，義可通。
[七]按，以上關於大禹之神跡，皆見《路史》卷二二。
[八]"幻"，原作"與"，不詞，《四川總志》作"字"，亦不可解，茲據雍正《四川通志》卷四二所錄而改。
[九]"圯橋素書"，指張良在圯橋與一老人相遇，受其《太公兵法》，見《史記·留侯世家》。
[十]"穀城黃石"，指黃石公曾授張良兵書《黃石公三略》，亦見《史記·留侯世家》。
[十一]"源"，原作"原"，與《四川總志》同，據雍正《四川通志》改。按，"滌源"，見《尚書·禹貢》，謂滌除泉源無壅塞也。

濟、淮、泗之間，沿流祼獻[一]，而民間又往往家尸而戶祝之。而茲土顧無祀，豈以沱、潛既道，蔡、蒙既旅，數千年無壅決昏墊之患，忘其功而遂忘其報乎？噫！何其負而不德也！

夫祭之爲義，有報而無祈。河、淮以有事而數祈，瀆也；江、沱以安流而弛報，忘也。與其忘也，無寧數數者迫于菑患，無所奔走，控愬而爲之，不猶愈于食人之德而忘之者乎？皇帝聖哲，原念本始，允答人心，肇嚴蜀祀，用彰明德。且以重蜀于天下萬世，巴蜀吏甿薦紳長老莫不趨走環觀、咨嗟感激于斯。廷瞻曰：乃者國家有事于河，河流順軌，灑沈澹菑，黔首賴祉。大矣哉，皇帝之功與神禹並也！吾乃今而益知禹德焉。祗奉休命，既告成事，乃爲究度天意，推明祭義，揚詡聖謨[二]，告之來茲，曰俾勿壞於成祀云。

重修杜工部祠堂記[三]

張時徹

杜工部子美祠在成都郭西五六里許[四]，即其所咏草堂者是也。蜀獻王之始封也，見祠隘且就圮，曰："是足以妥靈而虔祀乎？"遂拓而新之，事在方正學碑中[五]。嘉靖丙午[六]，乃余實來，去獻王幾二百禩[七]，則圮猶昔也。余乃使知府馬九德、長史李鈞、游緇啟于今王[八]，爲言祠事。王輒報喏[九]。乃遂闢廊廡，起薨棟，引流爲池，易甓以石，規模壯麗，增于故昔蓋十之六七。費白金三千有奇，經時日歲有奇。

人曰："是舉也，見今王繩武之孝焉，尚賢之誠焉，風後之烈焉，非恭儉樂善，其孰能之？"張時徹曰："余於子美，蓋傷志士之不遇云。"

[一]"祼"，原作"裸"，形近而誤，據《四川總志》改。
[二]"揚"，原作"楊"，與《四川總志》同，形近而誤，今改之。按，"揚詡"，讚揚、誇耀也。
[三]按，此文載《芝園定集》卷三八、《補續全蜀藝文志》卷二九及康熙《四川總志》卷三六，皆用以參校。
[四]"許"，別集作"所"，文義亦通。
[五]"方正學"，即方孝孺，有《遜志齋集》，卷二二收《成都杜先生草堂碑》，即此處所言之碑也。
[六]"嘉靖丙午"，指嘉靖二十五年，即一五四六年，據後文"經時日歲有奇"，則張時徹此文約成於一五四七年也。
[七]"禩"，大觀本、別集、《補續全蜀藝文志》《四川總志》作"禩"，二者同。
[八]"緇"下，別集有"等"字。
[九]"喏"，別集作"諾"，義皆可通。

初，子美貧不自振，客吳、越、齊、趙間。如長安，舉進士不中第，困蹇矣。玄宗饗郊廟[一]，獻賦三篇，帝奇之，稍稍鄉用。因數上賦頌，遂高自稱道，且言："先臣恕、預以來，承儒守官十一世。迨中宗時，祖審言以文章顯。臣賴緒業，自七歲屬辭，且四十年。然衣不蓋體，常寄食于人，恐一旦填溝壑，惟天子哀憐之。若令執先臣故事，拔泥塗之久辱，則臣之述作雖不足鼓吹六經，至沉鬱頓挫、隨時敏給，揚雄、枚皋可企及也。有臣如此，其忍棄之？"會祿山亂，天子入蜀，子美避走三川。已又自鄜來奔，爲賊所得。乘間脫走，上謁鳳翔，拜右拾遺。先與房琯爲布衣交，琯之敗陳濤斜罷相也，子美力辭伸雪，觸帝怒[二]，瀕死乃免，然帝至是蓋不甚省錄矣。時所在寇掠，子美家寓鄜而彌年艱窶，嬰孺至餓死。已出爲華州司功參軍，會關輔饑，輒棄官去，之秦州[三]，採橡栗負薪以自給。流落劍南，結廬成都西郭。會嚴武節度劍南東西川，往依焉。武以世舊遇待甚隆，因表爲參謀、檢校工部員外郎。而子美傲誕，嘗兒侮之。會武卒，帳下亂，子美遂往來梓、夔間。已又出瞿塘，下江陵，泝沅湘，登衡山，因客耒陽，死焉。

　　始，子美懷奇腹異[四]，俯視時輩[五]，謂功名可立致，不屑屑脂韋取容。而逢時百罹，瑣尾流離，曾不能自糊其口，乃竟窮餓以死也，悲夫！人之議子美者曰："放曠不自檢，好論天下事，高而不切。"[六]今諦觀其詩[七]，皆洞悉事理，察知閭閻，謂高而不切，是耶？非耶？至其所效用，恒以稷、契自許，故其詩曰："世人共鹵莽，吾道屬艱難。"[八]又曰："勳業頻看鏡，行藏獨倚樓。"此其所自傷悼，亦云至矣。使也邁雲龍之會而遭三五之期，以彼其志與才，必能以功業行實光顯于時。即不能以功業行實光顯于時，乃其所自稱許揚雄、枚皋之文，協之金石，被之管絃，

[一]"玄宗"，原作"明皇"，與《四川總志》同，乃清人避諱而改者，今據別集、《補續全蜀藝文志》改。

[二]"帝"下，別集有"盛"字。

[三]"之"，別集作"客"。

[四]"腹"，原作"服"，與《四川總志》同，今據別集、《補續全蜀藝文志》改。按，"懷""腹"對舉，作"腹"是。

[五]"俯視時輩"，與《四川總志》同，別集作"奴視儕輩"，《補續全蜀藝文志》作"奴視時輩"。

[六]按，以上敘子美生平之文，多本自《新唐書·文藝傳上·杜審言傳附杜甫》。

[七]"諦"，原作"締"，與《補續全蜀藝文志》《四川總志》同，形近而誤也，據別集改。

[八]"難"，原作"虞"，諸書皆誤，今據杜甫《空囊》詩改。

以格郊廟，以和神人，其又得而少之耶？何至間關流落[一]，自糊其口之不得，而乃竟窮餓以死也？故曰："予於子美而傷志士之不遇也。"[二]

後又有論者曰：子美之爲人，其清類伯夷，其忠類屈原，其慮世類箕子[三]。於乎，其幾矣！其幾矣！有司曰："祠成矣，宜有守祠之田。"則與守祠者田。又曰："是宜有麗牲之碑與春秋饗祀之詞。"[四]遂叙述子美之平生而系之以辭[五]。曰：

江之水兮洋洋，發岷山兮導華陽。莽川原兮膴膴，雲霞爛兮如繪如組。東有濯錦兮西有浣花，都之人兮曰婆娑。潭之水兮滄浪，公則棲兮草堂。芳草萋萋兮白石齒齒，何以樂饑兮惟潭之水。公之邁兮千秋，履綦絕兮跡若留。曷去來兮梁燕[六]，曷之親兮沙鷗。思公兮祀公，考鼓兮鏗鳴鐘。雲冠兮蕙服，乘鸞兮馴鵠。公來兮不言，公去兮心煩寃。酹桂酒兮奠瓊糜[七]，生不及兮心相知。翼我兮迪我，公不然兮我心則那。

重修杜工部草堂記

楊廷和[八]

成都草堂，唐杜子美舊居之地也。堂屢廢矣，輒新之者，重其人也。子美出處具在本傳，堂之興廢，亦各有紀載，不復以云。今日之舉，則巡撫都御史鍾公蕃倡其議，巡按御史姚公祥主其成，而鄭公弘

[一]"流落"，別集作"濩落"，於文義皆可通。

[二]"於"，原作"與"，據別集、《補續全蜀藝文志》《四川總志》及前文"余於子美，蓋傷志士之不遇云"改。

[三]按，此評價見明人劉球《兩谿文集》卷四之《謁少陵杜先生草堂記》："其清類伯夷，無日不懷其君、憂於國；其忠類屈原，閔人窮倫圯，汲汲欲拯而叙之，以復古初；其慮世類箕子，有是道而未遇知當朝，復更世變，未及施諸用，窮亦至矣。"

[四]"饗"，原作"嚮"，與《補續全蜀藝文志》《四川總志》同，今據別集改。

[五]"平"，原作"事"，與《補續全蜀藝文志》《四川總志》同，文義不通，今據別集改。

[六]"曰婆娑……曷去來"，原無，與《補續全蜀藝文志》《四川總志》同，今據別集補。按，雖云別集所錄有定稿時修正之可能，但不因與碑文相距如此之遠也；且無此數句，文義不暢，疑刻碑時有脫文也，故據別集補足。

[七]"糜"，原作"卮"，與《補續全蜀藝文志》《四川總志》同，今據別集改。按，"瓊卮"借指酒，與桂酒重複，作"瓊糜"者，指玉屑，義勝。

[八]"楊廷和"，字介夫，新都人。成化戊戌進士，官至華蓋殿大學士。《明史》卷一九〇有傳。按，此文載《全蜀藝文志》卷三九及康熙《四川總志》卷三六，均用以參校。據後文"經始于弘治庚申之春，斷手于其年之秋"，知此文作於一五〇〇年。

協其謀也[一]。既成，成都府同知吳君廷舉以書與圖來，屬予記之。

蓋魁然而起臨于官道者爲門，門之後爲祠三楹，遺像儼然，春秋之所有事焉者也。祠之改作，鍾公實委郡僚任之。于時以公帑無羨餘，未遑其他。他日姚公往視之[二]，則以爲他之不葺，又遺後人以郵，是其責在我。再令郡中檢括所藏，仍以兩巡院所沒入者益之，藩、臬諸公亦各助之十一。于是，他不治者並手偕作。祠後爲書院，楹如祠之數，屋其左右各稱是。引水爲流，橫絶其後，橋其上以通往來。于其前門焉，榜曰"浣花深處"。進于是，則草堂也。堂故在院之前，來游者雜然讙譁，弗嚴也。姚公乃令易置之，院後隙地盡以屬之堂，而規制益宏矣。堂之左右亦各爲屋三楹，其東則選釋氏之徒居之，以奉祠之香火；其西則禮神之器與延賓之具皆貯焉，繚以周垣，廉隅有截。又其東偏爲池，引橋下之水注其中，菱蓮交加，魚鳥上下相樂也。名花時果雜植垣內，盆池楚楚，離列其間。其外則樹以楩柳，像子美之舊也。經始于弘治庚申之春，斷手于其年之秋。財不費而功侈，民不勞而事集，凡此皆吳君圖之而受之姚公者也。

夫世稱子美者，槩以爲詩人。愚嘗不滿于是，以爲詩道之成極于子美，而子美之重于人者，則不獨詩也。唐三百年間，文章之士毋慮數千百人，而祠于後者僅可指數。李白之于采石，韓愈之于潮州，是其表著者。他若襄陽之孟亭，建州之梨山之類[三]，則有知有不知者矣。而子美之草堂，夫人皆知之，是獨以其詩而已哉？蜀自先秦以來，上下數千年間，古今通祀者纔數人。若秦之李冰，漢之文翁、孔明，宋之張詠[四]，皆以功德流遠，比于甘棠，是以蜀人若是其慕之也。而子美徒以羈旅困窮之人，軒然與之並，是誠不獨以其詩也。蓋子美之爲人孝友忠信，大節俱備，讀其詩，考其素履，一一可見。至若許身稷、契，則亦自其所能爲者言之。觀其"舜舉十六相，身尊道何高？秦時任商鞅，法令如牛

[一] "弘"，大觀本誤作"泓"。
[二] "視"，原作"規"，與《四川總志》同，今據《全蜀藝文志》改。按，"規"者，勸也，於此處辭氣過重，不妥。
[三] "梨山"，《明一統志》卷七六《建寧府·山川》下"梨山"條云："在府城東南一十五里。唐刺史李頻雅好此山，既卒，郡人思之，立祠其下。宋郡守盧幹爲立碑。"
[四] "詠"，《四川總志》誤作"誅"。

毛"之語，則其出處亦略可知[一]。史家不能得其所存而疑其議論，漫謂之"高而不切"，志其墓者亦不過稱之爲文先生耳。於乎，此何足以知子美哉？不知于當時，乃知于後世。一世之短，百世之長，子美之名若草堂，雖與天壤俱存可也。今日諸公之舉，尊賢勵俗[二]，其于風教豈曰小補之哉！

諸公在蜀[三]，皆卓有風烈，可傳于後。記爲草堂作也，故不具述。董是役者，自成都府檢校崔塘而下，其姓名皆列之碑陰。

重修瀼西草堂記

陳文燭[四]

昔人謂杜子美夔州以後諸詩蓋最工云。考先生自成都下瞿塘，浮湘望洛而寓于夔門，其居三徙：有瀼東，有東屯，而瀼西尤著。地多平曠，田可水稻，先生出峽即易其主。而所手書券[五]，宋元間得而珍之。後日荒圮。萬曆間，任夔守郭君棐訪遺址[六]，檄奉節令羅繡藻新祠事，肖先生像[七]，太守能文章，有記述，而又請余碑焉。余奉天子璽書宣教化，例得旌揚古今忠義之士，徘徊祠下，不覺潸然也[八]。

憶先生獻賦時，玄宗大奇之[九]，命宰相試其文，拜左拾遺。乃高自稱道，先世以來，多以文顯，若薄揚雄、枚臯不爲者。其矜誕一時，有祖審言之風[十]。會祿山亂，輦轂入蜀，避走三川。肅宗立，往救房琯，

[一] "出"，《全蜀藝文志》作"用"，於義皆可。
[二] "勵"，《全蜀藝文志》作"厲"。按，"厲"即古"勵"字。
[三] "在"，《全蜀藝文志》作"之"。
[四] "陳文燭"，字玉叔，沔陽人。嘉靖乙丑進士，官至南京大理寺卿。有《二酉園文集》存世。據《明神宗實錄》卷二一，陳文燭於萬曆二年升爲四川提學，此文當作於萬曆二年或其後也。今據《二酉園文集》卷九、《補續全蜀藝文志》卷二七、康熙《四川總志》卷三六所載參校。又，《杜詩詳注》卷二五所收此文，與本書等所載文字差異較大，故不做對勘。
[五] "券"，原作"在"，與《補續全蜀藝文志》《四川總志》同，今據別集改。
[六] "間任夔守"，別集作"改元，夔州"。
[七] "肖"，原作"有"，據別集、《補續全蜀藝文志》《四川總志》改。
[八] "潸"，與《四川總志》同，別集、《補續全蜀藝文志》作"法"。
[九] "玄宗"，原作"明皇"，與《四川總志》同，今據別集、《補續全蜀藝文志》改。
[十] "祖"，原無，與《補續全蜀藝文志》《四川總志》同，今據別集補。

至不省錄。嚴武節度劍南，復依焉，表爲參謀[一]、檢校工部員外郎。先生久于夔，及兹堂之建，其時有足悲者。而史稱先生挺節不汙，所爲詩歌善陳時事，千彙萬狀兼而有之，忠君憂國，每飯不忘。當時韓愈氏高其文章光焰至長萬丈也，真知言矣。《語》曰"生無一日懽，死有萬世名"，先生之謂乎？先生襄陽人，與孟浩然友善。襄陽舊有孟亭，不存，而峴山祠先生者亦荒。今瀼西更新，比于同谷、浣花[二]，可謂無關世教哉？余爲迎神[三]、送神曲，使歌以祀。其詞曰：

昔飄零兮流寓，嘆遷次兮朝暮。側身來兮，參差其舊路[四]。右迎神曲。
三年飽兮煙霧，千載驚兮香炷。尚轉蓬兮，山靈其呵護。右送神曲。

重建塗山禹廟碑記[五]

曹汴[六]

今川東兵憲田公之駐節我郡也，開忠益之賓亭，廣咨諏之使務。于是，于郡東塗山之麓得禹廟舊址與元臣劉志道所題廟碑焉。顧碑漫缺不可讀，乃又于郡志得元臣賈易巖所譔碑[七]，引東漢《郡志》及《華陽國志》諸古籍，辯禹之娶于塗山實兹山也[八]。其會諸侯乃在會稽塗山，而世遂以爲娶于彼，非也。其考既明備而核，足破近世膚聞之誤，而文復爾雅可傳。于是，公讀之嘆曰："昔人睹河、洛而思禹功，矧梁、岷之高山迅川其利鑿疏導之難，殆又倍于河、洛[九]。而今之享既藝之利而被安流之澤者，顧漫不知思禹功也乎？縱令禹非蜀人[十]，其娶非塗山，猶當郡爲之祠廟，以報厥萬世永賴之功。而舊籍之可考班班若是，其舊址遺

[一]"謀"，底本誤作"諒"，據大觀本等改。
[二]"浣"，原作"流"，形近而誤，據別集、《補續全蜀藝文志》《四川總志》改。
[三]"神"字，別集、《補續全蜀藝文志》無。
[四]"舊"，大觀本誤作"嗜"。◎"路"，原無，據別集、《補續全蜀藝文志》《四川總志》補。
[五]按，此文載《補續全蜀藝文志》卷三一及康熙《四川總志》卷三六，皆用以參校。
[六]"曹汴"，據雍正《四川通志》卷三四，此人乃嘉靖己丑（一五二九）科進士，巴縣人，歷御史參政。據後文，此記作於萬曆三年（一五七五）。
[七]"碑"下，《補續全蜀藝文志》復有一"碑"字。
[八]"娶"，《補續全蜀藝文志》作"聚"，誤。後文之"娶"字同，不復出校。
[九]"倍"，原作"信"，形近而誤，據《補續全蜀藝文志》《四川總志》改。
[十]"令"，原作"今"，形近而誤，據《補續全蜀藝文志》《四川總志》改。

279

碑今猶巖然焉[一]，而顧坐視其鞠爲瓦礫草莽之墟[二]，此豈非觀風守土者之責哉？"遂毅然亟爲重建之舉，乃首以語我郡守朱君，君遂率郡二倅，與邑令尹躬視其址，以復于公。公乃隨以督建之役委之衛使陳嘉勳，且復親爲之指授曰："是舉也，基視舊址宜拓三之二，庶廟貌宏邃，足壯觀瞻。棟宇宜掄梗楠之材，庶無速朽，足垂久遜。禹位宜遵洪武七年帝王廟例，塑袞冕坐像，庶謁者如見，廟益籍以尊嚴[三]。然兹山以塗后而傳，禮宜合祀。顧像則弗典，仍宜前設木二，一稱夏大禹神主，一稱夏后塗山氏神主，庶禹不獨血食而山靈亦與榮矣。第其役計費吾帑贖之餘若干而足，以此構材，以此募役[四]，可毋更役夫里一人也。"授既定，乃遂移上撫臺鍾祥確庵曾公、按臺徽州環一郭公。既後先報可而爲時，分守少叅汪公駐涪陵[五]，公復以其事告之，亦忻然贊焉[六]。

于是嘉勳日在工督建唯亟，而城野之人顧晏然若不知其有興作也。蓋拓基于萬曆甲戌之冬十有二月，至乙亥之春三月廟乃訖工。廟基凡爲臺三，臺皆甃石爲之。前爲門，凡四楹；躐級而上爲亭，亦四楹；亭後左右各爲房，亦各四楹。又躐級而上始爲廟四楹，而廟地勝棟隆。後依朝曦之輝，面挹郡基金碧之秀[七]，龍門抱其下，塗洞峙其左，遮灘陣其右，殆儼然古塗山國之故宫。而禹之像則考宋人所刻聖賢遺像爲之，復藹然錫圭，告成之度如生也。公是諏日辦香[八]，爰率郡邑長貳恭謁于廟而告成事。退乃顧汴城墟，命載筆焉。既而朱君復以公意申命之，而汴遂無容辭也。

汴唯賈碑塗山辨甚詳，顧未暇及塗山氏之賢、之有功於禹也。按漢劉向《列女傳》稱禹之治水而南也，塗山氏蓋賦猗南之候[九]，其後周之二《南》

[一]"巖"，大觀本作"儼"，義遜。
[二]"鞠"，《四川總志》作"鞫"。按，"鞠"通"鞫"，窮盡之義也。
[三]"籍"，《補續全蜀藝文志》作"藉"。按，"籍"通"藉"。
[四]"募"，底本誤作"慕"，據大觀本等改。
[五]"汪"，《補續全蜀藝文志》脫。◎"公"下，《補續全蜀藝文志》有"方"字。
[六]"忻"，《補續全蜀藝文志》《四川總志》作"欣"，義同。
[七]"挹"，《補續全蜀藝文志》《四川總志》作"邑"，誤。
[八]"辦"，原作"瓣"，與《四川總志》同，《補續全蜀藝文志》作"辨"，今據文義改。按，"瓣香"爲名詞，於此處文義不合，就算講作動詞"敬仰"，亦義遜。"辦"、"瓣"形近易混，頗疑刊刻有誤，故改之。
[九]"猗"，原作"倚"，據《呂氏春秋·音初》改："禹行功，見塗山之女。禹未之遇而巡省南土，塗山氏之女乃令其妾待禹于塗山之陽，女乃作歌，歌曰'候人兮猗'，實始作爲南音。"劉向《列女傳》不載此事，曹汴誤記也。

實取風焉。及生啟，禹弗子，塗山氏獨能教訓而使之化，至立庶子之官以翼之。故禹不惟獲告成功，而卒至啟能象賢繼世以有天下。善乎，遷、固之敘三代后妃之助曰："夏之興也以塗山。"然則其今日之配享茲廟也，固以其生茲山之故，然寔祀德祀功之典所弗可遺也。汴故繼敘之，用補前碑之缺，庶昭公之舉也。殆不獨使巴、夔之間睹廟貌而思禹，抑將使聞塗山氏之風者，化不在周、召之南而在川以東矣。其有裨風教，豈小哉！

于是，碑方擬登刻，而學憲沔陽陳公適校士至渝，郭公按部偕汪公至，聞廟成，咸後先登謁。于是一時塗林之旅，無不躍然快觀也。然公之意以山在江之東岸，猶石紐在蜀之西陬[一]，皆冠蓋之所弗經[二]，故其傳不甚著也。又欲倣之神禹鄉邦，樹石南紀之衢，題以"塗山舊國"，以告觀風者，而公去郡矣。至是，柱史任公來代公出巡[三]，于是朱君具以事白焉[四]。任公乃遂諏日登謁，且面授嘉勳，亟成公之所未及備也。而朱君亦以是月上丁四日登，修嘗祀以肇歲典。噫！山何幸？于數千載之下有茲曠遇哉！

汪公名仲川，系黃岡；田公名子堅，系永寧；任公名惟一，系鰲屋[五]；朱君名孟震，系新淦；其郡貳趙侯方立[六]，倅盧侯晉、梁侯棟、朱侯崑推[七]、王侯邦俊暨邑令鄭侯宗學，或與經其始，或樂觀厥成。而嘉勳則重慶衛指揮僉事，蓋終役獨効勞也。法故當備著于篇。

籌邊樓記[八]

陸游

淳熙三年八月既望，成都子城之西南新作籌邊樓，四川制置使、知府事范公，舉酒屬其客山陰陸游曰[九]："君爲我記。"

[一]"陬"，諸書皆形訛左邊"阜"部爲"土"，字書不載，亦顯非"墼"之別體，今據文義臆改。
[二]"皆"，原作"若"，據《補續全蜀藝文志》《四川總志》改。
[三]"出"，《補續全蜀藝文志》作"兵"，誤。
[四]"朱"，大觀本作"諸"，恐音同而誤也。
[五]"屋"，《補續全蜀藝文志》脫。
[六]"立"，原作"正"，據《補續全蜀藝文志》《四川總志》改。按，雍正《四川通志》卷三〇載隆慶中有鰲屋人趙方立任邛州知州，當即此人也。
[七]"推"，原作"築"，據《補續全蜀藝文志》《四川總志》改。
[八]按，此記見《渭南文集》卷一八、《成都文類》卷二七、《全蜀藝文志》卷三四等，皆用以參校。
[九]"游"，與《成都文類》《全蜀藝文志》同，別集作"某"。

按史及地志，唐李衛公節度劍南，實始作籌邊樓。廢久[一]，無能識其處者。今此樓望犍爲、僰道、黔中、越雟諸郡，山川方域，皆略可指，意者衛公故址其果在是乎？樓旣成，公復按衛公之舊圖，邊城地勢險要與蠻夷相入者，皆可考信不疑。雖然，公于邊境豈眞待圖而後知哉？方公在中朝，以洽聞強記擅名一時，天子有所顧問，近臣皆推公對，莫敢先者。其使虜而歸也[二]，盡能道其國禮儀、刑法、職官、宮室、城邑、制度。自幽、薊以北出居庸、松亭關並定襄、五原以抵靈武、朔方，古今戰守離合、得失是非，一皆究見本末，口講手畫，委曲周悉，如言其閫內事[三]。雖彼耆老大人，知之不如是詳也。而況區區西南夷，距成都或不過數百里，一登是樓盡在目中矣。則所謂圖者，直按故事而已。請以是爲記。

公慨然曰："君之言過矣，予何敢望衛公？然竊有幸焉。衛公守蜀，牛奇章方居中，每排沮之。維州之功旣成而敗。今予適遭清明寬大之朝，論事薦吏[四]，奏朝入而夕報可。使衛公在蜀，適得此時，其功烈壯偉，詎止取一維州而已哉？"[五]游曰[六]："請併書公言以詔後世，可乎？"公曰："唯唯。"九月一日記[七]。

李太白故宅記

楊遂[八]

先生諱白，字太白，事蹟已具范傳正姑孰碑及李陽冰《文集序》矣[九]。

[一]"廢"前，《成都文類》《全蜀藝文志》復有一"樓"字。
[二]"虜"，原作"北"，乃避諱而改者，今據別集、《成都文類》《全蜀藝文志》改。
[三]"閫"，原作"國"，與《全蜀藝文志》同，據別集、《成都文類》改。
[四]"吏"，原誤作"史"，據別集、《成都文類》《全蜀藝文志》改。
[五]"詎"，《成都文類》作"距"，通"詎"。
[六]"游"，與《成都文類》《全蜀藝文志》同，別集作"某"。
[七]按，此記之後原有高惟幾《辯揚子雲宅碑記》，已見本書卷一，故刪之。
[八]"楊遂"，五代末、宋初時人，初仕南唐，陸游《南唐書·後主本紀》云："開寶五年……內史舍人張佖知禮部貢舉，放進士楊遂等三人。"淳化中任彰明知縣，《唐詩紀事》卷一八云："淳化中，縣令楊遂爲之引，謂爲小作是也。遂，江南人，自名能詩，累謫爲令云。"據本文之"辛卯"，乃淳化二年（九九一）任彰明知縣也。此人與王禹偁友善，《小畜集》卷五《酬楊遂》一詩略敍楊遂生平，可參看。◎此文見《全蜀藝文志》卷三九、《李太白全集》卷三六，均用以參校。
[九]"姑孰碑"，即范傳正所作《唐左拾遺翰林學士李公新墓碑》，載《唐文粹》卷五八及《全蜀藝文志》卷四七。

夫蛟龍能神于雲雨，不能爲人用；鳳鳥能瑞于王者[一]，不能爲人畜。而先生以天成之才，能神于爲文；異人之表，能瑞于當世。始投袂而來，竟解組而去，所謂不能人用與人畜也！爍哉庚星，儲精參絡！屬開元天子御宇日久，天下無事，聿修文教，卷四溟而袂寰宇，頓八紘而羅英傑。先生拖屐劍閣，西入長安，天子聞其名，忻若有得。召見之日，前席禮之延于金鑾，待如僚友。自是疇咨若采，潛俾草奏[二]，造膝説辭，人莫知者。恩隆寵洽，王公嚮風，不浹日而聲烜于華夏，亦先生之遇代之盛也。

夫有高世之德，則訕謗者伺其隙；有超人之行，則妒嫉者窺其釁。故士無賢與不肖，女無美與醜，睹先生以興歎也。值非常之時，遭非常之主，宜必立非常之事，建非常之功。以開元之盛，非謂無時矣；以玄宗之明，非謂無主矣。然而青蠅之營營，棘藩斯止；貝錦之萋斐[三]，豺虎可投。賈誼既疏，崔駰亦棄[四]。豈非得時不難得君難，得君不難立事難，立事不難建功難，故功難成而易敗，事難就而易毀者歟？先生所以卷舒無悔吝，趣舍有進退。遂乃北游燕趙，東訪梁宋，南憩郢楚，周流數十載，思與喬、松游[五]，而餌金丹爲事爾。繇是縱情肆志，劉伯倫之傲世也[六]；賦詩寓懷，阮嗣宗之窮途也；學仙養生，嵇叔夜之邁俗也。觀其才思駿發，浩蕩無涯，組繡史籍，粉繪經典，若鼓虡鐘而鬼神雜沓，闢武庫而劍戟森羅。而又縹緲悠揚，迥出風塵之外，不作人間之語，故當時號爲謫仙人焉。如《蜀道難》，可以戒爲政之人矣；《梁甫吟》，可以勵有志之士矣；《猛虎行》，可以勗立節之子矣；《上雲曲》，可以化愚夫之懵矣；《懷古》，可以革澆風之俗矣。其餘所作，雖以感物因事而發，終以輔世匡君爲意[七]。自西竄夜郎，南流江左，坎壈頓躓，飄泊羈屑，悲夫！

僕嘗論蜀中自古多出名人才士，其尤者，漢則司馬長卿、王子淵、揚子雲，唐則陳子昂暨先生耳。長卿遇武皇之重，終卧病而閒。子淵獲宣帝之好，亦無用於世。子雲會王莽之亂，復貧困而卒。子昂憤文章之壞，一

[一]"鳥"，《李太白全集》作"鳳"。
[二]"草奏"至後文"蒼梧"，原脱，今據《全蜀藝文志》補入。
[三]"貝錦"，《詩·小雅·巷伯》："萋兮斐兮，成是貝錦。"朱熹集傳："言因萋斐之形，而文致之以成貝錦，以比讒人者因人之小過而飾成大罪也。"
[四]"賈誼"，《史記·屈原賈生列傳》載其被貶爲長沙王太傅，抑鬱而卒。◎"崔駰"，《後漢書》本傳言其因諫竇憲而被貶爲長岑縣令，遂不之官而歸家。
[五]"喬、松"，喬指王子喬，松指赤松子，皆仙人也，見《列仙傳》。
[六]"傲"，《李太白全集》作"遨"，或誤。按，"劉伯倫"即劉伶，《晉書》有傳。
[七]"輔"，《全蜀藝文志》誤作"補"，實則底本嘉靖《四川總志》不誤也。

變古道，又以貶而退。先生振風雅之綱，再革今弊，竟以放而去。噫！天厚其才而薄其命乎？不然，以褒貶聖賢、毀譽今古，主陰者罰之乎？又不然，以才學富多、器識儁茂，司命者黜之乎？是烏可知也？然此數子[一]，千百年後莫不聳慕，宗爲楷則，亦可謂拔乎其萃者矣！

先生舊宅在清廉鄉，後往戴天山讀書，今舊宅已爲浮圖者居之。僕少賢先生之文，每爲太息。辛卯，謫苾斯邑，因暇披莽，挈侶來尋。嗟乎！城郭皆是，丘陵如故，其人已往，其迹空在。遼海玄鶴尚千載而却歸[二]，蒼梧白雲竟一去而不返[三]。爲銘勒石，寘之金田。其辭曰：

岷山之精，上爲金星。母乃夢協，先生以生。厥名與字[四]，則而象之。出風塵表，標天人資。詞源學派，若洩尾閭。自古王佐，欲致唐虞。謂予弗起，蒼生其如。遂來京師，荃芬蘭藹。天子詔我，金鑾賜對。禮爲前席，千載一會。王公卿士，莫不傾葢。英聲雷飛，輶于區外。有始有卒，其惟聖人。孰謂誰來，我思奉身。稽顙丹陛，願乞骸骨。天子從之，出蒼龍闕。鶴返青漢，雲歸碧天。緬追安期，邈尋偓佺。夕餌瓊蕤，晨嗽玉泉。放情肆志，養吾浩然。詩吟千首，酒飲百船。西浮南泛，夫何繫焉？龍飲山前，涪江之涘，先生一去，宅留故里。數變喬木，幾千人世。草蔓荒蹊，棘羅廢址[五]。鄉人故老，猶話厥美。吁哉先生，不爲不遇。命也何如？拂衣自去。蓬萊金闕，崑崙珠樹。定往游否，孰知其故？悠悠我思，傷心日暮。

杜工部草堂記[六]

趙次公[七]

六經皆主乎教化，而《詩》尤關六經之用。是故《易》以盡性，而

[一]"然"，《全蜀藝文志》作"抑"，據《李太白全集》改。
[二]"玄鶴"，指丁令威學仙後化鶴歸來，事蹟見《搜神後記》卷一。
[三]"蒼梧白雲"，《藝文類聚》卷一引《歸藏》云："有白雲出自蒼梧，入于大梁。"
[四]"與"，《全蜀藝文志》作"曁"。
[五]"羅"，原作"蘿"，與《全蜀藝文志》同，今據《李太白全集》改。按，"羅"作動詞，網羅也。
[六]此文見《成都文類》卷四二、《全蜀藝文志》卷三九、康熙《四川總志》卷三六，《杜詩詳注》附編則節錄部分文字，《全宋文》卷四五七九據《全蜀藝文志》收錄。今以《成都文類》《全蜀藝文志》及康熙《四川總志》參校。
[七]"趙次公"，字彥材，宋嘉州龍遊人，紹興年間，與晁公武有交遊。《杜甫全集校注》附錄五對其注杜詩之情況有詳細介紹，可參看。

情性寄寓之詠則《詩》通乎《易》；《書》以導事，而事變之達則《詩》通乎《書》。《詩》興而禮立樂成，無《詩》則禮樂無以發揮。《詩》亡而後有《春秋》，有《詩》則《春秋》無復勤聖人之筆削。然則《詩》之旨其不大乎？故孔子刪《詩》之後而爲二百四十二年之褒貶。孟子尤長于《詩》，而有七篇之書，其與《風》《雅》明教化無異也。自孔、孟微言之既絕，而詩之旨不傳。區區惜別，已失于漢；華麗委靡，又失于六朝。唐自陳子昂、王摩詰沉涵醇隱，稍爲近古，而造之猶未深，其明教化者無聞焉。至李、杜號詩人之雄，而白之詩多在于風月草木之間、神仙虛無之說，亦何補于教化哉[一]？

惟杜陵野老負王佐之才，有意當世，而骯髒不偶，胸中所蘊，一切寫之以詩。其曰"許身一何愚，自比稷與契"，又曰"致君堯舜上，再使風俗淳"，此其素願也。至其出處，每與孔、孟合。"尚憐終南山，回首清渭濱"，則其遲遲去魯之懷；"勳業頻看鏡，行藏獨倚樓"[二]，則有皇皇得君之意。晚依嚴武，未愜素心。枉駕再顧，赴期肯來，禮數非不寬也，而卒未免于嫌忌，致同袍有蜀道難之悲。吁可慨夫！

我公以甫氣味之同[三]，神交于今日，而況閭闔有揖遜之風[四]，松竹無荒蕪之歎，在甫所得爲多。則甫之精爽凛然，宜安新宮之爽塏而樂之矣。儻甫無恙，其遇公也，受知之篤，始終不渝，嚴公視之得無怍乎？彼之疇昔論詩，孰與今者刻詩之意也[五]？天下後世由是識曲阜之履，愛甘棠之木，誦其詩以知教化之源[六]，豈不自我公發之邪？

[一] "亦"，與《四川總志》同，《成都文類》《全蜀藝文志》作"正"，義遜。
[二] "倚"，《成都文類》作"依"，然文淵閣《四庫全書》本《成都文類》作"倚"，疑整理者有誤。
[三] "我公"，疑即張燾，《宋史》卷三八二有傳。《成都文類》卷四二於此文之後復載喻汝礪同題作，申有句云："又語其屬曰：'杜少陵詩歌一千四百有餘篇，考其志致，未嘗不念君父而斯民是憂。顧其祠宇，距城不能五里，騫陊摧剝，何以昭斯文之光？予甚自愧。'乃斥公帑之餘，弗匱府藏，弗勤民力，命僧道安董其事增飾之。慮工一千五百，計泉八十萬有奇。創手於紹興庚申八月丙戌，訖季冬之乙亥告成。斲石爲碑二十有六，盡鏤其詞于堂之四周，次第甲乙，毛末不欠。"此正趙次公"彼之疇昔論詩，孰與今者刻詩之意也"之所指。然此句與前文不相聯屬，《全蜀藝文志》整理者疑上有脫文，當是。
[四] "揖"，底本原作"楫"，據大觀本、《成都文類》《全蜀藝文志》《四川總志》改。
[五] "者"，《成都文類》作"曰"。
[六] "源"，與《四川總志》同，《成都文類》《全蜀藝文志》作"原"。

修玉局觀記[一]

彭乘

　　一氣委于化，觀化則歸無；萬物生于無[二]，本無而爲有。由是物物自別，事事自分，不爲而成，其用弗匱。形上形下，非柔非剛，廣包太虛，微在毫末。吾不知物各自造，而造物者有主耶？抑自然爾[三]？自然爲性，虛無爲體，其道也歟！道之用可勝言哉！在天地爲動靜而無動靜，在日月爲晦明而無晦明，在雷霆爲響震而不響震，在山河爲融結而不融結，在四時舒慘爲變而不變，在百穀草木爲生而不生，在八音爲和而不聞，在五色爲彰而莫覩。其于人也，爲誠明之性、視聽言貌焉，非天下之至通，其孰能與于此乎？且人在道中，道在人中，人全道用而能體法。雖不可見，觀萬物而索之，反照自然，原其所感，無所執系，強爲之名。名有所宗，宗其所自也[四]，是以名跡分焉。名跡分而異途顯，故物物紛擾，靡所定例[五]。人而無別，與飛走同，故聖人則乾坤，明上下，順其節，因其和，而明禮樂。禮樂之用，其在人神。人神必有所宗，故壇墠以興，牲器以設，宗廟以制，嶽瀆以崇。《虞書》之始曰禋，《洪範》之陳曰祀，必有其具，乃能其事焉。斯蓋人倫之宗，政教之始，俾人有所向，神有所居。凡功施生民，必盡宗祀，寔敦本也。道爲物始，不其本歟？功德之大，詎可名述？彼宮廟之列，抑由此焉。雖三洞、九宮，杳在上清之境；太微、紫極，自居無色之鄉，彼常有聞，或難致詰。惟太上混元上德皇帝，體自然之運[六]，本無始之宗，探象帝之前，立先天之化。武丁之世，誕質厲鄉。柱下同塵，函關演教，以恍惚離形質之表，希夷非視聽之端，托有寄無，申明大道，將令萬物自化，統歸衆妙之門；

[一] "修"，原在"彭乘"下，乃陳祥裔從康熙《四川總志》抄錄時因誤解而爲，今據《成都文類》卷三六、《全蜀藝文志》卷三八乙正。按，"彭乘"，《宋史》卷二九八有傳，不名"彭乘修"也。

[二] "生"，《成都文類》作"本"。

[三] "抑"，大觀本誤作"亦"。

[四] "其"，《成都文類》作"具"，而文淵閣《四庫全書》本《成都文類》作"其"，疑乃整理者新增之誤也。

[五] "例"，《成都文類》《全蜀藝文志》作"列"。按，"列"亦同"例"。

[六] "運"，《成都文類》《全蜀藝文志》作"用"。

百姓樂推，默契不言之教[一]，其德也博，其用也淵。然後各復歸根，反其所自，故曰消則爲氣，息則爲人。非謂妄惑之言，蓋恢教化之極[二]，將見寂寥妙本，澄湛淳源[三]。修身者去甚去奢，治國者無爲無事，亦猶宓犧畫卦，二儀之德方明；孔子立言，百王之法斯在。夫如是，非崇嚴廟貌、豐潔精誠，日月所臨咸爲崇奉，其可得乎？至若飛布雲霞，穹崇土木，深模絳闕，邃狀丹臺，彼積陽華，此取《大壯》，止欲極誠于道而率人趣善焉，非爲禍福報應而設爾。

益州玉局化者，二十四化之一也。傳云後漢永壽中，老君與張道陵至此，有局脚玉座自地而出，老君昇座，爲道陵演正一之法。既去而座隱入地，因成洞穴，故以玉局名之。矧當坤維奥區，輿鬼之分；墨池、石室，旁資古勝之踪；岷山、導江，遠供清粹之秀[四]。樓臺屹峙，俯瞰郡城，紀曆寖遥[五]，基構斯在。皇帝實崇慈儉，業盛盈成，以清虛爲宴游，以樸素爲玩好。八元授職，五老賡歌，耕鑿熙熙，莫知何力；跂喙蠢蠢，但樂至和。崆峒攸軫于順風，赤水久全于罔象，豈止格心黃屋[六]、讓德紫庭？至誠感通，天人合契，故真祖示儲靈之應，寶符錫無疆之休。誕告成功，備修墜典，祗肅法駕，躬謁真源。崇懿號以示尊嚴，率含靈而底清淨。俾物自化，與道同功，自然三辰駢珠璧之光[七]，五靈爲池藪之物，域中四大，貫而一焉。有以見游泳淳和，出處冲妙，皇帝之理[八]，指掌而窺。乃詔寰區，溥崇靈宇，將俾混元之道赫赫巍巍。

[一]"教"，《成都文類》作"表"。
[二]"恢"，原作"徽"，與《四川總志》同，今據《成都文類》《全蜀藝文志》改。按，"恢"，謂擴大、弘揚也。如宋人夏竦《文莊集》卷二一《青州州學後記》"若恢教化之原、崇學校之美，惟丞相太原公有焉"，《五百家播芳大全文粹》卷三二所收趙承之《教官到任謝師相啟》"賢闢中闈，蓋將恢教化之源；鄉校旁開，益以遴師儒之選"，皆用此義。
[三]"源"，《成都文類》作"淵"。
[四]"清粹"，大觀本誤倒。
[五]"曆"，大觀本作"歷"。按，"歷"可通"曆"，指曆法。
[六]"格"，《成都文類》《全蜀藝文志》作"非"，於義不合。按，"格心"者，即格非心也。《書·冏命》："繩愆糾謬，格其非心。俾克紹先烈。"
[七]"三"，《全蜀藝文志》作"二"。
[八]"皇帝"，《全蜀藝文志》互倒。

知府、諫議大夫、集賢學士凌公[一]，以命世之才布移風之政，盡易象黃裳之美，得詩人溫玉之稱。輟自諫垣，臨茲藩屏，教化周洽，仁惠式敷，誠格于民，民咸知勸，和樂之至，屢爲豐年。庶俗既康，郡政以簡，故靈勝之跡時忽駐游，睨其弗臧[二]，必加完葺[三]。斯化密邇府署，制度僅存。自東漢權輿，皇唐崇飾，王氏竊據，廣其閫閣，壞此殿堂，并爲内禁，尋與府庫悉爲災焚。後主因其舊規，復創祠宇，循其功力，亦匪恢宏。逮將百齡，頹毁相繼，不可終否，屬于昌期。公以國家詔被溥天，誠歸真教，聿遵虔奉，將務增修。飛章上聞，詔允其請。揆之以日，作于此宫。除舊創新，闢小爲大，工無巨細，罔不經心。人之悅從，匪懈其力。東西廣七十七步，南北長七十五步，中建三清殿七間，東廂三官堂、鍾樓暨玉局洞屋[四]、西廂九曜堂、太宗皇帝御書樓并齋廳、厨庫、門屋、周廻廊宇，共一百三十五間[五]。未變槐檀，畢新棟宇，奢不逾制，儉而中規，不妨農時，不勞民用，自然赤城在目，何須紫府游神？臺殿霞明，想像金樓之影；松蘿霧鬱，依稀李樹之陰。壯麗規模，率若神化，非我公馨心悉力、遵奉明詔，曷以臻于此虖？化主浦若谷，克嗣焚修，偶兹興創，愈宜精確，以永增崇。且將紀歲時，俾存金石，式揚巨績[六]，宜屬鴻才。

　　乘識有津涯，文無經緯，狂簡類吾黨之子，研精非道家者流。昭靈府以晶明[七]，未分日月；豁丹田而曠蕩，莫貯乾坤。強索空筌[八]，仰遵嘉命，濡毫扣寂，良愧斐然。大中祥符八年十二月日記。

[一] "凌公"，即凌策，《宋史》卷三〇七有傳。
[二] "睨"，原缺，據《成都文類》《全蜀藝文志》《四川總志》補。
[三] "加"，原作"見"，與《四川總志》同，今據《成都文類》《全蜀藝文志》改。
[四] "鍾"，原作"鎮"，與《四川總志》同，今據《成都文類》《全蜀藝文志》改。◎"洞"，原作"祠"，與《四川總志》同，今據《成都文類》《全蜀藝文志》改。
[五] "共"，《四川總志》誤作"其"。
[六] "績"，《成都文類》作"續"，而文淵閣《四庫全書》本《成都文類》作"績"，疑此乃整理者新增之誤。
[七] "昭"，《成都文類》《全蜀藝文志》《四川總志》作"照"。按，"昭"可通"照"。
[八] "索"，《四川總志》誤作"素"。

朱真人石洞記[一]

鄒敦仁[二]

靈池之東，山巖巒疊。循左右而趨者，參差若鸞鳳翔翅。又其中嶄高，勢如龍驤。自分崠而下，不知其幾千百仭也。若驟若馳，迤邐赴深澗。曰朱真人祠者，正枕此山足。境物清曠，夐出塵世。惜乎舊洞隳圮[三]，或堙塞爲過路，于今四期矣，未有究其所以然者。寶鼎蒲叔豹來宰是邑，興滯補廢，百事修舉。因暇日按碑記訪尋遺址，而心黙識焉。于是鳩工開葺，惟二月既望經始，越十有五日告成。觀其依巖鑿洞，洞深而邃；甃石引泉，泉冽而甘。接洞爲亭，夾以明窗；架石爲橋，次以橫磴。修竹環列，嵐光掩映，風籟披拂，與澗溜相應，如聽琴筑。蓋所謂蓬壺、方丈之景者，一朝而復矣。敦仁時權邑尉，每樂真游，超覽物外，輒滌慮而獻言曰："夫道無古今，物有成壞。方世與道交興[四]，則是洞之託于數者，昔壞而今成，豈無所待而然邪？《易》曰：'苟非其人，道不虛行。'嗚呼，盡之矣！"宣和元年三月日記。

銕牛記

陳鎏[五]

粵稽古導江，自岷山掠成都之南而東下，成都之北水不及焉[六]。《河渠書》曰：蜀守冰鑿離堆以避沫水之害，引其水益用溉田疇之渠，以億萬計。蓋至是始分江通北道堰之始也，沫蓋江之源云。冰姓李，仕秦，有功于蜀，民德之，所在血食，號曰川主。其作堰之善，遠不可考，崖

[一]"朱真人"，即朱桃椎，《新唐書》卷一九六有傳。◎按，此文載《成都文類》卷三九、《全蜀藝文志》卷三八及康熙《四川通志》卷三六，今以前二者參校。
[二]"鄒敦仁"，蜀人，雍正《四川通志》卷二二云其登政和進士第。
[三]"惜"，底本原作"情"，誤，據大觀本、《成都文類》《全蜀藝文志》改。
[四]"世興"，原誤倒，據《成都文類》《全蜀藝文志》乙正。
[五]"陳鎏"，《欽定四庫全書總目》卷一七七《已寬堂集》提要云："鎏，字子兼，號雨泉。吳縣人，自署曰潁川，從郡望也。嘉靖戊戌進士，官至四川提學副使、署布政使。"按，《已寬堂集》原詩集、文集各二卷，今僅存詩集二卷，文集已佚。此文載《補續全蜀藝文志》卷二六及康熙《四川總志》卷三六，皆用以參校。
[六]"不"，《補續全蜀藝文志》作"弗"。

下有古刻曰"深淘灘，低作堰"，蓋治法云。至漢唐尚因之，宋以後或失其法，堰遂壞。至元間，有僉事吉當普者，聚鐵石大舉繕治，民亦利之，然不能如李之舊，不百年復崩。

我朝自弘治以來，當事者百計修復，隨築隨圮，有司歲伐竹木，歲役人夫，費不下鉅萬，民甚病焉。嘉靖間，太守蔣君憫其民[一]，思欲修秦守之政，乃具其事以請憲副周君相度地勢、求故址，得堰之最要者九，欲盡甃之石。其都江堰當水之衝，則石之外再護之鐵，議者偉之。計所費不貲，會君隨牒赴江西枲伯，事遂寢。憲副施君繼董其事，曰："事貴有序，功貴因時。鑄鐵之功易于甃石且要焉，盍先之？"徐謀其後[二]，乃檄崇寧尹劉守德[三]、灌尹王來聘謀鑄鐵牛[四]，其費則議出公儲之應修堰者。經畫處置甚悉，蜀王聞而賢之，命所司助鐵萬斤[五]、銀百兩。時巡撫李公、巡按鄢公皆急于民[六]，多所因革，執施君議，深以爲然，咸刻期㝷之成。議定當庚戌二月矣，春水始發即不能爲功，衆懼焉。施君曰："即不及事，不可以爲來歲計乎？"毅然爲之。于是劉崇寧以君意晝夜勤事，絕流浚沙，鑿江底[七]，凡厥所需，不數日咸集。以是月二十四日入冶，一晝夜牛成。牛凡二，各長丈餘，首合尾分如人字狀，以其銳迎之衝，高與堰嘴等。坏冶之日[八]，蜀府差長史李鈞齎幣帛羊酒勞諸從事者，民環而觀之者億萬，懽聲震山谷間[九]。其父老皆合掌曰："此吾子孫百世利也！"計鐵七萬斤及工費共用銀七百兩。時各州縣多堰工舊逋，

[一]"蔣君"，據雍正《四川通志》卷三〇，嘉靖間官成都知府姓蔣者乃蔣宗魯，貴州普安衛進士，或即此人也。
[二]"謀"，《補續全蜀藝文志》作"議"。
[三]"寧"，原作"慶"，與《補續全蜀藝文志》《四川總志》同，皆誤。今據後文"劉崇寧"改。按，崇慶爲州，崇寧爲縣，後文之灌尹亦灌縣縣令，故此劉守德不當爲州牧，而實乃縣尹也。
[四]"尹王來"，原作"玜求"，"玜"乃"尹王"之合文誤字，"求"乃"來"字形近而誤，此皆因襲《四川總志》之謬也，今據《補續全蜀藝文志》改。
[五]"斤"，《補續全蜀藝文志》誤作"金"。
[六]"李公"，當即李香，《明世宗實錄》卷三六一"嘉靖二十九年六月癸卯"下云："改巡撫四川右副都御史李香為大理寺卿。"後文之"庚戌"，正嘉靖二十九年（一五五〇）也。◎"鄢公"，即鄢懋卿，《明世宗實錄》卷三五五"嘉靖二十八年十二月壬寅"下云："壬寅，下貴州左布政使鄢相於巡撫官逮問。相先任郎中、知府，再以工完各加俸一級。既陞四川左參政，乃於參政本俸外全支從四品俸，又全支從三品俸，兼支三俸，爲四川巡按御史鄢懋卿所論。"
[七]"底"，原作"庇"，據《補續全蜀藝文志》《四川總志》改。
[八]"冶"，原作"治"，與《四川總志》同，今據《補續全蜀藝文志》及前文"入冶"而改。
[九]"懽"，底本原作"懼"，形近而誤，據大觀本等改。

君下令，民樂之，不數日輸既充，費有贏。水次居民杙急湍爲磨碓以規水利[一]，君弗以例禁，薄稅之，復歲得八百金。故事，修堰需舟車之類盡取諸民間，至是皆有備，可不勞民力，不費公帑云。

僉事陳鎏以督學入灌口，牛方落成，往觀之，曰："物與水激，其重必克。數十萬之石可致而不可合，數十萬之銕可冶而合也[二]。合則其重并，無尚矣。水遇重不勝則洄而支，支則力分而弱。及其弱也，竹木砂礫或可以當之，故堰莫急于衝，莫要于銕。嗣世而後，若再甃之石如蔣君之所議者[三]，以歲舉焉，其百世利也。李守故智，要不出此。"時劉崇寧及通判張仁度尚有事堰上，曰："此正古人用銕之意而未之發明也，乃今知之，請紀其事。"遂書之牛背，後系之銘。銘曰：

岷嶓既藝，民之攸墍，惟蜀之利。岷江之陰，陵谷變易，亦有原隰。惟禹之感，乃啟後賢，曰李冰氏。乃鑿離堆，乃堰江浐，乃拯昏墊，乃沃千里。顧茲積石，月齧歲蝕。代有吏勤，屢興屢踣。蜀民警警，勞此洚水。畚鍤靡止，百室罄只。明嘉靖間，守令則賢。亦有憲副，憫此下瘵。謀用大作，維力則艱。施君繼之，相時事事。弗顧弗忌，冰心如思。乃砥洪流，言鑄之銕，神人胥悅。二丑崢嶸，天一迸裂。馮夷駭驚，蛟龍怒咽。犇突既定，江沱溉灑，溉此萬畦。豈惟生民，籩豆餴饎。郡邑十二，惟堰之資。匪堰之力，繄人其力[四]，續禹之跡。爰有同心，視此牛勒。後千百年，其永勿泐。

白帝廟辯誣記

張珖[五]

漢室不競，王莽擅朝，夤緣肺腑，遂盜弄神器，天人之所不與。凡一世之豪傑有志天下者，皆得起而誅之。公孫帝蓋欲誅莽之一人也，于

[一] "杙"，原作"械"，乃木名，於此文義無涉，今據雍正《四川通志》卷一三所錄此文改。按，"杙"者，打木樁於地也，此處言於水中打木樁造水碓以謀利也。
[二] "冶"，底本原作"治"，據大觀本、《補續全蜀藝文志》《四川總志》改。
[三] "蔣"，《補續全蜀藝文志》作"周"。
[四] 此句下，雍正《四川通志》有"嗣冰之功"四字，不知其所據爲何。
[五] "張珖"，宋時山西人，居江油，淳熙中爲湖北轉運判官，後改知劍州。事蹟詳《全宋文》第二七二冊卷六一五六之小傳。此文載《全蜀藝文志》卷三七，今以之參校。

291

漢何罪？而近年有蒙帝以僭叛之名者，過車不式，祠禮不講。邦人奔走禘嘗，事旣踰千載矣，聞而醜之。珫敬爲特書，表正其事。

謹按，更始二年，公孫帝自立爲蜀王；明年夏四月稱帝，改元龍興。是歲，漢世祖以蕭王卽位鄗南，改元建武，是爲光武皇帝。方豪傑群起時，孰不欲頓八紘、身都萬乘？而廢興有命，神器非人力可爭。要其始終，公孫帝初不得罪于漢；而盡有益州之地、子養一方者，十有三年，于蜀不得爲無功。臨陳隕命，與其國俱爲存亡，以誓死不降一念，能血食千祀，視古神明無所少讓[一]，然則其志可謂賢矣！光武嘗賜公孫皇帝書，且曰：“君非吾賊臣亂子。”則蒙帝以僭亂之名者，其失于考按甚矣。

珫敬以漢法隸大書其榜曰“公孫皇帝之祠”[二]，且敬叙其本末如右方，刻之廟中，以一洗其誣。帝英爽如在[三]，尚其臨鑒此言。帝諱述，字子陽，號成家，世呼爲白帝廟云。乾道七年中秋日晉人張珫書。

新修江瀆廟記

蘇德祥[四]

五行迭用，水實居多；四瀆朝宗，江惟其長。八卦之畫也，《坎》之爻冥契北方之數，水實主之；二儀之判也，岷之山騰爲東井之精，江實出之。惟堯之世，斯水未治，遂有民墊之虞，以差方割；惟禹之興，斯江旣道，故有納錫之故，以示成功。其利萬物也，大不可極，深不可測，而靈潤之功著焉；其納百川也，則察之無象，尋之無邊，而靈長之德昭焉。

昔者三國連衡，吳人擅命；六朝割據，陳氏稱雄。及晉祚之隆也，下樓船于玉壘；隋基之盛也，進戈甲于金陵。降孫皓則瀆爲安流，擒叔

[一]“少”，《全蜀藝文志》作“以”，萬曆本《全蜀藝文志》等則作“少”，當卽陳祥裔所本也。今按，作“少”義勝。

[二]“書”，原作“言”，據《全蜀藝文志》改。

[三]“在”，原作“此”，據《全蜀藝文志》改。

[四]“蘇德祥”，北宋時山東高密人，小傳見《全宋文》第三冊卷五四。此文載《成都文類》卷三二、《全蜀藝文志》卷三七及康熙《四川總志》卷三六，皆用以參校。

寳則寂無駭浪，得非有道則應，無道則否，威靈不昧，朌蠁斯在[一]？若乃方軌十二，惟帝之都邑；勝兵百萬，惟帝之爪牙。非富庶無以示國威，非漕運無以資邦計[二]。語其順流而下，委輸之利，通西蜀之寳貨，轉南土之泉穀。建帆高挂則動越萬艘[三]，連檣直進則倏踰千里，爲富國之資，助經邦之略，此又妙不可盡之于言，事不可窮之于筆也。當隋之開皇二年，文帝以沈祭之缺禮，乃營之以廟貌。唐之天寳六載，明皇以廣源之美號[四]，爰封之以公爵。而自梁室暴興，蜀人僭命，王氏則起之于前，孟氏則繼之于後。或征或戰，越四五朝；稱帝稱王，垂七十載。化風久隔，祠典莫修。

應天廣運聖文神武明道至仁孝皇帝，握乾樞而御極，弔坤維而問罪，聊施良策，纔舉偏師[五]，未越六旬，已平三蜀。既而王道坦，泰階平，四夷八蠻有跋扈者，盡爲臣妾矣；名山大川有隔越者，盡入提封矣。爰伸昭謝，用酬玄貺，乃下明詔徧立嚴祠。有司承制，繪樣于素，頒之于所部；長吏祗命，官蔵其事[六]，取之于《大壯》。土木盡其妙，丹臒窮其利，僝功斯畢，列狀以聞。我其潔籩豆，馨黍稷，永享神以明德；神其助造化，和陰陽，潛祐我之治世。式覃睿旨，俾建豐碑。臣敢頌皇猷，刊之翠琰。豈比夫沈于江底，杜元凱惟尚功名[七]；賦彼江流[八]，郭景純但矜詞藻而已哉！銘曰：

江之源兮，出蜀之界；江之流兮，歷吳而大。利萬物于南方，納百川而東會。嗟乎！盜發于唐，兵起于梁，神之祀兮，久廢烝嘗。美哉！我宋之昌，彼蜀之方，神之廟兮，復構棟梁。我其享神以蠲潔，神其祐我以豐穰。勒銘垂裕，休無與疆[九]。

[一]"朌"，《成都文類》作"盼"，形近而誤。
[二]"資"，原作"咨"，與《四川總志》同，今據《成都文類》《全蜀藝文志》改。
[三]"建"，《成都文類》作"健"，誤。
[四]"源"，原作"元"，與《四川總志》同，今據《成都文類》《全蜀藝文志》改。按，《舊唐書·玄宗本紀下》云："封河瀆爲靈源公，濟瀆爲清源公，江瀆爲廣源公，淮瀆爲長源公。"
[五]"纔"，《成都文類》作"讒"；"偏"，《成都文類》作"徧"，均誤。
[六]"官"，《四川總志》誤作"宫"。
[七]"杜元凱"，即杜預，《晉書》本傳云杜預破吳之後，"好爲後世名，常言高岸爲谷，深谷爲陵，刻石爲二碑，紀其勳績。一沉萬山之下，一立峴山之上，曰：'焉知此後不爲陵谷乎？'"
[八]"賦彼江流"，指郭璞作《江賦》。《晉書》本傳言"璞著《江賦》，其辭甚偉，爲世所稱"。
[九]"聖文……與疆"，原缺，與下文之《龍多山錄》相混，今據《全蜀藝文志》補。

龍多山錄

孫樵

　　梓潼南鄙越五百里，其中有山，崛起中天。即山之趾，得逕委延。舉武三十，北出其巔[一]，氣象鮮妍，孕成陰烟[二]。屹石巉巉，別爲東巖。槎牙重複，爭先角逐。若絕若裂，若缺若穴[三]。突者虎怒，企者猿踞，橫者木仆，挺者碑植。又有似乎飛簷連軒，櫟櫨交攢，敧撐兀柱，懸棟危礎，殊狀詭類[四]，愕不得視。下有畎平，砥若戶庭，攄乳側脈，膏停泓石。俯對絕壑，杪臨蘭薄[五]。仙臺標異，蘂石負起，屹與山別，猿鳥蹟絕[六]。腹竇而空，路由其中。斳嶭相望[七]，攀緣上下。闃然而出，曜見白日。始時永嘉，飛真葢羅[八]，玄蹤斯存[九]，石刻傳聞。丹成而蛻，駕鶴騰天，一去遼廓，千載寂寞。澄泉傳靈，別鶴絕明。風閑境清，寂寞無聲。嘉木美竹，岡巒交植。風來怒黑，雷動崖谷。山禽巖獸，捷翔牙鷟。曉吟暝啼[十]，聽之悽悽；迴環下矚，萬類在目。因山帶川[十一]，青縈碧聯。莽蒼際天，杳杳不分。月上于東，日薄于泉，魄朗輪昏，出入目前。其或宿霧朝雲，糊空縛山，漠漠漫漫，莫知其端。陽曜始浴，徹天昏紅；輪高而赤，洪流散射。濃透薄釋，綿裂綺拆。千狀萬態[十二]，倏然收霽。樵起來而游，泊車而休，登降信宿，聞見習熟。始曰山乎，曾未始有得乎？無處夸世釣名者污此巖肩乎？且欲聞于潁陽之徒乎[十三]？

[一] "龍多山錄……北出"，原無，與上文《新修江瀆廟記》相混，今據《四部叢刊》初編本《唐孫樵集》卷五《龍多山錄》補，并以之參校。◎"巔"，原作"嶺"，據別集改。
[二] "孕"，原作"朶"，形近而誤，據別集改。
[三] "缺"，別集作"鈌"，用同"缺"。
[四] "詭"，原作"說"，據別集改。
[五] "杪"，原作"抄"，據別集改。
[六] "蹟"，原作"磧"，文義不通，據《全蜀藝文志》卷三三引此文改。
[七] "斳"，原作"斷"，形近而誤，據別集改。
[八] "葢"，原作"益"，據別集改。按，別集於此句下注云："人傳晉永嘉中有爲葢羅者，於北臺上學道焉。葢羅於此白日上升，今臺下有碑誌存焉者也。""爲"字當是"馮"字之誤，《蜀中廣記》卷七三有馮真人葢羅小傳。
[九] "玄"，原作"伭"，今據別集改。按，"伭"通"玄"，疑陳祥裔避諱而改也。
[十] "暝"，原作"喧"，據別集改。
[十一] "因"，別集作"洇"，此處與《全蜀藝文志》所引同。
[十二] "千"，底本原作"于"，據大觀本及別集改。
[十三] "潁陽之徒"，指巢父、許由，皆隱居高士。《後漢書·逸民傳序》："是以堯稱則天，不屈潁陽之高；武盡美矣，終全孤竹之絜。"李賢注："潁陽謂巢、許也。"

萬里橋記

劉光祖[一]

　　維蜀慕王化、通中國最爲古遠，載籍之傳尚矣。至周武王牧野之誓，史官書之曰"庸、蜀、羌、髳、微、盧、彭、濮人"，則其附聲教、識仁暴，槃見于經矣。獨秦見伐，資以取楚，儀、錯之爭是也，而儀城具存至今。自秦置守，李冰通二渠，爲蜀萬世利。今萬里橋之水，蓋秦渠也。是則蜀號陸海，蕭何藉之以基漢。漢興五六十載，文翁守蜀，始取蜀秀民，立學官教之，學比齊魯，而司馬相如之文遂擅天下。晚有揚雄氏，續孟、荀之絃于漢之既衰。漢祀中絕，公孫述竊據蜀，蜀人以死抗述者，班班風節，又凛乎東京之首也。其後諸葛孔明用蜀，以仁義公信懷而服之，法度修明[二]，禮樂幾于可復。夫歷周、秦、兩漢，千有餘年，至孔明而以蜀通吳抗魏[三]，三分天下，存漢社稷，雖號霸業，實宣王風。蓋孔明學探伊、傅而迹并管、樂，蜀人到今矜而誦之不忘。

　　今羅城南門外笮橋之東，七星橋之一曰長星橋者，古今相傳，孔明于此送吳使張溫曰："此水下至揚州萬里。"後因以名。或則曰："費禕聘吳，孔明送之至此，曰：'萬里之道，從此始也。'"孔明沒又千載，橋之遺跡亦粗耳[四]，非有所甚壯麗偉觀也。以千載之間人事更幾興廢[五]，而橋獨以孔明故，傳之亡窮，其說雖殊，名橋之義則一。厥今天下兼有吳蜀，朝廷命帥，其遠萬里，蓋受孔明之任以來，由蜀走闕，道亦如之。其于此橋[六]，孰不懷古以圖今，追孔明之道德勳庸而思髣髴其行事？

　　侍郎趙公之鎮蜀也[七]，始至，謁古柏祠，即命葺之。明年，作祠廟于其故營。又明年，新其故宅廟貌。每曰："諸葛公，三代遺才也。用法而人不怨，任政而主不疑，非天下之至公，其孰能與于此？今其遺跡所

[一] "劉光祖"，《宋史》卷三九七有傳。此文載《成都文類》卷二五、《全蜀藝文志》卷三三及康熙《四川總志》卷二六，皆用以參校。
[二] "修"，原作"備"，據《成都文類》《全蜀藝文志》《四川總志》改。
[三] "至"，原無，據《成都文類》《全蜀藝文志》補。
[四] "耳"，原作"其"，據《成都文類》《全蜀藝文志》改。
[五] "以"，原作"又"，據《成都文類》《全蜀藝文志》《四川總志》改。
[六] "此"，原無，據《成都文類》《全蜀藝文志》補。
[七] "郎"，原作"御"，據《成都文類》《全蜀藝文志》改。按，此"趙公"指趙汝愚，曾任吏部侍郎，一一八六至一一八九年知成都府，據後文所敘，劉光祖此文當作於一一八八年。

存尚多，而萬里橋者乃通吳之故事，前帥沈公嘗修廣之[一]，猶陋弗稱，且易壞，久將莫支。"則命增爲石魚，釃水爲五道，梁板悉易以木而屋之。橋成耽耽，屋成繩繩，嚴嚴翼翼，都人大和會[二]，觀所未有。民不知役而公亦樂之，風煙渺然，岸木秀而川景麗。公與客登此，蓋未嘗不徘徊而四顧也。

雖然，茲橋也，過而弗能玩、玩而弗能思者衆矣，如公所懷，風景抑末耳。神交千古，又安知諸葛公通吳之志，亦未嘗一日不在于中原也乎[三]？光祖忝公元僚，公命光祖爲之記，記其大者而遺其細，蓋將以大者望公，俾公之功名垂千萬世。若曰橋美名，公又與之爲美觀，非知公者，知公莫如光祖。

駟馬橋記

京鏜[四]

出成都城北門不百步，有橋舊名清遠。凡自他道來成都者[五]，必經焉。清獻趙公所編《成都集記》最爲精詳，余因究清遠得名之自[六]。則成都有橋七，謂象應七星，獨清遠不與。及究司馬長卿題柱之所名昇仙者，乃在數。然其說謂當在上流五里，今之名昇仙者在下流七里，《集記》已疑其非古矣。予謂長卿負飄飄凌雲游天地之意氣，發軔趨長安時，欲與蜀山川泄其不平，其操筆大書，當于萬目睽睽之地，決不在三家市無疑也[七]。況象應七星之義，必其屈曲連屬，不應昇仙獨與他橋相遼絕。陵谷有變移，冊牘有缺逸[八]，竊意近時之清遠，即昔日之昇仙。不然，

[一]"沈公"，指沈介，一一六二至一一六四年知成都府，詳《宋川陝大郡守臣易替考》。
[二]"大"，《成都文類》作"太"。
[三]"亦"前，《成都文類》有"公"字。
[四]"京鏜"，《宋史》卷三九四有傳，一一八九至一一九二年知成都府。此文載《成都文類》卷二五、《全蜀藝文志》卷三三、康熙《四川總志》卷三六，皆用以參校。
[五]"自"，原作"有"，據《成都文類》《全蜀藝文志》《四川總志》改。
[六]"余"，原作"予"，今據《成都文類》《全蜀藝文志》《四川總志》及本文作"余"者而統一之，後之"予久欲訂正""予來成都"二處則徑改，不復出校。
[七]"市"，原作"出"，據《成都文類》《全蜀藝文志》改。
[八]"逸"，《全蜀藝文志》作"遺"。

九逵之衝[一]、百堞之旁一杠梁如此，反不載于《成都集記》，何耶？《集記》作于國朝，使清遠之名果得于古，清獻公豈肯略之于簡編之外？余久欲訂正之而無其因。

先是，橋隸邑尉，邑尉多苟且逭責，疊石編木，工不精良。不惟簡陋，視會府弗稱，歲久石且泐，木且折，勢將圮敗，過者病焉。乃于農隙水涸時，撤而新之[二]，取長卿題柱之語，扁以"駟馬"。因去清遠不經之名，託其辨也；不廢昇仙相仍之地，存其疑也。或曰："是則然矣。無亦以貴富期待蜀士耶？"曰："余何敢淺蜀士，余所期待又在貴富外。名當傳信，稽事考迹，曰駟馬爲宜。粵自六丁開蜀，參井、岷峨之英靈耻秦不文德，不忍度劍關者，百七十有餘年。至漢文翁守蜀，始振發之，長卿實鍾其英靈者，首入帝京，以雄麗溫雅之文動萬乘[三]、震一時。其後蜀士接軫以進者，皆長卿破其荒，議功當爲文翁亞[四]。文翁創興之學，長卿經行之橋，事雖不侔，迹皆不當蕪沒。余來成都，學宮欹傾欲壓[五]，已改築棟宇，人謂自成均而下無此壯觀，似足以侈文翁化俗之萬分。茲建橋以駟馬名，自是長卿之遺蹤亦不泯矣[六]。若曰長卿非全德，不爲蜀士所多，則非余訪古名橋之意也。"

橋，石其址以釃水，如堆阜者三；屋其背以障風雨，如樓觀者十有五楹[七]，板其墟。距江底高二十有二尺，其修十有七丈，其廣二丈。甃南北兩涘以禦衝決，翼東西兩亭以便登覽。經始于故歲十二月之戊戌，告具于今歲四月之庚辰[八]。是役也，取餘于公帑則民不知擾[九]，責成于寮寀則官無妄費，易名以辯千古之疑則所傳或不朽[十]。持是以紀于石[十一]，尚庶幾無愧辭云。

[一] "逵"，原作"達"，據《成都文類》《全蜀藝文志》改。
[二] "撤"，原作"撖"，據《成都文類》《全蜀藝文志》改。
[三] "麗"，《成都文類》作"鹿"，疑爲整理者新增之誤也，文淵閣《四庫全書》本《成都文類》正作"麗"。
[四] "功"，原作"公"，據《成都文類》《全蜀藝文志》改。
[五] "宫"，《成都文類》作"官"。按，二說皆可。
[六] "蹤"，原作"跡"，據《成都文類》《全蜀藝文志》《四川總志》改。
[七] "如"，《四川總志》誤作"知"。
[八] "庚"，原無，據《成都文類》《全蜀藝文志》補。
[九] "民"，大觀本誤作"名"。
[十] "辯"，《成都文類》作"辨"。按，二者互通。
[十一] "持"，《成都文類》作"特"，疑誤。

杜宇鼈靈二墳記

陳皐[一]

　　戰國時，蜀災昏墊，杜宇君于蜀，不能治，舉荊人鼈靈治之。水既平，乃禪以位。死皆葬于郫，今郫南一里二塚對峙若丘山。獨鼈靈墳隸淨林寺，寺僧夷其崇爲臺觀。隱士張俞懼其遂湮沒[二]，遂請于郡而碑之，因置祠其上，與杜宇岡勢相及[三]。宇之墳尤盤大，民舊畬之，其來遠矣。

　　皇祐壬辰春，淨林僧死，寺籍爲田，許民墾甸[四]，而鼈靈墳與寺俱化爲民畝。張俞聞之，建言于縣尹虞曹外郎郭公，公愀然動色，駕而省之。明日，進士杜常等五十八人以狀理于庭。公報曰："昔者七國相血，生民肝腦塗地，獨杜宇亡戰爭之競，有咨俞之求，以拯斯民。雖鼈靈成洪水之功，微宇不立。議其賢，則杜宇居多；載其烈，則鼈靈爲大。二人嗣興，其舜、禹之業九之一焉。況勤民禦災皆載祀典，微此，則古之聖賢暴于原莽而吾不之知矣。"于是具不可籍之議聞于郡，郡嘉其請，俾復其寺，訪名僧以主之，得景德寺禪者垂白焉。白好靜退，能禪寂，邑人所嚮仰。公于是命之，因盡域二墳隸于寺，命刻石志其事，庶來者知二人有大造于西土，宜與惠無窮。皇祐四年九月二十四日記[五]。

神女廟記

馬永卿[六]

　　永卿自少時讀《文選·高唐》等二賦[七]，輒痛憤不平，曰："寧有是

[一] "皐"下，大觀本衍一"皐"字。按，宋代名陳皐者較多，難以考知此文作者之事蹟。此文載《成都文類》卷三二、《全蜀藝文志》卷三七、康熙《四川總志》卷三六，皆用以參校。
[二] "遂"，原無，據《成都文類》《全蜀藝文志》《四川總志》補。
[三] "與"，原作"使"，據《成都文類》《全蜀藝文志》改。
[四] "民"，原作"氏"，據《成都文類》《全蜀藝文志》改。
[五] "二十"，底本原作"廿"，據大觀本、《成都文類》《全蜀藝文志》改。
[六] "馬永卿"，宋人，朱彝尊《經義考》卷二二引《廣信府志》云："馬永卿，字大年，揚州人，大觀三年進士。退居鉛山，撰《論語解》十卷，《易拾遺》二卷。"按，馬永卿有《嬾真子》一書傳世。此文載《全蜀藝文志》卷三七、康熙《四川總志》卷三六，皆用以參校。
[七] "二"，原作"三"，諸本同，今據《文選》卷一九所收宋玉《高唐賦》《神女賦》及本文後"今觀《文選》二賦"一語改。

298

哉?"且高真去人遠矣,清濁淨穢,萬萬不侔,必亡是理[一]!思有以闢之,病未能也。後得二異書參較之,然後詳其本末。

今按,《禹穴紀異》及杜先生《墉城集仙錄》載,禹導岷江,至于瞿唐[二],實爲上古鬼神龍蟒之宅[三]。及禹之至,護惜窠穴[四],作爲妖怪,風沙晝暝,迷失道路。禹乃仰空而嘆,俄見神人,狀類天女,授禹太上先天呼召萬靈玉篆之書,且使其臣狂章、虞餘、黄魔、大翳[五]、庚辰、童律爲禹之助。禹于是能呼吸風雷,役使鬼神,開山疏水[六],無不如志。禹詢于童律,對曰:"西王母之女也。受囘風混合萬景煉形飛化之道,館治巫山。"禹至山下,躬往謁謝,親見神人。倏忽之間,變化不測,或爲輕雲,或爲霏雨,或爲游龍,或爲翔鶴,既化爲石,又化爲人,千狀萬態,不可殫述。禹疑之,而問童律,對曰:"上聖凝氣爲真,與道合體,非寓胎稟化之形,乃西華少陰之氣也。且氣之爲用,彌綸天地,經營動植,大滿天地,細入毫髮。在人爲人,在物爲物,不獨化爲雲雨龍鶴而已。"僕始讀其書,甚駭異之。既而思之,則皆合於《易》焉。所謂西王母之女者,則有合于《坤》爲母、《兑》爲少女之說;所謂變化不測者,則有合于陰陽不測、妙萬物之義,豈不灼灼明甚哉!《易》之爲書,與《莊子》多有合。《易》者,陰陽之書,以九六爲數;而《南華》開卷已有南鵬北鯤、九萬六月之說,槩可見矣。又《莊子》所載藐姑射之神人,大似今之神女。是其言曰"肌膚若冰雪",則有合乎金行之色;"綽約若處子",則有合乎少陰之氣;"游乎四海之外",則可見乎神之無方;"使物不疵癘而年穀熟",則又見乎秋之成物。故郭象注云:"夫神人者,即今所謂聖人也。"斯得之矣。僕因悟《易》之少女、《莊子》之神人、郭象之聖人、今之神女,其實一也。僕然後知神女者,有其名而無其形,有其形而無其質,不墮于數,不囿于形,超男女相,出生滅法,故能出有入無,乍隱乍顯。舉要言之,乃西方皓靈七氣之中少陰之靈耳,豈世俗所可窺哉!

[一]"亡",大觀本作"無"。
[二]"唐",大觀本作"塘"。按,兩種寫法古籍中皆習見。
[三]"蟒",大觀本作"莽",誤。
[四]"惜",原作"腊",沿襲《四川總志》之誤也,今據《全蜀藝文志》改。
[五]"翳",原作"醫",據《全蜀藝文志》改。按,《太平廣記》卷五六"雲華夫人"條亦作"翳"。
[六]"山",大觀本誤作"出"。

且《楚辭》者，文章之大淵藪也，而屈、宋爲之冠，故《離騷》獨謂之經，此蓋風、雅之再變者。宋雖小懦，然亦其流亞，自兩漢以下，未有能繼之者。今觀《文選》二賦，比之《楚辭》陋矣[一]。試並讀之，若奏桑濮于清廟之側，非玉所作決矣。故王逸裒類《楚辭》甚詳[二]，顧獨無此二賦。自後歷代博雅之士益廣《楚辭》，其稍有瓜葛者，皆附屬籍。唯此屢經前輩之目，每棄不錄，益知其贋矣。此蓋兩晉之後，膚淺鯫生戲弄筆研，剽聞"雲雨"之一語，妄謂神女行是雲雨于陽臺之下。殊不知雲雨即神女也，乃于雲雨之外別求所謂神女者，其文疎繆可笑，大率如此。

僕今更以信史質之。懷、襄，孱主也，與彊秦爲鄰，是時大爲所困，破漢中，輟上庸，獵巫、黔，拔郢都，燒夷陵，勢益駸駸不已。于是襄王乃東徙于陳，其去巫峽遠甚，此亦可以爲驗也。且《文選》雜僞多矣，昔齊梁小兒有僞爲西漢文者，東坡先生止用數語破之[三]。何況戰國之文章傑然出西漢之上，豈可僞爲哉？

噫！峽之爲江，其異矣乎？遠在中州之外而行于兩山之間，其流湍駛而幽深，故無灌溉之利。若求之古人，是蓋遠遁深居之士，介然自守，利不交物，若鮑焦[四]、務光之徒。今吾儕小人，乃敢浮家泛宅[五]，沒世窮年，播棄穢濁，日夜喧闐，其罪大矣。神不汝殺，亦云幸也。且峽既介潔清閟如此，乃陸海之三神山也，是宜閬苑真仙指以爲離宮別館，誕降爾衆之厚福。故凡往來者，既濟矣，當于此致謝；未濟矣，當于此致禱，以無忘神之大德云。

紹興十有七年二月，永卿赴官期，道出祠下，既已祇謁，若有神物以鬱發僕之夙心者，因備述之，以大闡揚神之威命明辟，且爲迎饗送神之詩，用相祀事，繫之碑末。曰：

[一]"辭"，大觀本作"詞"，誤。
[二]"裒"，原作"衰"，據《全蜀藝文志》《四川總志》改。
[三]按，此事載蘇軾《答劉沔都曹書》，云："梁蕭統集《文選》，世以爲工，以軾觀之，拙於文而陋於識者，莫統若也。宋玉賦《高唐》《神女》，其初略陳所夢之因，如子虛、亡是公相與問答，皆賦矣。而統謂之敘，此與兒童之見何異？李陵、蘇武贈別長安，而詩有江漢之語。及陵與武書，詞句儇淺，正齊梁間小兒所操作，決非西漢文。而統不悟，劉子玄獨知之。"
[四]"鮑"，原作"包"，據《全蜀藝文志》《四川總志》改。按，"鮑焦"，古隱士，事蹟見《韓詩外傳》卷一及《莊子·外物》等。
[五]"泛"，大觀本誤作"浮"。

夔子之國山曰巫，考駼異事聞古初。有龍十二騰大虛，仙官適見嚴訶吁。霹靂一聲反下徂，化爲奇峰相與俱。至今逸氣不盡除[一]，夭矯尚欲升天衢。壯哉絕境天下無，宜爲仙聖之攸居。仰惟高真握珍符，鎮治名山奠坤輿。昔禹治水何勤劬，按行粵至萬鬼區。妖怪護惜紛恣睢，風沙晝晦迷道途。神人親御八景輿，授禹丹篆之靈書。文命稽首受寶圖，手握造化幽明樞。驅役鬼神纔斯須，萬靈恐懼聽指呼。巨鑿振響轟雷車，回祿烈火山骨菹。墾闢頑狠如泥塗，岷江東去無停瀦。倘非神人協禹謨，襄陵正怒民其魚[二]。大功造成反清都，朝游閬苑莫蓬壺[三]。呼吸日月飲雲腴，頻視濁世嗟卑洿[四]。江臯古廟象儲胥，神兮幸此留踟躕。自古膏澤常霑濡[五]，逮今疲瘵蒙昭蘇。巴峽野人貌癯臞，願降豐歲朝夕餔[六]。出入樵採無於菟[七]，客舟性命寄須臾。願賜神庥保厥軀，往來上下無憂虞。日則居兮月則諸，繫嚴奉兮永不渝[八]。

學射山仙祠記[九]

文同

龍圖閣直學士趙公抃，治平二年夏四月被詔守蜀。明年春三月上巳來游學射山，主民樂也。故事，有張柏子者嘗居此學道，以是日成，得上帝詔[十]，駕赤文於菟[十一]，簫雲衢[十二]，玨天關以去。爾後凡其時[十三]，兩蜀之人如以戒令約不赴而有所誅責者，犇走會其上。詣通真觀禱其神，

[一]"除"，原作"險"，據《全蜀藝文志》改。
[二]"正"，大觀本作"震"。按，二字於文義皆通，然不知大觀本所據爲何。
[三]"莫"，《全蜀藝文志》作"暮"。按，"暮"古作"莫"。
[四]"頻"，《全蜀藝文志》作"嚬"。按，二者皆爲蹙眉之義。
[五]"膏"，原作"高"，承《四川總志》而誤，今據《全蜀藝文志》改。
[六]"餔"，原作"鋪"，據《全蜀藝文志》改。
[七]"於"，原作"于"，據《全蜀藝文志》《四川總志》改。
[八]此文之下，原有宋祁《文翁祠堂記》一文，因本書卷一已收錄，故此處刪去。
[九]按，此文載《文同全集編年校注》卷二五，題作《成都府學射山新修祠宇記》，而《成都文類》卷三四、《全蜀藝文志》卷三七、康熙《四川總志》卷三六則題作《學射山仙祠記》，今以別集、《全蜀藝文志》《四川總志》參校。
[十]"成"、"上"，別集無。
[十一]"於"，原作"于"，據別集、《全蜀藝文志》《四川總志》改。
[十二]"簫"，原作"蕭"，據別集、《全蜀藝文志》改。
[十三]"爾"，別集無。

從道士受秘錄以歸，一年禍福，率指此日惰與恭之所招致也。自昔語如此，人益起信，逮今遠近以期而至者，愈無鞅數[一]。成都燕集，用一春爲常，三日不修，已云遠甚，然各有定處，惟此山之會最極盛。太守與其屬候城以出，鐘鼓旗旐綿二十里無少缺[二]。都人士女被珠貝，服繒錦，藻繢巖麓[三]，映照原埜，浩如翻江，曄如凝霞，上下立列，窮極繁麗，徜徉徙倚，直暮而入。公既至，喜游人之遝然，復愛其地距城不一舍而孤嶺橫出夷陸[四]，景氣殊曠絶，但謂宫室獨與物不比稱。

明日，召知縣事李君弼賢[五]，語之曰：「此隸治下，載譜籍，實號勝處。而模矩制量諸不如所說[六]，奈何？議其咎，不將屬之于守宰歟[七]？予與君其欲對人不愧中，在謀其完矣。」遂授之宜所以當然者，君曰：「諾。公所命，弼賢能爲之。」乃調匠度材，悉以良法。不煩公，不傷私，未逾時而已云事畢矣。爲三清殿，爲張先生祠堂，爲道宫齋館，爲燕宇便室[八]，與凡所以可爲之屋者，一一無不有，亡慮三十楹。開岭延連[九]，輝顯華妒，兀于靈際，動于林表，誠棲真秘廈而合宴之佳觀也。

自是日有来者，嗟頌顧矚，聚吻而談，曰：「此地不知化爲榛墟者凡幾年，一日爲賢者所經慮，芟舊而揭新之，詎偶然耶？豈神靈所居不可廢，待其人而後俾興之耶？不然，何歷歲滋久而無一有所問者耶[十]？蓋

[一]「無鞅數」，佛經習用語，鞅即央，無央數即無盡數也。如大正藏本《法苑珠林》卷三五「時龍即取佛衣，而分作無鞅數百千萬段，各各分與。」文淵閣《四庫全書》本《法苑珠林》此句在卷四七，正作「無央數」。
[二]「二」，別集作「三」。按，據《太平寰宇記》卷七二，此山在成都縣北十五里，乾隆《大清一統志》卷二九二《成都府‧山川》下則云此山在縣北十八里，取成數，當以「二」爲是。
[三]「麓」，原作「麗」，據別集改。按，《全蜀藝文志》整理者以爲作「巖麓」不通，誤矣。「巖麓」與下句「原埜」爲對，言都人士女之艷麗服飾裝點了山川，並無不通。
[四]「夷」，原作「平」，與《四川總志》同，殆避諱而改者，今據別集、《全蜀藝文志》改回。
[五]「李」，原作「季」，形近而誤，據別集、《全蜀藝文志》《四川總志》改。
[六]「模」，原作「摹」，據別集改。按，「模矩」，謂模仿矩尺也，類似說法載籍習見，如宋林希逸《竹溪鬳齋十一藁續集》卷九《續詩續書如何》云：「做規爲員，模矩作方，而無一出於通之智膽。」宋魏天應《論學繩尺》卷七《老莊管孟立意如何》云：「此豈效規圖圓、模矩作方如統之所謂立意者哉？」
[七]「議其咎不」，別集作「議者其咎」，《全蜀藝文志》作「議者不咎」。◎「屬」，別集作「付」。按，此兩處異文，別集文義可通，《全蜀藝文志》義遜，本書據《四川總志》所錄者，文義亦通。
[八]「便」，原作「使」，據別集、《全蜀藝文志》《四川總志》改。
[九]「岭」，原作「哈」，形近而誤，據別集、《全蜀藝文志》《四川總志》改。
[十]「滋久」，大觀本誤倒。

屬之於我公也[一]。盍延其傳以附于地志[二]？"公因使同文之，爲紀其犏[三]。四年正月初五日記。

忠州重修唐陸宣公祠墓記[四]

趙貞吉

　　唐以來謫賢之居巴蜀者，未有若宣公之著者矣。卒而遂旅蘂焉，亦未有若公之悼者矣[五]。蓋公之道足以師表百代，而遇竟厄于一時，遂使功存社稷而身沒蒿萊[六]，故志士仁人爲之掩涕耳。夫舞綴長短可以觀德，公亘古人也，宜崇報祀以示不忘于久遠。而祠墓蕪沒，流風泯墜，無以妥靈爽而慰瞻式，豈非後賢之責而觀風者之過也與？

　　頃年，巡撫四川閩中黄公始以督木行役過州，往省公墓于南山之下，見之爽然感焉。即命吏授式，經始改治之。無何，堂除、寢室、亭城[七]、庖湢悉極繕緻。已，又增其封域，大其表柱，廣其稷畞，蓋踰年而衆務俱備。即黄公遷爲川貴總督，駐節辰沅，而湖南羅公代之。于時助役者，巡按御史郭君、董君，查盤給事中李君，御史劉君，督木郎中李君，副使樓君、王君，糸議繆君，僉事張君，志合而聲同[八]，成黄公之美也[九]。受成董事者，重慶府知府薛君，趙通判偉，黄知州器重，白指揮世簪，役勤而事集，相黄公之志也。聞二公又欲訪公裔于嘉、湖，謀卜于其家太保東湖公而未即至。至則典祀有人，愈備也。

　　嗟乎！公沒千載而崇報之事至是始備，非諸賢力取以爲己責而任之，抑安能慰已往之忠悼而成曠代之偉觀若是之盛也哉？乃黄公頃以書抵

[一] 此句，原無，據別集補。
[二] "志"下，原有"宜矣"二字，據別集刪。
[三] "犏"，原作"楠"，形近而誤，據別集、《全蜀藝文志》改。
[四] 按，此文載《趙文肅公文集》卷一七、《補續全蜀藝文志》卷三九，皆用以參校。
[五] "悼"，原作"卓"，據別集改。按，上句言陸贄之才德聞名天下，此句言其身後之淒涼，正爲對照也，若作"卓"，則不協文義。"悼"者，感傷也，《史記·萬石張叔列傳》："其執喪，哀戚甚悼。"
[六] "功"前，原有"公"字，因前已言之，故據別集刪；而《補續全蜀藝文志》則作"公"，誤矣。
[七] "城"，原作"城"，形近而誤，據別集、《補續全蜀藝文志》改。按，"城"，音 cè，臺階也。
[八] "志合"，別集作"貲廣"，費解。
[九] "黄"，原作"王"，據別集、《補續全蜀藝文志》改。

予，則惟欲予抒實事以張風教，不啻悼其不遇于一時而已也，則其見誠卓矣[一]。予不佞，安得不掇公之大者，于以謥吾巴蜀夔庸之士，使知慕公以彰雅道之無窮。顧區區責恨于裴氏之子[二]，而重爲公戚戚也哉？

予聞之，公之所以軒輊今古之才賢而鮮與之儔者有四道焉：致主之忠也，經世之才也，學術之正也，文章之美也。夫四者之道，誠得其一端而畢其能事，亦足以名世獨立矣，況于四者之並盛乎！公之所以度漢、跨唐、畏宋而難儔者以此。蘇子瞻曰："公智如子房而文則過，才如賈傅而術不疎。"[三]是公之度漢也。魏公徵負其忠與才耳，韓公愈工其正與美耳，是公之跨唐也。故論者曰：其惟宋之范公希文乎？身總四道，足以匹公[四]。而予亦以爲知言。觀其言宗謨訓，學原誠明，蹈規履方，行無疵翳，風義趣舍，軌法皆合，地居實近，無愧憲章矣。然范公英特邁往，而公則淵冲不盈。即其四十罷相已幾不惑，五十處約隣于知命，大用之則龍驤虎變而散之無垠[五]；遠擯之則聲藏光涵而斂于無朕。是公忘名獨契，乃范之所宜畏也。然則畏公直躋道真而爲亞聖之儔[六]、王佐之侶者，非耶？嗟乎！傅巖之夢已遠，尼父之慟方深，匪伊哲人，其誰與共理？惜乎，唐之有臣如此而未盡其用也[七]，于公則何憾矣夫？論公至此，則向者以其陁于一時而爲公掩涕者[八]，誠不足言與？然非黃公之嘉樂前修而見之卓也，孰爲一啟予也哉！因併記之以告吾巴蜀夔庸之士知慕公者，使自擇而勉焉。

[一]"則"，原作"責"，據別集、《補續全蜀藝文志》改。
[二]"恨"，《補續全蜀藝文志》作"限"，形近而誤。◎"裴氏之子"，謂裴延齡也，《舊唐書》卷一三五有傳，此人奸詐而當權，陸贄與之對抗，遂被貶忠州，詳《舊唐書》卷一三九《陸贄傳》。
[三]按，此論見蘇軾《乞校正陸贄奏議上進劄子》："伏見唐宰相陸贄，才本王佐，學爲帝師，論深切於事情，言不離於道德，智如子房而文則過，辯如賈誼而術不疎。上以格君心之非，下以通天下之志，三代以還，一人而已。"
[四]"足"，原作"是"，據別集、《補續全蜀藝文志》改。◎"匹"，原作"四"，據別集、《補續全蜀藝文志》改。
[五]"驤"，別集作"驦"。按，二字皆有奔騰之義。
[六]"躋"，原作"嚌"，據別集、《補續全蜀藝文志》改。
[七]"傅巖之夢已遠，尼父之慟方深，匪伊哲人，其誰與共理？惜乎唐"，原作"傅崖"，與《補續全蜀藝文志》同，今據別集改補。
[八]"掩"，原作"淹"，據別集及前文之"掩涕"改。

晚秋游武擔山寺序[一]

王勃

　　若夫虎丘仙鎭[二],吳王殉歿之墟;驪嶠崇基,秦帝升遐之宅。雖珠衣玉匣下賁窮泉,而廣岫長林終成勝境。亦有霍將軍之大隧[三],廻寫祁連;樗里子之孤墳,竟開長樂。豈如武擔靈嶽、開明故地？蜀夫人之塋迹,任文公之死所。岡巒隱隱,化爲閣窟之峯[四];松柏蒼蒼,即入祇園之樹。引星垣于沓嶂,下布金沙;栖日觀于長崖[五],傍臨石鏡。瑤臺玉甃,尚控霞宮;寶刹香壇,猶芬仙闕[六]。琱櫳接映[七],臺凝夢渚之雲[八];壁題相暉,殿寫長門之月。美人虹影,下綴虬幡;少女風吟,遥宣鳳鐸。群公以玉律豐暇[九],傃林壑而延情;錦署多閑,想巖泉而結興。于是披桂幌,歷松扉,梵筵霞屬,禪扃烟敞。雞林俊賞,蕭蕭鷲嶺之居;鹿苑仙談,亹亹龍宮之偈。于是金方啓序,玉律驚秋,翔風四面,寒雲千里。層軒迴霧[十],齊萬物于三休[十一];綺席乘雲,窮九垓于一息。碧雞靈宇,山川極望;石兕長江,汀洲在目。龍鑣翠轄,騈闐上路之游;列榭崇闉,磊落名都之氣。眇眇焉,洋洋焉,信三蜀之奇觀也[十二]。昔者升高能賦,勝事仍存;登嶽長謠,清標未遠。敢攀盛烈,下曠幽襟,庶旌西土之游,遠嗣《東平》之唱云爾。

[一] 此文載《王子安集》卷六、《王子安集注》卷七。但此處乃抄錄自康熙《四川總志》卷三六,錯訛頗多。今以《王子安集》《王子安集注》參校。
[二] "虎丘",原作"武兵",據《王子安集》《王子安集注》改。
[三] "霍",原作"鶴",據《王子安集》《王子安集注》改。
[四] "窟",原作"崛",據《王子安集》《王子安集注》改。
[五] "崖",原作"岩",據《王子安集》《王子安集注》改。
[六] "芬",原作"分",據《王子安集》《王子安集注》改。
[七] "櫳",原作"瓏",據《王子安集注》改。
[八] "凝",原作"疑",據《王子安集》《王子安集注》改。
[九] "律",原作"津",據《王子安集》《王子安集注》改。
[十] "迴霧",原作"返迴",據《王子安集》《王子安集注》改。
[十一] "休",原作"體",據《王子安集》《王子安集注》改。
[十二] "三",原作"二",據《王子安集》《王子安集注》改。

成都草堂詩碑序[一]

胡宗愈

草堂先生謂子美也[二]。草堂,子美之故居,因其所居而號之曰草堂先生。先生自同谷入蜀,遂卜浣花江上萬里橋之西[三],爲草堂以居焉。唐之史記前後牴牾[四],先生至成都之年月不可考。其後先生《寄題草堂》云[五]:"經營上元始,斷手寶應年。"然則先生之來成都,殆上元之初乎?嚴武入朝,先生送武至巴西[六],遂如梓州。蜀亂,乃之閬州。將游荆楚[七],會武再鎮兩川,先生乃自閬州挈妻子歸草堂[八],武辟先生爲參謀[九]。武卒,蜀又亂,先生去之東川[十],移居夔州。遂下荆渚,泝沅湘,上衡山,卒於耒陽。先生以詩鳴于唐,凡出處去就、動息勞佚、悲歡憂樂、忠憤感激、好賢惡惡,一見于詩,讀之可以知其世,學士大夫謂之詩史。其所游歷,好事者隨處刻其詩于石,及至成都則闕然。先生之故居松竹荒涼,略不可記。

今丞相吕公鎮成都[十一],復作草堂于先生之舊址而繪先生之像于其上[十二]。宗愈假符于此[十三],乃錄先生之詩,刻石置于草堂之壁間[十四]。先生雖去此,而其詩之意有在于是者,亦附其後,庶幾好事者于以考先生去來之迹云[十五]。元祐庚午[十六],資政殿學士、中大夫、知成都軍府事胡宗愈序[十七]

[一] 按,題名如此者,見《補續全蜀藝文志》卷二三及康熙《四川總志》卷三六,二者當有因襲關係,通過對照,此處文字與《補續全蜀藝文志》《四川總志》合;然《杜詩詳注》卷二五則題作《成都新刻草堂先生詩碑序》,宋本《分門集注杜工部詩》卷首錄此序則無確切題名,今以此四者參校。
[二] "草"前,原有"序曰"二字,當非正文所有者,今據《杜詩詳注》《分門集注杜工部詩》刪。
[三] "卜"下,《杜詩詳注》有"居"字,非是。
[四] "唐之史記",《杜詩詳注》作"唐史"。
[五] "先生",《杜詩詳注》作"有"。◎"堂"下,《杜詩詳注》有"詩"字。
[六] "先生",《杜詩詳注》無。◎"至",《杜詩詳注》作"之"。
[七] "游",《杜詩詳注》作"赴"。
[八] "先生乃",《杜詩詳注》無。
[九] "先生",《杜詩詳注》無。
[十] "先生",《杜詩詳注》無。
[十一] "今",《杜詩詳注》無。◎"公"下,《杜詩詳注》夾注"大防"二字。
[十二] "像",《補續全蜀藝文志》誤作"豫"。
[十三] "宗愈",《分門集注杜工部詩》無。後之"宗愈"二字亦空缺,不復出校。
[十四] "間",原作"門",據《杜詩詳注》《分門集注杜工部詩》改。
[十五] "于",《杜詩詳注》作"得"。◎"先生",《杜詩詳注》作"當時"。
[十六] "元祐庚午",指北宋哲宗元祐五年,即一○九○年。
[十七] "元祐……胡宗愈序",原無,據《杜詩詳注》及《分門集注杜工部詩》補。

謁昭烈廟文[一]

宋王十朋

嗚呼，東都之季，盜窺神器。分鼎者三，帝乃劉氏。有高皇度，有光武氣，有王佐臣，無中原地。以區區蜀，抗大國二，天厭漢德，壯圖弗遂。功雖少貶，四海歸義。永安故宮，遺迹可記。君臣有廟，英雄墮淚。歲月浸遠，棟宇莫治。某來守是邦，過而興喟，一新廟貌，薄薦殽胾。旁觀八陣，細讀《三志》。我雖有酒，不祀曹魏。

謁武侯廟文

前人

丞相忠武，蜀之伊、呂。高臥南陽，悲吟《梁甫》。草廬之中，三顧先主。將漢是興，非劉曷與？君臣魚水，蛟龍雲雨。才十曹丕，志小寰宇。假令無死，師一再舉，吳、魏可吞，禮樂可許。寧使英雄，墮淚今古。將略非長，庸史之語[二]。某受命天子，來帥茲土。夢觀八陣，果至夔府。廟貌僅存，風流可睹。旁有關、張，一龍二虎。安得斯人，以消外侮！

立杜工部祠祭文[三]

許應元[四]

承聖皇之景況，返按職于夔子。陟赤甲之巉屼[五]，歷東屯之遺址。

[一] 按，此文與下文皆載《王十朋全集》卷二四、《補續全蜀藝文志》卷四〇及康熙《四川總志》卷三六，此文與諸本全同。

[二] "史"，原作"弢"，據別集、《補續全蜀藝文志》《四川總志》改。

[三] 按，此文載《隋堂摘藁》卷九，題作《又初立祠堂》，復載《補續全蜀藝文志》卷四〇、康熙《四川總志》卷三六，題名與本書同，蓋陳祥裔所本也，皆用以參校。

[四] "許應元"，《國朝獻徵錄》卷一〇一有侯一元所撰《廣西右布政使許公應元墓誌銘》，敘許應元生平仕宦頗詳，可參看。今略敘之：許應元，字子春，錢塘人，嘉靖壬辰進士。當選庶吉士，執政者欲一見，應元不往，曰："吾始仕也，而傴僂鼎貴之門，冒謁干進哉？"坐是竟不得館職，出知泰安州。後擢工部員外郎，嘉靖二十三年（一五四四）遷夔州府知府。己酉（一五四九）年擢四川按察副使，後調廣西按察副使。後轉雲南按察使，徙廣西右布政使，卒於嘉靖乙丑（一五六五），享年六十。

[五] "屼"，原作"屺"，據別集、《補續全蜀藝文志》改。

悼哲人之逢尤[一]，居委約于江潭；睹鴻藻之繽紛，增累欷而汎瀾。昔三季之末造[二]，閔斯文之墜地。閱五際之亶延[三]，王風鬱其蓁穢。惟夫子之淵淑，秉至精于上皇；挺姱節之崔嵬，吐昌辭之琳琅[四]。遭濁世之紛拏，褰邅迍以窘步[五]。顧江皋而戾止，淹三年以東鶩[六]。瞻遺墟之遼廓，嘆禾黍之離離。敞崇宮于北阜，顧招神以來棲。山有椒兮沚有蘭，靈之來兮雲旗翻。靈兮靈兮洵樂胥，巴謳楚舞神所娛。殽函重關不可以邊往，神不樂此其焉如！尚饗。

石經碑跋[七]

宋胡元質[八]

石經云者，以俗儒穿鑿經籍、疑誤後學而立也。漢靈帝時，博士試甲乙科，爭第高下，至有行賂改蘭臺漆書經字者。諸儒受詔于熹平，成刻于

[一]"尤"，原作"左"，據別集、《補續全蜀藝文志》《四川總志》改。
[二]"末"，底本原作"未"，據大觀本等改。
[三]"際"，《補續全蜀藝文志》作"祭"，誤。按，《漢書·翼奉傳》："《易》有陰陽，《詩》有五際。"顏師古注引孟康曰："《詩內傳》曰：'五際，卯、酉、午、戌、亥也。陰陽終始際會之歲，於此則有變改之政也。'"◎"亶延"，辭書不載，疑當作"亶廻"，即邅迴也，此處可講作輾轉。
[四]"昌"，大觀本作"唱"，誤。◎"琳"，別集作"琅"。按，二者於此文義皆通。
[五]"迍"，別集、《補續全蜀藝文志》作"連"。按，二詞皆有困躓之義。
[六]"鶩"，別集作"鶩"。按，"鶩"通"騖"，疾馳也。
[七]"碑"，原作"三"，據《全蜀藝文志》卷五九、康熙《四川總志》卷三六而來也。然原標題乃統指胡元質、張縯、宇文紹奕三篇題作《石經碑跋》之文，此處僅摘錄一篇，而稱"三跋"，不妥。今據文淵閣《四庫全書》本《全蜀藝文志》所題之《石經碑跋》而改。
[八]"胡元質"，據《全蜀藝文志》卷三〇所收胡元質《成都古今丁記序》，其於淳熙丁酉（一一七七）代范成大守蜀，據《宋史·孝宗紀三》，淳熙七年（一一八〇）因蕃部猖獗罷其四川制置使之官。但關於此文作者，有誤以爲乃胡宗愈者，如顧藹吉《隸辨》卷七、顧炎武《金石文字記》卷一、萬斯同《萬氏石經考》卷上、倪濤《六藝之一錄》卷三四，今略辨之。胡宗愈，據《東都事略》卷七一小傳，其生卒年爲一〇二九——〇九四年，據《續資治通鑒長編·哲宗元祐七年》（一〇九二）"夏四月"條，胡宗愈升爲吏部尚書，其在成都僅一年；而宇文紹奕，據《學齋佔畢》卷三，淳熙二年（一一七五）尚在世。從時間來看，似乎胡元質與胡宗愈都有可能作此碑跋。但是從二人職官及四川制置使設立之時間來看，則當以胡元質爲是。《全蜀藝文志》卷五九錄宇文紹奕之跋，稱"制置給事內翰胡公"，與胡元質給事中、敷文閣大學士之身份符合。又《成都文類》卷四六錄王敦詩《措置增戍兵營寨等事碑》，碑文開頭即云："成都據右蜀之會，近歲併川陝宣撫司建四川制置使，即其地爲治所。"此文敘胡元質建雄邊堂之事，而稱"近歲建四川制置使"，據《宋史·職官七》相關記載"中興以後，置使，掌本路諸州軍馬屯防扞禦"，亦可知胡宗愈在一〇九一年不可能任四川制置使之職。

308

光和，俾天下咸取則焉。碑高一丈，廣四尺。《水經》云：立石大學，其上悉刻蔡邕名。《隋志》有一字石經七種[一]。其論云：漢鐫七經，皆蔡邕書。史亦稱邕自書冊，使工鐫刻。其書畫超詣，要非蔡中郎不能到也。然遺經今存者，體各不同。雖中郎兼備衆體，而篇章之富，未必能辦于一人之手。傳稱邕與堂谿典[二]、楊賜、馬日磾、張馴、韓説、單颺等正定諸經，意者當時諸儒同涉筆于其間，不可知也。然歷年多，更變故久，陵遷谷變，煨燼剥蝕之餘，甚至取爲柱礎[三]、爲砲石者。唐初，魏鄭公首訪求之，十得其一，况于今哉？兹來少城，得墜刻于一二故家。雖間斷不齊，然殘圭裂璧亦可寶也。因以鑱之錦官西樓，庶幾補古之缺文云爾。

[一]"一"，原作"大"，據《全蜀藝文志》改。
[二]"谿"，原作"豀"，據《全蜀藝文志》《四川總志》改。
[三]"至"，原無，據《全蜀藝文志》補。

《蜀都碎事校注》引書目録[一]

A

〔明〕潘士藻：《闇然堂類纂》，《四庫全書存目叢書·子部》第 242 冊。

B

〔隋〕杜公瞻：《編珠》，文淵閣《四庫全書》第 887 冊。
〔唐〕白居易：《白居易集》，北京：中華書局，1999。
〔唐〕段公路：《北戶錄》，《叢書集成初編》第 3021 冊。
〔五代〕孫光憲撰，賈二強點校：《北夢瑣言》，北京：中華書局，2002。
〔宋〕米芾：《寶晉英光集》，文淵閣《四庫全書》第 1116 冊。
〔宋〕黃鶴：《補注杜詩》，文淵閣《四庫全書》第 1069 冊。
〔宋〕趙與時：《賓退錄》，上海：上海古籍出版社，1983。
〔明〕杜應芳、胡承詔輯：《補續全蜀藝文志》，《續修四庫全書》第 1677 冊。
〔明〕李時珍撰，劉衡如等校注：《本草綱目》，北京：華夏出版社，1998。

C

〔唐〕褚亮：《褚亮集》，《武林往哲遺著》本，揚州：江蘇廣陵古籍

[一] 本目錄按書名首字字母音序排列，同字母下大致按時間順序排列。源自大型叢書者，皆不詳列出版信息，僅言作者、書名及所在叢書之冊數。大型叢書分別爲：台灣"商務印書館"，1983 年《景印文淵閣四庫全書》；上海商務印書館，1937 年《四部叢刊》系列；上海商務印書館，1935 年《叢書集成》系列；齊魯書社，1997 年《四庫全書存目叢書》；北京出版社，1998 年《四庫未收書輯刊》；上海古籍出版社，2002 年《續修四庫全書》；大正一切經刊行會，1934 年《大正新脩大藏經》；上海涵芬樓，1923 年《卍續藏經》；文物出版社、上海書店、天津古籍出版社，1988 年正統《道藏》。

刻印社，1985。

〔唐〕徐堅：《初學記》，北京：中華書局，1962。

〔唐〕岑參著，廖立箋注：《岑嘉州詩箋注》，北京：中華書局，2004。

〔唐〕貫休著，陸永峰校注：《禪月集校注》，成都：巴蜀書社，2006。

〔五代〕韋縠編：《才調集》，《中華再造善本》影印宋刻本，北京：北京圖書館出版社，2005。

〔宋〕洪興祖：《楚辭補注》，北京：中華書局，1983。

〔宋〕唐慎微：《重修政和證類本草》，《四部叢刊》初編本。

〔宋〕魏了翁：《重校鶴山先生大全文集》，宋刻本。

〔宋〕袁說友等編，趙曉蘭整理：《成都文類》，北京：中華書局，2011。

〔明〕高元濬：《茶乘》，《續修四庫全書》第1115冊。

〔清〕朱彝尊、汪森輯：《詞綜》，北京：中華書局，1975。

〔清〕俞樾：《茶香室叢鈔》，北京：中華書局，1995。

〔清〕金武祥輯：《藏說小萃》，《粟香室叢書》本。

〔清〕應先烈等編：嘉慶《常德府志》，嘉慶十八年刻本。

〔清〕張紹齡等修：道光《重修昭化縣志》，《中國地方志集成·四川府縣志輯》第19冊，成都：巴蜀書社，1992。

〔清〕李玉宣等修：同治《重修成都縣志》，同治十二年刻本。

D

〔唐〕杜甫撰，蕭滌非主編：《杜甫全集校注》，北京：人民文學出版社，2013。

〔唐〕杜甫著，〔宋〕蔡夢弼注：《杜工部草堂詩箋》，《續修四庫全書》第1307冊。

〔唐〕李冗：《獨異志》，《叢書集成初編》第2837冊。

〔宋〕范鎮：《東齋記事》，北京：中華書局，1980。

〔宋〕虞荔：《鼎錄》，文淵閣《四庫全書》第840冊。

〔明〕申時行等修：《大明會典》，《續修四庫全書》第789-792冊。

〔明〕王嗣奭：《杜臆》，上海：上海古籍出版社，1983。

〔明〕康海：《對山集》，文淵閣《四庫全書》第1266冊。

〔清〕顧祖禹撰，賀次君等點校：《讀史方輿紀要》，北京：中華書局，2005。

〔清〕佟世南：《東白堂詞選》，《四庫全書存目叢書·集部》第 424 冊。
〔清〕宮夢仁：《讀書紀數略》，四庫本第 1033 冊。
〔清〕和珅等修：乾隆《大清一統志》，文淵閣《四庫全書》第 474-483 冊。
徐宗元輯錄：《帝王世紀輯存》，北京：中華書局，1964。

E

〔宋〕羅願：《爾雅翼》，《叢書集成初編》第 1145-1148 冊。
〔明〕陳文燭：《二酉園文集》，《四庫全書存目叢書·集部》第 139 冊。
〔清〕蔣超：《峨眉山志》，康熙二十六年刻本。

F

〔隋〕闍那崛多譯：《佛本行集經》，《大正新脩大藏經》第 3 冊。
〔唐〕大廣智不空譯：《佛說救拔焰口餓鬼陀羅尼經》，《卍續藏經》第 57 冊。
〔唐〕釋道世著，周叔迦校注：《法苑珠林校注》，北京：中華書局，2003。
〔唐〕陸龜蒙著，宋景昌等點校：《甫里先生文集》，開封：河南大學出版社，1996。
〔宋〕范成大撰，孔凡禮點校：《范成大筆記六種》，北京：中華書局，2002。
〔宋〕范成大：《范石湖集》，上海：上海古籍出版社，1981。
〔宋〕李石：《方舟集》，文淵閣《四庫全書》第 1149 冊。
〔宋〕王洙編：《分門集注杜工部詩》，《四部叢刊初編》本。
〔宋〕祝穆撰，祝洙增訂，施和金點校：《方輿勝覽》，北京：中華書局，2003。
〔清〕許鴻磐：《方輿考證》，濟甯潘復華鑒閣刻本，1933。

G

《國語》，上海：上海古籍出版社，1978。
〔魏〕張揖輯，〔清〕王念孫疏證：《廣雅疏證》，北京：中華書局，

1983。

〔南朝梁〕陶弘景:《古今刀劍錄》,《漢魏叢書》本。

〔唐〕高適著,劉開揚校注:《高適詩集編年箋注》,北京:中華書局,1981。

〔唐〕李公佐:《古岳瀆經》,《漢唐地理書鈔》本,北京:中華書局,1961。

〔宋〕朱勝非:《紺珠集》,文淵閣《四庫全書》第 872 冊。

〔宋〕祝穆:《古今事文類聚》,文淵閣《四庫全書》第 925-927 冊。

〔宋〕董逌《廣川書跋》,《津逮秘書》本。

〔宋〕郭彖:《睽車志》,《叢書集成初編》第 2716 冊。

〔宋〕陳巖肖:《庚溪詩話》,《叢書集成初編》第 2552 冊。

〔宋〕周密:《癸辛雜識》,北京:中華書局,1988。

〔明〕馮惟訥:《古詩紀》,文淵閣《四庫全書》第 1379-1380 冊。

〔明〕張溥輯:《漢魏六朝百三家集》,光緒己卯信述堂刻本。

〔明〕桂萼:《廣輿圖敘》,《四庫全書存目叢書·史部》第 166 冊。

〔明〕曹昭:《格古要論》,文淵閣《四庫全書》第 871 冊。

〔明〕董斯張:《廣博物志》,文淵閣《四庫全書》第 980-981 冊。

〔明〕釋正勉等輯:《古今禪藻集》,文淵閣《四庫全書》第 1416 冊。

〔明〕陸應陽:《廣輿記》,《四庫全書存目叢書·史部》第 173 冊。

〔明〕陸楫等編:《古今說海》,文淵閣《四庫全書》第 885-886 冊。

〔明〕焦竑:《國朝獻徵錄》,《續修四庫全書》第 525-531 冊。

〔明〕雷禮:《國朝列卿紀》,《四庫全書存目叢書·史部》第 92-94 冊。

〔清〕陳元龍:《格致鏡原》,文淵閣《四庫全書》第 1031-1032 冊。

〔清〕丁紹儀:《國朝詞綜補》,《續修四庫全書》1732 冊。

〔清〕顧懷壬等修:光緒《廣安州志》,光緒十三年刻本。

黎翔鳳:《管子校注》,北京:中华书局,2004。

H

〔漢〕韓嬰:《韓詩外傳》,文淵閣《四庫全書》第 89 冊。

〔漢〕班固:《漢書》,北京:中華書局,1964。

〔晉〕常璩撰,任乃強校注:《華陽國志校補圖注》,上海:上海古籍出版社,1987。

〔南朝宋〕范曄：《後漢書》，北京：中華書局，1973。

〔唐〕李德裕：《會昌一品集》，《叢書集成初編》第1856-1859冊。

〔五代〕花蕊夫人著，徐式文箋注：《花蕊宮詞箋注》，成都：巴蜀書社，1992。

〔宋〕黃庭堅：《黃庭堅全集》，成都：四川大學出版社，2001。

〔宋〕陳師道撰，李偉國點校：《後山談叢》，北京：中華書局，2007。

〔宋〕趙令時撰，孔凡禮點校：《侯鯖錄》，北京：中華書局，2002。

〔宋〕葉廷珪撰，李之亮點校：《海錄碎事》，北京：中華書局，2002。

〔宋〕鄧椿：《畫繼》，文淵閣《四庫全書》第813冊。

〔元〕無名氏：《湖海新聞夷堅續志》，北京：中華書局，2006。

〔明〕賈三近輯：《皇明兩朝疏抄》，《續修四庫全書》第465冊。

〔明〕陳循等：《寰宇通志》，《玄覽堂叢書續集》本，重慶：國立中央圖書館，1947。

〔明〕陳耀文：《花草稡編》，文淵閣《四庫全書》第1490冊。

〔清〕盧秉鈞：《紅杏山房聞見隨筆》，《四庫未收書輯刊》，第9輯第15冊。

〔清〕劉長庚等修：嘉慶《漢州志》，《中國方志叢書》影印本，台北：成文出版社有限公司，1976。

〔清〕李瀚章等編：光緒《湖南通志》，光緒十一年刻本。

陳璂：民國《杭州府志》，刻本，1922。

劉文典撰，馮逸等點校：《淮南鴻烈集解》，北京：中華書局，1989。

J

〔唐〕房玄齡等：《晉書》，北京：中華書局，1974。

〔後晉〕劉昫：《舊唐書》，北京：中華書局，1975。

〔五代〕何光遠：《鑒誡錄》，《叢書集成初編》第2843冊。

〔宋〕薛居正等：《舊五代史》，北京：中華書局，1976。

〔宋〕宋祁：《景文集》，武英殿聚珍本。

〔宋〕蘇洵：《嘉祐集》，《中華再造善本》影印宋刻本，北京：北京圖書館出版社，2006。

〔宋〕丁度等編：《集韻》，上海：上海古籍出版社，1985。

〔宋〕辛棄疾著，鄧廣銘箋注：《稼軒詞編年箋注》，上海：上海古籍出版社，2007。

〔宋〕江休復：《嘉祐雜志》，文淵閣《四庫全書》第 1036 冊。

〔宋〕陸游撰，錢仲聯校注：《劍南詩稿校注》，上海：上海古籍出版社，1985。

〔宋〕晁公武撰，孫猛校證：《郡齋讀書志校證》，上海：上海古籍出版社，1990。

〔宋〕郭知達編：《九家集注杜詩》，文淵閣《四庫全書》第 1068 冊。

〔宋〕林景熙：《霽山集》，《叢書集成初編》第 2044-2045 冊。

〔宋〕路振：《九國志》，《叢書集成初編》第 3843-3844 冊。

〔宋〕釋正受編：《嘉泰普燈錄》，《卍續藏經》第 79 冊。

〔宋〕佚名：《錦繡萬花谷》，嘉靖十五年序錫山秦汴鏞石書堂刊本。

〔宋〕陳均：《九朝編年備要》，文淵閣《四庫全書》第 328 冊。

〔元〕揭傒斯：《揭傒斯全集》，上海：上海古籍出版社，1985。

〔明〕李采等編：萬曆《嘉定州志》，萬曆三十九年所修，民國間抄本。

〔明〕馮夢龍：《警世通言》，《續修四庫全書》第 1785 冊。

〔明〕馮琦、馮瑗：《經濟類編》，文淵閣《四庫全書》第 960-963 冊。

〔明〕周暉撰，張增泰點校：《金陵瑣事》，南京出版社，2007。

〔清〕錢謙益：《絳雲樓書目》，《續修四庫全書》第 920 冊。

〔清〕朱彝尊：《經義考》，文淵閣《四庫全書》第 677-680 冊。

〔清〕顧炎武：《金石文字記》，《顧炎武全集》第 5 冊，上海：上海古籍出版社，2011。

〔清〕王士禛：《居易錄》，文淵閣《四庫全書》第 869 冊。

〔清〕謝旻等修：雍正《江西通志》，文淵閣《四庫全書》第 513-518 冊。

〔清〕趙弘恩等修：乾隆《江南通志》，文淵閣《四庫全書》第 507-512 冊。

〔清〕王昶編：《金石萃編》，《石刻史料新編》第一輯第 1-4 冊，台北：新文豐出版有限公司，1982。

〔清〕劉喜海編：《金石苑》，《石刻史料新編》第一輯第 9 冊，台北：新文豐出版有限公司，1982。

K

〔五代〕王仁裕：《開元天寶遺事》，北京：中華書局，2006。

〔明〕吳潛修：正德《夔州府志》，上海：上海古籍書店，1961。

〔清〕蔡毓榮等修：康熙《四川總志》，康熙十二年刻本。
陳士珂輯：《孔子家語疏證》，上海：上海書店，1997。

L

〔漢〕王充著，黃暉等校釋：《論衡校釋》，北京：中華書局，1990。
〔南朝梁〕蕭統編，〔唐〕李善等注：《六臣注文選》，北京：中華書局，1987。
〔舊題唐〕李靖：《李衛公問對》，文淵閣《四庫全書》第726冊。
〔唐〕李白撰，〔清〕王琦注：《李太白全集》，北京：中華書局，1977。
〔唐〕李商隱著，劉學鍇等校注：《李商隱文編年校注》，北京：中華書局，2002。
〔唐〕李商隱著，劉學鍇等註釋：《李商隱詩歌集解》，北京：中華書局，2004。
〔唐〕劉禹錫著，卞孝萱校訂：《劉禹錫集》，北京：中華書局，1990。
〔唐〕韋絢：《劉賓客嘉話錄》，《叢書集成初編》第2830冊。
〔唐〕張彥遠：《歷代名畫記》，北京：人民美術出版社，1963。
〔唐〕張懷瓘：《書斷》，文淵閣《四庫全書》第821冊。
〔唐〕呂溫：《呂衡州文集》，《粵雅堂叢書》本。
〔唐〕劉恂：《嶺表錄異》，武英殿聚珍本。
〔唐〕羅隱：《羅隱集》，北京：中華書局，1983。
〔唐〕杜光庭撰，王斌等校注：《錄異記輯校》，成都：巴蜀書社，2013。
〔宋〕晏殊：《類要》，《四庫全書存目叢書·子部》第166-167冊。
〔宋〕司馬光：《類篇》，上海：上海古籍出版社，1987。
〔宋〕呂本中：《東萊先生詩集》，《四部叢刊初編》本。
〔宋〕洪适：《隸釋·隸續》，北京：中華書局，1985。
〔宋〕陸游：《老學庵筆記》，北京：中華書局，1997。
〔宋〕羅泌撰，〔明〕吳弘基訂：《路史全本》，酉山堂刻本。
〔宋〕曾慥：《類說》，《北京圖書館古籍珍本叢刊·子部》第62冊，北京：書目文獻出版社，1988。
〔宋〕魏天應：《論學繩尺》，文淵閣《四庫全書》第1358冊。
〔元〕陳思編：《兩宋名賢小集》，文淵閣《四庫全書》第1363冊。
〔元〕趙道一：《歷世真仙體道通鑒》，《道藏》第5冊。

〔元〕楊維楨：《麗則遺音》，元刻本。
〔元〕伊世珍：《琅嬛記》，《津逮秘書》本。
〔明〕包瑜輯：《類聚古今韻府續編》，《四庫全書存目叢書·子部》第 173-174 冊。
〔明〕楊士奇等編：《歷代名臣奏議》，文淵閣《四庫全書》第 433-442 冊。
〔明〕劉球：《兩谿文集》，文淵閣《四庫全書》第 1243 冊。
〔清〕錢謙益：《列朝詩集》，《續修四庫全書》第 1622-1624 冊。
〔清〕顧藹吉：《隸辨》，北京：中華書局，1986。
〔清〕王士禛：《隴蜀餘聞》，《四庫全書存目叢書·子部》第 245 冊。
〔清〕倪濤：《六藝之一錄》，文淵閣《四庫全書》第 830-838 冊。
〔清〕吳景旭：《歷代詩話》，北京：中華書局，1958。
〔清〕阮元：《兩浙輶軒錄》，《續修四庫全書》第 1683-1684 冊。
〔清〕宋長白：《柳亭詩話》，《續修四庫全書》第 1700 冊。
王叔岷：《列仙傳校箋》，北京：中華書局，2007。
許維遹著，梁運華整理：《呂氏春秋集釋》，北京：中華書局，2009。
楊伯峻：《列子集釋》，北京：中華書局，1985。

M

〔唐〕孟郊著，韓欣泉校注：《孟郊集校注》，杭州：浙江古籍出版社，1995。
〔宋〕黃休復：《茅亭客話》，《全宋筆記》第二編第 1 冊，鄭州：大象出版社，2003。
〔宋〕杜大珪編：《名臣碑傳琬琰之集》，文淵閣《四庫全書》第 450 冊。
〔宋〕張邦基：《墨莊漫錄》，北京：中華書局，2002。
〔明〕徐光祚等修：《明武宗實錄》，台灣"中央研究院"歷史語言研究所校印，1962。
〔明〕張溶等修：《明世宗實錄》，台灣"中央研究院"歷史語言研究所校印，1962。
〔明〕朱純臣等修：《明神宗實錄》，台灣"中央研究院"歷史語言研究所校印，1962。
〔明〕李賢等：《明一統志》，文淵閣《四庫全書》第 472-473 冊。
〔明〕何鏜輯：《名山記》，萬曆刻本。

〔清〕朱彝尊編：《明詩綜》，文淵閣《四庫全書》第 1459-1460 冊。
〔清〕張廷玉等：《明史》，北京：中華書局，1974。
〔清〕黃錫蕃：《閩中書畫錄》，《續修四庫全書》第 1068 冊。

N

〔唐〕李延壽：《南史》，北京：中華書局，1975。
〔宋〕錢易：《南部新書》，北京：中華書局，2002。
〔宋〕吳曾：《能改齋漫錄》，上海：上海古籍出版社，1979。
〔宋〕陳騤等編，張富祥點校：《南宋館閣錄》，北京：中華書局，1998。
〔元〕陶宗儀：《南村輟耕錄》，北京：中華書局，1959。
〔明〕孫能傳等編：《內閣藏書目錄》，《續修四庫全書》第 917 冊。
〔明〕黃佐：《南雍志》，《四庫全書存目叢書·史部》第 257 冊。

O

〔宋〕歐陽修：《歐陽修全集》，北京：中華書局，2001。

P

〔姚秦〕竺佛念譯：《菩薩瓔珞本業經》，《大正新脩大藏經》第 24 冊。
〔唐〕獨孤及：《毘陵集》，《四部叢刊初編》本。
〔清〕孫岳頒等編：《佩文齋書畫譜》，文淵閣《四庫全書》第 819-823 冊。
〔清〕朱鼎臣等修：嘉慶《郫縣志》，《四川大學圖書館館藏珍稀地方志叢刊》本第 1 冊，成都：巴蜀書社，2009。

Q

〔唐〕錢起：《錢考功集》，《四部叢刊初編》本。
〔宋〕陶穀：《清異錄》，《宋元筆記小說大觀》第 1 冊，上海：上海古籍出版社，2001。
〔宋〕洪遵：《泉志》，《叢書集成初編》第 767 冊。
《禽經》，《百川學海》本。
〔元〕王惲：《秋澗先生大全文集》，《四部叢刊初編》本。
〔元〕劉一清：《錢塘遺事》，上海古籍出版社，1985。

〔元〕佚名：《宋季三朝政要》，元餘慶堂刊本。

〔明〕楊慎等編，劉琳等點校：《全蜀藝文志》，北京：線裝書局，2003。

〔明〕陳仁錫編：《潛確類書》，《四庫禁毀書叢刊·子部》第 13-16 冊，北京：北京出版社，1997。

〔清〕錢謙益：《錢注杜詩》，上海：上海古籍出版社，1979。

〔清〕不署撰者：《欽定大清會典則例》，文淵閣《四庫全書》第 620-625 冊。

〔清〕黃虞稷撰，瞿鳳起等整理：《千頃堂書目》，上海：上海古籍出版社，2001。

〔清〕紀昀等撰，四庫全書研究所整理：《欽定四庫全書總目》，北京：中華書局，1997。

〔清〕彭定求等編：《全唐詩》，北京：中華書局，1960。

曾棗莊、劉琳主編：《全宋文》，上海：上海辭書出版社，2006。

李修生主編：《全元文》，南京：江蘇古籍出版社，1999。

R

〔宋〕田況：《儒林公議》，《叢書集成初編》第 2793 冊。

〔宋〕洪邁：《容齋隨筆》，北京：中華書局，2005。

S

〔漢〕司馬遷：《史記》，北京：中華書局，1963。

〔漢〕劉熙：《釋名》，《叢書集成初編》第 1151 冊。

〔晉〕陳壽：《三國志》，北京：中華書局，1964。

〔晉〕王嘉：《拾遺記》，北京：中華書局，1981。

〔北魏〕酈道元著，陳橋驛校證：《水經注校證》，北京：中華書局，2007。

〔南朝宋〕劉義慶著，徐震堮校箋：《世說新語校箋》，北京：中華書局，1984。

〔南朝梁〕沈約：《宋書》，北京：中華書局，1974。

〔南朝梁〕任昉：《述異記》，《漢魏叢書》本。

〔唐〕魏徵、令狐德棻：《隋書》，北京：中華書局，1982。

〔唐〕沈佺期、宋之問著，陶敏等校注：《沈佺期宋之問集校注》，北京：中華書局，2001。

〔宋〕張唐英撰，王文才等校箋：《蜀檮杌校箋》，成都：巴蜀書社，1999。

〔宋〕蘇軾撰，張志烈等主編：《蘇軾全集校注》，石家莊：河北人民出版社，2010。

〔宋〕呂祖謙編，齊治平點校：《宋文鑑》，北京：中華書局，1992。

〔宋〕趙明誠：《宋本金石錄》，北京：中華書局，1991。

〔宋〕晁公溯：《嵩山集》，文淵閣《四庫全書》第1139冊。

〔宋〕張表臣：《珊瑚鉤詩話》，《百川學海》本。

〔宋〕吳淑：《事類賦》，紹興十六年刻本。

〔宋〕僧贊寧：《宋高僧傳》，北京：中華書局，1987。

〔宋〕邵伯溫：《邵氏聞見錄》，北京：中華書局，1997。

〔宋〕邵博：《邵氏聞見後錄》，北京：中華書局，1983。

〔宋〕周敦頤：《周濂溪集》，長沙：岳麓書社，2002。

〔宋〕蘇頌：《蘇魏公文集》，北京：中華書局，2004。

〔宋〕阮閱編，周本淳點校：《詩話總龜》，北京：人民文學出版社，1987。

〔元〕脫脫等：《宋史》，北京：中華書局，1977。

〔元〕陳世隆：《宋詩拾遺》，《續修四庫全書》第1621冊。

〔元〕佚名：《宋史全文》，文淵閣《四庫全書》第330-331冊。

〔元〕佚名：《氏族大全》，文淵閣《四庫全書》第952冊。

〔明〕御制：《神僧傳》，《大正新脩大藏經》第50冊。

〔明〕陶宗儀等：《說郛三種》，上海：上海古籍出版社，1988。

〔明〕陶宗儀：《書史會要》，上海：上海書店，1984。

〔明〕楊慎：《升庵全集》，萬有文庫本。

〔明〕劉大謨等：嘉靖《四川總志》，北京：書目文獻出版社，1996。

〔明〕虞懷忠、郭棐等修：萬曆九年《四川總志》，《四庫全書存目叢書·史部》第199-200冊，濟南：齊魯書社，1996。

〔明〕曹學佺：《蜀中廣記》，文淵閣《四庫全書》第591-592冊。

〔明〕曹學佺編：《石倉歷代詩選》，文淵閣《四庫全書》第1387-1394冊。

〔明〕陸深：《蜀都雜抄》，《續修四庫全書》第735冊。

〔明〕毛晉編：《三家宮詞》，《叢書集成初編》第1759冊。

〔明〕彭大翼：《山堂肆考》，文淵閣《四庫全書》第 974-978 冊。
〔清〕厲鶚：《宋詩紀事》，上海：上海古籍出版社，1983。
〔清〕吳任臣：《十國春秋》，北京：中華書局，1983。
〔清〕黃宗羲：《宋元學案》，北京：中華書局，1982。
〔清〕黃廷桂等修：雍正《四川通志》，文淵閣《四庫全書》第 559-561 冊。
〔清〕李元：《蜀水經》，《續修四庫全書》第 728 冊。
〔清〕阮元校刻：《十三經注疏》，北京：中華書局，1980。
〔清〕彭遵泗：《蜀故》，《四庫未收書輯刊》第 1 輯第 27 冊。
〔清〕陸心源：《宋詩紀事補遺》，《續修四庫全書》第 1708-1709 冊。
〔清〕陸心源：《宋詩紀事小傳補正》，《續修四庫全書》第 1709 冊。
〔清〕張澍：《蜀典》，《續修四庫全書》第 735 冊。
〔清〕趙彪詔：《說蛇》，〔清〕張潮等輯：《昭代叢書》別集第 5 冊，道光年間吳江沈氏世楷堂刻本。
〔清〕徐松輯：《宋會要輯稿》，北京：國立北平圖書館，1936。
袁珂：《山海經校注》，成都：巴蜀書社，1992。
王文才、王炎：《蜀志類抄》，成都：巴蜀書社，2010。

T

〔唐〕瞿曇悉達：《唐開元占經》，文淵閣《四庫全書》第 807 冊。
〔唐〕杜佑：《通典》，北京：中華書局，1988。
〔唐〕皇甫冉：《唐皇甫冉詩集》，《四部叢刊三編》本。
〔唐〕李肇：《唐國史補》，上海：上海古籍出版社，1957。
〔唐〕孫樵：《唐孫樵集》，《四部叢刊初編》本。
〔唐〕李咸用：《唐李推官披沙集》，《四部叢刊初編》本。
〔宋〕李昉等編：《太平廣記》，北京：中華書局，1961。
〔宋〕李昉等編：《太平御覽》，北京：中華書局，1960。
〔宋〕樂史撰，王文楚等點校：《太平寰宇記》，北京：中華書局，2007。
〔宋〕蔡絛：《鐵圍山叢談》，北京：中華書局，1983。
〔宋〕岳珂：《桯史》，北京：中華書局，1981。
〔宋〕郭若虛：《圖畫見聞志》，《叢書集成初編》第 1648 冊。
〔宋〕李龏編：《唐僧弘秀集》，文淵閣《四庫全書》第 1356 冊。

〔宋〕計有功：《唐詩紀事》，上海：上海古籍出版社，1987。
〔宋〕胡仔：《苕溪漁隱叢話》，北京：人民文學出版社，1962。
〔宋〕姚鉉編：《唐文粹》，文淵閣《四庫全書》第 1343-1344 冊。
〔宋〕鄭樵：《通志》，北京：北京：中華書局，1987。
〔元〕辛文房撰，傅璇琮主編：《唐才子傳校箋》，北京：中華書局，1995。
〔元〕楊士弘編：《唐音》，文淵閣《四庫全書》第 1368 冊。
〔宋〕王應麟著，傅林祥點校：《通鑑地理通釋》，北京：中華書局，2013。
〔明〕高棅編：《唐詩品彙》，上海：上海古籍出版社，1988。
〔明〕陳耀文：《天中記》，文淵閣《四庫全書》第 965-967 冊。
〔明〕馮任等修：《天啟新修成都府志》，成都：巴蜀書社，1992。
〔清〕李鍾峨等修：道光《通江縣志》，道光二十八年刻本。
〔清〕王培荀：《聽雨樓隨筆》，《續修四庫全書》第 1180 冊。
李劍國：《唐五代志怪傳奇敘錄》，天津：南開大學出版社，1992。
郁賢皓：《唐刺史考全編》，合肥：安徽大學出版社，2000。

W

〔北齊〕魏收：《魏書》，北京：中華書局，1974。
〔唐〕王勃著，〔清〕蔣翊注，《王子安集注》，上海：上海古籍出版社，1995。
〔唐〕王維著，陳鐵民校注：《王維集校注》，北京：中華書局，1997。
〔唐〕王建撰，尹占華校注：《王建詩集校注》，成都：巴蜀書社，2006。
〔唐〕溫庭筠著，劉學鍇校注：《溫庭筠全集校注》，北京：中華書局，2007。
〔宋〕李昉等編：《文苑英華》，北京：中華書局，1966。
〔宋〕文彥博：《文潞公文集》，《叢書集成初編》第 125 冊。
〔宋〕夏竦：《文莊集》，文淵閣《四庫全書》第 1087 冊。
〔宋〕文同撰，胡問濤等校注：《文同全集編年校注》，成都：巴蜀書社，1999。
〔宋〕王十朋：《王十朋全集》，上海：上海古籍出版社，1998。
〔宋〕魏齊賢、葉棻編：《五百家播芳大全文粹》，文淵閣《四庫全書》

第 1352-1353 冊。

〔宋〕周必大：《文忠集》，文淵閣《四庫全書》第 1147-1149 冊。
〔宋〕釋普濟：《五燈會元》，北京：中華書局，1984。
〔元〕馬端臨：《文獻通考》，北京：中華書局，1986。
〔明〕凌迪知：《萬姓統譜》，文淵閣《四庫全書》第 596-597 冊。
〔明〕董斯張：《吳興備志》，文淵閣《四庫全書》第 494 冊。
〔明〕桂萼：《文襄公奏議》，《四庫全書存目叢書·史部》第 60 冊。
〔明〕謝肇淛：《文海披沙》，《續修四庫全書》第 1130 冊。
〔明〕佚名編：《五色線》，《四庫全書存目叢書·子部》第 246 冊。
〔清〕萬斯同：《萬氏石經考》，文淵閣《四庫全書》第 683 冊。
〔清〕王士禛原編，鄭方坤刪補，戴鴻森點校：《五代詩話》，北京：人民文學出版社，1998。

X

〔晉〕葛洪：《西京雜記》，西安：三秦出版社，2006。
〔唐〕牛僧孺撰，程毅中點校：《玄怪錄》，北京：中華書局，1982。
〔唐〕薛濤著，張篷舟箋注：《薛濤詩箋》，北京：人民文學出版社，1983。
〔宋〕歐陽修、宋祁：《新唐書》，北京：中華書局，1975。
〔宋〕歐陽修：《新五代史》，北京：中華書局，1974。
〔宋〕王禹偁：《小畜集》，《四部叢刊初編》本。
〔宋〕趙汝礪編：《宣和北苑貢茶錄》，《讀畫齋叢書》本。
〔宋〕李燾：《續資治通鑑長編》，北京：中華書局，1995。
〔宋〕釋文瑩：《湘山野錄》，北京：中華書局，1997。
〔宋〕李石：《續博物志》，成都：巴蜀書社，1991。
〔宋〕真德秀：《西山先生真文忠公文集》，《四部叢刊初編》本。
〔宋〕謝翱：《晞髮集》，文淵閣《四庫全書》第 1188 冊。
〔明〕方孝孺：《遜志齋集》，《四部叢刊初編》本。
〔明〕梅鼎祚：《西漢文紀》，文淵閣《四庫全書》第 1396 冊。
〔明〕馮夢龍輯：《醒世恒言》，《續修四庫全書》第 1785-1876 冊。
〔清〕陸廷燦：《續茶經》，文淵閣《四庫全書》第 844 冊。
〔清〕顧德昌等修：嘉慶《新繁縣志》，嘉慶十九年刻本。

〔清〕張奉書等修：道光《新都縣志》，道光二十四年刻本。
〔清〕張治新編：《新都縣鄉土志》，《四川大學圖書館館藏珍稀對方志叢刊》第一冊，成都：巴蜀書社，2009。

Y

〔漢〕揚雄撰，鄭文箋注：《揚雄文集箋注》，成都：巴蜀書社，2000。
〔南朝宋〕劉敬叔撰，范寧點校：《異苑》，北京：中華書局，1996。
〔南朝陳〕徐陵編，〔清〕吳兆宜箋注：《玉臺新詠箋注》，北京：中華書局，1985。
〔唐〕歐陽詢：《藝文類聚》，上海：上海古籍出版社，1985。
〔唐〕趙璘：《因話錄》，上海：上海古籍出版社，1957。
〔唐〕元稹：《元稹集》，北京：中華書局，1982。
〔唐〕李吉甫撰，賀次君點校：《元和郡縣圖志》，北京：中華書局，1983。
〔唐〕林寶著，岑仲勉校記：《元和姓纂》，北京：中華書局，1994。
〔唐〕段成式：《酉陽雜俎》，北京：中華書局，1981。
〔舊題唐〕馮贄：《雲仙雜記》，《四部叢刊續編》本。
〔宋〕郭茂倩編：《樂府詩集》，北京：中華書局，1979。
〔宋〕楊億口述，黃鑑筆錄，宋庠整理：《楊文公談苑》，上海：上海古籍出版社，1993。
〔宋〕宋祁：《益部方物略記》，《津逮秘書》本。
〔宋〕程大昌：《演繁露》，文淵閣《四庫全書》第852冊。
〔宋〕洪邁：《夷堅志》，北京：中華書局，1981。
〔宋〕王存：《元豐九域志》，北京：中華書局，1984。
〔宋〕黃休復：《益州名畫錄》，文淵閣《四庫全書》第812冊。
〔宋〕張世南：《游宦紀聞》，北京：中華書局，1981。
〔宋〕張君房：《雲笈七籤》，北京：中華書局，2003。
〔宋〕杜綰：《雲林石譜》，《知不足齋叢書》本。
〔宋〕王象之：《輿地紀勝》，揚州：江蘇廣陵古籍刻印社，1991。
〔元〕劉壎：《隱居通議》，文淵閣《四庫全書》第866冊。
〔元〕陰勁弦編：《韻府群玉》，文淵閣《四庫全書》第951冊。
〔元〕孛蘭肹等撰，趙萬里校輯：《元一統志》，北京：中華書局，1966。

〔明〕宋濂等：《元史》，北京：中華書局，1976。
〔明〕許應元：《陭堂摘藁》，《續修四庫全書》第1342冊。
〔明〕何宇度：《益部談資》，文淵閣《四庫全書》第592冊。
〔明〕王世貞：《豔異編》，《續修四庫全書》第1267冊。
〔明〕徐應秋：《玉芝堂談薈》，文淵閣《四庫全書》第883冊。
〔明〕王廷稷修：萬曆《營山縣志》，《天一閣明代方志選刊續編》本，上海：上海書店，1990。
〔清〕張英、王士禛等編：《御定淵鑑類函》，文淵閣《四庫全書》第982-993冊。
〔清〕張玉書、陳廷敬等編：《御定佩文韻府》，文淵閣《四庫全書》第1011-1028冊。
〔清〕吳士玉等編：《御定駢字類編》，文淵閣《四庫全書》第994-1004冊。
〔清〕顧嗣立：《元詩選·三集》，北京：中華書局，1987。
〔清〕沈自南：《藝林匯考》，文淵閣《四庫全書》第859冊。
〔清〕王士禛：《漁洋精華錄集釋》，上海：上海古籍出版社，1999。
〔清〕王士禛：《漁洋詩話》，文淵閣《四庫全書》第1483冊。
〔清〕陳文述：《頤道堂詩選》，《續修四庫全書》第1504-1505冊。
《瑜伽集要施食儀軌》，《卍續藏經》第59冊。
卞孝萱：《元稹年譜》，濟南：齊魯書社，1980。

Z

〔漢〕劉向輯錄：《戰國策》，上海：上海古籍出版社，1985。
〔唐〕張九齡撰，熊飛校注：《張九齡集校注》，北京：中華書局，2008。
〔唐〕張說著，熊飛校注：《張說集校注》，北京：中華書局，2013。
〔唐〕李匡乂：《資暇集》，《叢書集成初編》第279冊。
〔唐〕鄭谷著，嚴壽澂等箋注：《鄭谷詩集箋注》，上海：上海古籍出版社，1991。
〔宋〕張詠：《張乖崖集》，北京：中華書局，2000。
〔宋〕林希逸：《竹溪鬳齋十一藁續集》，文淵閣《四庫全書》第1185冊。
〔宋〕陳振孫：《直齋書錄解題》，上海：上海古籍出版社，1987。
〔宋〕黎靖德編：《朱子語類》，北京：中華書局，1986。
〔元〕趙孟頫撰，任道斌點校：《趙孟頫集》，杭州：浙江古籍出版社，

1986。

〔元〕張鉉:《至大金陵新志》,文淵閣《四庫全書》第 492 冊。

〔明〕牛衷:《增修埤雅廣要》,《續修四庫全書》第 1271 冊。

〔明〕趙貞吉:《趙文肅公文集》,《四庫全書存目叢書·集部》第 100 冊。

〔明〕張時徹:《芝園定集》,《四庫全書存目叢書·集部》第 81-82 冊。

〔明〕陳繼儒:《珍珠船》,《四庫全書存目叢書·子部》第 148 冊。

〔清〕吳其濬:《植物名實圖考》,《續修四庫全書》第 1117-1118 冊。

〔清〕嵇曾筠等修:雍正《浙江通志》,文淵閣《四庫全書》第 519-526 冊。

〔清〕鄭珍等修:道光《遵義府志》,遵義市人民印刷廠內部發行,1986。

〔清〕郭慶藩撰,王孝魚點校:《莊子集釋》,北京:中華書局,1985。

張撝之等主編:《中國歷代人名大辭典》,上海:上海古籍出版社,1999。

中國古籍總目編委會:《中國古籍總目》,北京:中華書局;上海:上海古籍出版社,2012。